改訂

板書&展開例でよくわかる
指導と評価が見える
365日の全授業
中学校国語 1年

田中 洋一 [編著]

明治図書

はじめに

　現行学習指導要領は，自ら学び自ら考えるなどの「生きる力」の育成を目指すという点や，学校教育法に示されたいわゆる学力の三要素である「基礎的な知識及び技能」「課題を解決するために必要な思考力，判断力，表現力その他の能力」「主体的に学習に取り組む態度」をバランスよく養うという点で21世紀を迎えて始まった教育改革の延長にあるものである。

　1998年に告示された平成10年版学習指導要領は，「ゆとり教育」というキャッチコピーを文部科学省自体が付けたことにより評価は分かれてしまったが，覚える量を減らしてでも生徒が考える時間を確保し，主体的な学びを実現しようという画期的なものであった。間近に控えた21世紀に生きる子供たちを育てるという意図の明確に出た学習指導要領であった。

　それに続く平成20年版学習指導要領，平成29年告示の現行学習指導要領は確実にその方針を受け継いでいる。これらの学習指導要領は，社会の変化に対応し，自らの課題に積極的に取り組み，自力で解決していく能力の育成を求めている。国語科でも論理的な思考力の育成を中心に据え，目的や場面に応じて適切に理解したり表現したりする能力を育てることに重点をおく改善がなされた。特に，生徒自身の手による課題解決を中心に据える授業を目指した。これらの改善は一定の成果を挙げることができたが，国語科においては，言語活動を目的と勘違いさせるようなメッセージが発せられたこともあり，授業改善は十分でない部分もあった。

　さらに，その後の今日的課題として，Society 5.0の社会における学びの在り方，特に個別最適化への対応，GIGAスクール構想への対応，SDGs達成のための資質能力の育成など新しい課題が山積し，さらなる授業改善が求められているのである。今，学校現場では学習指導要領の趣旨を受け，新しい教育課題に対応した授業の実現のために，先生方の創意工夫に満ちた授業が展開されている。日本の教育は優秀で誠実な先生方の努力で支えられているのである。

　本書は，光村図書の教科書教材を用いており，指導事項などは教科書の編集趣意に沿っているが，指導方法や生徒の言語活動には各執筆者たちの研究成果に基づく工夫が凝らされている。執筆に当たったのは21世紀国語教育研究会の会員の先生たちである。本会は東京都を中心とする中学校の管理職を含む教員による会で，発足から21年，会員数約150名の組織である。常に生徒の主体性を引き出し，国語好きを育てる授業を心掛けており，月に一度の定例会や年に一度の全国大会，執筆活動などで切磋琢磨している。本書の基本的な執筆方針は第一章に述べているのでご覧いただきたい。

　本書が，中学校の国語科授業に携わる全国の先生方のお役に立てば幸いである。

編著者　東京女子体育大学名誉教授　田中洋一

本書の使い方

単元構想のページ

単元の目標と評価規準を、三観点で示しています。

2 多様な視点から

クマゼミ増加の原因を探る　（4時間）

1 単元の目標・評価規準

・情報と情報との関係の様々な表し方を理解し使うことができる。〔知識及び技能〕(2)イ
・文章全体と部分との関係に注意しながら、主張と例示との関係などを捉えることができる。
〔思考力，判断力，表現力等〕C(1)ア
・文章と図表などを結び付け、その関係を踏まえて内容を解釈することができる。
〔思考力，判断力，表現力等〕C(1)ウ
・言葉がもつ価値を認識するとともに、読書を生活に役立て、我が国の言語文化を大切にして、思いや考えを伝え合おうとする。「学びに向かう力，人間性等」

知識・技能	情報と情報との関係の様々な表し方を理解して使っている。((2)イ)
思考・判断・表現	「読むこと」において、文章全体と部分との関係に注意しながら、主張と例示との関係などを捉えている。(C(1)ア) 「読むこと」において、文章と図表などを結び付け、その関係を踏まえて内容を解釈している。(C(1)ウ)
主体的に学習に取り組む態度	粘り強く表現の効果について考え、学習の課題に沿って自分の考えを発表しようとしている。

単元構想に役立つ教材の特徴と、身に付けさせたい資質・能力について解説しています。単元計画と授業づくりに役立ててください。

2 単元の特色

教材の特徴

本単元は、小見出しによって論の展開が分かりやすく示されており、展開を捉えやすい。また、その論の展開は、仮説を立てそれを解明することを重ねることで「クマゼミ増加の原因」に迫っていくという科学的な検証方法に沿っている。そして結論で筆者は「世間一般にいわれていることをうのみにするのではなく、科学的な根拠を一歩一歩積み上げて臨む姿勢が大切である」と主張している。

また、意見の確かさを補足するために、数多くの図表を用いることで読者の理解を促している。文章と図表などを結び付けながら、その関係を踏まえて内容を解釈する力を養うためのテキストとして最適である。本文と図表などをどのように結び付けると理解が深まるのかを考えさせながら読み進めていきたい。

72　2　多様な視点から

身に付けさせたい資質・能力

　本単元では，学習指導要領C(1)ア「文章全体と部分との関係に注意しながら，主張と例示との関係などを捉える」力を育成することに重点を置く。この資質・能力を身に付けるための言語活動として「構成（否定された説を入れたこと）が効果的であったかどうかについて考える」活動を設定する。

　また，本教材は，前述したように本文と図表などの結び付きを考えるのに最適な文章である。そのため，C(1)ウ「文章と図表などを結び付け，その関係を踏まえて内容を解釈すること」や〔知識及び技能〕(2)イ「情報と情報との関係の様々な表し方を理解して使うこと」についても関連して指導する。

3　学習指導計画（全4時間）

時	○主な学習活動	☆指導上の留意点　◆評価規準
1	○単元の目標を確認する。 ○本時の目標を確認する。 ○新出漢字・新出語句について確認をする。 ○教科書を通読する。 ○文章を読んでみて気付いたことや疑問に思ったことを共有する。 ○振り返りをする。	☆学習に見通しがもてるようにする。 ◆意欲的に文章の内容を理解しようとしている。【主】
2	○本時の目標を確認する。 ○本文を図示して，内容を捉える。 ○まとめたものを発表する。 ○振り返りをする。	☆情報における既習事項と結び付けながら指導する。 ☆図示して情報を整理することで，文章の構成や内容を捉えられるようにする。 ◆情報と情報の関係の様々な表し方を理解して使っている。【知・技】
3	○本時の目標を確認する。 ○図形と文章のつながり，図表の特徴，効果，役割について考える。 ○まとめたものを発表する。 ○振り返りをする。	☆グループごとに図表等を振り分けて，本文とのつながり，図表等の効果や特徴，その役割について分析させる。 ◆文章中に示された図や表と関連させて文章の内容を理解している。【思・判・表】
4	○本時の目標を確認する。 ○自分の考えをつくる。 ○班で考えを共有する。 ○班の考えをクラスで共有する。 ○振り返りをする。	☆表現の効果について自分の考えをもたせる。 ◆文章全体と部分との関係に注意しながら，主張と例示との関係などを捉えている。【思・判・表】 ◆粘り強く表現の効果について考え，学習の課題に沿って自分の考えを発表しようとしている。【主】

単元全体の学習指導計画を一覧できる表です。主な学習活動が記載されているので，おおまかな流れをつかむことができます。評価規準は毎時の評価規準例と合致しています。指導上の留意点と合わせて付けたい力の見通しをもちましょう。

本時のページ

本時の指導の重点と，展開に即した主な評価規準の例を示しました。

1/4時間　クマゼミ増加の原因を探る

指導の重点
・語句の意味を確認し，本文の内容を捉えさせる。

本時の展開に即した主な評価規準例（Bと認められる生徒の姿の例）
・意欲的に文章の内容を理解しようとしている。【主】

生徒に示す本時の目標を明記しています。

ダウンロードして使えるワークシートがあります。改変可能なWordデータですので，学級の実態に応じてアレンジして使ってください。（ダウンロードのためのパスワードは目次ページに記載しています）

各時間の授業の要所（ポイント）を示しています。

生徒に示す本時の目標
語句の意味を確認し，本文の内容を捉えよう

1　導入
T：セミについて知っていることは何がありますか。知っていることをワークシート①に書き出してみましょう。
○普段は，あまり意識して考えることがないと思われるので，生活の中でセミについて知っていることを振り返らせる。生徒からは次のようなことが挙がると考えられる。
・夏になると鳴いている
・アブラゼミ，クマゼミ，ニイニイゼミ…
・地中で生活している
・抜け殻がよく落ちている
・地上で羽化すると一週間ぐらいの命
・液体をかけられたことがある

ポイント　本文に興味をもたせる
生徒に生活の中で聞いているセミの鳴き方などを思い出させる。普段，聞いている鳴き声がどのような種類のセミのものなのか意識させる。また，実際にデジタル教科書などを使って音声を聞かせることで，セミや本文に興味がもてるようにする。

2　新出漢字・進出語句を確認
T：この単元に出てくる新出の漢字と語句を確認します。ワークシートの②～④を解きましょう。
○新出漢字の読みの確認をする。
○新出語句の意味を例文を基に自分なりに考えて書く。分からない語は辞書を引かせる（タブレット等で調べさせてもよい）。
○新出語句を使って例文をつくらせる。

ポイント　語彙の獲得
本文を読んで困らないように本文で使用される新出漢字や語句についてあらかじめ確認しておく。辞書やタブレット等を使用して意味を調べることは大切であるが，前後の文脈を利用して自分の言葉で言い換える作業も有効である。ここではできる限り自分の言葉で言い換えさせたい。

3　教科書を通読する
T：では教科書を読んでいきます。本文の書き方の特徴として気付いたことを挙げてもらいますので，どのような特徴があるのかを意識しながら読み進めましょう。また，先ほど確認した新出漢字や語句が，どこで使われているのかを確

74　●　2　多様な視点から

本時で必要な準備物を記載しました。（教科書・ノート・鉛筆・1人1台端末［タブレット］は，準備物への記載はありません）

準備物：ワークシート，国語辞典

展開に沿った具体的な板書例を提示しています。

```
クマゼミ増加の原因をさぐる

本時の目標
　語句の意味を確認し，本文の内容を捉えよう

1
・夏になると鳴いている
・アブラゼミ，クマゼミ，ニイニイゼミ…
・地中で生活している
・抜け殻がよく落ちている
・地上で羽化すると一週間ぐらいの命
・液体をかけられたことがある

5
・見出しが付けられていた。
・見出しで段落が分かれていた。
・図表や写真がたくさん使われていた。
・実際に調べた事実が書かれていた。
・筆者の日ごろの経験をきっかけに研究を進めている。
・仮説を立てて検証している。
```

認してください。また，意味の分からない語句があれば線を引いておき，後で調べましょう。
○範読するかデジタル教科書を使用して音声を聞かせ，その後読ませる。

4　気付いたことや疑問に思ったことを書く
T：本文を読んで気付いたことや疑問に思ったことがあれば，ワークシートの5に書き出してみましょう。
○気付いたことや疑問に思ったことをできるだけたくさん書くよう促す。
T：全体で，気付いたことや疑問に思った点を共有します。各自一つずつ挙げてください。
○気付きや疑問点を整理して板書する。
〈予想される生徒の発言〉
・見出しが付けられていた。
・見出しで段落が分かれていた。
・図表や写真がたくさん使われていた。
・実際に調べた事実が書かれていた。
・筆者の日ごろの経験をきっかけに研究を進めている。
・仮説を立てて検証している。など

5　次時の確認をする
T：次の時間は内容を整理していきます。

○生徒が見通しをもてるようにする。

6　振り返りをする
T：本時の目標は「語句の意味を確認し，本文の内容を捉えよう」でした。新出語句の意味を確認し，本文のおおまかな内容を捉えることができたでしょうか。ワークシートに今日の学習の振り返りを記入をしましょう。
○ワークシート「振り返り」の欄に，記入させる。

予想・期待される生徒の発言・作品例を適宜掲載しています。

CONTENTS

目次

はじめに
本書の使い方

ワークシートについて
本書でマーク記載のあるワークシートは，右のQRコード，または下記URLより無料でダウンロードできます。
※教材のご利用にはMicrosoft Officeが必要です。
※データは，お使いのPC環境によって
　レイアウトが崩れる場合があります。あらかじめご了承ください。

URL　　　：http://meijitosho.co.jp/491129#supportinfo
ユーザー名：491129
パスワード：365chukokugo1

第1章　これからの国語科の授業が目指すもの
——授業づくりのポイントと評価

Ⅰ　国語科で育てる学力　　　014
Ⅱ　国語科の授業改善の視点　　　015
Ⅲ　ICTの活用　　　019
Ⅳ　目標と評価規準の設定　　　020

第2章　365日の全授業　1年

朝のリレー　　　024
（2時間）

言葉に出会うために

声を届ける　野原はうたう　　　030
（1時間）

書き留める／言葉を調べる
続けてみよう　　　034
（2時間）

1　学びをひらく

はじまりの風 ──040
（4時間）

季節のしおり　春 ──050

［聞く］情報を聞き取り，要点を伝える ──052
（1時間）

言葉1　音声の仕組みや働き ──056
（1時間）

話の構成を工夫しよう　一枚の写真をもとにスピーチをする ──060
（4時間）

漢字1　漢字の組み立てと部首 ──070
漢字に親しもう1
（1時間）

2　新しい視点で

ダイコンは大きな根？ ──074
（2時間）

ちょっと立ち止まって ──080
（3時間）

情報整理のレッスン　比較・分類 ──088
（1時間）

情報を整理して説明しよう
発見したことをわかりやすく書く ──092
（4時間）

言葉2　指示する語句と接続する語句 ──102
（1時間）

3　言葉に立ち止まる

空の詩　三編 ──106
詩の創作教室
言葉3　さまざまな表現技法
（4時間）

比喩で広がる言葉の世界 ──116
（2時間）

文法への扉1　言葉のまとまりを考えよう ──122
（1時間）

語彙を豊かに　心情を表す言葉 ……… 126
（1時間）

情報×SDGs
情報収集の達人になろう ……… 130
コラム　著作権について知ろう
（3時間）

いつも本はそばに
読書を楽しむ ……… 138
（1時間）

本の中の中学生　あと少し，もう少し／西の魔女が死んだ ……… 142
読書案内　本の世界を広げよう
コラム　本との出会い
（1時間）

季節のしおり　夏 ……… 146

4　心の動き
大人になれなかった弟たちに…… ……… 148
（4時間）

星の花が降るころに ……… 158
（5時間）

項目を立てて書こう ……… 170
案内文を書く
（3時間）

［推敲］読み手の立場に立つ ……… 178
（1時間）

言葉4　方言と共通語 ……… 182
（1時間）

聞き上手になろう ……… 186
質問で話を引き出す
（2時間）

漢字2　漢字の音訓 ……… 192
漢字に親しもう2
（1時間）

5　筋道を立てて

「言葉」をもつ鳥，シジュウカラ …… 196
（5時間）

思考のレッスン1　意見と根拠 …… 208
（1時間）

根拠を明確にして書こう …… 212
資料を引用して報告する
（5時間）

漢字に親しもう3 …… 222
（1時間）

文法への扉2　言葉の関係を考えよう …… 226
（2時間）

聴きひたる　大阿蘇 …… 232
（1時間）

季節のしおり　秋 …… 236

6　いにしえの心にふれる

古典の世界 …… 238
音読を楽しむ　いろは歌
（1時間）

蓬莱の玉の枝―「竹取物語」から …… 242
古典の言葉
（4時間）

今に生きる言葉 …… 252
漢文を読む
（3時間）

7　価値を見いだす

「不便」の価値を見つめ直す …… 260
（4時間）

思考のレッスン2　原因と結果 …… 270
（1時間）

漢字に親しもう4 …… 274
（1時間）

［話し合い（進行）］進め方について考えよう …… 278
（1時間）

季節のしおり　冬 …… 282

話題や展開を捉えて話し合おう ― 284
グループで語り合い，ものの見方を広げる
（4時間）

いつも本はそばに
研究の現場にようこそ ― 294
四百年のスローライフ／はやぶさ2　最強ミッションの真実
読書案内　本の世界を広げよう
（1時間）

8　自分を見つめる
少年の日の思い出 ― 298
（7時間）
漢字に親しもう5 ― 314
文法への扉3　単語の性質を見つけよう ― 316
（2時間）
二十歳になった日 ― 322
（4時間）
構成や描写を工夫して書こう ― 332
体験を基に随筆を書く
（5時間）
漢字3　漢字の成り立ち ― 344
（1時間）
一年間の学びを振り返ろう ― 348
要点を資料にまとめ，発表する
（4時間）
ぼくが　ここに ― 358
（2時間）
国語の力試し ― 364
（3時間）

＊本書の構成は，光村図書出版株式会社の教科書を参考にしています。

第1章 これからの国語科の授業が目指すもの
——授業づくりのポイントと評価

Ⅰ 国語科で育てる学力

1 学校教育において育成を目指す資質・能力

　平成29年に告示された現行学習指導要領は，育成を目指す資質・能力として全教科共通に次の三点を示している。

- ・「何を理解しているか，何ができるか（知識・技能）」
- ・「理解していること・できることをどう使うか（思考力・判断力・表現力等）」
- ・「どのように社会・世界と関わり，よりよい人生を送るか（学びに向かう力・人間性）」

　これらを，授業等の教育活動を通して育成することになっている。当然，教科指導においても，目標に反映させ，評価の観点や規準に取り入れることが求められている。
　これを受けて「『令和の日本型学校教育』の構築を目指して（答申）」（令和3年）では，2020年代を通じて目指す学校教育の姿として，「個別最適な学び」「協働的な学び」「主体的・対話的で深い学び」「ICTの活用」等をキーワードにし，学校教育の充実を提言しているのである。

2 国語科の課題

　国語科に関する児童・生徒の意識調査は多くあるが，それらの共通点として小学校中学年あたりから，「退屈で面白くない」教科であると感じる児童・生徒が増え，中学生になると「答えがあいまいで学習しにくい」と感じる生徒が増えるようになる。さらに「教師と意見が合わないと正解にならない」と思う生徒も増える。その結果，国語は好きな教科でなく，どのように勉強したらよいか分からない教科であると感じる生徒が多くなる。
　もともと国語科は文字を獲得する初期以外は，新しいことを学ぶというよりも，すでにある程度できることをスパイラルに学び，資質・能力を向上させていく教科である。したがって前述した課題は教科の特性にも関連するが，それだけでなく，授業の流れが明確でなく，子供の思考をいざなう深い学びが少ないという課題が現状の授業にあることは否めない。
　国語の授業の陥りがちな特徴には次のようなものがある。

○生徒がある程度できる教科であるので，「読み方」や「書き方」の技能を指導していない。
　したがって，読むこと，書くことなどを経験させているだけの授業が多い。この結果，国語の得意な生徒はよいが，苦手な生徒は学習効率が悪い授業になり，成就感ももてなくなる。
○文章を読んで内容を理解する課題と，読み取った内容について自分の考えをもつ課題が混在

していることが多い。この結果，生徒は自由に考える課題でも，自信がもてず深く考えようとしない。また国語の学習方法が分からないという生徒が増えることにもなる。

本書ではこれらの課題に対し，生徒が言葉を駆使して言語活動をすることの楽しさを味わえるように工夫した。また生徒が成就感を味わえるように学習の道筋を明確にしている。

Ⅱ　国語科の授業改善の視点

1　「知識及び技能」と「思考力，判断力，表現力等」

現行学習指導要領国語の特色に「知識及び技能」と「思考力，判断力，表現力等」の育成方針が明確化されたことが挙げられる。というのは長い間，国語科はこの両者を明確に分けて来なかったからである。平成元年版学習指導要領の実施に伴い導入された観点別学習状況の評価では，多くの教科で「知識・技能」と「思考・判断」を分けて示したのに対し，国語科では，教科の特質により，領域ごとに独自の指導事項と評価規準を設けてきた。これについては評価の分かれるところであるが，少なくとも生徒に教えることは教え，考えさせることは考えさせるという教育の基本の上では課題が多かったのである。そこで今回の学習指導要領では「知識・技能」と「思考・判断」の指導事項を分けて示し，育成する資質能力を明確にしたのである。

本書では，この考えに基づき「知識及び技能」は，固有の知識及び技能を習得させるとともに，それらを既有の知識及び技能と関連付けて活用できるようにしている。文法や漢字についても丸暗記するのではなく，文章を読んだり書いたりする中で使える知識として身に付けさせることを目指している。また，「思考力，判断力，表現力等」については，生徒に考えさせるための課題設定や展開を工夫して，深い思考をいざなう授業を提案している。

2　主体的・対話的で深い学び

現行学習指導要領は，「主体的・対話的で深い学び」を通して生徒の学力を育てることを求めている。本書もその趣旨に沿った授業提案をしている。本書の基本的な考えは以下である。

まず「主体的」な学びについてである。例えば体育の短距離走の時間に，教師が「今日は50メートル走を10本ずつ走る」と指示し，生徒は汗だくになって走る。このような学習を主体的な学びと言うだろうか。生徒が一生懸命に学習していることは間違いないが，主体的と言うには違和感がある。それは，生徒が教師の指示通り活動しているだけで，自身の思考や工夫が見られないからである。これに対して，五輪選手と自分の走り方をビデオで比べ，自分の走り方の短所を見付け，それを直す練習方法を各自工夫するという事例なら主体的な学びと言えよう。要は生徒自身が考えて課題に取り組むことが主体的な学びの条件になるのである。

次に「対話的な学び」である。これは，他者の意見に触れることにより自分の考えを吟味したり再構築したりすることである。話合いはその一方法である。
　このような主体的・対話的な学びを通じて考えを深めることが深い学びである。本書では，まず生徒に自分の考えをもたす。次に交流し他者の意見に触れる。最後に交流の成果として自分の考えを深めるという過程を基本としている。（時数によっては一部を省略している）

3　「読むこと」における深い学び

　「読むこと」は国語科の授業の中で最も多く行われる活動であるが，これにもそれぞれの段階があることに留意する必要がある。読みの段階を三つに整理すると次のようになる。

【文学的な文章の場合】
○第一段階の読み
　叙述を正しく読み，書かれていることを捉える。（登場人物や背景，粗筋等を捉える）

○第二段階の読み
　直接，表現されていないが，表情，動作等の叙述や，前後の展開などから，誰が読んでもほぼ同じように読めるところを読む。
　例１）「楽しそうに話していたＡ君とＢ君だが，Ａ君が突然立ち上がり，ドアをバタンと閉めて出て行った」（前後の状況や動作から，感情の行き違いがあったことを読み取る）
　例２）「彼女はその話を聞いて肩を落とした」（「肩を落とす」という慣用的な表現から心情を読み取る）等である。

○第三段階の読み
　叙述されていないことを，周辺の叙述を基にして想像しながら読む。
　例）「メロスを最後まで支えたものは何だったのか」
　友情，正義感，家族愛，プライド，国王への意地等，叙述を読みながら，一番大きな要素であると思われるものを考える。

　このように，第一段階は誰が読んでも同じ答えになる基礎的な課題である。第二段階も読み手による多少の違いはあっても概ね同じ線上の解釈になる。
　それに対して，第三段階の読みは，読み手が自分の考えで深める読みである。もちろん叙述を土台にすることが必要であり単なる空想ではない。第一段階，第二段階の読みを基にして，それに読み手の感性を加えて読むのである。これは多様な読みが許容される読みで，かなり広い範囲の「正解」がある問いである。このような問いを単元の中心に据える。それにより，生

徒は「私は〜と読む」という意見がもて，自分の解釈や感想と異なる他者の意見を聞くことにより，新たな気付きをもったり自分の読みに確固たる自信をもったりするのである。結果として文学を味わうことの奥深さと，それを追究することの楽しさに気付き，生徒のさらなる主体性を引き出すことにもなる。現状の授業には第三段階の読みの課題もあるが，実際は第一段階から第三段階までのものが混在していることがあり，生徒は「国語は答えがあいまいで勉強しにくい」「先生のまとめに納得しにくい」などの感想をもつことが多くなっている。

【説明的な文章の場合】
○第一段階の読み
　叙述を正しく読み，書かれていることを捉える。

○第二段階の読み
　叙述されていることを整理しながら読む。（事実と意見とに分ける。問題提起の部分と結論の部分を整理する。段落の意味を捉え，段落相互の働きを捉える等）である。

○第三段階の読み
　書かれている内容や論の展開に対して，評価，選択，補充等，自分の考えをもちながら読む。
　例１）環境問題についての三つの提言があるが，自分にとって最も大事だと思うのはどれか。
　例２）環境問題を論じている二人の学者の意見のうち，論の展開に納得がいくのはどちらか。

　文学的な文章の授業と違い，従来の説明的な文章の授業は，ほとんどが第二段階の読みで終わっている。第三段階の読みは，PISA調査で示されているリーディング・リテラシーを活用した読みと同じ方向性で，読み取ったことを活用したり，それを基に自分の意見をもったりする読みである。これらは学習指導要領に示された「考えの形成」に該当する読みである。21世紀型学力として変化の激しい社会において自ら考え，主体的に解決し，よりよく生きていくために必要な力を育てる学習活動と位置付けられる。

　第三段階の読みの課題を授業の中心的な位置に設けることで，文章を正しく理解するだけの授業から一歩進むことができる。そして各生徒がそれぞれ自分なりの考えをもつことで主体的な学びが成立する。第一段階や第二段階の読みでは答えが一つに集約されるので交流しても答え合わせに終始してしまうが，多様な考えが生まれる課題であるからこそ対話的学びが充実し，深い読みにつながる。このように他者と意見交流をしながら自分の読みを追求していく行為は文章を読むことの面白さそのものであり，生徒の意欲を引き出すのにも有効である。

4 「書くこと」「話すこと」における深い学び

　「書くこと」と「話すこと」の表現活動は，一般には理解の活動よりも思考・判断の力を育てると思われがちである。しかし，これも生徒に何を考えさせ，どこで工夫させるかを想定し，課題を設定しないと活動すること自体が目標になってしまう傾向がある。

(1)「書くこと」の場合

　例えば行事作文や，読書感想文などは作文課題の定番と言えようが，これらには「何のために書くのか」「誰が読むのか」という表現活動に必須の条件が設定されていないことが多い。
　生徒は相手や目的に応じて，素材を文章化する対象として整理し，表現や文体，用語などを工夫する。文章の長さも本来は，相手や目的に応じて必要な分量で書けることが文章力の一つと言えよう。「これから運動会を終えてという作文をする。内容は自由，原稿用紙四枚以上」という指示は，生徒が考えるための必要な情報を何も与えていないのである。
　これが例えば「部活動でお世話になっている近所のご老人のAさん（実在の人物）が，君たちの運動会を楽しみにしていたのだが，あいにくお仕事で来られなかった。Aさんに，自分たちの運動会がこんなに楽しかったということをお知らせする手紙を書こう」という設定ならどうであろうか。相手はAさんという実在の人物である。目的は，「運動会を見たがっていてかなわなかったAさんに，運動会が楽しかったことをお知らせする」である。
　生徒はこの設定により，まず運動会という行事の中で，楽しかったことが伝わる（当然Aさんが喜んでくれる）場面やエピソードを探すことになる。つまり運動会という素材を文章の対象に応じて整理するのである。そこにはAさんという人物の人間性や，自分たちとの関わりの程度，また中学生の運動会における「楽しさ」の解釈などが必要である。このような経緯をたどって文章がつくられていく。また「相手」が既に知っている情報は不要であり，必要な情報だけを選ぶという作業も行われる。またAさんに通じる言葉や失礼でない表現を選ぶこともする。さらに，クラス全員がそれぞれ手紙を書くなら，それに相応しい長さはどのくらいかを考えることも必要になる。これら全てが適切に判断できることが文章力なのである。
　このような条件を設定することで推敲も，より有効な活動として設定できる。推敲を学習活動に設定する場合は次のように整理することが有効である。

○推敲A→誤字，脱字，主述や係り受け，呼応のねじれ等。誤っている部分を正しく直す。
○推敲B→相手に対して目的が達成される文章になっているかどうかを確認する。
○推敲C→より高いレベルを目指して表現や構成を磨く推敲。日記や随筆なら，そのときの心情をより適切に表す語を探す。報告文や記録文などでは，無駄な表現をそぎ落として，より分かりやすくするなどの視点で文章を直す。

授業で推敲させることは多いが，教師の指示が明確でないと，ＡＢＣのどのレベルの推敲をしてよいのか生徒は分からない。一般に推敲Ａは正誤を扱うので，誰が推敲しても結果はほぼ同じになるはずである。推敲Ｂは深い学びのための推敲と言える。推敲に臨む姿勢は，読み手になったつもりで目的が達成されているかを確認しようとする試みである。前述の例で言えば，地域のご老人のＡさんになったつもりで読み，運動会の楽しさが伝わるかどうかという視点で推敲することである。相手と目的を意識した作文の仕上げに相応しい推敲である。推敲Ｃは，筆者の思いや感覚の問題に踏み込む推敲である。推敲ＡとＢは相互推敲にも適しているが，Ｃは文章力のある生徒ほど他者のアドバイスに違和感を覚えることが多い。その場合は相互推敲でなく，感想交流とすることが適切であろう。
　このように推敲の目的を明確にすることで，生徒が深く考える活動となるのである。

(2)「話すこと」の場合

　スピーチやプレゼンテーションなどの表現活動の場合は，作文と同様に「相手」と「目的」を明確に設定することで，生徒の思考は深まる。例えば自己紹介の3分間スピーチなどを実施する場合にも，目的は「自己紹介」，相手は「クラスの友達」という程度の設定でなく，より生徒の思考を深めるように設定する。目的や相手は生徒に付けたい力を考慮し，実施する時期などに合わせて，例えば次のように設定することが考えられる。「新しいクラスになって3ヶ月が過ぎた。普段一緒のクラスで生活しているので，学校での様子はかなり分かり合えてきた。今日は，普段見せない自分の別の面を紹介して，より親しくなってもらおう。」
　これにより，目的と相手が明確になる。目的は「より親しくなってもらう」ことであるから紹介するエピソードはみんなからポジティブな印象をもたれるものでなくてはならない。また相手は3ヶ月間一緒に生活してきたが，まだ自分のことはよく知らないことがある友達であるので，野球部に入っているとか数学が得意だとかのみんなが知っている情報は，あまり価値がないことが分かる。みんなが意外に思い，その結果，自分の好感度が上がる内容を考えることになる。生徒が内容や表現について思考したスピーチをするような設定が大切なのである。
　以上の例から分かるように，要は生徒一人一人に自分の考えをもたせる課題を設定することが深い学びにつながるのである。そして，その課題を解決するという明確な目的をもたせることである。考えるということは個人の能力や適性に応じて行われるし，対話的な学びはほかとの違いを認識することになるので，個別最適の面からもふさわしい学びである。本書はできるだけこのようなプロセスを通して，生徒の深い学びを達成しようとする事例を紹介している。

Ⅲ　ICTの活用

　文部科学省は，生徒一人一人に個別最適化され創造性を育む教育を実現するため，ICT環境

を充実するよう求め，1人1台の端末や高速大容量の通信ネットワークを整備する方針を示し，それは実現しつつある。現在はICTの有効性について吟味しながら使っている段階である。したがってICTを使うことが有効である場面では積極的に使う姿勢が望まれよう。

　国語科におけるICTの活用については，例えば情報の提示や整理の場面，意見集約の場面等が最も効果的に機能するところであるが，その情報を吟味したり評価したりするのは人間である。したがって情報の量や考える時間等は人間が対応できることを想定した設定が必要である。ICTの機能は日進月歩に向上しているので，ICTの長所と短所も刻々変わるが，常に学習者である人間を中心とした配慮が必要である。本書では，全国でICT環境にまだ差があることを考慮した上で，ICTを活用した事例を示している。

Ⅳ　目標と評価規準の設定

　学習指導要領の改訂に合わせて，国立教育政策研究所による「評価規準の作成，評価方法等の工夫改善のための参考資料」が示されている。今回の資料は，学習指導要領の規定から評価規準を作成する際の手順を示している。それを要約すると次のようになる。

1　単元の目標の設定

　年間指導計画や前後の指導事項を確認し，系統的な指導になるように目標を設定することが基本である。本書では各単元における指導事項を，光村図書の内容解説資料にある指導事項配列表に従って作成した。光村図書は全国の先生方の目安になるよう，一単元に多めの指導事項を設定していることがあり，その場合は全ての指導事項を指導しなくてもよく，年間を通して学習指導要領の全ての指導事項が指導できればよいという考えである。本書はそれを承知で，できるだけ示された全ての指導事項と評価規準を示した。それは，読者の方がどの指導事項を選んでも参考になるようにという配慮である。また本書独自の展開を試みて，光村図書の示した指導事項以外のものも設定していることがある。したがって指導事項が多すぎると感じられることもあるだろうが，編集の趣旨をご理解いただき，適宜，選択して活用していただきたい。

　　○「知識及び技能」の目標
　　　本単元で指導する学習指導要領に示された「指導事項」の文末を，「～している」として作成する。
　　○「思考力，判断力，表現力等」の目標
　　　「知識及び技能」と同様に，本単元で指導する学習指導要領に示された「指導事項」の文末を「～している」として作成する。
　　○「学びに向かう力，人間性等」の目標
　　　いずれの単元についても当該学年の学年目標である「言葉がもつよさを～思いや考えを伝え合おう

とする」までの全文をそのまま示す。

2　単元の評価規準の作成

指導事項を生かし，内容のまとまりごとの評価規準を作成することが基本である。

○「知識・技能」の評価規準の作成
　当該単元で育成を目指す資質・能力に該当する〔知識及び技能〕の指導事項について，その文末を「～している」として「知識・技能」の評価規準を作成する。なお単元で扱う内容によっては，指導事項の一部を用いて評価規準を作成することもある。

○「思考・判断・表現」の評価規準の作成
　当該単元で育成を目指す資質・能力に該当する〔思考力，判断力，表現力等〕の指導事項について，その文末を「～している」として「思考・判断・表現」の評価規準を作成する。なお指導事項の一部を用いて評価規準を作成することもある。評価規準の冒頭には当該単元で指導する一領域を「（例）『読むこと』において～」のように明記する。

○「主体的に学習に取り組む態度」の評価規準の作成
　a「知識及び技能を習得したり，思考力，判断力，表現力等を身に付けたりすることに向けた粘り強い取り組みを行おうとする側面」と，b「粘り強い取り組みを行う中で，自らの学習を調整しようとする側面」の双方を適切に評価する。文末は「～しようとしている」とする。

　本書では，国の示した評価の趣旨を尊重して評価規準を作成している。しかし，実際の授業で指導と評価が一体化するために，毎時の指導事項と評価規準は，より具体的に授業展開に沿ったものを示している。
　以上の編集趣旨をご理解いただき，参考にしていただけると幸いである。

（田中洋一）

第2章　365日の全授業　1年

朝のリレー　（2時間）

1　単元の目標・評価規準

・音声の働きや仕組みについて，理解を深めることができる。　　　〔知識及び技能〕(1)ア
・言葉がもつ価値に気付くとともに，進んで読書をし，我が国の言語文化を大切にして，思いや考えを伝え合おうとする。　　　「学びに向かう力，人間性等」

知識・技能	音声の働きや仕組みについて，理解を深めている。　((1)ア)
主体的に学習に取り組む態度	積極的に詩を音読し，学習の見通しをもって詩の魅力を考えて，表紙にまとめようとしている。

2　単元の特色

教材の特徴

　「朝のリレー」は教科書を開くと最初に出会う教材である。中学校に入学したばかりの生徒たちのこれから始まる学習への大きな期待を受け止め，小学校の学習と中学校の学習をつなぐ役割をもっていると考えられる。

　詩は韻文であり，音の響きを楽しむ文といえる。「朝のリレー」を音読すると，対句の流れるようなメロディーに気付くだろう。また，倒置の効果によって，朝のリレーのイメージを印象的に受け止めることができる。二か所だけある断定の「だ」の強さ，「カムチャツカ」の響きのよさなど，音読することで言葉の響きを楽しめる詩である。音読することでの気付きを大事に教えることで，次の単元の「声を届ける」やその後の詩の学習へとつなげることができる。

　この単元では詩の表現技法については触れないが，後ほど「さまざまな表現技法」を学習する機会があり，「比喩で広がる言葉の世界」のように比喩について理解を深める単元もある。それらの単元との関連を意識しながら単元を構想することは大切である。直接，表現技法に触れずとも，「音」の響きからこの詩の魅力を捉える際に，対句や倒置や比喩のところを「よい」と捉える生徒はいるだろう。その発見を教師が受け止め，適切に評価し，他の単元の学習につながる可能性を拓く教材として生かしたい。

身に付けさせたい資質・能力

　この単元では，小学校で繰り返し取り組んできた音読を活動の中心に据え，「音」を入口と

して様々な表現のおもしろさや魅力に気付かせることで，これから始まる「言葉」の学習への意欲を育てたい。

　目標にある「音声の働きや仕組み」への理解を深めるためには，黙読をしたり，朗読を聞いたり，いろいろな方法で音読をしたりするなど，様々な「音」でこの詩に触れさせ，受ける印象の違いや新たな発見について様々な考えを共有することが大切である。また，そこでの気付きを生かす方法として，表紙を作るという言語活動を設定している。

3　学習指導計画（全2時間）

時	○主な学習活動	☆指導上の留意点　◆評価規準
1	○「音」で詩に触れ，違いやよさを見つける。 ・黙読，朗読を聞く，音読する，様々な音読の仕方をするなど，「音」で詩に触れる。 ・黙読と音読の違い，読む人による受け取り方の違い，読んでみて響きがよいと感じたところなど，「音」から受ける印象をたくさん挙げ，発見を整理する。	☆黙読と音読では詩の感じ方が違う。詩は音の響きを楽しむ文であることを気付かせる。 ◆音読を通して，黙読と音読の違いや受け取り方の違い，響きがよいと感じたところなどを見つけている。【知・技】 ◆積極的に詩を音読し，学習の見通しを持って違いやよさを見つけようとしている。【主】
2	○「音」によって気付いた詩のよさから魅力を考え，詩の表紙にまとめる。 ・第1時で整理したよさを振り返り，なぜよいのか，詩の魅力を考える。 ・一番よいと思う部分を選び，その魅力を生かして詩の表紙を作る。 ・作った表紙を共有し，詩の魅力を味わいながら音読する。	☆次の「声を届ける」という単元で詩の音読の発表を行うため，ここでは音読の個別やグループでの発表は行わず，音読することで魅力を発見することに重点を置く。 ◆響きがよいと感じた部分とその理由から詩の魅力について考え，表紙にまとめている。【知・技】 ◆詩の一番の魅力を考え，それを伝える表紙を作ろうとしている。【主】

1 朝のリレー

1/2時間

指導の重点
・音声の働きや仕組みについて理解を深めさせる。
・詩を音読し、音の響きのよい部分を見つけさせる。

本時の展開に即した主な評価規準例（Bと認められる生徒の姿の例）
・音読を通して、黙読と音読の違いや受け取り方の違い、響きがよいと感じたところなどを見つけている。【知・技】
・積極的に詩を音読し、学習の見通しを持って違いやよさを見つけようとしている。【主】

生徒に示す本時の目標
詩を「音」で感じ、違いやよさを見つけよう

1 導入としてこれまでの学習を振り返る
○詩に対してどんなイメージを持っているかを自由に発言させ、確認する。
T：みなさんは詩が好きですか？
T：詩のどのようなところが好きですか。また、詩のどこが難しいと思いますか。
○小学校で読んできた詩について振り返る。
T：小学校で学習した詩で、印象に残っている詩はありますか。
T：どのようなことが印象に残っていますか。また、どのような方法で詩を読みましたか。

ポイント　詩へのイメージを把握する
生徒たちは小学校でも数多くの詩に触れており、詩に対しておもしろくて好きだという前向きなイメージを持っている生徒もいれば、詩は何を言っているのかが分からなくて難しいと、ネガティブなイメージを持っている生徒もいる。教材に対するイメージは、声掛けの仕方や、手立てなど、授業の進め方に大きく関係するものなので、最初に把握しておきたい。

2 小学校の詩の学習で印象に残っている詩を一つ取り上げ、学習課題を提示する
○印象に残っていると生徒が挙げた詩の中から、音読することの魅力が感じられる詩を一つ取り上げ、プロジェクターに映す。
○最初は声に出さずに目だけで読ませ、次に声に出して読み、その違いを考える。
T：さきほどみなさんが印象に残っていると挙げてくれたこの詩。思い出しながら、声に出さずに目で読んでみてください。
T：どうですか？　では次に声に出して読んでみましょう。声に出さずに読んだときと、声を出して読んだときを比べてみて、何か気付いたことがありますか。
○タブレット等の付箋機能を使って書き出させたり、発表させたりする。

ポイント　取り上げる詩について
ここで取り上げる詩は、小学校の教科書をあらかじめチェックしていくつか候補を考えさせておくとよい。「音読することの魅力を感じられる詩」とは、対句や反復、音数の工夫などによりリズム感のよいものや、響きや語感のよい言葉を選んでいるものなどで、自分なりの選択の基準を持っておくようにした

準備物：シート，プロジェクター，デジタル音源，付箋

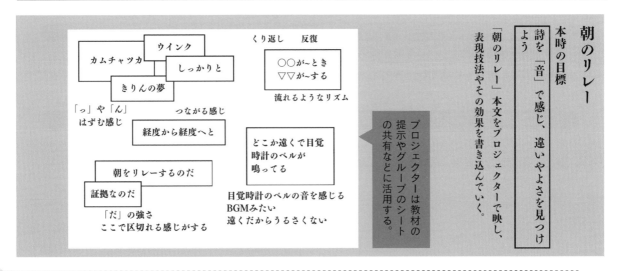

い。既習の詩を取り上げることで，初めて出会う詩よりもリズムを感じて読むことができるだろう。

○学習課題を設定する。

3 「朝のリレー」を様々な読み方で読み，響きのよいところを見つける

T：今日の学習では，今みんなが感じていたように，「音」を手掛かりに詩のよいところを見つけていきます。「朝のリレー」を読んでみましょう。

○「朝のリレー」をプロジェクターに映す。
○様々な読み方で読む。
　・黙読する
　・デジタル教科書の朗読音声を聞く
　・一人・ペア・グループで読む
　・全員で声を合わせて読む
　・低い声（高い声）で読む　　　　など
○様々な読み方を通していいなと思った表現をタブレット等の付箋機能を利用して挙げる。

4 グループで分類・整理する

T：今みなさんが挙げてくれた詩の表現をグルーピングしてみましょう。そして，いいなと思っ

た理由を別の付箋に書き込みましょう。
○グルーピング用のシートをグループ（三〜四人）分コピーし，グループごとに分類する。
○分類したら，自分がその表現をいいと思った理由を別の付箋で書き入れる。
○他の付箋について，どうしてその部分をよいと感じた人がいるのかを考え，理由を書き入れる。

5 グループで話したことを全体で共有する

○分類・整理と理由を報告する。
T：それではどのように分類したかと，いいなと思った理由を報告してください。
○他のグループの報告を聞いて，書き足したいことがあったら書き加える。
○次の時間に行う学習を確認し，見通しを持つ。
T：音読をしたことで，響きのいい表現とその理由がいろいろ見つかりましたね。次の時間はここから詩の魅力を伝えるために，一人一人がオリジナルの詩の表紙を作りましょう。

2/2時間 朝のリレー

指導の重点
・音声の働きや仕組みについて理解を深めさせる。
・学習の見通しを持って詩の魅力を考え，表紙にまとめさせる。

本時の展開に即した主な評価規準例（Bと認められる生徒の姿の例）
・響きがよいと感じた部分とその理由から詩の魅力について考え，表紙にまとめている。【知・技】
・詩の一番の魅力を考え，それを伝える表紙を作ろうとしている。【主】

生徒に示す本時の目標
　前回見つけた響きのよい部分とその理由から，この詩の魅力を見つけ，隣の人に贈る表紙を作ろう

1　前時の振り返りをし，学習課題を提示する
〇代表グループのシートをプロジェクターに映し，前回の活動を振り返る。
T：前回は，音読することを通して詩から響きのよい部分を見つけ，なぜ響きがよいのかについて考え，このように分類・整理しましたね。
〇前回の内容を思い出しながら音読をする。
〇学習課題を提示する。
T：今日はこのシートを使いながら，「朝のリレー」という詩の魅力を言葉でまとめ，それを書いた素敵な表紙を作りましょう。出来上がったものは，名刺交換やプレゼント交換のように，隣の人と交換します。
T：どのように考えるとこの詩の魅力が見つかると思いますか。
〇自由に発言させる。
T：今，挙げてくれた中から今回は特に三つの方法を使うと考えやすいと思います。「つなげる」「選び抜く」「比べる」の三つです。
〇考えるヒントを板書する。

ポイント　考える方法を示す
　例えば，「〇〇が〜とき▽▽が〜する」の反復と「目覚時計のベル」をつなげて考えると，リズム感のよい朝の音楽が聞こえてくるように感じる。また，「カムチャツカ」や「きりん」などの音を比べると，軽やかに弾む音という共通点が見え，「ツ」は上に上がる感じで「ん」は下に下がる感じがするなどの相違点が見える。

2　個人で振り返り，学習課題を考える
〇シートを見返して，自分の考えをワークシートに書く。 WS
T：まずは自分でグループのシートを見返して，自分が見つけた魅力をワークシートに書きましょう。どのくらい考える時間が必要ですか。
T：他のグループのシートも見られますから，参考にしてください。

3　個人の考えをグループで共有する
〇グループ（三〜四人）を作り，自分が考えたことを伝える。
〇他の人の考えを聞いて，新たに気付いたことを

準備物：前時のシート，ワークシート

表紙の例（「朝のリレー」とは別の詩で示す）

```
「朝のリレー」 谷川俊太郎

  「カムチャツカ」「きりんの夢」
      「ウインク」「しっかりと」
上がったり下がったり 弾むような音が、
弾むような朝をつないでくる

                    （完成のイメージ）
```

朝のリレー

本時の目標
前回見つけた響きのよい部分とその理由から、この詩の魅力を見つけ、隣の人に贈る表紙を作ろう

【考えるヒント】
・つなげる　いろいろな部分をつなげて考える
　例　「○○が～とき▽が～する」の反復と「目覚時計のベル」
・比べる　比べて共通点や相違点を考える
　例　「カムチャツカ」「しっかり」の「ッ」と「きりん」「ウインク」の「ん」「ン」
・選び抜く　一番よいと思うところに注目する　なぜそこが一番よいのか

話し合う。

T：グループで自分の考えを伝え合いましょう。他の人の考えを聞いて，グループで新しい魅力を一つ見つけてワークシートに書き込みましょう。

> **ポイント　伝え合うだけにしない**
> 話し合う際，伝え合うだけで終わってしまい，話が深まらないことがある。「みんなで新しいものを一つ見つける」という課題を出すことで，伝え合った後に目を向け，話し合うことができる。

4　表紙を作る

○グループで挙げられた魅力の中から，隣の人に贈る表紙に載せるものを選ぶ。

T：グループで挙げられた魅力の中から，隣の人に贈る表紙に載せたいと思う一番の魅力を選びましょう。自分が出したものにこだわる必要はありません。

○タブレット等で表紙を作る。（紙でも可）
〈表紙に載せる内容〉
　・詩のタイトルと作者　・魅力を伝える言葉
　・イメージに合った写真（時間があれば）

T：この中で，一番大切なものは，詩の魅力を伝える言葉です。隣の人に贈る素敵な表紙になるように工夫しましょう。

5　出来上がった表紙を交換する

○その場で交換できない場合は見せ合う。

T：自分の感じた魅力を紹介しながら渡してください。

○何人か完成したものを紹介する。
○学習のまとめをする。

T：今回は，同じ詩を，「音」という観点で読みました。いろいろな表紙が出来上がりましたね。このように詩はいろいろな受け止め方ができるものです。これからの学習でも，「詩」を楽しんで読んでいきましょう。最後に，作成した表紙をイメージしながら音読しましょう。

> **発展**
> 表紙ではなく，「自分の名前」と「詩の題名」と，「魅力を感じた表現」だけ書いたカードを複数作り，名刺交換のように自分が感じた魅力を言葉で説明しながら何人かと交換し合う活動にすると，まだクラスに慣れていないこの時期に，互いを知るきっかけとなるコミュニケーションを生み出すことができる。

言葉に出会うために

声を届ける　野原はうたう　（1時間）

1　単元の目標・評価規準

・音声の働きや仕組みについて、理解を深めることができる。　　〔知識及び技能〕(1)ア
・言葉がもつ価値に気付くとともに、進んで読書をし、我が国の言語文化を大切にして、思いや考えを伝え合おうとする。　　「学びに向かう力、人間性等」

知識・技能	音声の働きや仕組みについて、理解を深めている。　　((1)ア)
主体的に学習に取り組む態度	音声の働きや仕組みについて進んで理解を深め、学習課題に沿って音読しようとしている。

2　単元の特色

教材の特徴

　「言葉に出会うために」は、小学校で学習した内容を振り返り、中学校での学習につなげる役割をもつ単元である。「野原はうたう」には二編の詩が掲載され、その音読を通して、音読をするときに大切なことや発表するときに大切なことを確認できる構成になっている。教科書表紙裏の「朝のリレー」の音読とも関連させながら、「話すこと・聞くこと」の単元だけではなく、すべての単元に通じる言葉との向き合い方を身に付けさせたい。
　「野原はうたう」は、中学校に入学したばかりの生徒にも分かりやすい口語体で、情感豊かにうたわれている詩である。語り手の気持ちを想像して、生き生きと音読に取り組むことができるだろう。

身に付けさせたい資質・能力

　この単元では、「野原はうたう」を音読することで、音声の働きや仕組みについて理解を深め、音読だけでなく発表する際にも大切な姿勢を育てたい。「朝のリレー」では、「音」を入口として様々な表現のおもしろさや魅力に気付かせていったが、「野原はうたう」では、詩の語り手が伝えたい気持ちを「音」で表現することで、思いを伝える学習にしていく。適切な声の大きさ、読む速さや声の強弱、言葉の調子、言葉と言葉の間の取り方などを工夫することで、伝えたいことを適切に伝えたり、印象的に伝えたりする力を身に付けさせたい。

3　学習指導計画（全1時間）

時	○主な学習活動	☆指導上の留意点　◆評価規準
1	○「野原はうたう」にうたわれた気持ちや伝えたい相手を想像して音読を工夫する。 ・「あしたこそ」と「おれはかまきり」から音読したい方を選択する。 ・気持ちや伝えたい相手を想像し，それを伝えるためにどんな工夫をするとよいかをグループで考え，音読練習をする。 ○音読発表会をする。 ・音読するときに大切なことと発表するときに大切なことをまとめる。	☆「何を伝えたいのか」という目的意識をもとに音読の方法を考えさせる。 ◆音読発表を通して，音読や発表をするときに大切なことをまとめている。【知・技】 ◆伝えたい相手や伝えたい気持ちを想像して音読を工夫しようとしている。【主】

声を届ける　野原はうたう

1／1時間

指導の重点
・音声の働きや仕組みについて理解を深めさせる。

本時の展開に即した主な評価規準例（Bと認められる生徒の姿の例）
・音読発表を通して、音読や発表をするときに大切なことをまとめている。【知・技】
・伝えたい相手や伝えたい気持ちを想像して音読を工夫しようとしている。【主】

生徒に示す本時の目標
誰にどのような気持ちを伝えたいかを考えて音読を工夫しよう

1　学習課題を提示する
○「朝のリレー」で学習したことを振り返る。
T：「朝のリレー」では、「音」に注目することで、たくさんの詩の魅力に気付くことができましたね。そして、その魅力を言葉でまとめましたね。
T：今日の学習では、「音」による表現を工夫することで、詩の魅力を伝えてください。説明するのではなく、みなさんの音読だけで伝えます。
○二つの詩を提示し、学習課題を設定する。
T：この二つの詩は、「野原はうたう」の作者である工藤直子さんが、生き物たちの気持ちを想像して書いた詩です。
T：誰にどんな気持ちを伝えたいかを想像し、それが伝わるように工夫して音読してください。

2　音読の工夫をグループで考える
○「あしたこそ」と「おれはかまきり」から音読したい方を選択する。
○考え方を確認する。
T：工夫して音読するためには、主人公（語り手）である生き物について想像することが大切です。そのためにも何を考えるといいと思いますか。
○生徒から挙げられたものを整理したり、足りない場合は補ったりし、板書する。

> **ポイント　目的意識をもたせる**
> 表現活動では、何を伝えるのかという目的意識を明確にもつことが大切である。音読をする際には、いつもこのことを意識させたい。

○グループで「音読で語り手のどんな気持ちを表現したいか」を考える。
○目的を明確にしたうえで、音読の工夫を考え、練習する。
T：今から、グループで音読の工夫を考えていきますが、黒板に示した、二つのステップで考えていきましょう。ステップ1は、「語り手のどんな気持ちを伝えたいかを考える」、ステップ2は「そのために音読をどう工夫するとよいかを考える」です。　⬇ WS
T：ワークシートに記入しながら、班で共通理解をもって進めましょう。それができたところから音読練習をしてください。

準備物：ワークシート

声を届ける　野原はうたう

本時の目標
誰にどのような気持ちを伝えたいかを考えて音読を工夫する

ステップ1【どのような気持ちを伝えたいか】
考えるヒント
□語り手の個性〈性格・年齢等〉
□語り手はどんな状況にあるか
□何を伝えたいのか
□伝えたいことでどうなりたいか

ステップ2【音読をどう工夫するとよいか】
教科書 16－17

- 相手や気持ちを考えて声の出し方を工夫することが大切。
- ゆっくり大きな声で読んだ部分がよく伝わってきた。
- 強弱をつけたり、間をとったりすることでめりはりがつく。
- かまきりを何歳くらいと想像するかによって読み方が違った。

ポイント　考える手立てを用意する
　今回の学習では、「どんな気持ちを伝えたいか」をもとにして音読の工夫を考えるという手順が大切なので、二つのステップを示している。また、想像をできるだけ具体的なものにするために、考えるヒントを示している。どんな手立てがあれば自分たちで学習が深められるかを考えて準備しておくとよい。

3　音読発表会をして、音読や発表をするときに大切なことをまとめる

○教科書 p.17 の「発表するときには」と「発表を聞くときには」を確認し、発表の心構えをつくる。

T：発表を聞いたあとに、気付いたことや大切だと思ったことをタブレットで共有します。自分の考えと比べたり、大切だと思ったことを書き留めたりしながら聞きましょう。

○「あしたこそ」を担当したグループの音読発表を聞く。

T：自分たちが考えた、主人公（語り手）にはどのような個性があり、「どんなことを伝えたいか」を説明してから、音読を披露してください。

○音読や発表をするときに大切だと思ったことや気付いたことをタブレット等に記入して共有する。

T：各グループいろいろな工夫がありましたね。音読や発表をするときに大切だと思ったことや気付いたことを、自分の言葉で書いてみてください。書けた人は、他の人が書いたものを読んでいてください。

○「おれはかまきり」を担当したグループの音読発表を聞く。

○さらに気付いたことをタブレット等に書き足して共有する。

○いくつか抽出して紹介する。

○学習のまとめをする。

T：伝えたい思いがまずあって、それをどう伝えるかという方法を考えることで自分の思いを効果的に伝えることができます。ですから、伝えたい思いも、伝えるための方法もどちらも大事だと思います。これからもこの思いと方法を大切にして、言葉の力を磨いていきましょう。

言葉に出会うために

書き留める／言葉を調べる
続けてみよう　　　　　　　　　　　　　　　　　　　（2時間）

1　単元の目標・評価規準

- 情報の整理の仕方について理解を深め，それらを使うことができる。〔知識及び技能〕(2)イ
- 読書が，知識や情報を得たり，自分の考えを広げたりすることに役立つことを理解することができる。〔知識及び技能〕(3)オ
- 目的や意図に応じて，日常生活の中から題材を決め，集めた材料を整理し，伝えたいことを明確にすることができる。〔思考力，判断力，表現力等〕B(1)ア
- 言葉がもつ価値に気付くとともに，進んで読書をし，我が国の言語文化を大切にして，思いや考えを伝え合おうとする。「学びに向かう力，人間性等」

知識・技能	情報の整理の仕方について理解を深め，それらを使っている。　　　　((2)イ) 読書が，知識や情報を得たり，自分の考えを広げたりすることに役立つことを理解している。　　　　　　　　　　　　　　　　　　　　((3)オ)
思考・判断・表現	「書くこと」において，目的や意図に応じて，日常生活の中から題材を決め，集めた材料を整理し，伝えたいことを明確にしている。　　　(B(1)ア)
主体的に学習に取り組む態度	情報の整理の仕方を理解し，学習課題に沿って積極的にノートをまとめようとしている。

2　単元の特色

教材の特徴

　この単元は，「書くこと」での情報整理の方法や言葉の意味や使い方，そして，新しく出会った言葉の書き留め方について学習する単元である。教科書に具体的な例は示されているが，その通りにできる生徒を育てるのではなく，生徒がよりよい方法を自分で考えたり，いろいろ試したりしながら，自らの学習を調整し，学習方法を選ぶことができるようにすることをねらいとする。

身に付けさせたい資質・能力

　この単元は，「言葉に出会うために」という大きなくくりの中で「声を届ける」の学習とつながっており，これまでの学習を生かしながら中学生らしい学びの姿を育てたい。

中学生らしい学びの姿とは，目的をもってノートに記録をしたり，未知の言葉と出会ったときは自分で調べたり，得た情報をそのままにせず，調べたり整理したりして，情報を役立てようとする学習姿勢のことだと考える。この単元では実際にノートを書きながら，今後の学習への取り組み方について考えさせたい。

3　学習指導計画（全2時間）

時	○主な学習活動	☆指導上の留意点　◆評価規準
1	○「声を届ける『野原はうたう』」の授業ノートの作り方を考える。 ・ノートを書く目的を考え，自分で授業ノートを作る。 ・書いたノートを共有し，互いのよい点を取り入れて書き足したり書き直したりする。 ・未知の言葉と出会ったときの対応を考え，調べて分かったことをノートに書き足す。 ・本時の学びをノートにまとめる。	☆板書を書き写すだけのノートにならないよう，目的や工夫を考えさせる。 ◆大切なところや目立たせたいところが分かるよう工夫して書いている。【知・技】 ◆情報整理の仕方を考え，積極的にノートに書こうとしている。【主】
2	○読書を通して，「言葉の手帳」を作る。 ・図書室へ行き，好きな本を一冊選んで読む。 ・読んだページの中から印象に残った言葉や未知の言葉をいくつか選び，調べる。 ・言葉の手帳を書き，共有する。 ・本時の学習について，ノートに記録する。	☆「言葉の手帳」は，言葉の意味だけではなく，気付いたことや関連する自分の経験など，幅広い視点で書かせる。 ◆読書して印象に残った言葉や未知の言葉を書き出している。【知・技】 ◆「言葉の手帳」を書く目的や意図を考え，必要な情報や内容を整理して書いている。【思・判・表】

書き留める／言葉を調べる

指導の重点
・情報整理の仕方について理解を深め，それらを使わせる。

本時の展開に即した主な評価規準例（Bと認められる生徒の姿の例）
・大切なところや目立たせたいところが分かるよう工夫して書いている。【知・技】
・情報整理の仕方を考え，積極的にノートに書こうとしている。【主】

生徒に示す本時の目標
ノートを書く目的を考え，「野原はうたう」の学習を工夫してノートにまとめよう

1　ノートの書き方を考える
○ノートを書く目的を考え，自由に発言する。
T：みなさんは小学校でどんな風にノートを書いてきましたか。
T：ノートは何のために書くのでしょう。
○ノートに書くとよい内容を考え，自由に発言する。
T：みなさんが挙げた目的を踏まえると，どんなことをノートに書くといいですか。
○ノートの書き方について，自由に発言する。
T：みなさんが挙げた内容を分かりやすく記録するためには，どんな工夫をするといいですか。
T：教科書 p.18 の例を見てみましょう。このノートはどのような工夫をしていますか。
T：内容ごとにスペースを三段に分けることで見やすいノートになっていますね。

2　学習課題を提示する　　　　　　WS1
○「野原はうたう」の板書をプロジェクターに映し，学習課題を提示する。
T：では実際に，前回の「野原はうたう」の学習

ノートを作ってみましょう。板書した内容を踏まえて，工夫してまとめましょう。必要な人は，ワークシートを使ってください。後でノートに貼ります。
T：材料は，プロジェクターに映した前回の授業の黒板の写真と，前回のワークシート，そしてタブレットに書いたものの三つです。黒板を写すだけのノートにならないように気をつけましょう。
T：大切なのは，工夫することなので，完成しなくても大丈夫です。○分で，工夫が分かるように書きましょう。

ポイント　焦点化する
この活動では，工夫して書いてみることが大切である。そのためには，取り組む時間を決めておくことと，工夫することが目的であることを明確に伝えておき，完成させることにこだわらないようにしたい。

3　他の人の工夫を自分に取り入れる
○書いたノートをグループで共有する。
T：グループで書いたノートを見せ合い，どんな工夫をしたか伝え合いましょう。聞いた人は，

準備物：小学校で使用していたノート（残っている人のみで可），前単元のワークシート，ワークシート，漢和辞典，国語辞典などの辞典類

書き留める／言葉を調べる

本時の目標
ノートを書く目的を考え、「野原はうたう」の学習を工夫してノートにまとめよう

① ノートは何のために書くのか。
・忘れないようにするため
・頭を整理するため
・復習するため

② どのようなことを書くとよいか。
・黒板に書いた内容
・先生の話
・新しく知ったこと
・考えたこと
・おもしろかったことや印象に残ったこと
・目標
・授業のポイント
・メモ
・他の人の意見

③ どのような工夫をするとよいか
教科書 p.18 を参考に自分で工夫を考えて書こう

○言葉を調べて書き留めよう
みち…国語辞典
蟋蟀…漢和辞典

自分が気付いたよい点を伝えましょう。
○互いのよい点を取り入れて書き足したり書き直したりさせる。
T：では今グループで聞いた工夫を取り入れて、自分のノートに書き加えましょう。

4　調べたことを書き留める
○未知の言葉と出会ったときの対応を考える。
T：みなさん、授業の中では、「みち」の言葉に出会うときがたくさんあります。「みち」。今言った「みち」漢字で書けますか。
T：それが合っているか確かめるにはどうしますか。また、意味が分からないときはどうしますか。国語辞典で実際に調べてみましょう。
○国語辞典の使い方を確認し、調べて分かったことをノートに書き足す。
T：調べたことを忘れないようにするためには、どうしますか。工夫してノートやワークシートに書き足してみましょう。意味だけでなく、使い方など他の発見も一緒に書くといいですね。
○書き足したものを見せ合い、どう書き足すと効果的か、自由に発言させる。
T：調べた言葉がいつでもすぐ見つけられるようにするには、目立たせたり、書くスペースを決めておいたりするといいですね。

○漢和辞典についても同様の流れで使い方を確認し、調べたことを書き足す。
T：ではこの字（蟋蟀）何と読むでしょう。漢和辞典で調べてみましょう。読み方が分からない漢字は、どう調べるといいですか。

> **ポイント　知りたいこと以外にも目を向ける**
> 辞書を引くときには意味を知りたいなどの目的がある。しかし、辞書には他の情報も載っており、それが紙の辞書のよい点である。他の有益な情報（使い方、他の熟語や意味、成り立ちなど）にも目を向け、書き留めさせたい。

5　本時の内容をまとめる
○本時の学習で学んだことをノートに書き足す。
T：今日の学習を振り返り、感じたことや考えたことをノートに書きましょう。書き方や書く内容をどうするとよいか工夫してください。
T：これからも、自分の学習に役立つノート作りを自分で工夫していってください。また、分からないことは積極的に調べ、ノートに書き留めていきましょう。

2 続けてみよう
2/2時間

指導の重点
・目的や意図に応じて，調べたことをノートに書き留めさせる。

本時の展開に即した主な評価規準例（Ｂと認められる生徒の姿の例）
・読書して印象に残った言葉や未知の言葉を書き出している。【知・技】
・「言葉の手帳」を書く目的や意図を考え，必要な情報や内容を整理して書いている。【思・判・表】

生徒に示す本時の目標
印象に残る言葉を「言葉の手帳」に書こう

1 言葉との向き合い方を考える
○出会った言葉をどう残していくとよいかを考える。
Ｔ：入学して新しい出会いがありました。この出会いを忘れないために，みんなで桜の木の下で写真をとりましたね。国語の授業ではたくさんの新しい言葉と出会います。言葉と一緒に写真はとれないので，残すためにはどうしていくといいと思いますか？

2 学習課題を提示する
○「言葉の手帳」を紹介する。
Ｔ：印象に残った言葉や気になった言葉，初めて出会った言葉などを書き溜めていく「言葉の手帳」というものがあります。「言葉のアルバム」と言ってもいいですね。みなさんの三年間を思い出のアルバムにまとめた「卒業アルバム」のように，三年間，言葉との出会いを書き溜めていってほしいと思います。
Ｔ：今日は，自分の「言葉の手帳」を作ってみましょう。

3 読書をし，「言葉の手帳」に書く言葉を選ぶ
○「言葉の手帳」に書く言葉について自由に発言させ，板書する。
Ｔ：どんな言葉を「言葉の手帳」に残していくといいと思いますか。

> **ポイント　視野を広げる**
> 「こうあるべき」という固定観念が，活動を阻害することがある。教科書の例だけにとらわれず，楽しんで言葉を溜めていけるよう，どんな言葉を書くとよいか，生徒の言葉でいろいろ表現させたい。

○10分間読書をする。
Ｔ：好きな本を一冊選んで，10分間読書をしましょう。今日は，「言葉の手帳」に書きたい言葉を意識して探しながら読んでみてください。そういう言葉と出会ったら，ノートにメモしておきましょう。書名とページ数も書いておくといいですね。
○読書をしながら，印象に残った言葉や気になった言葉，初めて出会った言葉を見つけて書き出す。

準備物：ワークシート，好きな本一冊，もしくは図書室へ行く

続けてみよう

本時の目標
印象に残る言葉を「言葉の手帳」に書こう

「言葉の手帳」に書く言葉
・印象に残った言葉
・気になった言葉
・感動した言葉
・初めて出会った言葉
・また思い出したい言葉
・勇気の出る言葉　やる気、元気など
・励まされた言葉
・キュンとした言葉

→必要に応じて生徒の主な発言をメモする

「言葉の手帳」に書くとよいこと
・意味　　・関連する自分の体験
・感想　　・印象に残った理由
・出会った場所（どの本のどの部分）
・類義語や対義語　・使い方
→書く内容を目的に応じて自分で決める

---

4 「言葉の手帳」を書き，共有する

○「言葉の手帳」に言葉と一緒に書くとよいことを自由に発言させ，板書する。

T：書き出した言葉を見ながら，どのようなことを書けばよいか考えてみましょう。

T：選んだ言葉によって，いろいろなことが書けますね。いつもそれらをすべて書くのではなく，その言葉に応じて，もしくは自分の目的に応じて，書く内容を選んでいきましょう。

ポイント　目的に応じた書き方を選ぶ

「初めて出会った言葉」なら，意味やどこで出会ったかなどを書くことができる。「感動した言葉」なら，なぜ感動したのかという理由や，その言葉に関連した自分の体験などが書ける。選んだ言葉に合わせて書く内容を工夫できるように，様々なことが書ける可能性を理解させたい。

○書き出した言葉の中から一つ選び，「言葉の手帳」を書く。（ワークシート） **WS2**

○一枚書けた人は，他の言葉でも書いてみる。

T：一枚まず書いてみましょう。それができた人は，二枚目三枚目，どんどん書いてみてください。いろいろな書き方ができることが実感できると思います。

○書いたものをグループで交換したり，いろいろな人の作品を見て回ったりして共有する。

5　本時の学習について，ノートに記録する

○今日学んだことをノートに書く。

T：「言葉の手帳」を書いてみてどうでしたか。「言葉の手帳」を書き続けるとどんな効果がありそうですか。ノートに感じたこと考えたことを書きましょう。

○数名発表させる。

T：みなさんが今日感じた「言葉の手帳」の価値は，続けてみるともっと実感できるはずです。これから三年間，続けていき，言葉を豊かにしていきましょう。

1 学びをひらく

はじまりの風 （4時間）

1 単元の目標・評価規準

・比較や分類，関係付けなどの情報の整理の仕方について理解を深め，それらを使うことができる。　　　　　　　　　　　　　　　　　　　　　　　　〔知識及び技能〕(2)イ
・場面の展開や登場人物の心情の変化などについて，描写を基に捉えることができる。
　　　　　　　　　　　　　　　　　　　　　　　〔思考力，判断力，表現力等〕C(1)イ
・言葉がもつ価値に気付くとともに，進んで読書をし，我が国の言語文化を大切にして，思いや考えを伝え合おうとする。　　　　　　　　　　　　　　　「学びに向かう力，人間性等」

知識・技能	比較や分類，関係付けなどの情報の整理の仕方について理解を深め，それらを使っている。　　　　　　　　　　　　　　　　　　　　　　　　　　　　　　　　　((2)イ)
思考・判断・表現	「読むこと」において，場面の展開や登場人物の心情の変化などについて，描写を基に捉えている。　　　　　　　　　　　　　　　　　　　　　　　　　　　　　　　　　　　(C(1)イ)
主体的に学習に取り組む態度	学習目標に沿って，描写に着目しながら場面の展開や登場人物の心情変化などを図を用いて整理し，自分の考えを積極的にまとめようとしている。

2 単元の特色

教材の特徴

　本教材は，中学生になったばかりの「レン」の心の変化を描いた，教科書のための書下ろし作品である。中学生になり，新たな物事に出会い，自然と心が引き寄せられていく「レン」の状況や気持ちは，中学校へ進学したばかりの生徒にとって，自身と重ねながら想像していくことができるだろう。その心の動きは，「やわらかな春の風は，レンの前髪をゆらして過ぎていった。」や「レンの心にも，ざわざわと風が吹き始めた。」などの描写を通して表現されている。心情を想像し，場面の展開に沿って変化を捉えていくことで，情景を通して暗示的に表現された主人公の心情の変化を言語化していくことができる教材である。

身に付けさせたい資質・能力

　本単元では，中学校学習指導要領（平成29年3月告示），国語〔第1学年〕2　内容〔思考力，判断力，表現力等〕C　読むこと(1)イ「場面の展開や登場人物の相互関係，心情の変化な

どについて，描写を基に捉える」力を育成することに重点を置く。この資質・能力を身に付けさせるために学習指導要領に例示されている(2)イ「小説や随筆などを読み，考えたことなどを記録したり伝え合ったりする活動」の趣旨を受け，「描写を基に心情を捉え，心情グラフに整理し示しながら自身の考える山場を説明し合う」活動を設定する。描写については小学校の〔第5学年及び第6学年〕2　内容〔思考力，判断力，表現力等〕C　読むこと(1)イ「登場人物の相互関係や心情などについて，描写を基に捉えること」において既に学んでいる。描写によって場面や登場人物の心情を読み手が想像できるように描かれていることを想起させ，教科書に示された「目標」を踏まえて，生徒が登場人物の心情の変化を捉え，作品の「山場」を考えることができるように指導する。小学校の学習内容との違いは，場面の展開や心情の変化について捉えることである。描写から場面の展開や心情の変化について考えていくことができるよう支援していく。

　そのために，〔知識及び技能〕(2)イ「比較や分類，関係付けなどの情報の整理の仕方について理解を深め，それらを使うこと」と関連付けて指導する。描写から読んだ心情をグラフに整理していくことで，自身の読み取りや考えを視覚的に捉えて言語化できるようにする。

3　学習指導計画（全4時間）

次	時	○主な学習活動	☆指導上の留意点　◆評価規準
一	1	○学習の目標を知り，学習の見通しをもつ。 ○作品を通読してあらすじを捉え，感想をもつ。 ○場面の展開を捉え，描写に着目する。	☆教科書に記載の「目標」に基づき，既習事項を想起させ，学習の見通し（課題）を考えさせる。 ◆学習の目標を知り，学習の見通しをもち，学習に取り組もうとしている。【主】
二	2	○描写に着目して作品を読み，登場人物の心情を捉える。	☆気になる描写を中心に，他の場面や心情にも着目して心情を捉えるよう支援する。 （◆第4時に評価する）
	3	○場面の展開と登場人物の心情の変化を心情グラフに整理し，山場を考える。	☆変化を意識してグラフを作るよう支援する。 ◆場面の展開や心情の変化について心情グラフに整理し，山場を考えている。【知・技】
	4	○心情グラフを用いて，描写を基に登場人物の心情の変化について説明する。 ○作品について自分の考えをもつ。	☆単元の目標を踏まえ，心情の変化について押さえた上で，自分の考えをまとめられるよう支援する。 ◆場面の展開や登場人物の心情の変化などを踏まえて，作品について自分の考えをもっている。【思・判・表】 ◆場面の展開や登場人物の心情の変化などを踏まえて，積極的に自分の考えをまとめようとしている。【主】

1/4時間 はじまりの風

指導の重点
・登場人物の心情の変化を捉えるために、場面や描写を捉えさせる。

本時の展開に即した主な評価規準例（Bと認められる生徒の姿の例）
・学習の目標を知り、学習の見通しをもち、学習に取り組もうとしている。【主】

生徒に示す本時の目標
　登場人物の心情の変化を捉えるために、場面や描写を捉えよう

1　学習目標を確認し、学習の見通しをもつ
○学習目標と既習事項を確認する。
T：教科書を開いて、学習の目標を確認します。一つめは「場面ごとの心情の変化を、図を用いて整理する」、二つめは「場面の展開に沿って、登場人物の心情の変化をとらえる」です。登場人物の心情を捉えることは、小学校の高学年で学習しました。何を基に捉えますか。
T：「描写」とは、どのようなものでしたか。
○描写について、小学校の第５学年及び第６学年の「読むこと」(1)イ「登場人物の相互関係や心情などについて、描写を基に捉えること」において学習している「登場人物相互の関係に基づいた行動や会話、情景などを通して暗示的に表現されている場合もある」ことを想起させる。その上で、中学校１年生の「読むこと」(1)イでは新たに「場面の展開」や「心情の変化」について捉えることを指導することを意識する。
○学習の見通しをもつ。
T：教科書に載っている二つの学習の目標から、場面の展開や登場人物の心情の変化を捉えたり、図を用いて心情の変化を整理したりするには、どのようなことに取り組めばよいですか。
T：この単元は４時間の予定です。今挙がった取り組みを、取り組む順や時間の順に並べてみましょう。これが、本単元での学習の計画になります。

2　本時の目標を立てる
○生徒が考えた計画を踏まえて目標を立てる。
T：学習の目標を達成するために、まず「場面と描写を捉える」ということが挙がりました。それでは、今日はどのような目標がよいでしょうか。

> **ポイント　生徒に見通しをもたせ、生徒の言葉を生かして本時の目標や学習課題を設定する**
>
> 　教師が一方的に本時の目標や学習課題を提示するのではなく、既習事項や生徒が考えた見通しを生かし、出てきた言葉を用いて設定することで、生徒が学習に必然性を感じつつ、主体的に学習に取り組むことができるようにする。教科書p.22に示された「目標」及び本単元で設定されている「単元の目標（指導事項）」を達成できると判断できるものであ

準備物：なし

はじまりの風

板書例

○学習の見通し（＝目標達成のための学習課題）
☆登場人物の心情…描写を基に捉える
①場面と描写を捉える
②登場人物の心情を捉える
③場面ごとの心情の変化を図に整理する
④登場人物の心情の変化についてまとめる

本時の目標
登場人物の心情の変化を捉えるために、場面や描写を捉えよう

○初読の感想
・「はじまりの風」とは？
・風が多い など

○場面…①中学生になったばかりのある日
　　　　②次の日曜日の午後
　　　　③月曜日

○描写（心情が捉えられそうなもの）
・風の表現
→「ふわりと、風が吹いてきた。」「やわらかな春の風は、レンの前髪をゆらして過ぎていった。」
→「確かに、見えないはずの風が表現されている気がした。」
→「レンの心にも、ざわざわと風が吹き始めた。」など

・光の表現
→「薄い緑色の小さな葉っぱが、日の光を受けて輝いているように見える。」
→「薄暗い廊下を、窓からの光が照らしている。」
→「窓から差しこむ光が少し強くなり、」など

れば，手順や文言が多少異なっていても問題はない。

3　作品を通読し，課題意識をもつ
○本時の目標を意識して，作品を通読する。
T：場面が変わる部分や，登場人物の心情が捉えられそうな描写を意識して本文を読み，線を引いておきましょう。作品を読み終わったあとに確認します。
○感想や疑問を言語化して課題を明確にする。
T：3分程度時間を取るので周りの人と線を引いた部分を中心に感想や疑問を伝え合い，ノートにメモしておきましょう。

4　場面を確認する
T：この作品では，時間や日にちはどのように変わっていますか。

5　描写を共有する
○10分程度時間を取り，登場人物の心情変化を捉えるための「材料」となる描写を共有する。
T：描写について線を引いたところをFigJamで出し合いましょう。また，似ているものや同じ部分は近くに貼るなどして，整理しましょう。

○生徒が取り上げた描写について，単元の目標を達成できる学習課題の材料になりうるものか精査する。
T：みなさんが気になった描写について，登場人物の心情の変化が捉えられそうなものか，確認していきましょう。

> **ポイント　指導事項と取り上げる叙述との正対**
>
> 挙げられた描写について，「場面の展開や登場人物の心情の変化などについて，描写を基に捉える」ことができそうか，という視点で全体の場で確認した上で，教師が適切なものを取り上げていくことで，単元の目標を達成するための学習として成立させる。

6　本時を振り返り，次時の学習を知る
○描写に着目するときに，自分が特に重視した点を振り返る。
○次時は，共有された描写に基づいて作品を読み深め，心情を捉えていくことを伝える。

2/4時間 はじまりの風

指導の重点
・登場人物の心情の変化をそれぞれの描写から捉えさせる。

本時の展開に即した主な評価規準例（Bと認められる生徒の姿の例）
・場面の展開や登場人物の心情の変化などを踏まえて，作品について自分の考えをもっている。【思・判・表】

生徒に示す本時の目標
登場人物の心情の変化を捉えるために，それぞれの描写から心情を読み取ろう

1　前時の学習を振り返る
〇前時の学習内容を確認する。
T：前の時間は，登場人物の心情を捉えるために，場面や描写を捉えました。どのような場面と描写が挙がりましたか。

2　学習活動の見通しをもつ
〇全4時間の中でどのように学習を進めるか，生徒自身で粘り強さと自己調整が働くように意識付けを行う。
T：前回，学習を見通して学習課題として四つを確認しました。今日は二つめの「登場人物の心情を捉える」ことをしていきましょう。この単元は4時間の予定です。全4時間の中で教科書に示されている二つの「目標」を達成していけるよう，学習を進めていきます。それでは，今日はどのような目標がよいでしょうか。

3　本時の目標を確認する
〇生徒の言葉を生かして本時の目標を設定する。
T：今日は，登場人物の心情の変化を捉えるために，まずはそれぞれの描写から心情を読み取っていきましょう。

4　本時の見通しをもつ
〇本時の展開を示す。
T：まずは，各自で本文を読み直し，前回確認した描写を中心に，登場人物の心情を捉えていきます。自分に割り当てられたGoogleスライドに，考えたことや捉えたことを自由に整理したりまとめたりしてください。次に，困ったり悩んだりしたことを中心に，話し合いながら進めていきます。各自のGoogleスライドを見て，自分が着目した描写と同じ描写を中心に考えている人や，自分が考えていく上で参考になりそうなことを考えている人など，自由に相手を選んで話し合いをして構いません。最後の10分程度は，個人に戻って登場人物の心情について整理した後，振り返りをしてもらいます。描写から登場人物の心情を捉える活動をするのは，今日だけです。次回は，今日捉えた登場人物の心情について場面と共に図に整理してもらいますので，話し合う相手や内容，残り時間に注意しながら学習を進めてください。

準備物：なし

はじまりの風

○学習の見通し（＝目標達成のための学習課題）
☆登場人物の心情…描写を基に捉える
① 場面と描写を捉える
② 登場人物の心情を捉える
③ 場面ごとの心情の変化を図に整理する
④ 登場人物の心情の変化についてまとめる

本時の目標
登場人物の心情の変化を捉えるために、それぞれの描写から心情を読み取ろう

○描写（心情が捉えられそうなもの）
・風の表現
　↓「ふわりと、風が吹いてきた。」「やわらかな春の風は、レンの前髪をゆらして過ぎていった。」
　↓「確かに、見えないはずの風が表現されている気がした。」
　↓「レンの心にも、ざわざわと風が吹き始めた。」　など
・光の表現
　↓「薄い緑色の小さな葉っぱが、日の光を受けて輝いているように見える。」
　↓「薄暗い廊下を、窓からの光が照らしている。」
　↓「窓から差しこむ光が少し強くなり、」　など

☆他の描写や場面、描写の前後の文章も踏まえて、登場人物の心情を捉える！

○振り返り

5　描写から登場人物の心情を捉える
○描写に着目して，登場人物の心情を捉え，Google スライドに各自まとめていく。
T：本時の目標にあるように，それぞれの描写から登場人物の心情を捉えます。自分が着目した描写を中心に，より多くの描写や場面における心情を捉えていきます。そして，このあと「場面ごとの」「変化」を図に整理します。他の人とも協力しながらいろいろな場面の心情を捉えていきましょう。
○机間指導を行い，生徒の学習活動を支援する。
　（以下，想定される教師の支援）
　・描写の前後に直接的に心情を表す言動はあるか。
　・どこに吹いている風か。
　・同じ種類の風か。
　・光によって風景が変わるとき，気持ちも変わるのか。
　・変わるとすれば，「どこが」「どのように」変わるのか。

> **ポイント　変化の中で描写を捉える**
> 描写は，物語の流れや展開の中で人物の心情を反映している。着目した一文だけを考えるのではなく，その前後の出来事や心情にも着目させたり，関連付けたりして考えさせる。

6　本時を振り返り，次時の学習を知る
○描写から登場人物の心情を捉えるときに，特に重視した点を振り返る。

> **ポイント　指導事項を意識した振り返り**
> 指導事項に正対した振り返りをすることで，本時の中で生徒自身が身に付けていく力を自覚させていく。

○次時は，本時で捉えた登場人物の心情を，図に整理していくことを伝える。

3/4時間 はじまりの風

指導の重点
・登場人物の心情の変化を捉えるために，場面ごとの心情を図に整理させる。

本時の展開に即した主な評価規準例（Bと認められる生徒の姿の例）
・場面の展開や心情の変化について心情グラフに整理し，山場を考えている。【知・技】

生徒に示す本時の目標
　登場人物の心情の変化を捉えるために，場面ごとの心情を図に整理しよう

1 前時の学習を振り返る
○前時の学習内容を確認する。
T：前の時間は，登場人物の心情の変化を捉えるために，それぞれの描写から心情を捉えました。どのように整理できたか，Googleスライドで自分や他の人のものを確認しましょう。

2 学習活動の見通しをもつ
○全4時間の中でどのように学習を進めるか，生徒自身で粘り強さと自己調整が働くように意識付けを行う。
T：学習を見通して，学習課題として四つを確認しました。今日は三つめの「場面ごとの心情の変化を図に整理する」ことをしていきましょう。この単元は4時間の予定です。全4時間の中で教科書にある二つの「目標」を達成していけるよう，学習を進めていきます。それでは，今日はどのような目標がよいでしょうか。

3 本時の目標を確認する
○生徒の言葉を生かして本時の目標を設定する。

T：登場人物の心情の変化を捉えるために，場面ごとの心情を図に整理していきましょう。

4 心情グラフについて知る　WS
○用いる図について説明する。
T：教科書のp.29を見てください。今回は，このような形で心情変化を整理していきます。場面ごとに三つに分け，上半分をプラスの心情，下半分をマイナスの心情として整理します。例えば，場面①の「その場からそっと立ち去った。」というレンの行動から，「あせり」や「疎外感」を捉えた場合は，マイナスの心情として下半分に書いてください。また，より詳しく整理するために，その理由となる描写や表現を，併せて書き込みます。自分が着目した描写を「・」を打って書き込んでいき，最後に線で結ぶと，変化を示すことができます。結ぶ線は，直線でも，曲線でも構いません。線で結ぶことで心情の変化を視覚的に理解することができるようになります。また，心情が最も盛り上がる部分を，「山場」として示してください。Googleスライドに準備した心情グラフの枠を使い，自分に割り当てられたスライドに，グラフを作成してください。

46 ● 1 学びをひらく

準備物：ワークシート

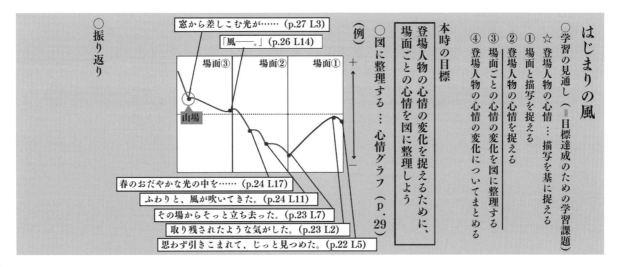

5　本時の見通しをもつ

○本時の展開を示す。

T：まず，15分程度，各自で前回スライドにまとめたそれぞれの描写から捉えた登場人物の心情を，心情グラフのスライドに記入してください。その後，困ったり相談したりすることがある場合は，周りの人と話し合っても構いません。それぞれのGoogleスライドで進捗状況や内容を見て，自由に相手を選んで話し合いをして構いません。最後の10分程度は，個人に戻って心情グラフを完成させた後，振り返りをしてもらいます。心情グラフに整理するのは，今日だけです。次回は，登場人物の心情の変化についてお互いに説明してもらいますので，話し合う相手や内容，残り時間に注意しながら学習を進めてください。

6　登場人物の心情をグラフに整理する

○前回捉えた登場人物の心情をグラフに整理し，場面の展開と心情の変化を捉えていく。
○机間指導を行い，生徒の学習活動を支援する。
○心情グラフを完成させ，山場を示す。

T：書き込んだ心情の部分を線で結んでグラフにした後，山場を書きましょう。また，次回はグラフに整理したことを説明してもらうので，必要に応じて説明を文章にしておきましょう。

> **ポイント　指導事項を意識した「グラフ」と「山場」**
>
> 　中学校1年生で新たに「場面の展開」や「心情の変化」を指導することを踏まえ，登場人物の心情についてグラフで変化を示した後，山場を考えさせることで場面や心情の変化について意識化させていく。

7　本時を振り返り，次時の学習を知る

○登場人物の心情の変化をグラフで示すときに，自分が特に重視した点を振り返る。
○指導事項を意識した振り返りを行う。
○次時は互いに登場人物の心情の変化についてグラフを使いながら説明し合った後，作品についての自分の考えをまとめることを伝える。

4/4時間 はじまりの風

> **指導の重点**
> ・登場人物の心情の変化について捉えたことを互いに説明し、自分の考えをまとめさせる。

> **本時の展開に即した主な評価規準例（Bと認められる生徒の姿の例）**
> ・場面の展開や登場人物の心情の変化などを踏まえて、作品について自分の考えをもっている。【思・判・表】
> ・場面の展開や登場人物の心情の変化などを踏まえて、積極的に自分の考えをまとめようとしている。【主】

生徒に示す本時の目標
　登場人物の心情の変化について捉えたことを互いに説明し、自分の考えをまとめよう

1　前時の学習を振り返る
○前時の学習内容を確認する。
Ｔ：前の時間は、登場人物の心情の変化を捉えるために、場面ごとの心情をグラフに整理しました。Googleスライドを開いて、それぞれのグラフを見てみましょう。自分のグラフと似ていたり違っていたりして、気になるものはありますか。

2　学習活動の見通しをもつ
○全４時間の中でどのように学習を進めるか、生徒自身で粘り強さと自己調整が働くように意識付けを行う。
Ｔ：学習を見通して学習課題として四つ確認しました。今日は四つめの「登場人物の心情の変化についてまとめる」時間です。これを踏まえると、今日はどのような目標がよいでしょうか。

3　本時の目標を確認する
○生徒の言葉を生かして本時の目標を設定する。
Ｔ：登場人物の心情の変化について捉えたことを互いに説明し、自分の考えをまとめましょう。

4　本時の見通しをもつ
○本時の展開を示す。
Ｔ：今日は、自分の考えをまとめるために、最終的に「『はじまりの風』とは、どのような風か。心情の変化に触れながら考えをまとめよう。」という問いについて、考えてもらいます。そのために、初めの15分間は、Googleスライドで各自の心情グラフを見ます。気になるものや「問い」に答える上で参考になりそうなものについて、自由に席を移動して説明や質問をし合って、作品について理解を深めてください。その後、自分の席に戻り、個人で「問い」について考え、Googleスプレッドシートに入力し、何人かに発表してもらいます。終わりに、振り返りの時間を取ります。

5　登場人物の心情の変化について説明し合い、作品について理解を深める
○机間指導を行い、生徒の学習活動を支援する。
○各自で互いの説明内容について、必要に応じてメモしておく。

準備物：なし

はじまりの風

○学習の見通し（＝目標達成のための学習課題）
☆登場人物の心情…描写を基に捉える
① 場面と描写を捉える
② 登場人物の心情を捉える
③ 場面ごとの心情の変化を図に整理する
④ 登場人物の心情の変化についてまとめる

本時の目標
登場人物の心情の変化について捉えたことを互いに説明し、自分の考えをまとめよう

○本時の流れ
① 登場人物の心情の変化と山場について、心情グラフを使いながら互いに説明する。
② それぞれの説明を踏まえ、作品の全体について理解する。
③ 「問い」について考え、自分の考えをまとめる。
★「問い」
「はじまりの風」とは、どのような風か。心情の変化に触れながら考えをまとめよう。
○振り返り

6 作品の理解を深めるための「問い」に取り組み、自分の考えをもつ

○生徒を自席に戻し、個人の学習に切り替える。
T：「はじまりの風」とは、どのような風でしょうか。登場人物の心情変化に触れながら、考えをまとめてください。Google スプレッドシートの自分の欄に、自分の考えを書きましょう。
○机間指導を行い、生徒の学習活動を支援する。
○Google スプレッドシートで、各自編集中のものやまとまった考えを参照し、自分の考えに生かしてもよい。
○考えが深まっていると判断できる数人の生徒を意図的に指名し、発表・共有してもらう。
T：自分の考えを発表してください。

ポイント　指導事項を意識して考えをもたせる

小学校の既習事項「登場人物の相互関係や心情などについて、描写を基に捉えること」を踏まえて、それぞれの描写から捉えたことをまとめさせるとともに、中学校で新たに学ぶ事項を踏まえ、「場面の展開」や「心情の変化」と題名とを関連付けながら具体的に考えをまとめさせる。

7 本時を振り返る

○場面の展開や心情の変化を捉えたことについてまとめるときに、特に重視した点を振り返る。
○指導事項を意識した振り返りを行う。

季節のしおり　春

教材の特徴
　本教材では春の情景（風景）を表す作品と季節の動植物にまつわる言葉が紹介されている。作品は視覚や聴覚などの五感を働かせて味わえる和歌，俳句，詩の三種類である。言葉は古くから使われている季節感豊かで想像をかきたてられる三語である。作品に描かれた情景を想像し関心をもって言葉と向き合うように，生徒が自ら考え，学習意欲を高める言語活動を設定する。

生徒に示す本時の目標
　「春」に関連する言葉で見てみたい春の風景を表現し，班で交流しよう

1　本時の目標を伝える
○教科書を開けずに授業を開始し，最初に本時の目標と学習の流れを伝え，導入の発問をする。
T：春と聞いて思い浮かんだ風景を具体的に箇条書きでノートに書きましょう。
○数名の生徒に発言させ，その理由などを聞いて簡潔に板書する。

2　教科書作品の音読と内容の確認
○教科書作品の情景や意味を理解する。
T：それぞれの作品に春を表す言葉が使われています。では，「久方の…」の和歌から一度読んでみるので，その後，皆さんに音読をしてもらいます。そして作品から想像される春の風景について考えましょう。
○作品ごとに春を表す言葉などを聞いて板書する。

ポイント
　春の風景について聞いているが，季節は視覚だけでとらえるものではなく，鶯やむぎぶえの音が春を連想させるように広く五感でとらえるものであることを生徒の発言などを通じて共有する。

3　見てみたい春の風景について考える
○春の風景について考える際に，歳時記の言葉やタブレット等による検索を使って選択肢を広げることも可とする。
○まずは個人で時間を決めて考える。（5分程度）
T：「春」に関連する季節の言葉で見てみたい春の風景を表現しましょう。また，その理由も書いてみましょう。書けたら班で交流しましょう。

発展
　事前に春の風景を写真やイラストなどで用意させ，タブレット等や電子黒板で共有することも可能である。その際は，風景の説明やタイトルに春の言葉を使うことで，語彙を増やすことができる。

○見たい理由をノートに書く。その際，「見たことがない」や「友達に勧められた」のみを理由に挙げるのではなく，自分が考えるその風景の魅力を中心に説明するよう指示する。

準備物：歳時記，黒板掲示用資料（電子黒板に映写も可），タイマー

季節のしおり　春

本時の目標
「春」に関連する言葉で見てみたい春の風景を表現し、班で交流しよう

◆「春」と聞いて思い浮かべる風景
・満開の桜の花
・入学式の制服姿
・タンポポとチョウチョ

　→五感を働かせる

□作品と春の言葉
・与謝蕪村の俳句　…鶯
・紀友則の和歌　　…散る桜
・山村暮鳥の詩　　…いちめんのなのはな

□「春」の言葉
・花便り　・山笑う　・鳥雲に入る

◆見てみたい「春の風景」とその理由

（学習の流れ）
① 見てみたい春の風景をノートに書く。
　※歳時記、タブレット、語彙ブック活用
② なぜ見てみたいか理由を書く。
③ 四人の学習班で風景と理由を共有する。
④ 振り返りで共有した感想を書く。また、自分の書いた内容の調整などを行う。

○風景の選択で困っている生徒にはタブレット検索を勧めてみる。また，理由については風景の中の何に魅力を感じるのか，物そのものか，色彩か，思い出の風景なのかなどの視点を与える。

4　学習班で見てみたい春の風景を交流する

T：四人の学習班になって自分が見てみたい春の風景とその理由を順番に発表しましょう。

○学習班で一人ずつ自分が見てみたい風景と「春」に関連する言葉を発表する。その際，見たい理由も一緒に交流する。
○学習班は国語科の授業の活動用で，どのクラスでも設定しておく。
○司会の回し方も国語科の授業でやり方などを事前指導しておく。
○交流を終えたら，交流後の感想や自分の考えの調整・変更などを振り返りとしてノートに記録しておく。
○班での交流も時間を決めて行う。（8分程度）

ポイント
　交流は他の人の意見を聞いて自分の考えと比較したり，その後の振り返りで自分の考えを吟味したりする大事な時間なので，注意深く見取り記録する。今回は感性に基づく内容なので，国語が苦手な生徒も班での交流で自由に話ができ，活躍の場を作るチャンスである。

○交流が終わったら，席を戻させノートに振り返りを書かせる。基本的には授業または単元の最後に振り返る時間を取る。

T：では，これから自分が見てみたい春の風景とその理由を何人かに発表してもらいましょう。「春」に関連する季節の言葉も一緒に教えてください。

○挙手か，または時間があれば班から一人ずつの発表にする。

T：この時間の感想や振り返りを発表してくれる人はいますか。

○時間を調整しながら可能ならば数名発表させる。

5　次回の見通しをもたせる

○次回は「夏」に関連する作品や言葉で暑中見舞いを書いて送ることを伝える。

1　学びをひらく

［聞く］情報を聞き取り，要点を伝える　（1時間）

1　単元の目標・評価規準

- 比較や分類，関係付けなどの情報の整理の仕方，引用の仕方や出典の示し方について理解を深め，それらを使うことができる。〔知識及び技能〕(2)イ
- 目的や場面に応じて，日常生活の中から話題を決め，集めた材料を整理し，伝え合う内容を検討することができる。〔思考力・判断力・表現力等〕A(1)ア
- 言葉がもつ価値に気付くとともに，進んで読書をし，我が国の言語文化を大切にして，思いや考えを伝え合おうとする。「学びに向かう力，人間性等」

知識・技能	比較や分類，関係付けなどの情報の整理の仕方，引用の仕方や出典の示し方について理解を深め，それらを使っている。(2)イ
思考・判断・表現	「話すこと・聞くこと」において，目的や場面に応じて，日常生活の中から話題を決め，集めた材料を整理し，伝え合う内容を検討している。A(1)ア
主体的に学習に取り組む態度	学習の見通しをもち，目的に沿って情報を比較・分類したり関連付けたりして，粘り強く情報を整理しようとしている。

2　単元の特色

教材の特徴

　本教材は，「情報を聞き取り，要点を伝える」という「聞くこと」に特化したものである。吹奏楽部の部長から，田村さんは休んだ関さんに明日とあさっての練習予定の伝達を頼まれる。この二人の会話を聞き，要点をメモして，必要な情報を整理し，相手に伝える内容を検討するという学習が組まれている。日常生活において，聞くという行為を意識して行うことは少ない。聞き流したり，何が大切なのかを考えずに聞いたりしていることが多いのではないだろうか。目的に応じて必要な情報を聞き取り，要点を整理して相手に伝えるということは，中学1年生にとって意外にむずかしいことと思われる。目的をもって話を聞き，目的に沿って要点を抜き出し，メモしてその情報を整理して相手に伝える活動を通して，生徒の聞くことへの意識を高め，情報処理能力を養いたい。

身に付けさせたい資質・能力

　本単元では学習指導要領A(1)ア「目的や場面に応じて，日常生活の中から話題を決め，集めた材料を整理し，伝え合う内容を検討すること」に沿って，情報を聞き取り，要点を整理して伝える力の育成をめざす。また，学習指導要領「知識及び技能」(2)イ「比較や分類，関係付けなどの情報の整理の仕方，引用の仕方や出典の示し方について理解を深め，それらを使うこと」の「比較や分類，関係付けなどの情報の整理の仕方」の指導も合わせて行う。

　言語活動としては，言語活動例A(2)ア「紹介や報告など伝えたいことを話したり，それらを聞いて質問したり意見を述べたりする活動」をもとに，会話の中から目的に沿って必要な情報を切り取ってメモする活動と，切り取った情報を整理して要点を的確に相手に伝える活動を行う。情報の軽重を比較したり，分類したりして必要な情報を取捨選択し，相手に伝わるように整理する力の育成をめざす。

3　学習指導計画（全1時間）

時	○主な学習活動	☆指導上の留意点　◆評価規準
1	○単元の目標を確認し，学習の見通しをもつ。 ○教科書を読み，目的に沿った必要な情報とは何かについて考える。 ○本文にある「二次元コード」の音声を聞き情報の中から要点を聞き取り，すばやくメモする。 ○相手に伝える情報を見きわめ，メモの内容を整理する。 ○聞き取れなかった情報を確認する仕方を知る。 ○学習を振り返る。	☆小学校の既習事項を振り返らせ，話し方についての大切な点を思い出させる。 ◆情報を比較・分類したり，関係付けたりして，目的に沿った情報を整理している。【知・技】 ◆目的や意図に沿って相手の話を聞き取り，情報を整理して，伝えたい相手に要点が的確に伝わるように内容を検討している。【思・判・表】 ◆学習の見通しをもち，目的に沿って必要な情報を聞き取り，要点を整理して伝えようとしている。【主】

［聞く］情報を聞き取り，要点を伝える

指導の重点
・比較や分類，関係付けなどの情報の整理の仕方について理解を深めさせる。
・目的や意図に応じて，会話の中から情報を取捨選択し，相手に伝える内容を整理させる。

本時の展開に即した主な評価規準例（Bと認められる生徒の姿の例）
・情報を比較・分類したり，関係付けたりして，目的に沿った情報を整理している。【知・技】
・目的や意図に沿って相手の話を聞き取り，情報を整理して，伝えたい相手に要点が的確に伝わるように内容を検討している。【思・判・表】
・学習の見通しをもち，目的に沿って必要な情報を聞き取り，要点を整理して伝えようとしている。【主】

生徒に示す本時の目標
目的に沿って必要な情報を聞き取り，相手に伝えるために要点を整理しよう

1　本単元の学習目標を把握する
○人の話を聞いてメモするときの生徒の実態を確かめる。
T：みなさんは人の話を聞いてメモするとき，どのようなことに気をつけていますか。
　この単元では，必要な情報を聞き取って，相手に要点を伝える力を身につける学習をします。

> **ポイント　生徒の反応を見ながら学習課題を伝える**
> 「聞く」ことの学習活動をするので，集中して取り組む姿勢をもたせる。

2　本時の学習課題と流れを確認する
T：今日の学習課題は「必要な情報を聞き取ってメモを取り，話の要点を相手に的確に伝えるために整理すること」です。教科書 p.31にある二次元コードを開くと吹奏楽部の部長と田村さんの会話が流れます。その中から必要な情報を聞き取ってワークシートにメモを取ります。その後で，メモをもとに相手に的確に伝えるために要点を整理し直します。
○ワークシートに聞き取りメモと要点の整理を書き込めるようにする。

3　聞き取る目的を確認する
T：会話を聞く前に，p.31を読んで目的を確認しておきましょう。
　田村さんは吹奏楽部の部長から練習を休んだ関さんへの連絡を頼まれていますね。
　何を聞き取ればよいと思いますか。

> **ポイント　聞き取るために目的と相手を明確にする**
> 誰に伝えるためにどのような情報を聞き取ろうとしているのかを意識させる。「休んだ関さんへ」の明日，明後日の部活動についての「連絡事項」を聞き取るのが目的である。関さんに的確に要点を伝えるために，すばやく簡潔にメモを取る必要がある。

4　情報を聞き取り，メモを取る
T：p.31にある二次元コードから二人の会話を聞き，「関さんに連絡する」内容を聞き取ってワ

準備物：ワークシート

```
関さんへ
吹奏楽部の予定
○あした
・練習休み（工事のため）
・ミーティング（3-1教室）
  来月末のイベントについて
○あさって
・いつもどおり（放課後）
・練習前、廊下の楽器を
  音楽室に戻す
```

3　要点（メモ）
・番号を付けたり、箇条書きにしたりする
・時間の流れにそって整理する
・大事なところに線を引いて目立たせる

2　聞き取った情報を整理して伝えるコツ
・聞き取れなかったらどうしようか？
・どのようにメモしたらいいか？
・誰に、何のために聞き取るのか？

〈相手・目的〉
練習を休んだ関さんへの連絡事項

1　必要な情報を聞き取るコツ
☆目的や意図を理解してから聞き取ろう

本時の目標
目的に沿って必要な情報を聞き取り、相手に伝えるために要点を整理しよう

［聞く］情報を聞き取り、要点を伝える

ークシートのメモ欄にメモしましょう。音声はすぐに消えてしまうので、目的に沿って必要な言葉をすばやく書き留めるようにしましょう。
○各自のタブレット等を利用して、会話の音声を聞く。

5　メモを確認し、情報を整理する

T：関さんに伝える情報は聞き取れましたか。聞き取れなかったり分かりにくかったりしたところがあったらどうしたらいいですか。
○実際の会話では、聞き取れなかったところは会話の相手に直接聞き返して確認するように指導する。「聞き取りテスト」の場合は、同じ音声が2回繰り返して流されることが多いので、聞き逃したところは2回目に注意して聞くとよいと伝える。
T：関さんへ連絡する内容は、明日と明後日の吹奏楽部の予定ですね。必要な情報をメモすることができましたか。的確にメモできたか確認し、それをもとに要点を整理して、関さんへ伝える情報をまとめましょう。
○教科書p.32に会話の文章が載っている。必要な情報の部分には赤線が引いてあるので、ワークシートに記入したメモと比べて必要な情報を的確にメモできたか、二人一組で確認させる。

○必要な情報が抜けているときは、ワークシートに赤字で書き加えさせる。
T：次に、関さんに伝える情報の要点を整理して、ワークシートに簡潔に書きましょう。
○要点の整理の仕方を確認する。
○要点の整理ができたら、二人一組で交流して、必要な情報がメモされているか確認しあう。

6　本時を振り返る

T：今日は、必要な情報を聞き取り、要点を整理して伝える内容を考える学習をしました。話の要点を聞き取るコツをつかみましたか。必要な情報を聞き取るためには、聞く前に相手や目的を押さえて、どのような情報を聞き取ればよいのかを考えてから聞くといいですね。
　音声はすぐに消えてしまうので、メモを取るときは必要な短い言葉でメモするといいですね。今後、授業や総合の時間の講演会などで人の話を聞くときに、今回の学習を生かしていきましょう。

1 学びをひらく

言葉1　音声の仕組みや働き　（1時間）

1　単元の目標・評価規準

・音声の働きや仕組みについて，理解を深めることができる。　　　　　〔知識及び技能〕(1)ア
・言葉がもつ価値に気付くとともに，進んで読書をし，我が国の言語文化を大切にして，思いや考えを伝え合おうとする。　　　　　　　　　　　　　「学びに向かう力，人間性等」

知識・技能	音声の働きや仕組みについて，理解を深めている。 ((1)ア)
主体的に学習に取り組む態度	進んで自身の経験を振り返り，学習課題に沿って，音声の仕組みや働きについて考え，意見を交流しようとしている。

2　単元の特色

教材の特徴

　本単元では日本語の音声の働きと仕組みが示されている。日本語の音を母音と子音に分解して考え，発音について意識する機会となる。また，英語と比較することで，日本語の特徴や英語の発音を改善する工夫について考えることができる。

　さらに音の高さ・強さについて学ぶことで，言葉を正しく届けるために，音の高さ・強さに注意を払う意識をもつことができる。

　この単元を通して日常的に使っている言葉について見つめなおし，客観的に分析ができるように指導していく。

身に付けさせたい資質・能力

　普段あまり意識していないであろう日本語の音声について振り返り，音声がもつ働きや仕組みについて考え，気が付いたことや意見を交流する。言語に対しての関心を高め，自ら言語感覚を磨く資質を養う。また，音の高さ・強さに関しては次のスピーチの単元「話の構成を工夫しよう」に生かし，言葉を正確に届けるために音声を工夫するという観点をもつことができるように指導する。

3　学習指導計画（全1時間）

時	○主な学習活動	☆指導上の留意点　◆評価規準
1	○音声の働きや仕組みについて，気が付いたことや意見を交流し，理解を深める。 ・日本語と英語の発音のちがいを考える。 ・アクセント・イントネーションによる意味のちがいを考える。 ・強調するための音声に関する具体的な方法を考える。 ○学習内容をテーマに分け，グループの中で分担し，例文を考え，グループ内発表を行う。 ○ジグソー学習を行い，グループ内発表の内容を説明する。	☆例文を示し，音声の働きや仕組みについて生徒に気付かせる。 ◆日本語の音声の仕組みや働きについて例を示して説明している。【知・技】 ◆自身の経験と重ね合わせて，音声の働きや仕組みについて考えようとしている。【主】 ☆学習内容を説明させることで，理解を促す。 ☆余裕があれば各自，タブレット等を用いて疑問点を調べさせる。

言葉1　音声の仕組みや働き

指導の重点
・日本語の音声の仕組みや働きについて例を示して説明させる。
・自身の経験と重ね合わせて，音声の働きや仕組みについて考えさせる。

本時の展開に即した主な評価規準例（Bと認められる生徒の姿の例）
・日本語の音声の仕組みや働きについて例を示して説明している。【知・技】
・自身の経験と重ね合わせて，音声の働きや仕組みについて考えようとしている。【主】

生徒に示す本時の目標
　日本語の音声の仕組みや働きについて例を示して説明しよう

1　日本語と英語の発音のちがいを確認する
○「バス」と"bus"，「アップル」と"apple"を発音させ，ちがいを確認する。　⬇ WS
・教師か音声教材による範読を聞かせ，どのようなちがいがあるか発言させる。
T：日本語と英語の発音にはどのようなちがいがありますか。
〈予想される生徒の発言〉
　・英語の方が短い。（バスは2音節，busは1音節のため，英語の方が短く聞こえる）
　・英語は強く発音するところがある。
○母音と子音を説明し，英語は子音が単独で発音されることが多いが，日本語は子音が母音の前に基本的につくことを板書し，確認する。

2　アクセントによる意味のちがいを確認する
○アクセントのちがいで意味を区別できることを「このはしをわたるべからず。」の例文を使って確認する。
T：あなたは目の前にある橋の向こう側に行かなくてはなりません。しかし，橋の前に立て札が

あります。どうしますか。
・教科書p.33のイラスト（Ⓐ Ⓑの文は除く）を電子黒板等に映してもよい。
〈予想される生徒の発言〉
　・回り道をする。　・諦める。
　・橋の中央を渡る。
T：なぜ中央を渡ってよいのですか。
・「はし」のアクセントのちがいを生徒に音読させる。
〈予想される生徒の発言〉
　・「はし」には「橋」と「端」の二つの意味があるから。
○「はし」のアクセントのちがいを板書し，日本語のアクセントは音の高低であることを確認する。

3　イントネーションによる意味のちがいを確認する
○イントネーションによる意味のちがいを「橋をわたる」の例文を音読させて，確認する。
T：次の例文をペアで音読してちがいを確認しましょう。
〈例文〉
　①Aさん「どうしたら向こう側に行ける。」
　　Bさん「あの橋を渡るの。」↘

準備物：ワークシート，例文を書く時間を短縮するために必要があれば，黒板掲示用資料もしくはスライド，デジタル音源

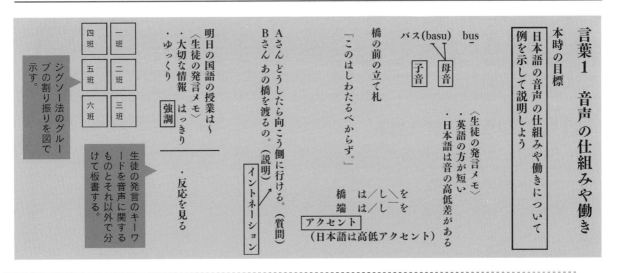

②Bさん「あの橋を渡るの。」↗
　Aさん「うん。そうすれば向こう側に行ける。」
○文の最後を上げるか下げるかで意味や調子が変わることを板書し，確認する。

4　強調するための音声に関する具体的な方法を確認する

○例文をペアで二回音読させ，ちがいを確認する。
〈例文〉
　明日の国語の授業は図書室で行います。持ち物は教科書，ノート，タブレット，筆記用具です。
　・一回目は何も指示を出さず，二回目は相手に向けて，情報が正確に伝わるように音読させる。
T：一回目と二回目でちがいはありましたか。
〈予想される生徒の発言〉
　・場所や時間，持ち物は大切な情報なのではっきり話す。
　・大事なことを言う前は間をとる。
　・ゆっくり話す。　・相手の反応を見る。
○音声に関することとそれ以外を分けて，キーワードを板書し，確認する。

5　学習内容を説明できるように役割分担をし，説明を考える

○「日本語・英語の発音をよくするには」のテーマについてグループで一人か二人ずつ「母音と子音」「アクセント」「イントネーション」「強調」を分担する。
○自分の担当について，グループの中で説明ができるようにまとめたり，調べたりさせる。
T：自分のテーマについて，班の中で簡潔に説明できるようにしましょう。教科書の要点をおさえること，教科書に載っていない例文を一つ以上入れることが条件です。余裕があれば気になることを調べて追加しましょう。

6　各グループ内で発表し，その内容を新しく編成したグループで共有する（ジグソー学習）

○グループ内で数字が重ならないように教師が生徒に番号を割り当て，その番号が同じ生徒で新しいグループを作らせ，共有する。
　・難しそうな生徒は例文のみ共有する，他の生徒が補足するなど状況に合わせる。

7　学んだこと，もっと知りたくなったことを記入・入力し，学習を振り返る

1 学びをひらく

話の構成を工夫しよう
一枚の写真をもとにスピーチをする

（4時間）

1 単元の目標・評価規準

・音声の働きや仕組みについて，理解を深めることができる。　　　　〔知識及び技能〕(1)ア
・自分の考えや根拠が明確になるように，話の中心的な部分と付加的な部分，事実と意見との関係などに注意して，話の構成を考えることができる。
〔思考力・判断力・表現力等〕A(1)イ
・相手の反応を踏まえながら，自分の考えが分かりやすく伝わるように表現を工夫することができる。　　　　　　　　　　　　　　　　〔思考力・判断力・表現力等〕A(1)ウ
・言葉がもつ価値に気付くとともに，進んで読書をし，我が国の言語文化を大切にして，思いや考えを伝え合おうとする。　　　　　　　　　　　　「学びに向かう力，人間性等」

知識・技能	音声の働きや仕組みについて，理解を深めている。 ((1)ア)
思考・判断・表現	「話すこと・聞くこと」において，自分の考えや根拠が明確になるように，話の中心的な部分と付加的な部分，事実と意見との関係などに注意して，話の構成を考えている。　　(A(1)イ) 「話すこと・聞くこと」において，相手の反応を踏まえながら，自分の考えが分かりやすく伝わるように表現を工夫している。　　(A(1)ウ)
主体的に学習に取り組む態度	自らの学習を調整しながら，目的に応じて話の構成や展開を考え，工夫してスピーチしようとしている。

2 単元の特色

教材の特徴

　本教材は，中学校に入学して最初のスピーチ教材である。お互いをもっと深く理解するために，「みんなの知らない私の一面」が伝わる写真を見せながらスピーチをするという言語活動を設定する。

　指導の中心は，聞き手に分かりやすく伝えるために，話の構成を考えたり表現の仕方を工夫したりすることである。小学校での学習や直前の単元である「音声の仕組みや働き」の学習を生かして，声の大きさや速さ，間の取り方などにも気をつけてスピーチを行うように指導したい。教科書の二次元コードからスピーチのデモンストレーションを視聴したり，「言の葉ポケット」にある表現例を参考にしたりすることによって，スピーチの基礎を身につけることが期

待できる教材である。

身に付けさせたい資質・能力

　本単元では学習指導要領A⑴イ「自分の考えや根拠が明確になるように，話の中心的な部分と付加的な部分，事実と意見との関係などに注意して，話の構成を考える」力と，A⑴ウ「相手の反応を踏まえながら，自分の考えが分かりやすく伝わるように表現を工夫する」力の育成を目指す。また，知識及び技能⑴ア「音声の働きや仕組みについて，理解を深めること」の指導も合わせて行う。

　言語活動としては，学習指導要領A⑵アに例示された「紹介や報告など伝えたいことを話したり，それらを聞いて質問したり意見を述べたりする活動」の趣旨を受けて学習活動を展開する。クラスメイトを対象に，仲間ともっと親しくなるために「みんなの知らない『私』を知ってもらう」という目的意識をもって，そのためにどのような工夫をすればよいか考えさせる。話の構成や話し方を工夫してスピーチの基本的な知識や技能を日常で使いこなせるように指導していきたい。

3　学習指導計画（全4時間）

時	○主な学習活動	☆指導上の留意点　◆評価規準
1	○学習目標を確認し，学習の見通しをもつ。 ○本文を通読する。 ・よいスピーチの工夫について話し合う。 ○「みんなの知らない『私』」について考え，話す題材を決める。 ・「私」のいろいろな一面を「思いつきマップ」に書き出す。 ・スピーチに用いる写真を一枚選ぶ。	☆既習の「話すこと」の学習を振り返らせ，話し方の大事な点を思い出させる。 ◆目的に沿ってスピーチをするために，話のテーマや話し方について考えている。【知・技】 ◆学習の見通しをもち，目的に沿ってスピーチの題材を考えようとしている。【主】
2	○「思いつきマップ」をもとに，話の内容が相手に分かりやすく伝わるように話の構成を考える。 ・ワークシート（ノート）に構成メモを書く。	◆目的に沿って，「みんなの知らない私の一面」が分かりやすく伝わるように話の構成を考えている。【思・判・表】
3	○話す順序や話し方を工夫してスピーチ練習をする。 ・二人～四人グループでスピーチの練習を行う。 ・録画したスピーチを見ながら，話し方や話の構成，内容の分かりやすさについて互いにアドバイスする。 ・友達のアドバイスをもとにスピーチを修正する。	☆構成メモに声の大きさや間の取り方など話し方の工夫を記入させる。 ◆音声の働きや仕組みについて理解を深め，聞き手に分かりやすく伝わるようにスピーチの工夫をしている。【知・技】
4	○スピーチ発表会を行う。 ・相手の反応を見ながらスピーチを行う。 ・グループに分かれ，感想や質問などを交流させる。 ○学習を振り返る。	◆相手の反応を意識しながら，自分の考えが分かりやすく伝わるようにスピーチしている。【思・判・表】 ◆これまでの学習を生かし，相手の反応を見ながら，話し方や構成を工夫してスピーチしようとしている。【主】

1 話の構成を工夫しよう
一枚の写真をもとにスピーチをする
（4時間）

指導の重点
・相手や目的に応じたスピーチをするために、話の内容や構成について考えさせる。

本時の展開に即した主な評価規準例（Bと認められる生徒の姿の例）
・目的に沿ってスピーチをするために、話のテーマや話し方について考えている。【知・技】
・学習の見通しをもち、目的に沿ってスピーチの題材を考えようとしている。【主】

生徒に示す本時の目標
友達ともっと親しくなるためのスピーチの仕方や題材について考えよう

1 本単元の学習目標を把握する
○既習内容を確認し、スピーチについて理解する。
T：みなさんはスピーチをしたことがありますか。スピーチは講演会や演説、何かを紹介するときなどに、事実や自分の考えを聞く人に話して伝えることです。この単元ではお互いのことをもっと知って仲良くなるために、「みんなの知らない私の一面」スピーチ大会をします。

> **ポイント 生徒の反応を見ながら学習課題を伝える**
> 相手と目的を確認し、そのためにはどのような内容で話をしたらよいか考えさせ、積極的に学習に取り組むように伝える。

2 本時の学習課題を確認し、教科書を通読する
T：友達と親しくなるためにはお互いのことをもっと知り合うことが大切です。そのために、クラスの友達に自分の特技や特徴、性格など、「みんなの知らない私の一面」を紹介して、仲良くなるきっかけを作りましょう。
今日の授業ではスピーチの話題を考えます。スピーチ大会は4時間目に行います。そのとき、一枚の写真を見せながらスピーチをするので、写真も選んでおきましょう。

3 スピーチの材料を集める
○相手と目的を意識して材料を集める。
T：友達の意外な一面を聞いて驚いたり、今まで以上に親しみを感じたりしたことはありませんか。みんなにあまり知られていないあなたの意外な一面を見つけて「思いつきマップ」に書き出してみましょう。

> **ポイント 「思いつきマップ」に材料を書き出す**
> 教師の例を書いた「思いつきマップ」を掲示し、マッピングの仕方について説明する。マップはマップ用シート等に書かせる。教科書 p.34にある二次元コードから「スピーチ」のテーマ例を開き、材料集めの参考にさせる。

発展
材料集めの際、グループで話し合ったり、

準備物：黒板掲示用資料，マップ用シート

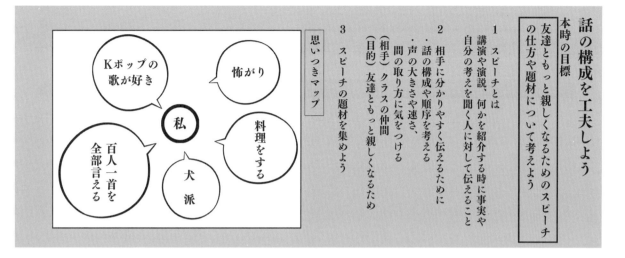

話の構成を工夫しよう

本時の目標
友達ともっと親しくなるためのスピーチの仕方や題材について考えよう

1 スピーチとは
　講演や演説、何かを紹介する時に事実や自分の考えを聞く人に対して伝えること
2 相手に分かりやすく伝えるために
　・話の構成や順序を考える
　・声の大きさや速さ、間の取り方に気をつける
　（相手）クラスの仲間
　（目的）友達ともっと親しくなるため
3 スピーチの題材を集めよう

思いつきマップ

（マップ内）
Kポップの歌が好き／怖がり／料理をする／百人一首を全部言える／犬派／私

家族と相談したりしてもよい。多角的，客観的に自分自身を見つめるようにさせる。

4　スピーチの材料を決める

T：「思いつきマップ」に材料をたくさん書き込みましたか。これから材料を絞っていきます。友達にあなたの意外な一面や魅力が伝わるように，スピーチの題材を設定しましょう。

○自分について相手が好感をもってもらえるような題材になるように指導する。

T：スピーチの時間は一人1分です。限られた時間内で相手に興味をもってもらえるような工夫をしましょう。

○迷ったら周りの人に相談してもよい。
○マップ上で材料を絞り，丸で囲むようにさせる。なぜ，その材料に絞ったのかメモさせておくとよい。

5　題材を決め，情報を整理して写真を選ぶ

T：写真を見せながらスピーチをします。話の内容にふさわしい一枚の写真を選んでおいてください。写真をもとに話の構成を考えてもかまいません。

6　本時を振り返り，次回の見通しをもつ

○次回は「思いつきマップ」を参考にしていくつかに絞った材料を生かし，話の構成メモを考える。

T：今日はスピーチとは何かを確認し，これまでの学習を振り返りました。そして，友達ともっと仲良くなるために「みんなの知らない私の一面」をスピーチするという学習課題に沿って，マッピングという手法を使ってスピーチの材料を絞りました。

　次回は分かりやすい話の構成を考えてスピーチ構成メモを作ります。紹介する写真も次の次の時間には必要になるので考えておきましょう。

話の構成を工夫しよう
一枚の写真をもとにスピーチをする

2/4時間

指導の重点
・相手意識と目的意識をもち，中心となる部分を考えて話の構成を工夫させる。

本時の展開に即した主な評価規準例（Bと認められる生徒の姿の例）
・目的に沿って，「みんなの知らない私の一面」が分かりやすく伝わるように話の構成を考えている。
【思・判・表】

生徒に示す本時の目標
友達ともっと仲良くなるため，スピーチの構成メモを作ろう

1 本時の学習課題を把握する
○前時に決めたスピーチの材料を生かし，話の内容を考え，構成を工夫することを伝える。
T：前回は「思いつきマップ」を書いて「みんなの知らない私の一面」を書き出しました。その中で特に伝えたいことを選び，スピーチの材料を決めましたね。今日はスピーチをするための話の構成メモを作ります。

> **ポイント　学習課題への取り組み方を考える**
> 聞き手に分かりやすく伝えるためにはどういう話の構成にしたらいいか，生徒に考えさせる。そのヒントとして教科書 p.35 を通読する。目的，話す相手を確認するとともに，どんな構成にしたらよいのか生徒に発言をさせ，板書に生かす。

2 教材を通読する
○教材を通読し，学習の流れを確認する。
T：教科書を読んで，分かりやすい話の構成について考えましょう。話の構成をどのように工夫したらよいと思いますか。これまでにスピーチしたときのことを思い出してみましょう。構成について何かいいアイデアがある人は教えてください。

3 話の構成の工夫について考える
○自分の話に興味をもってもらうためにアイデアを出し合い，話す順番や話し方について工夫する。
T：小学校でスピーチをしたとき，「初め・中・終わり」の順でスピーチしたと思います。
　「初め」の部分は聞く人を話に引き込む（導入）部分です。どのような工夫をするといいでしょうか。
　「中」の部分は「私の一面」を詳しく知ってもらうために内容について具体的に説明する部分です。具体例がいくつかある場合は，順序を表す言葉を使って説明すると分かりやすくなります。どのような内容にするといいと思いますか。
　「終わり」の部分は話のまとめにあたります。相手に呼びかけたり，相手の印象に残るような締めくくりの言葉で終わるとかっこいいですね。教科書の例を参考にしながらみんなで考えてみ

準備物：ワークシート

話の構成を工夫しよう

本時の目標
友達ともっと仲良くなるため、スピーチの構成メモを作ろう

○テーマ…「みんなの知らない私の一面」
★話の構成を工夫するポイント
・目的と話す相手を意識する
　〈目的〉友達ともっと仲良くなるため
　〈相手〉クラスの仲間
・聞き手に分かりやすく伝えるために話す順序を考える

★スピーチの構成を工夫しよう

【テーマ】

初め	中	終わり
導入	説明	まとめ
・聞き手に問いかけてみる ・話題を伝える（写真）	・写真の説明をする ・理由を説明する ・自分に興味をもってもらう	・聞き手に呼びかける ・締めくくりの言葉を考える

ましょう。

> **ポイント**
> 話を聞く相手や目的を意識させ，興味をもってもらえるような話の構成を工夫させる。教科書のp.35の構成案を参考にしながら，各自で考えたあと，グループで構成の工夫について交流する。交流で出た意見をもとに，構成の工夫を板書にまとめる。

4　構成メモを書く

○伝えたいことを整理してワークシートに構成メモを書かせる。
○スピーチは一人1分で行うことを確認し，時間内に話がまとまるように項目を考えさせる。
T：それではこれからスピーチの構成メモを作ります。今回のスピーチは，友達に，みんなの知らない自分の一面を伝えて仲良くなろうという目的で行います。どんな話題をどんな風に話したら聞く人が好感をもって聞いてくれるのか考えながら，構成メモを書いていきましょう。
T：教科書p.36にある「スピーチメモの例」を参考にしてください。1分ではあまり多くのことは話せません。その中で，自分について知っ

てもらえるように内容や順番を工夫しましょう。
○写真をどこで提示すると効果的か，写真の説明についてもどのような説明をするとよいかも工夫させる。

5　本時を振り返り，次回の見通しをもつ

T：話の構成を工夫して構成メモを書くことができましたか。聞く人に伝えたいことを分かりやすく伝えるためには「初め」「中」「終わり」の構成を考えることが大切でしたね。
　次回はグループごとにスピーチの練習を行い，ビデオに撮って改善点を探します。聞く人を引き込む導入や分かりやすい説明，まとめの言葉など，どのような表現を使うと効果的かを考えてスピーチをしてみましょう。
○p.37の「言の葉ポケット」をヒントにするとよいと伝え，構成メモに書き加えさせてもよい。
○紹介する写真も用意しておくように促す。

3 話の構成を工夫しよう
4時間　一枚の写真をもとにスピーチをする

指導の重点
・魅力的なスピーチをするための練習をさせる。

本時の展開に即した主な評価規準例（Bと認められる生徒の姿の例）
・音声の働きや仕組みについて理解を深め，聞き手に分かりやすく伝わるようにスピーチの工夫をしている。【知・技】

生徒に示す本時の目標
　表現や話し方に気をつけて，聞き手に分かりやすく伝わるようにスピーチの練習をしよう

1　本時の学習課題を把握する
○前時に作成した話の構成メモをもとにスピーチの練習をする。
T：今日はグループごとにスピーチの練習を行います。スピーチの様子はビデオ撮影し，スピーチが終わったら，互いに感想を伝え合ったり録画を見たりして，構成を見直しましょう。

2　教材を通読（視聴）する
○教科書p.36にある二次元コードを開いてビデオを視聴し，スピーチの仕方を考える。
T：スピーチの練習の前に，話し方のコツを考えます。どんな話し方をすれば聞き手を話に引き込むことができるでしょうか。また，分かりやすく伝えるにはどうしたらよいでしょうか。
　p.36にある二次元コードを開いてください。スピーチのビデオが流れます。これを見て気づいたことをノートにメモしましょう。

ポイント　学習課題への取り組み方を考える
　p.36にスピーチの実践例本文が掲載されているので，ビデオの内容を本文で確認し，よりよいスピーチの仕方について考えさせる。
　「初め」「中」「終わり」の構成がどうつながっているか，話し方や態度で気づいたことはあるかなどに注意するように促す。

T：話し方や表現の言葉について気づいたことはありましたか。
○生徒の意見を取り入れながら，黒板に話し方や表現の特徴をまとめていく。

3　魅力的なスピーチをするための工夫を考える
○聞き手に興味をもってもらえるように話をするにはどのような表現を使うと効果的か，話し方はどうするとよいかなどアイデアを出し合う。
T：人を引きつける魅力的なスピーチをするためにはどうすればよいでしょうか。
　表現の仕方と話し方の二つの面からスピーチのコツを考えてみましょう。

ポイント
　ビデオを見た後，気づいたことを自由に話し合わせる。表現については，p.37の「言の葉ポケット」を参考にしながら，生徒の意見をまとめていく。話し方については，声の大

準備物：前時のワークシート，写真

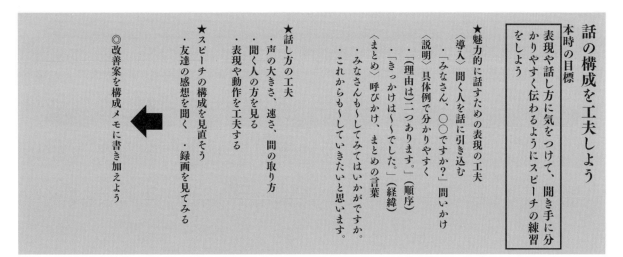

きさや速さ，間の取り方など既習事項を押さえる。また，写真を見せるタイミング，話すときの顔の向きや視線など，態度についても気づいたことを挙げさせて共通理解を図る。

○「言の葉ポケット」を参考にして，使いたい表現や話し方，態度について話の構成メモに書き加えさせる。

4　スピーチの練習をする

○スピーチは一人1分で行う。タイムキーパーと撮影を交代で行うよう指示して練習を始める。

T：それではこれからスピーチの練習を行います。スピーチが終わったら，友達同士で気づいたことをアドバイスし合い，さらに魅力的なスピーチになるように改善案を考えましょう。

○ビデオを確認し，聞き手が感じたことを伝える。声の大きさや速さ，間の取り方，話の順序や構成は分かりやすいかなどをアドバイスし合う。

5　本時を振り返り，次回の見通しをもつ

T：スピーチ練習で気づいたことや仲間からのアドバイスをもとに改善案をワークシートに書き込みましょう。
　次回はいよいよスピーチ大会です。「みんなの知らない私の一面」を伝えて自分のことを知ってもらい，友達ともっと親しくなるためにスピーチに取り組みましょう。

○学習の調整の様子を見取ることができるために，一枚の用紙に改善案も記入できるようにワークシートを工夫してもよい。

4/4時間 話の構成を工夫しよう
一枚の写真をもとにスピーチをする

指導の重点
・相手の反応を意識しながら,事実や自分の思いが伝わるようにスピーチさせる。
・これまでの学習を生かし,相手の反応を見ながら,話し方や構成を工夫してスピーチさせる。

本時の展開に即した主な評価規準例(Bと認められる生徒の姿の例)
・相手の反応を意識しながら,自分の考えが分かりやすく伝わるようにスピーチしている。【思・判・表】
・これまでの学習を生かし,相手の反応を見ながら,話し方や構成を工夫してスピーチしようとしている。【主】

生徒に示す本時の目標
相手の反応を意識しながら,事実や自分の思いが伝わるようにスピーチしよう

1 本時の学習課題を把握する
○構成メモに,話し始めの言葉や間の取り方,写真を見せるタイミングなどを書き加えて,スピーチメモを作らせる。
T:今日はスピーチ大会を行います。友達に「みんなの知らない私の一面」を分かりやすく伝えることができるように,話の構成や話し方に気をつけてスピーチしましょう。

> **ポイント 学習課題への取り組み方を確認する**
> 相手意識,目的意識を確認する。その上で,話の構成,話し方や態度に注意して恥ずかしがらずにスピーチするように伝える。あらかじめスピーチの留意点を板書しておくとよい。スピーチの順番は事前に決めておくようにする。

2 スピーチ大会を行う
○司会は教師が行ってもよい。タブレット等のストップウォッチ機能を使って時間制限をする。
○生徒数が多い場合は,クラスを二~三班に分け,それぞれの班に司会者を立ててスピーチ大会を行う。
T:スピーチ大会を通して,今までよりも互いに理解し合い,友達ともっと仲良くなれたらいいなあと思います。
聞く人は話す人のことをもっと知りたいという気持ちで聞いてください。全員のスピーチが終わったら後で交流しますので,興味をもったことや質問したいことなど気づいたことをタブレットにメモしておきましょう。

> **ポイント 話す態度,聞く態度を確認する**
> スピーチするときは,相手に好感をもってもらえるように聞く人の顔を見て話すように促す。また,聞き手は話し手のことをもっと知ろうという気持ちで話を聞くように伝える。

T:それでは,「みんなの知らない私の一面」スピーチ大会を始めます。発表時間は1分です。スピーチの最初と最後はスピーカー(発表者)に敬意を表して拍手をしましょう。
では,○○さん,お願いします。
(スピーチ)

準備物：写真

話の構成を工夫しよう

本時の目標
相手の反応を意識しながら、事実や自分の思いが伝わるようにスピーチしよう

★魅力的なスピーチをするためのコツ
① 目的を意識して分かりやすく伝える
② 声の大きさ、速さ、間の取り方を工夫する
③ 表情や態度に気をつけ、相手に語りかける

★スピーチの後で交流しよう
・興味をもったことや感想を伝え合おう
・質問や疑問を聞いてみよう

★スピーチ後の振り返り
・声の大きさ、速さ、間の取り方
・話の構成や表現で工夫したこと
・話の内容を魅力的に伝えられたか

★学習で学んだことや感じたことを
① ノートに整理する
② 次にスピーチするときに役立てる

T：○○さん、ありがとうございました。
　　次は○○さんです。お願いします。（続く）
○人数が多い場合は学習時間内に交流の時間が取れない可能性もあるので、タブレット等に質問や感想を入力しておき、あとで各自が閲覧できるようにする。

3　学習を振り返る

○全員のスピーチが終わったら、班ごとに分かれて質問や感想などを交流させる。
T：このスピーチ大会を通して友達の意外な一面を知ることができましたね。
　　これから班ごとに交流の時間を取ります。お互いのスピーチの内容や構成で、よいと思ったことや質問などを話し合いましょう。
○スピーチを聞きながらメモした質問や感想を交流させ、スピーチの内容や話し方について理解を深める。
T：スピーチするとき、聞く人に好感をもってもらえるように、相手の反応を見ながら話し方や態度の工夫をすることができましたか。また、話す順序を工夫したり、写真を示して説明したりして分かりやすく伝えることができたでしょうか。
　　交流で出た感想や意見も踏まえてそれぞれ学習の振り返りをしましょう。
○今回のスピーチを通して話し方や内容、構成についてどのような学習をしたか、次にどんなことを生かしたいかノートにまとめさせる。

4　本単元を振り返り、次への見通しをもつ

T：スピーチの学習を通して、伝えたいことを相手に分かりやすく伝えるためには、話の構成や内容を考え、話し方を工夫して、好感をもってもらえるようにすることが大切だと学びました。このことは今後の学習に活かしていきたいですね。
T：他者とコミュニケーションをとることで、友達の意外な一面に共感したり驚いたりと、互いのよさに気づき、人間関係を豊かにしていくことができます。ふだんの学校生活の中でもお互いに関心をもって過ごしていると、友達の意外な一面を発見することができるかもしれません。そんなとき、また新しいコミュニケーションのチャンスが生まれます。そうやって、友達と、もっともっと仲良くなっていきましょう。

1 学びをひらく

漢字1　漢字の組み立てと部首／漢字に親しもう1　（1時間）

1 単元の目標・評価規準

・小学校学習指導要領第2章第1節国語の学年別漢字配当表に示されている漢字に加え，その他の常用漢字を読むことができる。また，学年別漢字配当表の漢字を書き，文や文章の中で使うことができる。　　　　　　　　　　　　　　　〔知識及び技能〕(1)イ
・言葉がもつ価値に気付くとともに，進んで読書をし，我が国の言語文化を大切にして，思いや考えを伝え合おうとする。　　　　　　　　　　「学びに向かう力，人間性等」

知識・技能	小学校学習指導要領第2章第1節国語の学年別漢字配当表に示されている漢字に加え，その他の常用漢字を読むことができる。また，学年別漢字配当表の漢字を書き，文や文章の中で使おうとしている。　((1)イ)
主体的に学習に取り組む態度	学習課題に沿って，漢和辞典を用いて漢字を調べようとしている。

2 単元の特色

教材の特徴

　「漢字の組み立てと部首」は，1学年で三回設定されている漢字学習の中の一つの教材である。ここでは「へん」や「つくり」といった漢字の構成要素を漢字の中で使われている位置によって分類する方法を学習する。また，部首を活用し，漢和辞典で漢字を調べる方法について学ぶ。また，「漢字に親しもう」では小学校で学習した漢字に加え，新出漢字の音訓などを，日常生活にもつながりがある文例を用いて練習する。

　漢字を種類ごとに分類しながら理解していくことや，部分のもつ意味など，文字文化の奥深さに気付かせることのできる教材である。

身に付けさせたい資質・能力

　この教材では，漢字の組み立て方や部首についての知識を身に付けさせたい。これを理解しておくことで，生徒自身が書字を行う際に，正しく漢字を書く技能を育てていきたい。また，漢和辞典などを用いて漢字学習を積極的に行わせることで，文字文化に親しもうとする態度も育成していきたい。

3 学習指導計画（全1時間）

時	○主な学習活動	☆指導上の留意点　◆評価規準
1	○部分と部分を組み合わせてできる漢字を七つ見つけよう。 ・へん・つくり・かんむり・あし・にょう・たれ・かまえについて学習し，漢和辞典を用いて具体例を探す。 ○部首について説明する。 ○教科書 p.40 の漢字に親しもう 1 に取り組む。	☆ゲームを使った活動を取り入れ，学習に興味を持たせる。 ◆漢字の組み立てと部首について理解し，条件に当てはまる漢字や部分を挙げている。【知・技】 ◆学習課題に沿って，漢和辞典を用いて漢字を調べようとしている。【主】

漢字1　漢字の組み立てと部首／漢字に親しもう1

1／1時間

指導の重点

- 漢字の組み立てと部首についての理解をもとに，条件に当てはまる漢字や部分を挙げさせる。
- 学習課題に沿って，漢和辞典を用いて漢字を調べさせる。

本時の展開に即した主な評価規準例（Bと認められる生徒の姿の例）

- 漢字の組み立てと部首について理解し，条件に当てはまる漢字や部分を挙げている。【知・技】
- 学習課題に沿って，漢和辞典を用いて漢字を調べようとしている。【主】

生徒に示す本時の目標

漢字の組み立てに着目して分類しよう

1　漢字クイズで学習へ導入する　⬇ WS

T：クイズです。ここに漢字が書かれたカードがあります。これらをすべて使って，漢字を五つ作ってください。

○生徒の様子を観察し，必要に応じて近くの席の人やグループなどで交流しながら答えさせてもよい。

○組み合わせ方によって字の形が変化することにも気付かせたい。例（人→亻）

○タブレット等を活用することを想定してもよい。校内で使用しているアプリケーションの付箋機能を使って漢字カードを準備し，オンライン上で配布する。

> **ポイント　意欲的に学習に取り組む動機付けを行う**
>
> ゲームや交流を通して小学校での既習事項の振り返りを行い，生徒の意欲を高めて導入する。

2　漢字の組み立ての分類を知る

○どのように組み立てたかをペアで話しながら答え合わせをする。

○カードの使う位置（左右・上下・内外）によって「へん」「つくり」「かんむり」「あし」「たれ」「にょう」「かまえ」の七種類に分類されることを知る。

T：できた漢字はカード同士がどのような位置関係で使われていたでしょうか。

T：カードは左右，上下，内外の三通りに組み合わされていますね。

T：例えば「休」という漢字は，漢字の要素が左右の位置関係になっています。この漢字は「にんべん」と「木」を組み合わせてできています。「にんべん」のほかにも，○○へんとつく部分を皆さんは知っていますか。

○生徒に投げかけて例を考えさせる。

T：「きへん」「ごんべん」「てへん」「ころもへん」たくさん挙がりましたね。このように，漢字の中で，おおまかな意味を表す部分が左側に位置するグループを「へん」と呼びます。同様に，右側のグループを「つくり」と呼びます。

T：漢和辞典を使って，へんとつくり以外にどのような部分があるか探してみましょう。

○漢和辞典を使って，部首の例や漢字の例をノー

準備物：・ゲームで用いる漢字の部分　掲示用・配布用　紙のカードを準備してもよいが，タブレット等で教材を作成するのもよい。例：付箋機能を使い，上記の部分を一枚ずつ用意しタブレット上で配布する。
　　　　・漢和辞典（生徒数），ワークシート

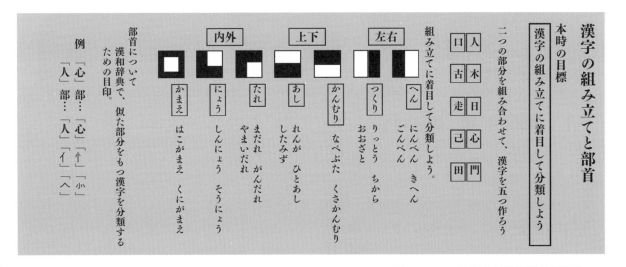

3　部首について学習する

○「こころ」がつく漢字を挙げる。
○挙げられた漢字を組み立てや形に着目して気付いたことを話し合う。
○漢字の組み立て方が違っても，構成する部分が持つ意味が反映されている字が多いことや，部首の種類について学習する。
T：「こころ」がつく漢字で思いつくものはありますか。
T：「こころ」がつく漢字には「心」以外にも「忄」（りっしんべん）や「㣺」（したごころ）の形になっているものがあるのですね。これらの部分が表す意味は文字通り「心」に関連することが多いです。また，漢和辞典では「心」部という仲間として整理されていて，このときの「心」は部首といいます。

4　様々な部首に触れよう

○違う形が存在する部首を，漢和辞典を使って探す。
○一人に一冊漢和辞典を配布し，自由に調べる。どのように調べたら効率よく見つけられるかを話し合う。

ポイント　試行錯誤して協同的に課題を解決する力を養う

小学校で学んだ辞典の引き方について交流を通して思い出したり，知らない生徒に伝えたりする活動を取り入れ，主体的に課題解決を行えるようにする。

○「火」「水」「衣」「人」「月」などについて使われている漢字を調べる。
○見つけた漢字をグループで発表し，共有する。
○部首の扱いは漢和辞典によって異なることがあることを伝える。

5　練習問題に取り組み，振り返りをする

○教科書の練習問題に取り組み，答え合わせをする。その後，学習で学んだことを振り返りノートに記入する。漢字に親しもう1は宿題とする。

2 新しい視点で

ダイコンは大きな根？ （2時間）

1　単元の目標・評価規準

- 比較や分類，関係付けなどの情報の整理の仕方について理解を深め，それらを使うことができる。　〔知識及び技能〕(2)イ
- 文章の中心的な部分と付加的な部分，事実と意見との関係などについて叙述を基に捉え，要旨を把握することができる。　〔思考力，判断力，表現力等〕C(1)ア
- 目的に応じて必要な情報に着目して要約したり，場面と場面，場面と描写などを結び付けたりして，内容を解釈することができる。　〔思考力，判断力，表現力等〕C(1)ウ
- 言葉がもつ価値に気付くとともに，進んで読書をし，我が国の言語文化を大切にして，思いや考えを伝え合おうとする。　「学びに向かう力，人間性等」

知識・技能	比較や分類，関係付けなどの情報の整理の仕方について理解を深め，それらを使っている。　((2)イ)
思考・判断・表現	「読むこと」において，文章の中心的な部分と付加的な部分，事実と意見との関係などについて叙述を基に捉え，要旨を把握している。　(C(1)ア) 「読むこと」において，目的に応じて必要な情報に着目して要約したり，場面と場面，場面と描写などを結び付けたりして，内容を解釈している。　(C(1)ウ)
主体的に学習に取り組む態度	文章の中心的な部分と付加的な部分や筆者の表現の工夫について積極的に捉えたり，目的に応じて必要な情報に着目したりしながら，学習課題に沿って考えを伝え合おうとしている。

2　単元の特色

教材の特徴

　本単元は，中学校に入って初めての説明的な文章である。生徒は小学校で「段落」や「構成」について学んできている。本教材は，その既習事項から「段落の役割」をより明確に意識させるのに適している。全体を俯瞰できる短い文章でありながら，本論が前半と後半に分かれていて，その中でも様々な比較をしながらまとめへと論を導いている。そこで，段落の整理を通して，段落相互の関係と段落の役割を捉えることにより全体の要旨を捉え，筆者の説明の工夫に気付かせる。さらに，筆者のまとめである「他の野菜も調べてみると野菜の新しい魅力が

見えてくるかもしれません」という投げかけがあるが，このことに対象を決めて本文を要約する活動を通して，目的に応じて必要な情報に着目した文章解釈ができるようにする。

身に付けさせたい資質・能力

　まず，段落の整理を通して段落のつながりやまとまりに気付かせる。そして，接続語などを手掛かりに本文のまとまりを捉え，文章の中心的な部分が理解できるようにする。

　文章の中心を捉えた後に短い字数で要約をさせる。要約をするための発問は，「本文を『器官や植物の機能に興味がある人』か，『料理に興味がある人』のどちらかに向けて要約する」とし，読み手を選ばせて活動させる。本文を基にして，要約を読む相手はどのような情報が必要かを考えるように指導していく。

　なお，本単元では「読むこと」における内容の解釈・精査が目標であるので，詳細な要約の書き方までは生徒に要求しないように留意したい。

3　学習指導計画（全2時間）

次	時	○主な学習活動	☆指導上の留意点　◆評価規準
一	1	○題名から答えを予想する。 ○本文が段落ごとに区切られたカードを正しい順番に並べ替える。 ○その順番になった理由を考え，発表・共有する。 ○教科書を開いて通読し，段落の順番と，題名の答えを確認する。 ○p.45「学びのカギ」（p.278「学びのカギ一覧」）を参考にして，段落の役割例を確認する。 ○文章の中心となる「問い」と「答え」の部分を短い言葉でまとめる。	☆教科書は開かずに題名に着目させ，本文の内容を予想させる。 ☆タブレット等で画面上にカード配布ができるとよい。 ◆接続語や指示語，問いかけや文末表現の形を参考に段落相互の関係を理解している。【知・技】 ☆学習用語「段落」を確認させる。 ◆「問い」と「答え」の中心的な部分を捉え，筆者の主張にどうつながっているかを理解し表現している。【思・判・表】
二	2	○本時の学習課題を確認する。 ○教科書 p.279「学びのカギ一覧」の「要約」を確認する。 ○「○○に興味がある人に向けて」といったように対象を決めて，200から250字程度で本文を要約する。 ○要約した文章を共有・発表し，目的・対象に応じた要約になっているかどうかを確認する。 ○学習を振り返る。	☆「読むこと」の力をみるために「要約する」ので，詳細な要約の書き方には重点を置かない。 ◆それぞれの対象に応じて，必要な情報に着目して要約している。【思・判・表】 ☆ただ単に短くするだけではなく，対象に向けて必要な情報を取捨選択したり，まとめたりしているかを中心に据える。 ☆グループや全体で共有させる。タブレット等で提出・共有させられるとよい。 ◆段落の働きに着目しながら，文章の内容を進んで捉えたり，目的に応じて必要な情報に着目したりしながら，学習課題に沿って考えを伝え合おうとしている。【主】

ダイコンは大きな根？

指導の重点
・比較や分類，関係付けなどの情報の整理の仕方について理解を深め，それらを使わせる。
・文章の中心的な部分と付加的な部分，事実と意見との関係などについて叙述を基に捉え，要旨を把握させる。

本時の展開に即した主な評価規準例（Bと認められる生徒の姿の例）
・接続語や指示語，問いかけや文末表現の形を参考に段落相互の関係を理解している。【知・技】
・「問い」と「答え」の中心的な部分を捉え，筆者の主張にどうつながっているかを理解し表現している。【思・判・表】

生徒に示す本時の目標
段落の役割とつながりに着目し，文章の内容を捉えよう

1 題名から内容を予想する
○まず，教科書を開かず学習する。
○題名と他の野菜を提示し「根」の部分とは何かを考える。
T：「ダイコンは大きな根？」と題名にありますが，皆さんは様々な野菜のどの部分を食べているのでしょうか。ジャガイモ，ニンジン，玉ねぎ，レタスはどうでしょうか。
○「ダイコンは大きな根？」という題名から答えを予想する。　　　　　　　　　　WS1
T：では，ダイコンの白い部分はどうでしょうか。「根 or 他の部分」他の部分であればどんな部分か予想してワークシートに書きましょう。
○学習目標を設定，確認をする。
T：皆さんが予想した答えが本文の中で説明されています。筆者は分かりやすく説明するためにいくつか工夫をしています。その内の一つが段落を用いた工夫です。そこに着目しながら読んでいきましょう。

2 段落を整理する
○本文が段落ごとに区切られたカードを正しい順番に並べ替える。
○その順番に並べた理由を考え，発表・共有する。
T：なぜその順番になったのか，どことどこがつながったのか，理由を考え，発表・共有しよう。
〈予想される生徒の反応〉
・「その疑問」「この二つの器官」などの語を手掛かりに，前の段落の内容とつなげた。
・「つまり」「そのため」など，内容をまとめている語を手掛かりに次の段落とつなげた。

> **ポイント　タブレット等を活用した並べ替えと共有**
> タブレット上でカードを配信し，生徒が動かして提出できる状況であると効果的な学習ができる。容易に試行錯誤できる状況が作れて，発表共有もスムーズにいく。

> **発展**
> 段落を右から左に一列に並べるだけではなく，枠で囲ってまとめたり，立体的に図式化できたりする生徒には図式化させて，その意図を発表させてもよい。

準備物：ワークシート，段落ごとに区切った本文が書かれているカード（タブレット等で配布できる場合は必要ない。）

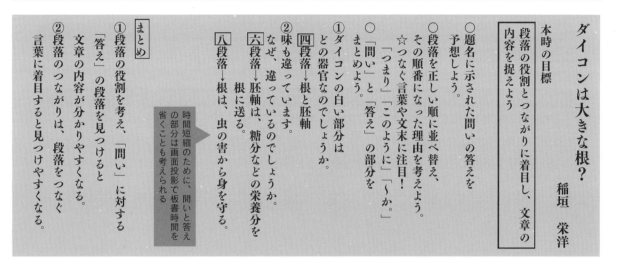

3 本文を通読し，段落の順番と題名の問いと答えを確認する
T：通読する際に段落の番号を記入しましょう。
T：皆さんの予想は当たりましたか。「ダイコンの白い部分」はどの器官でしたか。

4 段落には役割があることを確認する
○p.45「学びのカギ」及びp.278「学びのカギ一覧」を参考にして，段落の役割例を確認する。
T：段落にはいくつかの役割があって，それに着目すると文章全体の内容が捉えやすくなります。

ポイント
段落の役割の例（導入・話題提示・問い・答え・理由・例示・まとめ・筆者の主張）を紹介し，段落の役割を押さえる。今後の文章でも意識するように指示する。

5 問いと答えを押さえる
○文章の中心となる「二つの問い」と「答え」の部分を短い言葉でまとめる。
T：文章の中にある「二つの問い」とその「答え」に当たる部分を探しワークシートに書き込みましょう。（書き込んだ答えをタブレット等で提出・共有できるとよい。）

6 本時の学習を振り返り，次時へつなぐ
○本時で学習した「段落の役割である問いと答えへの意識」と「段落をつなぐ言葉」について，振り返る。
○筆者のまとめと次時の確認をする。
T：筆者は「ダイコンの白い部分は異なる器官から成っていて，味も違う」ことと，「植物として観察してみると発見がある」と言っていますが，この内容を記事にしてダイコンのことを説明するとしたらどうしますか？ 次回は，この文章を要約してみましょう。

ダイコンは大きな根？

指導の重点
・本文を要約して、ダイコンの魅力を伝える文章を書かせる。

本時の展開に即した主な評価規準例（Bと認められる生徒の姿の例）
・それぞれの対象に応じて、必要な情報に着目して要約している。【思・判・表】
・段落の働きに着目しながら、文章の内容を進んで捉えたり、目的に応じて必要な情報に着目したりしながら、学習課題に沿って考えを伝え合おうとしている。【主】

生徒に示す本時の目標
本文を要約して、ダイコンの魅力を伝える文章を書こう

1　前時の確認
○前時の内容「二つの問いと答え」それにつながる筆者のまとめを本文中から確認する。

2　本時の学習課題の設定
○本時の目標を確認する。
T:「本文を『○○に興味がある人』に向けてダイコンのことを説明し、他の野菜も調べてもらうきっかけとなる文章を作ること」とします。まず、本文を200～250字程度で要約しましょう。

> **ポイント　目的に応じた要約**
> 令和6年度全国学力・学習状況調査における課題から、必要な情報を取り出すことや表現の効果を考えて説明することへの課題がみられた。本教材はこのことを踏まえている。

3　要約
○p.278「学びのカギ一覧」で「要約」の項目を確認する。今回は「目的に合った要約」となっているかを重視する。

4　設定の確認と要約
○着目する内容設定を確認する。
T:今回は要約の対象を「植物の構造に興味がある人」か「料理に興味がある人」のどちらかにします。どちらかを選んで要約してください。
○要約のための文が書かれたカードを配布する。
T:文章が書かれたカードを使いますが、短くするだけではなく、必要に応じてまとめたり、言葉をつけ足したりしてください。

> 《植物の構造に興味がある人向け例》
> ダイコンの白い部分は、カイワレダイコンと比較して、根があるかないかを考えてみると、根と胚軸という二つの器官から成り立っていることが分かります。そして、この二つの器官はそれぞれ異なる役割を持っています。胚軸は根で吸収した水分を葉に送り、葉で作られた糖分を根に送る役割をしていて、水分が多くあります。その構造や機能を知って、他の野菜との違いを調べてみることで、新たな発見ができるでしょう。

> 《料理に興味がある人向け例》
> ダイコンの白い部分は、根と胚軸という異なる器官で構成され、味わいも異なります。胚軸は水分が多く甘みがあります。根は虫から守るため辛み成分が強く含まれています。調理法により辛みが変わるのも特徴で、下の部分を強くおろせば辛みが増し、上の方をやさしくおろせば辛みが抑えられます。ダイコンの部位や調理法を工夫することで、さまざまな味わいを楽しめるため、料理の幅が広がる魅力的な食材です。他の野菜との違いも調べてみることで、新たな発見ができるでしょう。

準備物：ワークシート（タブレット等でできれば不要），要約のためのカード

ダイコンは大きな根？

稲垣 栄洋

本時の目標
本文を要約して、ダイコンの魅力を伝える文章を書く

○問いと答えを確認しよう。
○要約とは
　☆目的や必要に応じて文章を短くまとめること
○「○○に興味がある人」に向けた文章を書こう。
　※本文を要約して
　植物 or 料理

生徒の回答を画面投影。
その後、解答を投影。

まとめ
・目的によって必要な情報が異なる場合があり、それに応じて着目する内容も変わる。

ポイント　タブレット等を活用した要約と共有

タブレット上にカードを配布し，タブレット上で要約をさせる。生徒は文章の編集が容易になり，コピーをしておけば失敗しても繰り返し取り組める。

発展

今回は「植物の構造に興味がある人」「料理に興味がある人」のどちらか一つと設定したが，時間がある生徒には両方やらせて，比較検討させてもよい。さらに，もっと幅広く自分で対象を決めさせて，その対象に合った要約をさせて，筆者の編集意図などを検討することも考えられる。

5　要約した文章の検討

○目的に合った情報を取り出せて要約しているか検証する。
〈予想される生徒の回答例〉
・植物の構造に興味がある人に向けて
　→2～5段落を中心に要約。
　→6段落以降も植物の役割を中心に要約。
・料理に興味がある人に向けて
　→6～8段落を中心に要約。
　→9段落のすりおろし方を入れて要約。
○対象を意識した内容になっているかを検証する。
〈予想される生徒の回答例〉
・植物の構造に興味がある人に向けて
　→「ダイコンの構造や機能で見てみると様々なことが分かったので，他の野菜も調べてみよう」という結びや表現。
・料理に興味がある人に向けて
　→「ダイコンの様々な部位や調理法で味わいが変わることが分かったので，他の野菜も調べてみよう」という結びや表現。

6　単元の振り返り

○目的や対象に応じて必要な情報に着目して要約することが大切だということを確認する。

2 新しい視点で

ちょっと立ち止まって （3時間）

1 単元の目標・評価規準

- 比較や分類，関係付けなどの情報の整理の仕方について理解を深め，それらを使うことができる。　〔知識及び技能〕(2)イ
- 文章の中心的な部分と付加的な部分，事実と意見との関係などについて叙述を基に捉え，要旨を把握することができる。　〔思考力，判断力，表現力等〕C(1)ア
- 言葉がもつ価値に気付くとともに，進んで読書をし，我が国の言語文化を大切にして，思いや考えを伝え合おうとする。　「学びに向かう力，人間性等」

知識・技能	比較や分類，関係付けなどの情報の整理の仕方について理解を深め，それらを使っている。　((2)イ)
思考・判断・表現	「読むこと」において，文章の中心的な部分と付加的な部分，事実と意見との関係などについて叙述を基に捉え，要旨を把握している。　(C(1)ア)
主体的に学習に取り組む態度	学習課題に沿って，積極的に情報を整理し，考えたことを伝え合おうとしている。

2 単元の特色

教材の特徴

　本教材は，生徒の興味を高める三つの図や日常生活で体験する例を効果的に使いながら，先入観を捨て，他の見方を試してみることの重要性を分かりやすい文体で説いた説明文である。事例として示された三つの「だまし絵」は，見方によって見える絵柄が変わるという劇的な体験を生徒にもたらす。この体験をもとに，多面的・多角的なものの見方を指導していく。
　文章全体は，説明的文章の典型である「序論・本論・結論」の三部構成となっていて，基礎・基本を確かめる場としても適している。

身に付けさせたい資質・能力

　本単元では，学習指導要領C(1)ア「文章の中心的な部分と付加的な部分，事実と意見との関係などについて叙述を基に捉え，要旨を把握する」力を育成することに重点を置く。この資質・能力を身に付けさせるための言語活動として，「序論・本論・結論の段落のまとまりに着

目し，要旨を捉える活動」を設定する。序論は読者への呼びかけの導入で始まり，本論は事例を示して「見るという働き」について語り，この本論での説明を受け，結論で筆者の主張が示される。結論に注目すれば，文章の要旨を捉えられる。

　また，「筆者の主張を踏まえ，生活の中で，ものの見方や考え方が広がったと思われる体験や事例を発表する活動」を通して，ものの見方や考え方の視点を変えることで多面性に気付き，新しい発見の驚きや喜びを味わうことができる視点をもつ機会としたい。本単元で身に付けた視点を文学的文章の読解にも生かして，語り手以外の登場人物の視点で考えてみる活動・リライトなどにつなげたい。

3　学習指導計画（全3時間）

次	時	○主な学習活動	☆指導上の留意点　◆評価規準
一	1	○学習目標を確認し，学習の見通しをもつ。 ○本文を通読する。 ○文章の構成に着目し，要旨を捉える。 ・文章全体を，序論・本論・結論に分け，さらに，本論を事例ごとに分ける。 ・結論に書かれている内容に着目して，文章の要旨をまとめる。	☆生徒の興味を高めるために絵を見た感想を自由に発言させる。 ◆序論・本論・結論の段落のまとまりに着目し，要旨を捉えている。【思・判・表】 ◆進んで趣旨を把握しようとしている。【主】
二	2	○文章の構成に着目し，序論・本論・結論の役割を考える。	☆本論をよく読んだ後に序論の働きを考えさせる。 ☆筆者の主張を踏まえて，自分の生活の中での体験を思い出させる。 ◆筆者の主張と事例との関係を理解している。【知・技】 ◆生活の中で，ものの見方や考え方が変わったと思われる体験や事例を伝え合おうとしている。【主】
	3	○考えたことを伝え合う。 ・筆者の主張を踏まえ，生活の中で，ものの見方や考え方が広がったと思われる体験や事例を発表する。 ○単元の学習を振り返る。	

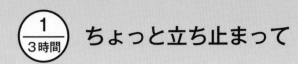 ちょっと立ち止まって

指導の重点
・段落のまとまりに着目しながら要旨を捉えさせる。
・進んで要旨を把握し、学習の見通しをもって考えたことを伝え合わせる。

本時の展開に即した主な評価規準例（Bと認められる生徒の姿の例）
・序論・本論・結論の段落のまとまりに着目し、要旨を捉えている。【思・判・表】
・進んで趣旨を把握しようとしている。【主】

生徒に示す本時の目標
段落のまとまりに着目しながら、要旨を捉えよう

1　学習の目標と本時の流れを知る
○教科書に掲載されている三つの絵を見て、何に見えるかを発表する。
（生徒の反応）
・白い部分がカップに見える。
・黒い部分が向かい合っている横顔に見える。
・女の人の顔に見える。
・どくろに見えます。

> **ポイント　教材に興味を持たせる**
> 文章を読むと絵の見方が分かってしまうので、先入観なく絵を観察できるように、まずは三つの図だけを見せる。

2　教材を通読する
○段落に番号をつけながら、範読を聞く。
T：段落は10ありました。10にならなかった人は、隣の人と確認して直しましょう。
○学習課題「序論・本論・結論の段落のまとまりに着目しながら、要旨を捉えよう」を設定する。

T：説明的文章は、筆者の考えや主張が書いてあります。その部分が文章の要旨になります。今日は、段落のまとまりに着目しながら、要旨を捉えることが目標です。

3　文章の構成を確認する
○段落の働きを捉えながら、全文を三つのまとまりに分ける。　WS1
T：「ダイコンは大きな根？」で学習したことを振り返りながら、「序論」「本論」「結論」の三つのまとまりに分けていきます。
T：段落には役割がありました。どのような役割がありましたか。
（生徒の反応）
・問題提起
・まとめ
・具体例
・筆者の主張
T：よく覚えていましたね。今確認した役割に着目しながら読むと、全体の内容を捉えやすくなります。
○p.51の「文章の構成に着目する」を確認する。必要に応じて既習事項であるp.45の内容も確認する。
T：それでは、この文章を全体の役割に注目しな

準備物：ワークシート

ちょっと立ち止まって　桑原茂夫

筆者の主張と事例との関係を理解しよう

○本時の目標
段落のまとまりに着目しながら、要旨を捉えよう

○形式段落⑩
○文章の構成
〈序論〉① 導入・話題提示・問題提起
〈本論〉②〜⑤ 具体的な説明（事例）
　　　　②〜⑤ ルビンのつぼ
　　　　⑥〜⑦ 二人の女性
　　　　⑧〜⑨ どくろと女性
〈結論〉⑩ まとめ・筆者の主張

要旨とは
文章の内容や、筆者の考えの中心となること。
＊結論のまとまりに書かれることが多い。

○要旨（例）
私たちは、ひと目見たときの印象に縛られ、一面のみを捉えて、その物の全てを知ったように思いがちである。しかし、見方によって見えてくるものが違う。ちょっと立ち止まって、他の見方を試してみると、新しい発見の驚きや喜びを味わうことができる。

がら、「序論」「本論」「結論」の三つに分けましょう。

T：序論・本論・結論に分けることができましたね。本論は事例ごとに三つに分けることができます。それぞれの内容に小見出しをつけてみましょう。

（生徒の反応）
・ルビンのつぼ
・二人の女性
・どくろと女性

T：本論の三つも分かりやすくまとめられましたね。

ここでは、三つに分けることが目的のため、内容が分かる書き方であればよしとする。

　発展
　生徒の実態に応じて、隣の席の生徒同士で簡単に意見交換をさせて、思考を促すことも考えられる。

4　結論に書かれている内容に着目して、文章の要旨をまとめる

○要旨について、板書して説明する。

T：筆者の主張は、結論に書かれています。結論に書かれている要旨をまとめ、120字程度で筆者の考えや主張を捉えましょう。

○要旨を120字程度でまとめる。文字数を意識して、中心文である筆者の主張と、付加文である具体例・説明・修飾語を見分けて、要旨の説明として必要な部分を考える。

T：結論の部分で、筆者がどうしても伝えたいという事柄や、文章の中心に線を引きましょう。

T：線を引いた部分をつなげて、文をまとめましょう。

○個人で考える→三〜四人グループで確認する→全体で共有する。

5　学習を振り返る

T：学習を振り返り、学んだことや気付いたことをまとめましょう。

○中心文と付加文の見分け方、要旨をまとめる方法などを振り返りに書くよう、振り返りのポイントを確認する。

2/3時間 ちょっと立ち止まって

指導の重点
・文章の構成に着目し，その効果を考えさせる。

本時の展開に即した主な評価規準例（Bと認められる生徒の姿の例）
・筆者の主張と事例との関係を理解している。【知・技】

生徒に示す本時の目標
文章の構成に着目し，その効果を考えよう

1　学習の目標と本時の流れを知る

○それぞれの図について，「見るという働き」の観点で内容を整理する。

T：今日は，本論について詳しく学びます。前回確認したように，本論には三つの図が紹介され，具体的な事例が書かれていました。どのような図でしたか。簡単に説明してください。

（生徒の反応）
・ルビンのつぼ
・おばあさんと若い女性
・どくろに見える絵

T：それぞれの図は，筆者の主張を読み手に納得してもらうための具体例です。それぞれの図について，筆者の考える「見るという働き」について説明しています。

2　本論の図が何を述べるために示されているのかをまとめる

T：「ルビンのつぼ」と題された図は，何に見えると書かれていますか。文章中の言葉で答えましょう。

（生徒の反応）
・「優勝カップのような形をしたつぼ」と「向き合っている二人の顔」です。

T：そうですね。では，この図は何を述べるために示されていますか。文章中から探して答えましょう。

○2〜3分ほどしてから，全体で確認する。

（生徒の反応）
・「一瞬のうちに，中心に見るものを決めたり，それを変えたりすることができる」

T：その通りです。これを述べるためにルビンのつぼの図が示されていました。それでは，残り二つの図についても確認しましょう。

○個人でワークシートに取り組む。　**WS2**

> **ポイント　「ルビンのつぼ」を全体で確認する**
>
> まず一つ目の図を全体で確認する。そうすることで，読解が苦手な生徒も学習の見通しができるようになる。
>
> 図の説明の中に筆者の意図が述べられていることも確認しておく。

○二つの図について，全体で共有する。
タブレット等を利用すると，生徒の答えをす

準備物：ワークシート

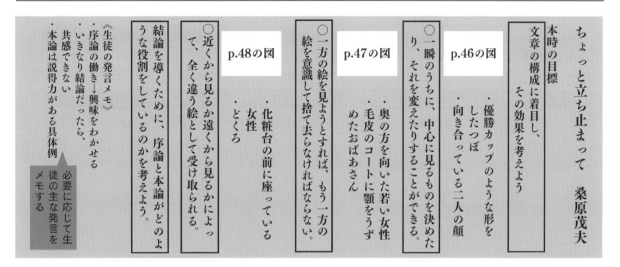

3 結論を導くために，序論と本論がどのような役割をしているのかを考える

T：三つの事例は，結論を導くために必要なものでした。序論と本論はどのような働きをしていたか確認しましょう。

○ p.51「文章の構成に着目する」を読み，「序論」「本論」「結論」それぞれの役割を確認する。
　いきなり結論部分を読むと読者が筆者の主張に共感しがたいが，序論で読み手の興味をわかせ，本論で三つの具体例を示すことによって，「筆者の主張」が腑に落ちるようになっているということに生徒が気付けるよう，教師とのやりとりを通して考えさせる。
　例えば，「序論で問いかけられている内容で思いつく体験内容はありますか」，「序論や本論がなく，結論に書かれた筆者の主張だけが述べられていたら筆者に共感しますか」といった質問をして，意見を言わせる。それらを板書したり，まとめたりしながら，生徒が序論と本論の働きを確認できるよう導く。

○個人で考える時間を確保し，根拠を明確に自分の考えをまとめ，ワークシートに記入する。
○三〜四人グループで共有する。

ぐに画面に映して共有することができる。

T：個人の考えを出し合い，代表者のタブレットにグループの意見としてまとめましょう。多くの意見が出たら，箇条書きで書きましょう。
○タブレットに記入されたものを全体で共有する。
○グループの代表者が全体の前で発表する。
（生徒の反応）
・具体的な事例があるから，筆者の主張が説得力を増している。
・三つの図を実際に見て説明を読むことによって，筆者が主張していることを読者が実感できる。
・実際に視覚的に三つの図について考えることによって，ものの見方について考えが深まる。

4 学習を振り返る

T：学習を振り返り，学んだことや気付いたことをまとめましょう。

5 次回の学習の予告をする

T：次回は，みなさんの生活の中で，ものの見方や考え方が広がったと思われる体験を考えて発表します。

3/3時間 ちょっと立ち止まって

指導の重点
・筆者の考えを踏まえ，考えたことを伝え合わせる。

本時の展開に即した主な評価規準例（Bと認められる生徒の姿の例）
・生活の中で，ものの見方や考え方が変わったと思われる体験や事例を伝え合おうとしている。【主】

生徒に示す本時の目標
　筆者の考えを踏まえ，生活の中で，ものの見方や考え方が変わったと思われる体験や事例を紹介しよう

1　学習の目標と本時の流れを知る
○本論の三つの図が，それぞれどのようなものの見方をする事例だったのかを確認する。
T：前回は，本論の内容を詳しく読み解きましたね。三つの図は，それぞれどのようなものの見方をするものだったのか，確認しましょう。
　（生徒の反応）
　　・中心に見るものを変える事例
　　・初めの見方を捨て去る事例
　　・ものを見る距離を変える事例
T：そうですね。共通点としては，どの図も見方を変えると二通りの見え方があるというものでした。そして，このようなことは「日常生活の中でもよく経験する」と書いていました。
T：三つの図以外にも，例がありました。どのような事例でしたか。確認しましょう。
　（生徒の反応）
　　・橋と少女（中心に見るものを変える事例）
　　・富士山（ものを見る距離を変える事例）
　　・ビル（ものを見る距離を変える事例）

T：ピントをどこに合わせるか。近くから見るのと遠くから見るのでは，ものの見え方が違うことも分かりましたね。

2　筆者の主張を踏まえ，生活の中で，ものの見方や考え方が変わったと思われる体験や事例を確認する　　⬇ WS3
T：今日は，生活の中で，ものの見方や考え方が変わったと思われる体験や事例を紹介してもらいます。
○個人で考える時間を確保し，ワークシートに記入させる。
○グループで共有する。
T：個人の体験を出し合い，その体験が筆者の考え方に対応しているかどうか確認しましょう。
○交流メモに，班員の体験や事例を記入して，それが筆者の考えに対応しているかどうか確認する。
T：代表者のタブレットにグループで紹介された体験を一つ入力しましょう。また，その体験が，筆者のどの考えに対応しているか説明してください。
○タブレット等に記入されたものを全体で共有する。
○グループの代表者が全体の前で発表する。

準備物：ワークシート

ちょっと立ち止まって　桑原茂夫

本時の目標
　筆者の考えを踏まえ、生活の中で、ものの見方や考え方が変わったと思われる体験や事例を紹介しよう

○三つの図の見方
・中心に見るものを変える事例
・初めの見方を捨て去る事例
・ものを見る距離を変える事例

○生活の中で、ものの見方や考え方が広がったと思われる体験や事例を紹介しよう。
・数学の問題を解いたときの事例
・演奏会の聴き方の事例
・だまし絵（うさぎとアヒル）の事例
・委員会に入ったときの事例

・筆者はなぜ、「他の見方を試して」みることを勧めたのか考えよう。
○「ちょっと立ち止まって」という言葉を使って一文でまとめよう。

（生徒の反応）
・数学の問題がなかなか解けなかったとき，ちょっと立ち止まって，最初に考えていた方法をやめて，解き直したら解けたことがある。
　→初めの見方を捨て去る事例
・演奏会を聴きに行ったとき，最初は全体を見ながら聴いていたけれど，クラリネットを演奏するようになってから，クラリネット演奏者ばかり見るようになった。
　→中心に見るものを変える事例
・うさぎとアヒルの二通りに見えるだまし絵を見たことがある。
　→初めの見方を捨て去る事例
・委員会の仕事があまりないと思っていたけれど，実際入ってみるとたくさんの仕事があることが分かった。
　→ものを見る距離を変える事例

ポイント
　筆者が色々なものの見方を示していたが，それ以外にも，多面的・多角的な見方などがあることを説明する。また，小説の「語り手の視点」についても触れて，この学習が小説読解にもつながることを説明しておきたい。

3　「ちょっと立ち止まって」に込められた意味を自分たちの言葉で表現する

T：筆者はなぜ，「他の見方を試して」みることを勧めたのか考えて，「ちょっと立ち止まって」という言葉を使って，一文にまとめましょう。
○日常生活の具体例を示して一文を考える。

ポイント
　筆者の主張を踏まえ，体験や事例を紹介し合ったが，そもそも，なぜ筆者がそれを勧めるのかを考えさせる問いとなる。大人でも，価値観を変えられなかったり，先入観がある見方をしたり，固定観念で物事を見たりすることがある。生徒が「ちょっと立ち止まって」新しい考え方や発想を生み出したり，解決につながったりするような一文を考えさせたい。

○個人で考える時間を確保し，ワークシートに記入させる。
○グループで共有する。

4　学習を振り返る

T：学習を振り返り，学んだことや気付いたことをまとめましょう。

2 新しい視点で

情報整理のレッスン　比較・分類　（1時間）

1　単元の目標・評価規準

・比較や分類，関係付けなどの情報の整理の仕方について理解を深め，それらを使うことができる。　　　　　　　　　　　　　　　　　　　　〔知識及び技能〕(2)イ
・言葉がもつ価値に気付くとともに，進んで読書をし，我が国の言語文化を大切にして，思いや考えを伝え合おうとする。　　　　　　　　　　「学びに向かう力，人間性等」

知識・技能	比較や分類，関係付けなどの情報の整理の仕方について理解を深め，それらを使っている。((2)イ)
主体的に学習に取り組む態度	学習課題に沿って，積極的に情報の整理の仕方について理解を深め，それらを使おうとしている。

2　単元の特色

教材の特徴

　本教材は，文章や会話の内容を正確に捉えたり，集めた情報を分かりやすく伝えたりするために必要な情報整理の方法として，「比較・分類」することについて学ぶ単元である。具体的な整理の方法として，「①比較する」，「②分類する」，「③分類して比較する」，「④順序や流れを整理する」の四つが図や表と共に紹介されており，目的に応じた情報整理の方法を学ぶことができる。

　また，本教材は，この後に続く「情報を整理して説明しよう」と関連させて指導するものである。例として示されている「比較に用いる言葉」や「順序を表す言葉」などを，次の教材での学習場面にも活用することで，より効果的な学習にすることができる。

身に付けさせたい資質・能力

　場面や相手など，目的に応じて図や表を選択し，観点ごとに情報を整理することを通して，比較や分類，関係付けなどの情報の整理の仕方について理解を深められるようにする。情報整理の方法を知識として身に付けるだけでなく，実際にそれらを使えるようにするために教科書の問題等を利用しながら，複数の観点や複数の方法で情報を整理させることが重要である。

3 学習指導計画（全1時間）

時	○主な学習活動	☆指導上の留意点　◆評価規準
1	○本時の目標を確認し，学習の見通しをもつ。 ○教科書を読み，整理の方法①～④について確認する。 ○p.52の問題1に取り組み，情報を例に示された観点ごとに分類する。 ○p.53の問題2に取り組み，中心となる観点について考えたり，加えるべき観点について考えたりする。 ○学習を振り返り，情報の整理の仕方について理解を深め，次の学習につなげられるようにする。	☆実生活の中で，情報整理が必要な場面を具体的に想定させる。 ◆情報の整理の仕方について理解を深め，目的に応じて必要な情報を観点ごとに整理している。【知・技】 ◆情報の整理の仕方について理解を深め，目的に応じてそれらを使おうとしている。【主】

情報整理のレッスン　比較・分類

1／1時間

指導の重点
・比較や分類，関係付けなどの情報の整理の仕方について理解させ，それらを使わせる。
・学習課題に沿って，積極的に情報の整理の仕方について理解を深め，それらを使わせる。

本時の展開に即した主な評価規準例（Bと認められる生徒の姿の例）
・情報の整理の仕方について理解を深め，目的に応じて必要な情報を観点ごとに整理している。【知・技】
・情報の整理の仕方について理解を深め，目的に応じてそれらを使おうとしている。【主】

生徒に示す本時の目標
情報の整理の仕方について理解を深め，実際にそれらを使って情報を整理しよう

1　情報を整理する方法について理解する
○p.52上段の二人の会話を例に用いて，文章や会話の内容を理解することが難しかった場面や，図や表にまとめたことで内容理解が進んだ場面を思い出す。

ポイント
これまでの経験を生徒同士で共有していく中で，「情報を整理する」とはどういうことかが理解できない生徒がいる場合には，「ダイコンは大きな根？」で取り上げた「比較」や，「ちょっと立ち止まって」で学習した「主張と事例の整理」などを想起させることで，情報を整理するとはどういうことかについて確認させるとよい。

○情報を整理するためには様々な方法があるが，相手や場面など，整理する目的に応じて適切な方法や観点を選択することが大切であることを伝える。
T：これまで様々な方法で情報の整理を行ってきていることが分かったと思いますが，大切なのは「何のために情報を整理するか」を意識することです。これから四つの方法を学習していきますが，どのようなときにどのような方法をとればよいかを考えながら，学習していきましょう。
○「整理の方法①　比較する」について，教科書の内容を捉える。
○p.52中段の生徒の言葉から，目的に応じて観点を設定することが大切であることを確認する。
○整理したものを文章や会話で相手に伝える際には，教科書に示された「比較に用いる言葉」を使うとよいことを理解する。
○「整理の方法②　分類する」について，教科書の内容を確認する。
○たくさんの情報を整理するために，どのような点からグループ分けするかが大切であることを確認する。目的に応じて，見出しの大きさについて考えることも大切であると気付かせたい。
○「整理の方法③　分類して比較する」について，教科書の内容を理解する。
○複数の物事の共通点と相違点を整理して分類し，相違点を比較することでそれぞれの特徴を理解することができる。整理の方法①，②での留意点を意識し，整理することが大切であることを

準備物：ワークシート

情報整理のレッスン　比較・分類

本時の目標
情報の整理の仕方について理解を深め、実際にそれらを使って情報を整理しよう

〈整理の方法①〉　比較する　→特徴を捉える
〈整理の方法②〉　分類する　→共通点・類似点
〈整理の方法③〉　分類して比較する　→①、②のよいところ
〈整理の方法④〉　順序や流れを整理する　→構成や手順の共有

問題1　外見…　性格…　思い出…
問題2　①　中心となる観点
　　　　　　外見…　外見＋性格
　　　　②　性格＋外見
　　　　　　　　　　→思い出も

まとめ
～情報を整理する際に大切なこと～
目的（何のために）に合わせて…
①　適切な整理の方法を選択する
②　適切な観点を設定する

○確認する。
○「整理の方法④　順序や流れを整理する」について、教科書の内容を理解する。
○文章や会話で物事の順序や流れを共有する際には、教科書に示された「順序を表す言葉」を使うとよいことを確認する。
○示された四つの方法を目的に応じて適切に使い分けることが大切であることを確認する。

2　実際に情報を整理してみる　WS

○p.52下段にある問題1に取り組み、情報を観点ごとに整理する。
T：ここまで学習した方法を用いて、実際に情報の整理をしてみます。p.52下段の問題1に取り組みましょう。ここに書かれている情報を「分類の観点の例」ごとに分類してみます。
○個人で取り組ませた後、四人程度のグループで確認させる。確認が早く終わってしまったグループには、犬に関する情報を分類する際の別の観点について考えさせてもよい。
○p.53下段にある問題2に取り組み、中心とする観点を挙げる。
T：問題1で行った分類を踏まえて、①、②のそれぞれについて、どの観点を中心にすればよいか、理由と共に考えてみましょう。また、例に示された観点以外で、他にどんな観点を加えるべきか、考えてみましょう。
○個人で取り組ませた後、四人程度のグループで①、②のそれぞれを確認させる。また、他の観点が考えられた生徒がいた場合は、共有させる。
○それぞれの考えを共有する際には必ず理由を述べさせることで、情報を整理する目的によって適切な観点が異なり、必ずしも一つの正解がある訳ではないことを実感させる。

3　学習を振り返る

○本時の学習を振り返り、情報を整理する方法や、情報を整理するにあたって大切だと考えられることについてまとめる。
○本時で学習したことが、今後の生活や学習のどのような場面で役立ちそうか考えさせる。

2 新しい視点で

情報を整理して説明しよう
発見したことをわかりやすく書く

（4時間）

1 単元の目標・評価規準

・比較や分類，関係付けなどの情報の整理の仕方について理解を深め，それらを使うことができる。　〔知識及び技能〕(2)イ
・目的や意図に応じて，日常生活の中から題材を決め，集めた材料を整理し，伝えたいことを明確にすることができる。　〔思考力・判断力・表現力等〕B(1)ア
・書く内容の中心が明確になるように，段落の役割などを意識して文章の構成や展開を考えることができる。　〔思考力・判断力・表現力等〕B(1)イ
・言葉がもつ価値に気付くとともに，進んで読書をし，我が国の言語文化を大切にして，思いや考えを伝え合おうとする。　「学びに向かう力，人間性等」

知識・技能	比較や分類，関係付けなどの情報の整理の仕方について理解を深め，それらを使っている。((2)イ)
思考・判断・表現	「書くこと」において，目的や意図に応じて，日常生活の中から題材を決め，集めた材料を整理し，伝えたいことを明確にしている。（B(1)ア） 「書くこと」において，書く内容の中心が明確になるように，段落の役割などを意識して文章の構成や展開を考えている。（B(1)イ）
主体的に学習に取り組む態度	学習課題に沿って，積極的に集めた材料を整理し，伝えたいことを明確にしようとしている。

2 単元の特色

教材の特徴

　本教材は，前の「情報整理のレッスン　比較・分類」に続く教材であり，実際に集めた情報を整理し，目的に応じて取捨選択して文章にまとめる方法を学ぶものである。自分で決めた題材について，それぞれが文章をまとめ，分かりやすく説明するための工夫として，それを振り返る。この学習の中で，教科書に示されている「問いの例」や「説明するときの表現」を用いることで，他の学習と関連を図ることができる。

身に付けさせたい資質・能力

　自分で選んだ道具について,「道具の使いやすさの秘密を,不特定多数に向けて説明した文章」を書く活動を設定する。その活動を通して目的に応じて,集めた材料を整理し,伝えたいことを明確にしたり,段落の役割などを意識して文章の構成や展開を考えたりできるようになることを目指している。書いた文章を交流することで,分かりやすいと思った点を共有し深い学びにつなげたい。また,比較や分類,関係付けなどの情報の整理の仕方について一層理解を深め,今後の言語活動の充実につなげたい。

3　学習指導計画（全4時間）

次	時	○主な学習活動	☆指導上の留意点　◆評価規準
一	1	○既習事項を振り返り,本単元の目標について確認する。 ○題材を決め,情報を集める。	☆これまでの学習を生かして「道具の使いやすさの秘密」を説明する文章を書くことを確認する。 ◆目的や意図に応じて,決めた題材に応じた情報を集めている。【思・判・表】 ◆学習課題に沿って,積極的に情報を集めようとしている。【主】
	2	○集めた情報を観点ごとに分類して整理する。	☆「情報整理のレッスン　比較・分類」で学習したことを活用して整理させる。 ◆集めた情報を整理し,伝えたいことを明確にしている。【思・判・表】 ◆学習課題に沿って,積極的に集めた情報を整理し,伝えたいことを明確にしようとしている。【主】
	3	○整理した情報をもとに分かりやすく説明するための構成を考える。 ○構成をもとにして文章にまとめる。	◆相手に伝えたい内容が伝わるように,書く内容を明確にし,文章の構成や展開を考えて書いている。【思・判・表】 ☆300〜400字でまとめさせる。
二	4	○書いた文章を互いに読み合い,分かりやすいと思った点を共有する。 ○単元全体を振り返り,よりよい整理の仕方や読み手にとって分かりやすく説明する方法を考える。	◆比較や分類,関係付けなどの情報の整理の仕方について理解を深めている。【知・技】 ◆学習したことに基づき,進んで分かりやすい説明の方法について評価しようとしている。【主】

情報を整理して説明しよう
発見したことをわかりやすく書く

(1 / 4時間)

指導の重点
・文章の題材を決め情報を集めさせる。

本時の展開に即した主な評価規準例（Bと認められる生徒の姿の例）
・目的や意図に応じて，決めた題材に応じた情報を集めている。【思・判・表】
・学習課題に沿って，積極的に情報を集めようとしている。【主】

生徒に示す本時の目標
文章の題材を決め，情報を集めよう

1　単元の目標と学習の流れを確認する

○教科書p.54を用いて，単元全体の目標とこの後の学習の流れを確認する。
○学習活動として「道具の使いやすさの秘密」というテーマの説明文を書くことを伝える。
T：これから「道具の使いやすさの秘密」を不特定多数の人に分かりやすく伝えるという目的で説明文を書きます。身近にある道具の中で，意外と多くの人が知らない機能や作りについて説明をしてもらいます。例として教科書p.57にあるテープカッターの秘密を参考にするといいですね。

> **ポイント**
> 　文章を書くときには「何のために」「どのような人に」という設定を明確にし，生徒の「目的意識」と「相手意識」をはっきりしたものにすることが大切である。本単元では，「集めた情報を分かりやすく説明する」という目的で，「不特定多数」の人に対して文章を書くことが設定されており，生徒にそれを意識させて必要な情報を集めるようにさせる。

○学習の流れを確認する。
T：では，この後の学習の流れを確認していきましょう。まず，文章に書く題材になる道具を決め，その道具に関する情報を集めます。インターネットでの情報収集だけでなく，実際に手元にある人は家で改めて使ってみて，機能や構造について情報を集めるのも有効です。次の時間には，ここまで集めた情報を整理します。以前学習した，教科書pp.52-53「比較・分類」にある情報整理の方法を実際に使ってみます。今回の学習課題に適した情報整理の方法について考えていきます。
　3時間目には整理した情報をもとに構成を考え，300～400字で実際に文章を書いていきます。読んでいる人にとって分かりやすい文章になるように構成を考えた上で文章を書きます。また，読む人の立場に立ってより分かりやすくなるように，という視点で推敲をします。
　そして，4時間目に書いた文章を交流します。お互いに書いた文章を読み合って，内容の説明の仕方について分かりやすいと思った点を共有し合います。また，最後に単元全体の学習を振り返り，情報のよりよい整理の仕方や読み手にとって分かりやすく説明する方法について考えをもてるようにします。

準備物：ワークシート

情報を整理して説明しよう

本時の目標
文章の題材を決め、情報を集めよう

「道具の使いやすさの秘密」
- 題材・身近にある道具の中から決める
- 相手・不特定多数の人に向けて
- 目的・道具の機能や特徴を説明する

① 題材を決め、情報を集める
② 情報を整理する →【比較・分類】
③ 構成を考え、文章にまとめる
④ 書いた文章を交流する
   単元全体を振り返る

様々な道具についてインターネットで調べ、一つに決める。
→題材に関する情報を集める。

○教科書 p.54の二次元コードを開き、書くことのミニレッスンに取り組む。情報収集や観点の整理に生かせるようにする。

2　題材を決めて、情報を集める
○ワークシートを使いながら、文章の中で説明する道具を決めて、その機能についての情報を集めていく。　⬇ **WS1**

T：身近にある文房具や生活用品などの道具について、インターネットを使って機能や特徴について色々と調べてみましょう。教科書 p.56上段にある「問いを立てて考える」を参考に、その道具について広く色々な視点で調べてみましょう。

> **ポイント**
> 情報収集の際には、生徒一人一人の作業になりがちであるが、作業の途中で個人の進捗状況を報告し合ったり、お互いの作業状況への助言をし合ったりするグループ活動を設定し、時間を確保して実施することで、次時以降のスムーズな活動につなげることができる。

3　本時の学習を振り返り、次時の見通しをもつ
○これまで集めてきた情報について確認し、必要に応じて次回までに家で調べてくることを検討する。

情報を整理して説明しよう
発見したことをわかりやすく書く

指導の重点
・集めた情報を観点ごとに分類して整理させる。

本時の展開に即した主な評価規準例（Bと認められる生徒の姿の例）
・集めた情報を整理し，伝えたいことを明確にしている。【思・判・表】
・学習課題に沿って，積極的に集めた情報を整理し，伝えたいことを明確にしようとしている。【主】

生徒に示す本時の目標
集めた情報を観点ごとに分類して整理しよう

1　本時の学習目標を確認する
○本時の学習目標は，前の時間に収集した道具に関する情報を，観点ごとに分類して整理することであると伝える。
T：この単元では，「道具の使いやすさの秘密」を，分かりやすく説明した文章を書く学習をしています。相手は不特定多数の人，目的は道具の機能や特徴を説明することです。本時は，前回までに集めた道具に関する情報を分類して整理します。
○教科書 pp.52-53「比較・分類」の内容を振り返り，整理の方法を確認する。生徒とのやり取りの中で，今回は【整理の方法②】「分類する」を使うことを確認する。

2　情報を整理する
○ワークシートを用いて，前時までに集めてきた情報を分類することを確認する。
○教科書 p.55を参考に，本単元の説明に必要な分類の観点を確認する。
○前時までに調べてきた情報をワークシートに記入する。　　　　　　　　　　　　　　⬇ WS2

T：教科書 p.55を確認してみましょう。今回の作文では目的Aから文章Aを書いたものが参考になりそうです。前回までの授業や，家で調べてきた情報をワークシートで分類してみましょう。

3　グループ活動を行う
○四人一組でグループを作り，それぞれが整理した情報を共有して，お互いにアドバイスをし合う。
○教科書 p.56「問いを立てて考える」を参考にしながら，分かりやすく伝えるためにもっと加えた方がよい情報はないかなど，アドバイスをし合う。
T：ワークシートへの分類が終わったら，四人一組のグループを組んで，お互いに整理した情報を共有し，アドバイスしあいましょう。教科書 p.56上段にある「問いを立てて考える」も参考にして，「こういう内容を入れるともっと分かりやすく伝わるよ」といったアドバイスができるといいですね。

ポイント
前時までに集めた情報には，生徒によって質や量に差がある可能性がある。特に国語学

準備物：前時のワークシート，ワークシート

情報を整理して説明しよう

本時の目標
集めた情報を観点ごとに分類して整理しよう

「道具の使いやすさの秘密」
相手・不特定多数の人に向けて
目的・道具の機能や特徴を説明する

○前回の授業で集めた情報を分類する　教科書P.55

【道具の名前に関する情報】
　生徒の発言など

【道具の機能に関する情報】
　生徒の発言など

【道具の構造に関する情報】
　生徒の発言など

【その他の情報】

> 習に課題があったり苦手意識をもっていたりする生徒にとっては，個人作業が中心になってしまうことの多い「書くこと」の学習活動は難しく感じてしまうことの多い領域である。そこで，「書くこと」においては共有の場面だけでなく，記述の前までの段階でも積極的にグループ活動を設定していくとよい。そうすることで，各学習過程において他者からの見方や考え方をもたせることができ，また相互啓発によって意欲的に学習に取り組むことができる。ここでは相手意識をもった文章を意欲的に書くことができるようにしたい。

○集まった情報の取捨選択をする。グループ活動でのアドバイスを踏まえ，最終的にどの情報で文章を書くのかを絞り込んでいく。次時での構成，記述につなげるために，ワークシートに書いた情報のうち，実際に書こうと思う情報には○をつけさせるとよい。

4　本時の学習を振り返り，次時への見通しをもつ

○もともと自分で収集してきた情報に加え，グループ活動でのアドバイスを通して，整理した情報を振り返る。

○次時では，本時で選び整理した情報をどのような順番で並べて文章にすると相手にとって分かりやすいものになるかを検討し，実際に記述していくことを確認する。

情報を整理して説明しよう
発見したことをわかりやすく書く

指導の重点
・相手に内容が伝わるように、文章の構成や展開を考えて書かせる。

本時の展開に即した主な評価規準例（Bと認められる生徒の姿の例）
・相手に伝えたい内容が伝わるように、書く内容を明確にし、文章の構成や展開を考えて書いている。
【思・判・表】

生徒に示す本時の目標
　相手に内容が伝わるように、文章の構成や展開を考えて書こう

1　本時の学習目標を確認する
○本時の学習目標は、相手に伝えたい内容が伝わるように、書く内容を明確にし、文章の構成や展開を考えて書くことであると伝える。
T：この単元では、「道具の使いやすさの秘密」を、分かりやすく説明した文章を書く学習をしています。この時間では、前回整理した情報を使って、読む人にとって分かりやすい文章の構成を考えます。そして、構成ができたら、それに従って実際に文章を書く活動を行います。

2　構成について考える
○今回の文章は、序論・本論・結論の三段構成で書くことを伝える。
○教科書 p.51「文章の構成の例」を用いて、序論・本論・結論という語と、それぞれの役割、内容について確認する。
T：今回の文章は、小学校の説明文で学習したように、初め・中・終わりの構成で書くことにします。教科書 p.51中段「文章の構成の例」を見てください。中学校では、それを発展させて説明文の基本的な構成を、序論・本論・結論とします。
　まず、序論は文章の導入の役割をもちます。話題の提示や問題提起などを書くことが多いです。今回の作文では紹介する道具の基本的な情報について書くといいでしょう。
　次に本論です。具体的な説明などを書く部分になります。一般に事例や理由などが書かれています。今回の作文では、発見したこと、調べてみて分かったことなどを書きましょう。
　最後が結論です。筆者の主張など、文章のまとめが書かれています。今回は道具のよさや仕組みなどを書いて、まとめとしましょう。
○教科書 p.51「文章の構成の例」や p.57「文章の例」の下段を参考にして、構成について考えさせる。　　　　　　　　　WS3
T：先ほど紹介した教科書 p.51の「文章の構成の例」や p.57の「文章の例」の下段部分を参考にしながら、前時までに集めて整理した情報を使って構成を検討しましょう。なお、より分かりやすくするためであれば、自分なりに構成を工夫してみても構いません。後ほどグループで共有するので、そこで友達からアドバイスをもらいましょう。

準備物：ワークシート

```
情報を整理して説明しよう
　本時の目標
　相手に内容が伝わるように、文章の構成や展開を考えて書こう
①集めた情報で文章の構成を考える
　序論（初め）・・・基本的な情報
　本論（中）・・・発見したこと
　結論（終わり）・・・まとめ
②グループで交流→「読み手視点で」
②300〜400字で書く。
　タブレット等を用いて提出
```

3　グループで交流する

○四人一組のグループを作り、ワークシートを用いて立てた構成をお互いに見せ合い、アドバイスをし合う。

○読み手の視点を意識し、分かりやすい文章構成になっているかをお互いに確認させる。

○前回、整理していく中で選ばなかった情報の中で、あった方が分かりやすくなるものがないかを確認させる。

T：四人一組のグループを作り、お互いが立てた構成にアドバイスをし合いましょう。その際、必ず読み手の立場に立って、文章の構成は分かりやすいか確認しましょう。

　また、前回、集めた情報を整理していく中で、選ばなかった情報だとしても、文章にあった方が分かりやすくなるような情報があれば、それもお互いにアドバイスしましょう。

○グループのアドバイスを踏まえて、改めて構成を立てさせる。

4　構成をもとに文章を書く

○300〜400字程度で文章をタブレット等で書くこととする。必要な情報を整理することを単元の目標としているため、字数は自由にせず、字数に合わせて情報を加えたり、カットしたりするようにさせる。

○教科書 p.57の文章を参考に、分かりやすくなるように表現を工夫して書かせる。

5　本時の学習を振り返り、次時への見通しをもつ

○本時の学習について振り返り、次時の学習内容を確認することで見通しをもたせる。

T：本時の学習目標は書く内容の中心が明確になるように、整理した情報を用いて構成を考えて書くことでした。次回は実際に書いた文章をグループ内で読み合います。まだ書いている途中の人は次回までに書き上げておきましょう。

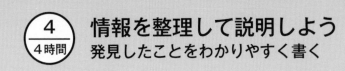

4/4時間 情報を整理して説明しよう
発見したことをわかりやすく書く

指導の重点
・書いた文章を互いに読み合い文章の分かりやすさについて共有させる。

本時の展開に即した主な評価規準例（Bと認められる生徒の姿の例）
・比較や分類，関係付けなどの情報の整理の仕方について理解を深めている。【知・技】
・学習したことに基づき，進んで分かりやすい説明の方法について評価しようとしている。【主】

生徒に示す本時の目標
書いた文章を互いに読み合い，分かりやすいと思った点を共有しよう

1 本時の学習目標を確認する
○本時の目標が，書いた文章を互いに読み合い，分かりやすいと感じた点を共有することであることを伝える。
○グループ内で文章を読み合う際の五つの視点を確認する。
T：本時の学習目標は，お互いの文章を読み合い，分かりやすいと思った点について共有することです。まず，グループ内でお互いの文章を読み合います。その後，次の五つの視点で評価し合います。一つ目は，読んでいて分かりやすかったか。二つ目は，情報の選び方は効果的であったか。三つ目は，構成は適切であったか。四つ目は，言葉の使い方は適切であったか。五つ目は，紹介された道具に興味をもてたかです。それ以外にも相手のいいところなどがあれば伝え合いましょう。

2 お互いの文章を読み合う
○四人一組のグループを作り，完成した説明文をお互いに読み合う。
○示した五つの観点をもとに評価した内容を，タブレット等を用いてワークシートに入力していく。

○タブレット等の学習支援ソフトを使って，それぞれの感想を保存しておき，音声言語による感想交流の際にそれを共有することで情報を補完する役割となる。
○また，共同編集機能を活用し，グループ内で同時にワークシートに入力していくことで，即時的に入力内容を共有することができる。さらに，文章を読み合いながら自分のペースで感想を書きこんでいけるので，短い時間の中でお互いの感想を十分に伝え合えない場合でも共有することができる。

3 グループで感想を伝え合う
○それぞれが評価した内容について，タブレット等に保存された内容を用いながら，一人につき5分程度で伝え合う。
○事前に示した五つの視点を中心に伝え合うこと，肯定的な感想を伝えるようにすることを指示する。

準備物：ワークシート

情報を整理して説明しよう

本時の目標
書いた文章を互いに読み合い、分かりやすいと思った点を共有しよう

① 作文を相互評価しよう
【読むときの五つの視点】
○ 読んでいて分かりやすかったか
○ 情報の選び方は効果的であったか
○ 構成は適切であったか
○ 言葉の使い方は適切であったか
○ 紹介された道具に興味をもてたか
→ タブレット等で記入

② 単元全体の学習を振り返って振り返りの視点

ポイント
お互いが感想を共有する際には、自分の文章について評価された内容だけではなく、他者が他者に対して評価している点についても、着目させるようにする。そうすることで、今後、自分が他者の文章を評価する際や、自分の文章を自己評価する際の新たな視点の獲得につなげることができる。

4 単元全体の学習活動を振り返る WS4

○グループで共有された評価や感想を踏まえ、これまでの自身の学習活動について、次の三つの視点で振り返らせる。
【振り返りの視点】
・今回の活動を通して身に付けたことの中で、今後の学習や生活に生かせそうなこと
・情報を集めたり整理したりする際に気をつけたこと、意識したこと
・分かりやすい文章を書くために工夫したこと、意識したこと

T：グループで伝え合った評価や感想を踏まえて、それぞれのここまでの学習活動について振り返ってみましょう。ワークシートにある三つの視点で振り返ります。一つ目は、分かりやすく文章を書くために工夫したことや意識したことはどのようなことだったか、振り返って書いてみましょう。

二つ目は情報を集めたり整理したりする際にあなたが気をつけたことや、意識したことはどのようなことだったか、特に単元の1時間目や2時間目あたりを振り返って書いてみましょう。

三つ目は今回の学習活動を通して身に付けられたと思うことの中で、これからの学習や生活に生かせそうなことはありましたか。あれば、具体的に書いてみましょう。

○振り返りの内容について、学級やグループで共有する。

ポイント
時間の確保ができるなら、単元の最後に行う自己評価や振り返った内容、今後の学習へのつながりや見通しなどについても、学級やグループで共有させるとよい。そうすることで、全体としておさえておくべき学習のポイントについて教師が説明することができるだけでなく、生徒に自分の考えを発信させることで、生徒一人一人の主体的に学びに向かう力を育むことにつなげられる。

2 新しい視点で

言葉2 指示する語句と接続する語句 （1時間）

1 単元の目標・評価規準

・指示する語句と接続する語句の役割について理解を深めることができる。
〔知識及び技能〕(1)エ
・言葉がもつ価値に気付くとともに、進んで読書をし、我が国の言語文化を大切にして、思いや考えを伝え合おうとする。 「学びに向かう力、人間性等」

知識・技能	指示する語句と接続する語句の役割について理解を深めている。 ((1)エ)
主体的に学習に取り組む態度	指示する語句と接続する語句の役割について理解し、学習課題に沿って積極的につながりのある文を考えようとしている。

2 単元の特色

教材の特徴

本教材では、指示する語句と接続する語句の種類や働きについて学習する。

指示する語句は、具体的な名称の代わりに、事物や場所を指し示す言葉である。また、指すものの内容（事物・場所・方向・状態など）によって使う言葉が「これ」「そこ」「あんな」などと異なる。さらに、事物や場所などを直接指し示すだけでなく、文中の語句や内容、文全体を指し示すことによって、前後の文をつなぐ働きもする。

接続する語句は、前後の語句や文、段落がどのような関係でつながっているのかを示す言葉である。そのため、段落の関係や文章の構成をつかむ手がかりとなる。また、論理的な文章を書く際に、接続する語句を適切に使うことが必要となる。

指示する語句と接続する語句が前後の語句や文、段落などをつなぐ働きをすることを学び、推敲や話し合い、説明文を読む単元等に生かすという視点で指導していく。

身に付けさせたい資質・能力

指示する語句と接続する語句の役割について理解し、表現する内容に応じて語句を選ぶ力を身に付けさせたい。

既習の単元である「ダイコンは大きな根？」「ちょっと立ち止まって」の本文にある指示する語句と接続する語句を確認することで、語句や文、段落などのつながりや構成を意識して文

章を読む視点をもたせる。また、つながりを意識することで論理的に文章を読むことや書くことができるようにする。

3 学習指導計画（全1時間）

時	○主な学習活動	☆指導上の留意点　◆評価規準
1	○「指示する語句」「接続する語句」について理解する。 ・教科書pp.58-60を確認する。 ○「ダイコンは大きな根？」の本文中に使われている「指示する語句」「接続する語句」を確認する。 ○接続する語句のカードを用いて、つながる文を考え、グループで文章を作る。	☆指示を簡潔にし、考える時間を多くとれるようにする。 ☆知識の部分はテンポよく進める。 ◆指示する語句と接続する語句について理解し、適切に使っている。【知・技】 ◆指示する語句と接続する語句の役割について理解し、学習課題に沿って積極的につながりのある文を考えようとしている。【主】

言葉2　指示する語句と接続する語句

指導の重点
・指示する語句と接続する語句について理解させ，適切に使わせる。

本時の展開に即した主な評価規準例（Bと認められる生徒の姿の例）
・指示する語句と接続する語句について理解し，適切に使っている。【知・技】
・指示する語句と接続する語句の役割について理解し，学習課題に沿って積極的につながりのある文を考えようとしている。【主】

生徒に示す本時の目標
指示する語句と接続する語句について理解し，適切に使おう

1　p.58の上段の例を使い，指示する語句について確認する

○文章中の「この」「その」が指す内容を考えさせる。
T：「この」「その」が指す内容にサイドラインを引きましょう。
○「この」「その」が指す内容と，「こそあど言葉」を確認する。
T：「この」「その」のような言葉を何と言いますか。
T：「この」「その」以外の「こそあど言葉」は何がありますか。
　・自由に発言させ，板書する。
　〈予想される生徒の発言〉
　・あの　・これ　・それ　・どこ　・ここ
T：「この」「その」「あの」「これ」など，これらの違いは何ですか。
　〈予想される生徒の発言〉
　・「これ」と「それ」は距離が違う。
　・「これ」は指しているものが分かっていて「どれ」は分かっていない。

・「これ」は物を，「ここ」は場所を指している。
○教科書 pp.58-59を確認し，指示する語句の表と，つなぐ役割を押さえる。

2　指示語を入れ替えた文を考えさせる

○課題文①②を板書し，「それ」が指す内容を言い換えて文を書き直させる。

3　「ダイコンは大きな根？」の本文中の指示する語句が何を指しているか考えさせる

○「ダイコンは大きな根？」の1〜4段落までで指示する語句を探し，指しているものが何か考える。
T：「ダイコンは大きな根？」の1〜4段落までの中から指示する語句を探し，指している内容にサイドラインを引きましょう。
　・「それでは」は，「それ」と「では」ではないことに注意する。
　・前後の文をつなぐ働きがあることも確認する。

4　p.58の上段の例を使い，接続する語句について確認する

○文章中の「では」「しかし」「つまり」の働きを考えさせる。
T：「では」「しかし」「つまり」の働きを考えま

準備物：ワークシート，接続する語句が一つずつ書かれたカード

言葉2　指示する語句と接続する語句

本時の目標　指示する語句と接続する語句について理解し、適切に使おう

指示する言葉　前後の文をつなぐ働きもある
その・この・あの・これ・それ・どこ・ここ

① 私はプレゼントをもらった。それはハンカチだった。
→プレゼントはハンカチだった。

② 私はプレゼントをもらった。それは一年ぶりのことだった。
→プレゼントをもらった（こと）は一年ぶりのことだった。

③「どの」（不定称）

④「そんなに」（何かを指しているわけではない）
「その」疑問
→私たちが普段食べているダイコンの白い部分はどの器官なのでしょうか。

⑤「これ」に対して→カイワレダイコン
「この」上の部分→ダイコン

接続する語句

「では」「つまり」転換
「いっぽう」「それでは」転換
「そのため」
「また」並列・累加
「このように」説明・補足

例えば　説明・補足
つまり　説明・補足
鍵など）確認をした。（そして・それから・そのうえ）
努力をした。（だから・しかしなど）三位だった。

「では」「しかし」逆接

しょう。これらの言葉の前の文と後の文の関係を考えられるとよいです。
〈予想される生徒の発言〉
・「では」の前と後で、話が切り替わっている。
・「しかし」は前後で逆のことを言っている。
・「つまり」は前の文をまとめている。
○教科書 pp.59-60を確認する。
T：「では」「しかし」「つまり」の語の種類は何でしょう。

5　接続する語句の穴埋め問題を解かせる
○ワークシートの文章中の（　）に入る接続する語句を確認する。
・接続する語句の使い方に書き手や話し手の気持ちが表れることがあることを確認する。

6　「ダイコンは大きな根？」の本文中の接続する語句の種類を考えさせる
○「例えば（説明・補足）」「それでは（転換）」「いっぽう（対比・選択）」「つまり（説明・補足）」「そのため（説明・補足）」「また（並列・累加）」「このように（説明・補足）」の語句の種類を考えさせる。
T：「ダイコンは大きな根？」の本文中から接続する語句を七つ探し、語句の種類を答えましょう。

7　接続する語句のカードを用いて、「私は中学生だ」につなげて文を作っていく
○グループで一人ずつカードを引き、その語句から始まる一文を考えて、つなげさせる。
T：グループで接続する語句のカードを一枚ずつ引き、「私は中学生だ」の後に続けて文を作りましょう。また、順接・逆接などの種類も確認しましょう。

> **ポイント　接続する語句の種類と例文の適切さをグループ内で確認するように伝える**
> ・難しい場合はもう一枚カードを引いたり、周りが助言をしたりしてもよい。
> ・タブレット等に入力し、後から見直せるとよい。
> ・どのような文章ができたか、全体で確認してもよい。

8　学習の振り返りをさせる
○分かったことと、疑問が残ることについて振り返りを記入もしくは入力させる。

3　言葉に立ち止まる

空の詩 三編／詩の創作教室／言葉3　さまざまな表現技法　（4時間）

1　単元の目標・評価規準

・事象や行為，心情を表す語句の量を増すとともに，語句の辞書的な意味と文脈上の意味との関係に注意して話や文章の中で使うことを通して，語感を磨き語彙を豊かにすることができる。
〔知識及び技能〕(1)ウ
・比喩，反復，倒置，体言止めなどの表現の技法を理解し使うことができる。
〔知識及び技能〕(1)オ
・文章の構成や展開，表現の効果について，考えることができる。
〔思考力，判断力，表現力等〕C(1)エ
・自分の考えが伝わる文章になるように工夫することができる。
〔思考力，判断力，表現力等〕B(1)ウ
・読み手からの助言などを踏まえ，自分の文章のよい点や改善点を見いだすことができる。
〔思考力，判断力，表現力等〕B(1)オ
・言葉がもつ価値に気付くとともに，進んで読書をし，我が国の言語文化を大切にして，思いや考えを伝え合おうとする。
「学びに向かう力，人間性等」

知識・技能	事象や行為，心情を表す語句の量を増すとともに，語句の辞書的な意味と文脈上の意味との関係に注意して話や文章の中で使うことを通して，語感を磨き語彙を豊かにしている。　　　　　　　　　　　　　　　　　　((1)ウ) 比喩，反復，倒置，体言止めなどの表現の技法を理解し使っている。　　((1)オ)
思考・判断・表現	「読むこと」において，文章の構成や展開，表現の効果について，考えている。　　　　　　　　　　　　　　　　　　　　　　　　　　　(C(1)エ) 「書くこと」において，自分の考えが伝わる文章になるように工夫している。　　　　　　　　　　　　　　　　　　　　　　　　　　　(B(1)ウ) 「書くこと」において，読み手からの助言などを踏まえ，自分の文章のよい点や改善点を見いだしている。　　　　　　　　　　　　　　　　(B(1)オ)
主体的に学習に取り組む態度	表現技法について，学習課題に沿って，積極的に理解を深めようとしている。 進んで表現の効果について考え，今までの学習を生かして詩を創作しようとしている。

2　単元の特色

教材の特徴

　本単元は，冒頭の谷川俊太郎の文章と，「空」をテーマにした三編の詩によって構成されている。同じ題材を扱っていても，書き表し方によって伝わってくる「空」の印象が異なるため，表現の効果を考えるのに適した教材である。具体的な表現を挙げて交流する活動を通して，作品の魅力に迫るとともに，自らの表現に生かそうという態度も醸成したい。

身に付けさせたい資質・能力

　本単元では学習指導要領C(1)エ「文章の構成や展開，表現の効果について，考える」及びB(1)オ「読み手からの助言などを踏まえ，自分の文章のよい点や改善点を見いだす」力を育成することに重点を置く。C(1)エのために「心が動かされた空の詩のよい点をはじめて読む人に伝える文章をまとめる」活動を設定する。この活動では，具体的な表現について交流させたい。また，B(1)オのために「表現技法を用いて創作した空の詩を読み合い，感想を伝え合う」活動を行う。その際，〔知識及び技能〕(1)オ「表現の技法を理解し使うこと」と関連づけて指導する。詩の創作の前に，「言葉3　さまざまな表現技法」を学習し，その後，詩を創作して交流することで自分が創作した詩のよい点や改善点に気付けるようにする。

3　学習指導計画（全4時間）

次	時	○主な学習活動	☆指導上の留意点　◆評価規準
一	1	○冒頭の谷川俊太郎の文章を読み，三編の詩を音読する。 ○印象に残った言葉を交流し，詳しく考えたい表現を話し合う。	☆詩の具体的な表現と工夫を挙げて，詩のよさをまとめさせる。 ◆三編の詩の中から詳しく考えたい表現を抜き出し，交流を踏まえて読み取った情景や効果について自分の考えが書けている。【知・技】
	2	○心を動かされた詩の表現についてグループで伝え合い，よさを文章にまとめる。	◆具体的な表現を取り上げて，詩の情景や心情をまとめている。【思・判・表】
二	3	○表現技法について理解し，詩のなかから具体的な表現を挙げてその効果を伝え合う。	☆表現から伝わる印象や効果をグループで交流し，自分の詩に対して振り返らせる。 ◆詩のなかから具体的な表現を挙げて，表現技法の効果を伝えている。【知・技】 ◆詩のなかから表現技法を探し，積極的に理解を深めようとしている。【主】
	4	○表現技法を使って，空をテーマにした詩を創作する。 ○創作した詩に対して，グループで感想を交流し合い，自分の詩のよい点や改善点に気付く。	◆表現技法を理解し，詩の創作に生かしている。【知・技】 ◆自分が想像した情景や想いが伝わるように詩を創作している。【思・判・表】 ◆仲間からの助言を踏まえ，自分の詩のよい点や改善点を見いだしている。【思・判・表】 ◆今までの学習を生かして，表現技法を使って詩を創作しようとしている。【主】

$\frac{1}{4時間}$ 空の詩 三編

指導の重点
・詩の表現に着目し,感じられた情景や表現の効果についてまとめさせる。

本時の展開に即した主な評価規準例(Bと認められる生徒の姿の例)
・三編の詩の中から詳しく考えたい表現を抜き出し,交流を踏まえて読み取った情景や効果について自分の考えが書けている。【知・技】

生徒に示す本時の目標
印象に残った表現を交流し,詳しく考えたい表現を見つけ,情景や効果をまとめよう

1 学習の見通しを持ち,本時の目標を理解する

○教材名「空の詩 三編」の空の部分を空白で提示し,教師の範読を聞いてどの言葉が入るか考え,空に関連する詩であることを確認する。

T:今から三編の詩を音読します。空欄に当てはまる三つの詩の共通点を考えてみましょう。

○谷川俊太郎の文章から,"分からないけど,何かを感じる自分を大切にしてほしい"というメッセージを読み取り,大単元名の「言葉に立ち止まる」と関連づけ,本時の学習課題につなげる。

T:今日から「言葉に立ち止まる」という大単元に入ります。「空の詩 三編」から自分が"何かを感じた"言葉に立ち止まり,詳しく考えてみましょう。

○本時の目標を示す。

○ペアやグループなど形態を工夫して音読し,詩の表現に触れる。その際,「朝のリレー」や「野原はうたう」での既習事項を生かして音読するように伝える。

2 詩のなかから印象に残った表現を抜き出し,グループで交流しながら,詳しく考えたい表現を考える

T:好きな表現と気になった表現を抜き出し,自分の考えを書きましょう。

○詩のなかで,好きな表現と気になった表現にサイドラインを引かせる。気になった表現は,上手な表現だけでなく,よく分からない表現も含むことを確認する。

○サイドラインを引いた近くに付箋を貼り,感じたことを書く。

　特に数は指定せず,全ての詩にサイドラインや付箋がつかなくてもよいことにする。

> **発展**
> タブレット等の協働学習用アプリを使用できる場合は,個人の考えを打ち込み,交流につなげることもできる。

T:グループで印象に残った表現を交流し,詳しく考えたい表現について話し合いましょう。詳しく考えたい表現とは,工夫されていて効果を考えたい表現や,よく分からない表現のこととします。

○印象に残った表現は,三編の詩が書かれたA3

準備物：付箋（2色），三編の詩を印刷したA3のプリント（グループの話し合い用）

空の詩 三編

本時の目標
印象に残った表現を交流し、詳しく考えたい表現を見つけ、情景や効果をまとめよう

【印象に残る】
①好きな表現 ②気になった表現
→グループで整理しよう

【詳しく考えたい表現】
①効果を考えたい表現

「雲」
・「おうい雲よ」…呼びかけ

「朝」
・空の遠さが〜ふれている…人にたとえる
・――まじわることなく…順序の入れかえ
・「――」を入れる

「魚と空」
・急降下。…単語で終わる、「。」がつく
・やぶれ目をごまかしている…人にたとえる
・初めて　そしてたった一度だけ…順序の入れかえ
・もうひとつの空へのまれる…たとえ

②よく分からない表現
・馬鹿にのんきそう…どんな雲？
・空の遠さがまじわることなく屋根にふれている
　…どういうこと？　空の遠さとは？
・もうひとつの空…何をたとえている？
・魚→うおと読む。どんな魚を想像させる？

のプリントに，個人で書いた付箋を移しながら交流させる。

〇多くの付箋が貼られた部分を中心に，工夫されていて効果を考えたい表現と，よく分からない表現を話し合う。よく分からない表現は，様々な考えが出てきた表現も含むことを確認する。

〇話し合って出てきた，表現の工夫や考えは別の色の付箋に書いて補足するよう確認する。

> **ポイント　学習活動への意識付けをする**
> 第2時の詩の情景を想像や表現の効果を話し合う活動へ向けて，情景が想像しづらい表現や効果を考えたい表現を考えさせておく。生徒自身から出た気付きを，次時で考えるようにしたい。

3　全体で共有する

T：グループ内で出てきた詳しく考えたい表現と話し合った内容を発表してください。

〇スムーズに発表が進むように，事前に発表内容を次の二つの内容に絞っておく。
　①効果を考えたい表現と，用いられた工夫，表現から伝わってきたこと。
　②よく分からない表現と，うまれた疑問

〇出てきた意見を板書しながら整理する。
〇工夫された表現は，不足しているものがある場合は，生徒に問いかけながら補足していく。

> **ポイント　出てきた意見を整理する**
> よく分からない表現は詩の情景を想像するうえで効果的なものや様々な受け取り方ができるものが残るように整理していく。例えば，「なぜ人のようにたとえたのか。」という疑問は表現の効果を問うものなので，効果を考えたい表現に含めていく。

4　学習を振り返り，自分が詳しく考えたい表現についてまとめる

T：話し合いを通して，心が動かされた詩を一つ選びましょう。ノートに詳しく考えたい表現とそこから伝わってきたことをまとめましょう。

〇「〜〜の詩で詳しく考えたい表現は〜〜だ。ここから〜〜〜が伝わってきた。」という書き方を提示する。

〇次時に分からない表現や，出てきた表現の効果について考えを交流することを伝える。

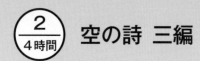
空の詩 三編

指導の重点
・文章の構成や展開，表現の効果について，考えさせる。

本時の展開に即した主な評価規準例（Bと認められる生徒の姿の例）
・具体的な表現を取り上げて，詩の情景や心情をまとめている。【思・判・表】

生徒に示す本時の目標
　心が動かされた詩を一つ選び，そのよさを人に伝えよう

1　前時を振り返り，学習課題を提示する
○前時のまとめに書いた文章をいくつか紹介する。あえて，同じ表現から違う受け取り方をしている文章を紹介し，読み手によって多様な受け取り方があることを理解させる。
○表現から読み取ったことをまとめるために，本時の目標を確認する。
T：今日は三編の詩から，自分の心が動いた詩のよさをはじめてその詩を読んだ人に伝える活動を行います。
T：はじめてその詩を読んだ人に詩のよさを伝えるとき，どのようなことを意識して書いたらよいでしょうか。
○はじめてその詩を読む人は，詩の表現について詳しく読んでいないため，具体的な表現とともに自分の考えを書くことの重要性に気付かせる。
T：最後にまとめられるよう，詩の表現から読み取れることをまとめていきましょう。

2　詩の情景や表現の効果について個人でまとめる

T：心が動かされた詩のよさを見付けて伝えるために，前時の内容を思い出しながら，詩から分かることをまとめましょう。
○前時に整理した表現をまとめたものを黒板に貼ったり，プロジェクターに投影したりできるとよりまとめやすくなる。
○個人で考えてノートに書き込む時間を確保する。まとめる項目は以下のように提示する。
　①選んだ詩の「よく分からない表現」に対する自分の考え
　②印象に残った（好きな）表現とその効果

> **ポイント　生徒の疑問を生かして情景をまとめる**
> 　前時に生徒から出た「よく分からない表現」を用いて情景を想像させることで，主体的に学習に取り組むことができるようにする。詩によっては，情景を想像するのに効果的な問いが挙がらないことも予想されるので，その場合はp.66の「読み深める」から提示したり，空や季節や天気などの様子を考えさせたりしてもよい。

T：四人グループで，意見を交流しましょう。
○前時のA3のプリントの記述をもとに事前に

準備物：前時のA3のプリント，ミニホワイトボード，プロジェクター，黒板掲示用資料

空の詩 三編

本時の目標
心が動かされた詩を一つ選び、そのよさを人に伝えよう

【個人で考えてまとめよう】
① よく分からない表現に対する自分の考え

「雲」
・馬鹿にのんきそうな雲とはどんな雲？

「朝」
・空の遠さって何？
・まじわることなく屋根にふれているとは？

「魚と空」
・もうひとつの空とは？
・うおと読ませることでどんな魚が想像できる？

② 効果を考えたい表現
　←
グループで共有して整理しよう。
・似た考えは合わせる。
・違う意見は並べる。

《ポイント》・自分の考え
・具体的な詩の表現

《書き出し例》
・〈詩のタイトル〉のよさは～～だ。
・〈詩のタイトル〉で心を動かされたところは～～だ。

グループを設定しておく。
○参考になった考えは，A3のプリントにメモ欄を設けておき簡潔に記入するように指示する。
○出てきた考えをミニホワイトボードに整理する。

> **ポイント　多様な読み方に触れさせる**
> 出てきた考えを整理するとは，誰かの意見に決めることでなく，似たようなものを集約したり，違う意見を比べたりすることと押さえさせる。

○グループで整理した考えを全体で共有する。
　この後の学習課題に取り組む時間を十分に確保するため，グループごとの報告は省略し，ミニホワイトボードを教師用端末で撮影し，タブレット等に送る。協同編集アプリが使用できる場合は，ミニホワイトボードの代わりに使ってもよい。

3　心を動かされた詩のよさをまとめる

T：話し合ったことを生かして，自分が心を動かされた詩のよさを，はじめて読んだ人に伝える文章をまとめます。活動を通して，よさを伝えたい詩が変わった場合は，前回選んだ詩から，変えてもよいです。

○文章にまとめるときの留意点を確認する。
　具体的な詩の表現と自分の考えが必ず入ることを確認する。
○A3のプリントに考えをまとめる。
○短い時間でまとめられるよう，「（詩のタイトル）のよさは～～だ。」「（詩のタイトル）で心を動かされたところは～～だ。」という書き出し例を提示する。
○書ききれない生徒は次時までに完成させるように伝える。

> **発展**
> 生徒の実態に応じて，制限時間を用いて書かせ，ペアで発表し合ってもよい。
> また，共有機能のある学習用アプリを使用して，様々な文章に触れ，思考を促すことも考えられる。

4　次時以降の見通しをもつ

T：みなさんに，四編目の空の詩を創作してもらいます。そのために次回は表現の工夫の仕方について学んでいきましょう。

言葉3　さまざまな表現技法

指導の重点
・表現の技法を理解し使わせる。

本時の展開に即した主な評価規準例（Bと認められる生徒の姿の例）
・詩のなかから具体的な表現を挙げて、表現技法の効果を伝えている。【知・技】
・詩のなかから表現技法を探し、積極的に理解を深めようとしている。【主】

生徒に示す本時の目標
詩のなかの言葉を使って、表現技法の効果を伝えよう

1　前時までの学習を振り返り、本時の目標を理解する
○前時に書いた、「自分の心を動かした詩のよさ」から何作か選び、紹介する。教師が読み上げてもよいし、プリントにまとめて、個々のペースで読ませてもよい。
T：みなさんの文章を読んで分かるとおり、作者は言葉の並べ方を工夫したり、たとえを使ったりすることで情景や心情を印象的に伝えています。今日は、そんな表現技法の特徴を理解し、詩のなかで使われている表現技法を探してみましょう。
○本時の目標を提示する。

2　比喩と言葉の並べ方の工夫について理解する
○教科書 p.68のA、Bを比較し、比喩の効果を考える。
T：p.68のBのようにたとえを使って表現すると、どのような印象が伝わりますか。
○Bの文章を隠喩に直したものと比較し、印象の違いに気付く。

T：ではBの文章と、「鮮やかに踊っているダンサーはチョウだ。」という文を比べてみて、どのような印象の違いがありますか。
○教科書の比喩（たとえ）を読み、「直喩、隠喩、擬人法」の特徴と効果を考える。
T：同じたとえでも表し方で読み手に与える印象が変わるようですね。どのような種類があるのか、読んでみましょう。
○三種類の比喩の特徴と効果を確認し、板書する。その際、後ほど短冊を貼るスペースを空けておく。
○言葉の並べ方による印象の違いを考える。
T：前時に学習した、「朝」の詩が、言葉の順番を変えずに、「空の遠さがまじわることなく屋根にふれている」だったらどんな印象の違いがありますか。
○教科書の「反復、倒置、体言止め、省略、対句」の説明を読み、特徴と効果を考える。
○「反復、倒置、体言止め、省略、対句」の特徴と効果を確認し、板書する。後ほど短冊を貼るスペースを空けておく。

3　詩のなかの言葉をもとに、表現技法の効果を考え、交流する
○教師が提示した詩のなかから、表現技法を探し、

準備物：短冊（グループに二枚ずつ）

言葉3　さまざまな表現技法

本時の目標
詩のなかの言葉を使って、表現技法の効果を伝えよう

【比喩（たとえ）】
○直喩…「まるで〜」「〜ようだ」などの言葉を使ってたとえる。
○隠喩…「まるで」などを使わずたとえる。
○擬人法…人でないものを人のようにたとえる

【言葉の並べ方の工夫】
○反復…同じ言葉を繰り返す
○倒置…言葉の順序を入れかえる
○体言止め…体言（名詞）で終える
○省略…文章や言葉を途中で止めて、後を省略する
○対句…言葉や形や意味が対応するよう並べる

生徒の短冊

効果を考える。
T：次の詩のなかには、今日学習した表現技法が使われています。表現技法が使われた言葉を抜き出し、その効果を考えましょう。

> **ポイント　次時の学習内容で使いたい表現を蓄える**
> 　第4時では、表現技法を用いて詩の創作を行う。創作に生かせるよう、詩のなかから表現技法を探し、イメージをもたせたい。提示する詩の数は、全員で確認できるように絞ったり、詩集などから広く探させたりするなど、生徒の実態に応じて工夫するとよい。

○それぞれの技法が使われた表現をノート等に書き抜き、考えられる効果を書く。その際、グループや学級で交流するため、全ての技法が探せなくてもよいことを伝え、個々のペースで探せるように配慮する。
○四名のグループでノート等に書いた内容を交流する。
○各グループに二枚の短冊を配り、表現技法を一つずつ割り振る。グループごとに担当の表現を探し、その効果をそれぞれ一枚ずつ短冊に書き込む。

4　学級で交流する
○各班で発表者を決め、班で記入した短冊を使って、担当した表現技法が使われた言葉と、その効果を発表していく。
○発表後、黒板に短冊を掲示して確認していく。

5　本時の振り返り、次時の見通しをもつ
○次時に、「空の詩」の四編目を作ることを予告し、使いたい表現技法をノート等にまとめさせる。
T：次回の学習では、学習した表現技法を使って、「空の詩」の四編目を創作します。今日の授業を振り返って使ってみたい表現技法を書き出しましょう。
○どのような空を詩にしたいか考えておくように指示する。

4/4時間　詩の創作教室

指導の重点
・表現技法を使って詩を創作させる。

本時の展開に即した主な評価規準例（Bと認められる生徒の姿の例）
・表現技法を理解し，詩の創作に生かしている。【知・技】
・自分が想像した情景や想いが伝わるように詩を創作している。【思・判・表】
・仲間からの助言を踏まえ，自分の詩のよい点や改善点を見いだしている。【思・判・表】
・今までの学習を生かして，表現技法を使って詩を創作しようとしている。【主】

生徒に示す本時の目標
　表現技法を使って，四編目の「空の詩」を創作しよう

1　前時を振り返り，本時の目標を設定する
○前回，学習した表現技法を確認する。
○「表現技法を使って，四編目の『空の詩』を創作しよう」を設定する。

2　題材へのイメージを広げ，詩を創作する
○様々な空の情景をイメージする。
T：「空」をテーマに詩を創作します。まず，時間帯によってどのような空があるでしょう。
○生徒から意見を聞く。
○朝，または日中の空，夕焼け空，夜空の写真，またはイラストを掲示する。
T：それでは，天気や季節によってどのような空がありますか。
○「梅雨空」「夕立」「青空」「くもり空」「雪」「虹」など，生徒から出てきた様々な空の様子を板書する。

> **ポイント　学習活動へのイメージをもたせる**
> 　題材選びでつまずかないよう，事前に多くの空の様子を挙げ，そこから選べるようにする。

T：ワークシートに具体的な空の様子と，そこから考えたことをまとめてみましょう。⬇ WS
○取り上げる空の様子と，空を見て感じたこと，想像したことをワークシートにまとめる。
　空の様子は，①時間，②季節，③天気，④空以外に登場するものはあるか，を書き込ませる。
　どのような空にするか思い浮かばない生徒には，黒板に掲示された写真の景色を書くように指示し，題材選びに時間がかからないようにする。
○「野原はうたう」の学習を振り返り，空の気持ちを想像して空の目線になった詩を創作してもよいことを伝える。
T：前回学習した表現技法を使って，書き出した情景や想いを，詩にしてみましょう。
○書き出したことをもとに，表現技法を用いて，4～6行程度を目安に短い詩を創作する。4～6行は時間内に創作するための目安であり，最終的には何行になってもよいことを伝える。
　言葉が思い浮かばない生徒には，「朝」のように短い詩があることを思い出させ，短く，文章のようになってもよいから書けるよう励ましていく。

準備物：ワークシート，黒板掲示用資料

詩の創作教室

本時の目標
表現技法を使って、四編目の「空の詩」を創作しよう

(1) 情景や想いをまとめよう
① どのような空の詩にするか
　（いつ？）←
　（天気・季節）
　・雨・晴れ・曇り・雪・夕立・星・月
　・梅雨…など
② 自分が考えたこと・想像したこと

写真
写真
写真

(2) 表現技法を使って詩を創作しよう
　・4～6行を目安に
　・意識して表現技法を使ったところに
　　―線を引く。
(3) グループで感想を交流しよう
(4) 交流して考えたことを書こう
(5) 単元のまとめ

また，表現技法を上手く取り入れられない生徒へは，一番伝えたい1行を選ばせ，言葉を繰り返させたり，順序を入れ替えさせたりと，具体的に助言していく。

○感想を交流するときの視点となるように，表現技法を使って工夫した部分にマーカーでサイドラインを引かせる。

3　グループで感想を伝え合い，よい点や改善点を見付ける

T：グループで詩を読み合い，感想を伝え合いましょう。

○四人グループでワークシートを交換して詩を黙読する。

①情景や想いが伝わってくるか，②表現技法が効果的に使えているか，という視点で詩を読み，ワークシートに伝わってきたことや表現に対する評価などを書き，返却する。

具体的な表現を挙げて交流できるよう，「～から～が伝わってきた。」「～から～が感じられた。」「～はどういう様子？」など例文を示す。

発展
共有機能があるアプリが使える場合は，アプリを使ってコメントを記入する形にしてもよい。その際，まずはグループのメンバーの詩を読み，時間に余裕のある生徒はその他のグループの人の詩へコメントするようにすると，個々のペースにあった活動となる。

○ワークシートが戻ってきたら，感想を読み，自分の詩のよい点や改善点など，考えたことを書く。

「空の詩 三編」の学習で同じ表現からでも，違う読み方がでてきたことを振り返り，自分の意図していた受け取り方がされていなかったら，必ず改善点となるわけではないことを理解させる。

○創作した詩で直したいところや加えたいことがあれば，色ペンで加筆・修正するように指示する。

4　詩の学習の振り返りを行う

○学習の振り返りとして，冒頭の谷川俊太郎のメッセージに対して，詩の学習を終えて感じたことをワークシートに記入する。

3 言葉に立ち止まる

比喩で広がる言葉の世界　（2時間）

1　単元の目標・評価規準

・比喩などの表現の技法を理解し使うことができる。　〔知識及び技能〕(1)オ
・文章の中心的な部分と付加的な部分，事実と意見との関係などについて叙述を基に捉え，要旨を把握することができる。　〔思考力，判断力，表現力等〕C(1)ア
・言葉がもつ価値に気付くとともに，進んで読書をし，我が国の言語文化を大切にして，思いや考えを伝え合おうとする。　「学びに向かう力，人間性等」

知識・技能	比喩などの表現の技法を理解し使っている。　((1)オ)
思考・判断・表現	「読むこと」において，文章の中心的な部分と付加的な部分，事実と意見との関係などについて叙述を基に捉え，要旨を把握している。　(C(1)ア)
主体的に学習に取り組む態度	文章の要旨を把握し，今までの学習を生かして，言葉についての自分の考えを深めようとしている。

2　単元の特色

教材の特徴

　本単元は，比喩の特徴と効果が具体例とともにまとめられており，生徒が，前単元の「空の詩　三編」等と「言葉3　さまざまな表現技法」で学んだことを，関連づけて学習できる文章となっている。文章の構造は，「序論・本論・結論」と説明的な文章の基本的な構成となっており，既習の学習内容を生かして，段落の役割や要旨を捉えることができる。文章を読んで理解した比喩の効果と，既習内容から学習者自身が考えた比喩の効果を比較し整理することは，語彙の学習にとどまらず，物事に対する捉え方や考え方を広げることにもつながるだろう。

　文章の後半では，比喩という技法そのものの説明に加え，日常の何気ない言葉の中にも比喩的な表現が生かされていることにも言及している。文章の内容を捉えた後に，改めて身の回りの比喩や比喩の発想が生かされた表現を探すことで，自らの言葉の世界の広がりを実感できる教材である。身の回りの表現の効果に触れ，比喩のすばらしさを実感することで，日常的に比喩表現を使っていこうとする態度を醸成したい。

身に付けさせたい資質・能力

　本単元では学習指導要領C(1)ア「文章の中心的な部分と付加的な部分，事実と意見との関係などについて叙述を基に捉え，要旨を把握する」力を育成することに重点を置く。読むことの資質・能力を身に付けさせるために言語活動例(2)ア「説明の文章を読み，理解したことや考えたことを報告しあう活動」の趣旨を生かして，「既習の小説から比喩表現や比喩の発想が生かされた言葉を見付け，効果とともに報告する」活動を設定する。比喩表現やその発想が生かされた表現を探して，その効果について考えるためには，まず叙述に沿って，筆者が述べる比喩の定義や効果を正確に読み取っておく必要がある。本文の中心となる内容をつかみ，それを活用して，身近な言葉を振り返るように指導していく。

　また，この活動を行う際には，〔知識及び技能〕(1)オと関連づけて指導する。見付けた表現の効果をまとめる際には，筆者が述べていることと，前単元までに身に付けてきた比喩に関する知識とを比較しながら整理していくように指導する。そうすることで，豊かな言葉に触れ，分析するおもしろさを味わい，新たな表現を探究したり，自ら比喩を創造したりしようとする言語感覚も育んでいきたい。

3　学習指導計画（全2時間）

次	時	○主な学習活動	☆指導上の留意点　◆評価規準
一	1	○本文に段落番号をつけながら通読する。 ○段落毎の役割を整理し，本文で定義されている比喩の効果をまとめる。 ○既習内容を振り返り，結論部分の要旨をまとめる。	☆既習内容を振り返らせながら，段落の役割や要旨をまとめさせる。 ◆各段落の役割を整理し，文章の要旨を捉えている。【思・判・表】 ◆文章の要旨を把握し，言葉についての自分の考えを深めようとしている。【主】
二	2	○p.74の図などを使って，比喩を用いることの効果を確認する。 ○教科書の既習ページから比喩表現を探し，効果を報告し合う。 ○筆者の考えに対する自分の考えをまとめる。	☆探した比喩や比喩の発想が生かされた言葉を，筆者が述べた比喩の効果に当てはまるか考えながら整理させる。 ◆比喩を生かして説明したり，既習教材のなかから比喩を探し，効果を分類して整理したりしている。【知・技】 ◆身近な比喩表現を探し，言葉についての自分の考えを深めようとしている。【主】

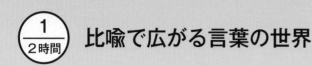

比喩で広がる言葉の世界（1/2時間）

指導の重点
・段落の役割に注意して読み、論旨を捉えさせる。

本時の展開に即した主な評価規準例（Bと認められる生徒の姿の例）
・各段落の役割を整理し、文章の要旨を捉えている。【思・判・表】
・文章の要旨を把握し、言葉についての自分の考えを深めようとしている。【主】

生徒に示す本時の目標
　段落の役割に注意して読み、比喩の効果と筆者の主張を捉えよう

1　導入として今までの学習を振り返りながら冒頭の詩を読む
○「土」を読み、前時までの詩の学習を振り返って気づいたことを挙げさせる。
○「ヨットのようだ」で表現している情景を想像し、ペアで伝え合う。
○本時の目標を提示する。

2　本文を読み、要旨を捉える
T：今から本文を読みます。段落番号をつけながら、通読しましょう。
○八段落からなる文章があることを確認する。
○全体を三つのまとまりに分ける。その際、「ダイコンは大きな根？」や「ちょっと立ち止まって」の学習を振り返らせ、段落の役割や、接続する語句に着目して分けさせる。
○困っている生徒には各段落の初めにある、「このように」「したがって」「また」「実は」「さらに」に注目するよう具体的に助言する。
T：この文章は「比喩」について説明していますね。では、本文では比喩はどのようなものだと説明されているか探してみましょう。
○三段落冒頭「ある事柄を、似たところのある別の事柄で表すこと」に着目させ、教科書にサイドラインを引かせる。
T：では次に、筆者の挙げている比喩の効果が二つあります。簡潔にまとめてみましょう。
○困っている生徒には、第四、五段落に着目するように助言する。
○比喩の効果を伝えるために様々な例が挙がっていることに気づかせる。
T：読んでいくと段落ごとに役割があることに気づきますね。説明された内容をもとに、本論を三つのまとまりに分け、何について説明しているか、小見出しをつけてみましょう。
○以下の三つに分けられることを確認する。
　（例）
　　③「比喩とは」
　　④⑤「比喩の効果」
　　⑥⑦「比喩の発想が生かされた表現」
　　　大まかな内容を読み取ることを目的としているため、言葉の表記の仕方は各自違ってよいこととする。
T：本論で説明されていることを捉えられましたね。それでは、本文の要旨をまとめていきます。
T：「ちょっと立ち止まって」で学習したことを

準備物：なし

比喩で広がる言葉の世界

本時の目標
段落の役割に注意して読み、比喩の効果と筆者の主張を捉えよう

【構成】
・序論・・・①②
・本論・・・③〜⑦
・結論・・・⑧

【本論の内容】
③『比喩とは』
④⑤『比喩の効果』
比喩には、形状をわかりやすく伝える効果と、物事の特性をより生き生きと印象づける効果がある。
⑥⑦『比喩の発想が生かされた表現』

【要旨】
比喩は言葉の世界を豊かに広げるため、日常生活のなかでも、比喩を使ってみてほしい。

【まとめ】
この文章は比喩の〜〜〜〜。
私はこの文章の〜〜という部分から〜〜〜〜〜
〜考えた。

振り返ってみましょう。
○要旨とは
　・筆者の考えの中心となること
　・結論のまとまりに書かれていることが多いこと
を確認する。

ポイント　既習内容を生かす
既習の学習内容を振り返り、学んだ内容を、他の文章に当てはめて使ってみることで、知識の定着を図る。必要であれば、p.278「『学びのカギ』一覧」を確認してもよい。

○結論部分の要旨をまとめる。
○なかなか書き出せない生徒には、結論部にある筆者の中心となる思いや考えに線を引かせ、言葉をつなげるよう指示する。
○ペアでまとめた要旨を交流する。

3　本文を読んで、理解したことや考えたことをまとめる

○この文章は「比喩」のどのようなことについて説明した文章だったのか簡潔にまとめる。
○文章を読んで、「比喩」について考えたことをまとめる。

T：「比喩で広がる言葉の世界」で説明していることを簡潔にまとめ、自分が考えたことを書きましょう。
○この文章は比喩の〜〜〜〜。
　私はこの文章の〜〜という部分から〜〜〜〜〜考えた。という書き出し例を参考に記入させる。
○終わらない場合は次回までにまとめるように指示する。

4　学習を振り返り、次時の見通しをもつ

T：次回は今日の授業で読み取った比喩の効果や筆者の主張をもとに、比喩を使ったり、探したりする活動を行います。

2 比喩で広がる言葉の世界
2/2時間

指導の重点
・比喩や比喩の発想を生かした表現を探させる。

本時の展開に即した主な評価規準例（Bと認められる生徒の姿の例）
・比喩を生かして説明したり，既習教材のなかから比喩を探し，効果を分類して整理したりしている。【知・技】
・身近な比喩表現を探し，言葉についての自分の考えを深めようとしている。【主】

生徒に示す本時の目標
比喩や比喩の発想を生かした表現を見付け，報告しよう

1　前時の振り返りをする
○前時にまとめた文章をペアで伝え合い，感想を述べ合う。
○よくまとまっている生徒の文章をいくつか紹介し，筆者が述べた比喩の二つの効果と主張を振り返り，本時の学習活動へつなげる。
○本時の目標を設定する。

2　比喩の使い方についてペアで交流する
　　　　　　　　　　　　　　　⬇ WS
T：カードの図を電話の相手に伝えるとき，どのような言葉で説明しますか。まずは，比喩を使わずに説明して図を書いてもらいましょう。
○カードを一枚ずつ配布する。一種類は教科書p.74の図，もう一種類は教師が用意した以下の図が書かれており，ペアで別の図が渡るようにする。

○初めに比喩を使わず説明し合い，互いの説明の通りにワークシートに図を描く。
○同じ図を比喩を使って説明し，感想を伝え合う。
○説明をしたり，聞いたりして気づいたことをワークシートにまとめる。

> **ポイント　学習活動への意欲を高める**
> 自分の説明通りに相手が図を書くことができるか，ゲーム的な活動を加えて，学習に前向きに取り組めるようにする。

3　身の回りにある「比喩」や「比喩の発想が生かされた表現」を探し，筆者が挙げた比喩の効果と照らし合わせて，整理する
○「比喩の発想が生かされた表現」について，いくつかの慣用句を挙げて確認する。
　「鼻が高い」「甘い考え」「耳を貸す」について言葉通りの意味と，一般的な使われ方を比較する。
T：以前に学習した「はじまりの風」から，「比喩」や「比喩の発想が生かされた表現」を探し，作者が挙げた比喩の効果に当てはまるか考えてみましょう。
○p.22「はじまりの風」から「比喩」や「比喩の発想が生かされた表現」を抜き出す。
　予想される語句の例は，「取り残されたよう

準備物：ワークシート，図が書かれたカード，黒板掲示用資料，ミニホワイトボード，プロジェクター

比喩で広がる言葉の世界

本時の目標
比喩や比喩の発想を生かした表現を見付け，報告しよう

① 比喩の使い方について考えよう。
② ・鼻が高い
　・甘い考え
　・耳を貸す
　「はじまりの風」から「比喩」や「比喩の発想を生かした表現」を探そう。
③ グループ・学級で報告しよう。
④ まとめ
　比喩を意識して使ったり探したりして考えたこと。

（各グループの意見を書いたミニホワイトボード）

な気がした。」「吸い寄せられるように」「日の光を受けて輝いているように見える」「心は躍った」「色とりどりのそよ風のように動きだす」「レンの心にも，ざわざわと風が吹き始めた」などがある。

○書き抜いた表現が，筆者の述べた比喩の効果のどちらに当たるか，自分が考えた理由とともに書く。

ポイント　読み取った筆者の考えの活用
前時に読み取った比喩の効果のどちらに当てはまるか考えながら整理することで，本文の内容への理解を深めていく。その際，どちらの効果も当てはまる表現があることに気づいたり，筆者が述べた以外の効果に気づいたりするなど，新たな視点をもつことも大切にしたい。

4　グループで伝え合う

T：四人グループで見付けた言葉を発表しましょう。
○四人グループで見付けた表現と，それがどちらの効果に当てはまるか，理由と共に発表し合う。
○同じ表現でも，違う効果を選ぶこともあることを理解させる。
○他の班に発表したい表現をミニホワイトボードにまとめ，黒板に掲示する。もしくは，協同学習アプリで整理し，プロジェクターに投影する。
○話し合った内容と共に全体で発表する。

5　学習の振り返りを行う

T：「比喩」や「比喩の発想が生かされた言葉」を使ったり，意識して探したりしてみて，考えたことを書きましょう。
○ワークシートに自分の考えを書く。
T：教科書の中だけでなく，皆さんが好きな歌の歌詞や漫画やアニメの台詞，何気なく見ているコマーシャルの中にも「比喩」が隠れているかもしれません。意識して探し，筆者の言うように「言葉の世界」の広がりを実感してみましょう。

3　言葉に立ち止まる

文法への扉1　言葉のまとまりを考えよう （1時間）

1　単元の目標・評価規準

・単語の類別について理解することができる。　　　　　　　　　　〔知識及び技能〕(1)エ
・言葉がもつ価値に気付くとともに，進んで読書をし，我が国の言語文化を大切にして，思いや考えを伝え合おうとする。　　　　　　　　　　　　　　　　「学びに向かう力，人間性等」

知識・技能	単語の類別について理解している。　　　　　　　　　　　　　　　　　((1)エ)
主体的に学習に取り組む態度	今までの学習を生かして，積極的に単語の類別の前提となる言葉の単位について理解しようとしている。

2　単元の特色

教材の特徴

　「小学1年生に聞かせるつもり」で昔話を読むことで，生徒に「小学校1年生に内容が伝わるように読む」ことを意識させる教材である。内容を正確に伝えるためには，ゆっくり，明瞭に，間を取って読むことに生徒は気付く。さらに，皆で読み合う中で，どこで間を取って読めばよいか，逆に間を取ることができないところはどこかについて考えさせられる教材である。たくさん間を取り，細かく区切って読む，大きなかたまりに区切って読むなど，いろいろな意見が出るだろうが，誰も間を入れないところ，間を入れることができないところがあること，間を入れる位置によっては意味のまとまりが壊れ，相手に伝わらなくなること等に気付かせたい。

　これらの活動を通して，次の2点に気付かせる。
(1)　間を取ることで生まれた言葉のまとまりは，内容（意味）のまとまりであること。
(2)　間を取ることで生まれた言葉のまとまりは，大きいものから小さいものまで様々であること。

　間を取ることで生まれた言葉のまとまりが「言葉の単位」である。例題・例文を通して，言葉の単位には，大きいものから「文章・談話」「段落」「文」「文節」「単語」があることを確認していく。

身に付けさせたい資質・能力

　本単元では，学習指導要領〔知識及び技能〕(1)エ「単語の類別について理解する」力を育てることに重点を置く。この資質・能力を身に付けさせるための言語活動として，ペアワークを取り入れて p.75「導入の昔話を小学生に聞かせるつもりで読む」という活動を設定する。そこで，人によって読むときに区切り方が違うのは，「文節」や「単語」など，区切るときの「言葉の単位」の違いがあるからだということを実感する。その後，p.242の「文法とは」を読み，文法の定義を理解させる。その後，練習問題に取り組みながら，「文章・談話」「段落」「文」「文節」「単語」の違いとそれぞれの特徴を理解したことを確認できるようにする。

3　学習指導計画（全1時間）

時	○主な学習活動	☆指導上の留意点　◆評価規準
1	○ p.75の導入や教材文を読み，言葉のまとまりについて考える。 ・ペアワークで例文を音読し，間を取った箇所を確認する。 ○ p.242「文法1　言葉の単位」を読む。 ・「文法とは」を読み，文法の定義を理解する。 ・「言葉の単位」を読み，「文章・談話」「段落」「文」「文節」「単語」の違いとそれぞれの特徴を理解する。 ・下段の練習問題に取り組み，理解したことを確認する。 ・p.243「読むことに生かす」を読み，段落に着目して読むことで，説明的な文章の内容や構成が捉えやすくなることを理解する。	☆「文章・談話」「段落」「文」「文節」「単語」の違いとそれぞれの特徴を，練習問題を通して理解させる。 ◆単語の類別について理解している。【知・技】 ◆今までの学習を生かして，積極的に単語の類別の前提となる言葉の単位について理解しようとしている。【思・判・表】

文法への扉1　言葉のまとまりを考えよう

指導の重点
・言葉の単語とその働きについて理解させる。
・言葉がもつ価値に気付くとともに、進んで読書をし、我が国の言語文化を大切にして、思いや考えを伝え合わせる。

本時の展開に即した主な評価規準例（Bと認められる生徒の姿の例）
・単語の類別について理解している。【知・技】
・今までの学習を生かして、積極的に単語の類別の前提となる言葉の単位について理解しようとしている。【思・判・表】

生徒に示す本時の目標
言葉の単位とその働きについて理解しよう

1　言葉の単位を意識する

T：今から、ペアワークで昔話の一部分を読んでもらいます。そのとき、小学校1年生に聞かせるつもりで、読むようにしてください。また、読むときに、間を取った個所を確認して、なぜ間を取ったのか説明し合ってください。

〇二次元コード「文法ワーク」を利用させる。

T：どのように区切ったか、実際に音読の発表をしてもらいます。

〇板書して、生徒が実際に区切っている部分に／を引き、どこで区切りながら読んでいるか、全体に分かりやすいよう可視化する。

T：今、発表した人と同じように区切った人もいれば、あまり区切らなかった人やもっと細かく区切った人もいると思います。皆さんの「文法ワーク」を確認してみましょう。

〇生徒が記入したタブレット等の情報を共有して、様々な区切り方をしている生徒に、何を意識して区切ったのかを説明させる。

〇生徒の発言の中から、「句読点」「単語」「主語」「名詞」といった「文法」に関する言葉を取り上げ、学習課題につなげる。

〇p.75下段の内容を確認する。

T：この単元では、「言葉の単位」について学びます。

> **ポイント　生徒の言葉を生かして、小学校で学んだ内容の確認をしながら本時の目標を伝える**
>
> 苦手意識をもちやすい文法ではあるが、小学校ですでに「主語」「述語」「名詞」などの学習をしている。「文法」という言葉のきまりを学ぶことによって、書いてある内容を正しく理解することができるようになり、また、相手に分かりやすい文章を書くことができるようになることを説明して、生徒が学習の必然性を感じつつ、主体的に学習に取り組むことができるようにする。

2　p.242「文法1　言葉の単位」を確認する

〇「文法とは」を読み、文法を学習することの意義を確認する。

T：これから「言葉の単位」を読み、「文章・談話」「段落」「文」「文節」「単語」の違いとそれぞれの特徴を確認しましょう。

準備物：ワークシート

文法への扉1　言葉のまとまりを考えよう

本時の目標
言葉の単位とその働きについて理解しよう

〈どのように昔話を区切ったか〉
（例）おじいさんは／おむすびを／落としました。／おむすびは／ころころ転がって／穴に／落ちました。／すると、／穴から／歌が／聞こえてきました。

言葉の単位
1　文章・談話
2　段落
3　文
4　文節
5　単語

・練習問題　pp.242-245

3　「文章・談話」「段落」の違いとそれぞれの特徴を理解する

○「文章」が一まとまりの内容を文字で表したものであるのに対し、「談話」はそれを音声で表したものであることを理解させる。演説・スピーチ・会話などがそれに相当することも例を挙げて示す。

○「文章・談話」「段落」について確認した後、p.242の練習問題に取り組む。

4　「文」「文節」「単語」の違いとそれぞれの特徴を理解する

○昔話を区切って読むときに、「主語」「述語」を意識した生徒は「文節」で区切っていたことや、「名詞」を意識した人は「単語」で区切っていたことに気付かせる。

T：「主語」「述語」の関係は、文の組み立ての基本で、「主語」が「何（誰）が」、「述語」が「どうする・どんなだ・何だ・ある・いる・ない」に当たる文節です。「主語」「述語」については、後日、詳しく学びます。

○「文」「文節」「単語」について確認した後、pp.244-245の問題練習に取り組む。

T：「句点」は必ず文末に、「読点」は必ず文節の後にあります。覚えておきましょう。

○早く問題を解き終わった生徒は、p.242の二次元コードの練習問題に取り組ませる。

5　学習を振り返る

T：それでは、これまでの学習を振り返りましょう。本時の目標は「言葉の単位とその働きについて理解しよう」でした。言葉のきまりを理解することによって、文章を読むことが得意になったり、相手が分かりやすい話し方ができるようになったり、上手に文章を書けるようになったりします。ぜひ、今日学んだことをこれからに生かしましょう。

3　言葉に立ち止まる

語彙を豊かに　心情を表す言葉　（1時間）

1　単元の目標・評価規準

・事象や行為，心情を表す語句の量を増すとともに，語句の辞書的な意味と文脈上の意味との関係に注意して話や文章の中で使うことを通して，語感を磨き語彙を豊かにすることができる。　　　　　　　　　　　　　　　　　　　　　　　　　　　　〔知識及び技能〕(1)ウ
・言葉がもつ価値に気付くとともに，進んで読書をし，我が国の言語文化を大切にして，思いや考えを伝え合おうとする。　　　　　　　　　　　　　　「学びに向かう力，人間性等」

知識・技能	事象や行為，心情を表す語句の量を増すとともに，語句の辞書的な意味と文脈上の意味との関係に注意して話や文章の中で使うことを通して，語感を磨き語彙を豊かにしている。　　　　　　　　　　　　　　　　　　　　　　　　　((1)ウ)
主体的に学習に取り組む態度	積極的に場面や心情に合った言葉を探し，学習の見通しをもって文章にしようとしている。

2　単元の特色

教材の特徴

　本単元は心情を表す言葉を集め，蓄積し，自分の気持ちに合った表現を選ぶことについて学習する。「恥ずかしい」という言葉は，「こそばゆい」，「気恥ずかしい」など別の表現を使うと意味合いやニュアンスが異なる。また，「顔から火が出る」「きまりが悪い」などの慣用句や，「まごまご」「もじもじ」というような擬音語・擬態語を用いた表現など，様々である。教科書の語彙ブックのページや国語辞典，類語辞典，慣用句辞典，タブレット等を用いて，多くの表現に触れ，どのような違いがあるのか考える機会とする。また，場面や心情に合った表現ができるように指導していく。

身に付けさせたい資質・能力

　語彙力は全ての学び，日常生活を支える土台となるため，語彙を増やすことで，思考力を高めることができる。言葉の意味や使われ方の違いにこだわり，的確な表現ができるように使う言葉を選ぶことを習慣化するきっかけが作れるように指導する。今までに「さまざまな表現技法」「比喩で広がる言葉の世界」等で学んできた知識も結び付け，表現の選択肢として加えら

れるようにする。また，物語文を学習する際に表現に着目して内容を読み味わったり，文章を書く際に，的確に言葉を選んだりすることができるように指導する。

3　学習指導計画（全1時間）

時	○主な学習活動	☆指導上の留意点　◆評価規準
1	○「うれしい」の別の表現を考える。 ・マッピングを用いて表現を広げる。 ○うれしかった場面についてマッピングを見せながら伝え合い，様々な表現に触れる。 ・相手意識・目的意識・場の意識をもつ。 ・場面や心情に合った言葉を探す。	☆同じ表現を使うのではなく，辞書や文学作品，タブレットなど様々なものから表現を探すように指導する。 ◆語彙を豊かにうれしかったシーンを友達に伝えている。【知・技】 ◆積極的に場面や心情に合った言葉を探して文章にしようとしている。【主】

語彙を豊かに　心情を表す言葉

指導の重点
・豊かな語彙でうれしかった場面を友達に伝えさせる。

本時の展開に即した主な評価規準例（Bと認められる生徒の姿の例）
・語彙を豊かにうれしかったシーンを友達に伝えている。【知・技】
・積極的に場面や心情に合った言葉を探して文章にしようとしている。【主】

生徒に示す本時の目標
　豊かな語彙でうれしかった場面を友達に伝えよう

1　導入と学習課題の提示をする
○「うれしい」と思ったことについて考える。
T：今までで一番「とてもうれしい」と思ったことを教えてください。
　〈予想される生徒の発言〉
　　・テストでよい点をとった。
　　・欲しいと思っていた物が手に入った。
　　・試合で活躍できた。
T：その場合「うれしい」という言葉がぴったりの表現ですか。別な言葉で表現してみましょう。
　〈予想される生徒の発言〉
　　・思わずとびあがった　　・最高
　　・天にものぼる気持ち　　・やったー

○教科書 pp.76-77 を確認させる。
　・「恥ずかしい」という言葉に似た表現を参考にする。
○一人の人が喜んでいる写真を提示し、心情を表す表現を発表する。
T：「うれしい」と感じているであろう（例）オリンピックで金メダルが決まったときの写真を持ってきました。このときの選手の気持ちを言葉で表してみてください。　⬇ WS
　〈予想される生徒の発言〉
　　・うれしい　　　　・喜びがあふれている
　　・信じられない　　・努力してよかった
　　・心が躍る　　　　・胸がいっぱい
　・生徒の意見をマッピング（教科書 p.9）で広げ、板書していく。
　・既習事項である表現技法に触れる。
　・p.270「語彙ブック」を確認する。

2　うれしかった一場面について伝える
○相手意識、目的意識、場の意識をもたせる。
T：相手はクラスメイト、目的は自分の心情を共に味わってもらうこと、場は教室で、マッピングを見せながら伝え合ってもらいます。

ポイント
　相手意識・目的意識・場の意識を明確にもち、どうしたらより適切に伝わるかを、自分の体験から選ぶように指導する。

○表現するうれしかった場面を決める。
T：表現するうれしかった場面を決めてください。様子がありありと思い出せて、感情が大きく動

準備物：ワークシート，「うれしい」などの感情が分かりやすい写真（黒板掲示用資料もしくは電子黒板に映す資料），辞書

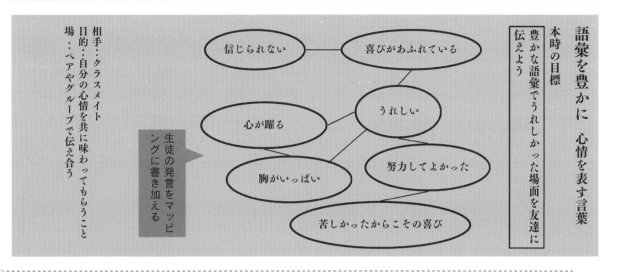

いた場面がよいと思います。また，うれしさの変化に目を向けるとよいでしょう。
○心情の表現をマッピングで広げて書き出させる。
T：心情を表現する場面について，そのときの心情やその心情になった理由，状況などをマッピングで広げましょう。また，より適切な表現になるように，辞書や教科書 p.270，タブレットなどで調べましょう。
T：印象に残った一場面について伝え合いましょう。

3　お互いに印象に残った一場面を伝え合い，様々な表現に触れる
○生徒同士で印象に残った一場面を伝え合い，そのときの心情を表す適切な表現を見つける。
T：相手の話を聞き，気に入った表現をメモしましょう。

> **発展**
> 初めて知った表現，気に入った表現をタブレット上で入力し，クラスで共有できるとよい。また，作文などを書く際に確認するように促す。

4　学習を振り返る
○学んだこと，今後に生かしたいこと，感想を記入・入力をして学習を振り返らせる。

情報×SDGs

情報収集の達人になろう
コラム　著作権について知ろう
（3時間）

1　単元の目標・評価規準

・原因と結果，意見と根拠など情報と情報との関係について理解することができる。
〔知識及び技能〕(2)ア
・比較や分類，関係付けなどの情報の整理の仕方，引用の仕方や出典の示し方について理解を深め，それらを使うことができる。　　　　　　　　　〔知識及び技能〕(2)イ
・目的や意図に応じて，日常生活の中から題材を決め，集めた材料を整理し，伝えたいことを明確にすることができる。　　　　　　　〔思考力，判断力，表現力等〕B(1)ア
・文章を読んで理解したことに基づいて，自分の考えを確かなものにすることができる。
〔思考力，判断力，表現力等〕C(1)オ
・言葉がもつ価値に気付くとともに，進んで読書をし，我が国の言語文化を大切にして，思いや考えを伝え合おうとする。　　　　　　　　　　「学びに向かう力，人間性等」

知識・技能	原因と結果，意見と根拠など情報と情報との関係について理解している。　((2)ア) 比較や分類，関係付けなどの情報の整理の仕方，引用の仕方や出典の示し方について理解を深め，それらを使っている。　　　　　　　　　　　　　　　　　((2)イ)
思考・判断・表現	「書くこと」において，目的や意図に応じて，日常生活の中から題材を決め，集めた材料を整理し，伝えたいことを明確にしている。　　　　　　　　　（B(1)ア） 「読むこと」において，文章を読んで理解したことに基づいて，自分の考えを確かなものにしている。　　　　　　　　　　　　　　　　　　　　　　　　（C(1)オ）
主体的に学習に取り組む態度	言葉がもつ価値に気付くとともに，思いや考えを伝え合おうとしている。

2　単元の特色

教材の特徴

　本教材は，SDGsを切り口として，様々な情報を収集・整理し，自分の意見を発表する場を設けている。
　地域や学校の取り組みに応じて，特に取り上げる開発目標を提示したり，あるいは，生徒一人一人が調べるテーマを自分で決めたりすることもできるなど，学校や生徒の実態に応じて授業の可変領域が大きい。また，他教科においてもSDGsのページが設定されていることから，

生徒個々の得意な分野や興味のあるできごとを授業に取り入れることが容易にでき，個別最適な学びに結び付けることができる教材となっている。

<u>身に付けさせたい資質・能力</u>

　これまで小学校で学んできた「メモをとる」「目的に応じて引用する」「要約する」「情報と情報をつなげる」といった技能を再確認するとともに，中学校で学んだ「比較・分類」などを活用させる。また，情報を複数の媒体から収集する態度を育て，情報を読み取って整理したり，自分の考えをまとめるのに引用したりして活用できるようにする。情報を意図的に検索し，必要に応じて情報を積極的に探させ，自分の興味や関心の方向を自分の言葉で伝えようとする態度を身に付けさせる。

3　学習指導計画（全3時間）

次	時	○主な学習活動	☆指導上の留意点　◆評価規準
一	1	○著作権について知る。 ・著作権はどのようなものに発生するかを考える。 ・著作権が発生しないのはどのようなときかを考える。 ○十年後の〇〇市を創るために，SDGsの目標を振り返ろう。 ・自分が最も興味をもっている目標は何かを考える。	☆著作権についてイメージがもてるよう，定義を確認するだけでなく，著作権が発生しない時を考えることで，正しい理解に導く。 ◆SDGsの各目標について要因や現状，意見を整理して理解している。【知・技】 ☆自治体や学校が，SDGsの取り組みを行っているので，関連して本単元を扱う。 ◆積極的に意見を交流させ，自分なりの考えをもとうとしている。【主】
二	2・3	○図書館資料で検索する。 ○行動宣言してみよう。 ・タブレット等や学校図書館の資料を使い，自分が興味をもったSDGsの目標の内容，自治体や学校などの取り組み事例などを調べる。 ・取り組みを行う根拠となったデータや，改善を目指しているデータを確認し，発行元や検索先を記録する。 ・自分が選んだSDGsの目標に対し，自分が実施したい行動を行動宣言としてA4シート一枚にまとめる。 ・ポスターセッションとしてグループ内で発表する。	☆事前に学校図書館司書と打ち合わせを行い，協働して授業を行う。 ☆考えがまとまらない生徒には，「12　つくる責任　つかう責任」「13　気候変動に具体的な対策を」など，給食の残食削減や電源オフといった日常の取り組みを想起させる。 ☆二つ以上のデータを収集できるよう支援する。 ◆自己の主張に必要な情報を整理し，適切に引用や出典の提示を行っている。【知・技】 ◆資料やデータを読んで，理解したことに基づいて，自分の考えを確かなものにしている。【思・判・表】 ◆自分の考えが読み手に伝わるよう，集めた情報を整理して伝えたい内容を明確にしている。【思・判・表】 ◆SDGsの課題や他の発表に対し，自分なりに理解しようとしている。【主】 ◆目的に応じて集めた情報を整理して「SDGs行動宣言」を書き，自分の考えを明確に伝えている。【思・判・表】 ◆SDGsの課題について積極的に意見を交流させ，自分の考えを深めようとしている。【主】

1 情報収集の達人になろう
3時間　コラム　著作権について知ろう

指導の重点
・SDGs の各目標について要因や現状，意見を整理させる。

本時の展開に即した主な評価規準例（Bと認められる生徒の姿の例）
・SDGs の各目標について要因や現状，意見を整理して理解している。【知・技】
・積極的に意見を交流させ，自分なりの考えをもとうとしている。【主】

生徒に示す本時の目標
　SDGs の各目標について要因や現状，意見を整理しよう

1　著作権について知る

T：この単元では，自分に必要な情報を探し，整理し，活用する練習をします。
　そのために，情報と意見を見分けられるようになってほしいのですが，情報というと，どのようなものを思い浮かべますか。

T：では，情報ではないものというとどのようなものが思い浮かびますか。

○生徒の言葉を肯定的に復唱する。

T：本時の目標を見てください。「要因」「現状」「意見」と書いたのですが，SDGs について学ぶ機会がこれまであったと思います。例えば温暖化や気候変動について，「要因」というと，どんなことが挙げられますか。

○意見が出ない場合にはタブレット等を活用するとよい。

T：温室効果ガスという言葉がでてきましたね。では，「現状」というと，どのようなことが挙げられますか。

T：排出量などの数値がでてきましたね。

○目的は「要因」「現状」「意見」の見分けなので，深掘りさせないように進める。

T：では，意見とするとどうでしょう。個人から団体まで，様々なものがあることが分かりますか。意見とは，ある問題に対しての考えなので，個人の思想や感情が背景にあります。
　教科書 p.83 を見てください。個人が創造的に表現したものには，「著作権」があります。著作権について確認します。

T：ちなみに授業中に利用するには問題ないのですが，それはなぜだと思いますか。

○生徒同士で話し合わせるなどして，考えをまとめさせる。

○著作権を守る理由として，「利益の侵害」「創作意欲が失われる」「使用料を活用すれば，新しい作品の創造につながる」といったものが期待される。

ポイント
　他者の権利を尊重する態度を明確に理解させるため，自分のメッセージが公開されたらどう思うか等，具体的な場面を提示して考えさせたり，p.83「やってみよう」を使って確かめたりするとよい。

T：何かの利益を得たりすることがないようにす

準備物：なし

情報収集の達人になろう
コラム　著作権について知ろう

本時の目標
SDGsの各目標について要因や現状、意見を整理しよう

〈要因・現状・意見の整理〉
要因とは・・・
現状とは・・・
意見とは・・・　→　考え（思想や感情）

・物語、曲、音楽、写真、映像
・ブログの文章、LINEの内容
　↑
作者の思想や感情が表現されている
文芸、学術、美術、音楽　など「著作権」

まとめ
① 著作権を尊重しながら、SDGsの各目標を確認した
② 自分に必要な情報は何か考えよう

る、というきまりがあります。大切なのは、他の人の権利を侵害しないことです。

2　SDGsの目標を振り返る

T：実際にSDGsの各目標を振り返ります。

○小学校や他教科で学んできたSDGsについて想起させ、各目標について具体的なイメージがもてているかどうかを確認する。

T：SDGsのすべての目標について、「要因」「現状」「意見」を検索してみましょう。

○グループ内で分担して取り組ませる。

○プリント等のほか、ロイロノートやFigJamなどを使ってタブレット上で整理・共有してもよい。

T：個人で要因・現状・意見を整理できなかった目標があったら、グループの中で助けを求めてください。

T：出典は閲覧日時とともに保存しておきましょう。引用・出典・閲覧日時をしっかりと提示できれば情報達人です。

○出典の確認記録を行うことができているか確認しておく。

発展
学校や地域で具体的な目標を掲げて取り組みを行っている場合は、まず、その取り組みについて整理し、なぜその取り組みを行う必要があったのか考えさせる。

3　次時の学習対象にする目標を決める

T：一つ一つの目標を確認してみると、様々な取り組みが世界中で行われていることが分かります。身近なもの、少し大きな取り組みまであります。

T：では、十年後の自分の住んでいる町をもっと住みよくするためにはどの目標が最も重要だと思いますか。

T：選んだ理由を記入（入力）しましょう。

ポイント
5分程度とって、短い言葉でも生徒自身に記入（入力）させる。

T：今、記入したものは、あなた自身の考え、「意見」です。

4　次時の予告とまとめ

T：次の時間は実際にその目標について調べ、自分自身ができる取り組みがあるか考えます。

情報収集の達人になろう

指導の重点
・出典・引用・閲覧日時等を確認しながら，必要な情報を集めて，行動宣言を考えさせる。

本時の展開に即した主な評価規準例（Ｂと認められる生徒の姿の例）
・自己の主張に必要な情報を整理し，適切に引用や出典の提示を行っている。【知・技】
・資料やデータを読んで，理解したことに基づいて，自分の考えを確かなものにしている。【思・判・表】
・SDGsの課題や他の発表に対し，自分なりに理解しようとしている。【主】

生徒に示す本時の目標
出典や引用元を確認しながら，必要な情報を集めて，行動宣言を考えよう

1　活動内容を確認する
T：前回，SDGsの各目標を確認し，十年後の自分の住んでいる町をもっと住みよくするための，最も重要な目標はどれかという質問をしました。

T：どの目標も一人で達成することは難しいですね。では，市長になったつもりで，市民向けに行動宣言を作ってください。主に十代の若い市民を説得しましょう。2時間かけて，「要因」「現状」「意見」をＡ３用紙一枚にまとめ，説得できるよう準備します。

2　学校図書館で検索する
T：情報収集について確認します。手に入れたいデータや情報があった場合，どのように探しますか。

○できるだけ生徒の言葉を取り上げる。インターネット，図書館，人に聞く以外の方法もできる限り取り上げる。

T：これらに，信頼度の順位をつけるとしたら，どうなりますか。

○グループで考えさせ，理由も説明させる。SNSや口コミに高い信頼を示した生徒がいた場合も，否定せずに他の生徒の言葉で修正ができるように配慮する。

T：今日は市長ですから，信頼の高い図書資料を使いましょう。学校司書さんに，資料の検索方法を聞きます。小学校での復習も含まれるので，ここで確認をしてください。

ポイント　学校司書との事前調整を行っておく
本や新聞の活用，インターネットを使っての調べ学習は何度も行っていることが想定される。学校司書からは，学校図書館にない場合は，どこの図書館に行けば閲覧できるのか，それを調べる方法などについても指導する。

T：前回，根拠となるデータもインターネットで見つけているかもしれません。図書館資料でも関連する資料が見つかるとよいです。

○新聞資料も図書館に用意しておきたい。
○生徒の学習状況に応じて，二〜三名のグループで取り組ませてもよい。

準備物：A３用紙

情報収集の達人になろう

本時の目標
出典や引用元を確認しながら、必要な情報を集めて、行動宣言を考えよう

〈資料の検索方法〉
・インターネット
・新聞・書籍　→　図書館
・人に聞く、口コミ、SNS
・公共機関の資料

【図書館から】
・使いたい資料は「引用部分」「奥付」の両方を記録する
・インターネットの場合は、「引用元のアドレス」「閲覧日時」を記録する

まとめ　SDGs行動宣言を考えるために情報は複数探し、選択しよう

3　検索した情報の収集方法と整理を確認する

T：前時に、著作権について学びました。今、様々な資料にあたりましたが、出典などは確認・記録していますか。

T：引用部分がどこか、明確にするにはどのような方法がありますか。

○「　」をつける、下線を引くなど、具体的な手立てを共有する。

T：引用したい部分、出典、閲覧日時を記録できるとよいです。記録に足りないところがあったら、付け足しましょう。

T：また、小学校でも学んできたとおり、インターネットの情報がすべて正しいわけではありません。選んだ情報が公的機関や大学など信頼度の高い出典元になっているかなどにも注視して、時間が許す限り、より自分の意見に有効で、説得力があり、信頼できる資料を探してください。

○タブレット等に、引用したい部分、奥付を写真にとるなどして効率化を図る。

4　市長として行動宣言する内容を考える

T：調べていくと、皆さん自身の中の情報が更新されますから、取り組む目標を変更しても構いませんが、「要因」「現状」「自分の意見」を明確にするようにしましょう。

T：目標に対して取り組みや関連するデータはどのくらいあると、市民を納得させられるでしょう。あまりにも多いと説明に時間がかかりますし、少ないと説得力がありません。

T：あなたなら、どのくらいのデータを示されると納得できそうですか。

○データ等の情報が複数あると安心できることを共有する。

○十分なデータ収集ができていない場合は、再度時間をとって収集を行う。次時に行動宣言と関連するデータを資料にまとめる活動を行うので、本時の中で調べる時間を十分に確保させる。

ポイント
自分が何気なく行っている日常の行動を振り返らせたり、「節水・節電」を呼びかけるポスターなどを提示したりして、身近な内容で行動宣言を考えられるようにする。

5　次時の予告とまとめ

T：次の時間は行動宣言をまとめます。

情報収集の達人になろう

指導の重点
・集めた情報を整理し，自分の「行動宣言」をまとめさせる。

本時の展開に即した主な評価規準例（Bと認められる生徒の姿の例）
・目的に応じて集めた情報を整理して「SDGs行動宣言」を書き，自分の考えを明確に伝えている。【思・判・表】
・SDGsの課題について積極的に意見を交流させ，自分の考えを深めようとしている。【主】

生徒に示す本時の目標
SDGs行動宣言をしよう

1　収集した資料やデータを確認する
T：今日は，各自のSDGs行動宣言をまとめます。これまでに収集した資料やデータは十分でしょうか。
○前時までに欠席していた等の理由で，資料が不十分な生徒に対しては，同じ目標について行動宣言しようとしている生徒間で情報共有してもよいことを伝えるなどして支援する。

> **ポイント**
> 思考・表現する時間を十分にとれるように，資料やデータを共有させてもよい。

2　行動宣言をまとめる
T：選んだ目標に対しての行動宣言をまとめます。
T：パワーポイントは二枚使います。一枚に目標と行動宣言，一枚に関連するデータと選んだ理由をまとめてください。引用部分，出典，閲覧日時の記載を忘れないようにしましょう。
T：今日はグループ内で発表しますが，後日，プリントアウトして返却する予定です。一枚目を上，二枚目を下にする形で，A３用紙一枚で印刷するつもりなので，その予定でレイアウトしてください。
T：市長として若い市民に伝えるつもりでデータや言葉を選びましょう。
T：また，著作権の取り扱いも正確に行うようにしてください。どの部分が引用なのかが分かるようにする方法は，前回確認しましたね。下線を引く，「　」でまとめるなど，引用部分を明確にしてください。また，引用元や閲覧日時などについての入力を忘れないようにしてください。
○個人ごとに作業を進めさせる。
○生徒から，「すでに行われている取り組みと同じことしか思いつかない」といった声があった場合には，特別な宣言でなくともよいことを伝えるとともに，情報を適切に取り扱うことが本単元の主眼であることを説明する。

3　行動宣言を発表する
T：行動宣言をグループの中で発表します。
T：聞き手は，次の３点に気を付けて聞いてください。
　一つは，調べたことと，発表者の意見が聞き分けられるか。

準備物：なし

情報収集の達人になろう

本時の目標
SDGs行動宣言をしよう

〈行動宣言に必要な項目〉
「要因」「現状」「意見」
・行動宣言
・どの目標についてか
・関係するデータや資料
・出典、引用部分、閲覧日時　など

まとめ　SDGs行動宣言を行って
① 情報に基づいて、行動宣言を考えることができたか
② 宣言をした人を尊重する態度をもてたか

　一つは、調べたことについて、出典がシートの中に書かれているか。出典を書く位置は、教科書p.82が参考になります。
　一つは、自分も協力しようと思える行動宣言になっているか。
　持ち時間は、一人3分です。
T：発表を聞いた人は、どのように感じたか、感想を伝えてください。パワーポイントシートの修正を提案するときは、理由も伝えてください。もっとよいデータがあるときは、積極的に伝えてください。
T：修正を提案された場合、それを受け入れるかは発表者が判断してかまいません。では、始めてください。
○グループの人数は三人から四人程度を想定している。
○聞き手の留意点等については、電子黒板に表示するなどし、いつでも分かるようにしておく。
○発表を受け止める態度も評価対象になるので、それぞれのグループの発表を聞いている様子や、感想を返そうとしているかを観察しておく。

4　本単元のまとめを行う

T：本単元では、SDGsの目標を通じて、情報の収集方法や記録の仕方について学びました。
T：最後に、SDGs行動宣言は情報に基づいて考えることができたかどうかを確認するために行っています。実施できればよいし、できなくても考えをもてたことはよいですね。
T：本単元では、自分に必要な情報を整理して活用する方法を学びました。インターネットだけでなく、複数のメディアを使うことを今後も続けるようにしてください。

いつも本はそばに

読書を楽しむ （1時間）

1 単元の目標・評価規準

・読書が，知識や情報を得たり，自分の考えを広げたりすることに役立つことを理解することができる。　〔知識及び技能〕(3)オ
・言葉がもつ価値に気付くとともに，進んで読書をし，我が国の言語文化を大切にして，思いや考えを伝え合おうとする。　「学びに向かう力，人間性等」

知識・技能	読書が，知識や情報を得たり，自分の考えを広げたりすることに役立つことを理解している。　((3)オ)
主体的に学習に取り組む態度	自分が読んだ本の中でクラスメイトに紹介したい本を選び，紹介内容に合った読書活動を考え，進んで本の魅力や自分の考えを伝え合おうとしている。

2 単元の特色

教材の特徴

　本単元は，読書から様々な知識や情報を得たり，自分の考えを広げたりするということを理解し，色々な読書の楽しみ方を知り，理解していくことがねらいである。読書から得た知識や考えたことを，紹介したい内容に合った方法で表現していくことで，自分の考えを確かなものにしていきたい。また，クラスメイトとの交流を通して，新たな本や考えに触れ，「読書は楽しい」ということを味わわせ，一人一人の読書生活が豊かなものになるような指導をしていく。

身に付けさせたい資質・能力

　本単元は学習指導要領，知識及び技能(3)オ「読書が，知識や情報を得たり，自分の考えを広げたりすることに役立つことを理解する」力の育成に重点を置く。この資質・能力を身に付けさせるための言語活動として，「本の内容や自分の考えなどをまとめ，紹介したりする活動」や「本を読み，考えたことを他者に伝え合う活動」を取り入れる。自分が読んだ本の魅力やそこから考えたことをまとめ，伝えていくことによって，新たな本の魅力に気付かせたい。そして，他者との交流，新たな本との出会いを通して，読書から知識や情報を得て，自分の考えを広げることができ，「読書は楽しい」と生徒が実感できるように指導を行っていく。

3 学習指導計画（全1時間）

時	○主な学習活動	☆指導上の留意点　◆評価規準
1	○教科書を読み，様々な読書活動を知る。 ○自分がクラスメイトに紹介したい本を選び，それを紹介する活動を選ぶ。 　①本の魅力を端的に伝えたい。→ポップ作り 　②あらすじや，自分の考え，挿絵を入れて本を紹介したい。→読書新聞作り 　③本の中の人物の言動について自分の考えを述べ，他者と交流したい。→グループを作成しスライドを用いて本の紹介の作成 ○自分が行う活動を決め，夏休みに取り組んでいく。	☆今まで読んだ本で印象に残っている本や自分が感銘を受けた本を振り返らせる。 　教師も生徒に本を紹介する。 ☆三つの方法を紹介し，自分が紹介したい内容に合ったものを選択させる。 ◆自分が今までに読んだ本の中から紹介したい本を選び，紹介内容に合った読書活動を選択している。【知・技】 ◆本の魅力や自分の考えを読書活動を通して伝え合おうとしている。【主】

1／1時間　読書を楽しむ

指導の重点
・自分のおすすめの本を選んだ方法で友達に紹介させる。

本時の展開に即した主な評価規準例（Bと認められる生徒の姿の例）
・自分が今までに読んだ本の中から紹介したい本を選び，紹介内容に合った読書活動を選択している。【知・技】
・本の魅力や自分の考えを読書活動を通して伝え合おうとしている。【主】

生徒に示す本時の目標
自分のおすすめの本を紹介しよう

1　教科書を読み，様々な読書活動があることを知る
○自分が取り組んだことがある活動やそれぞれのよさを気づかせる。
T：教科書に載っている読書活動で自分が取り組んだことがあるものはありますか？
　それぞれどんな魅力があるでしょうか。

○本のポップ
　一目で本の魅力が分かる。オリジナリティがあり見ていて楽しい。
○読書会
　共通の本を読んでいるため，より深く本について考えを述べることができる。他者の考えを聞き，自分の考えを広げることができる。
○読書記録
　自分の読んだ本を振り返ることができる。
　自分が選ぶ本の傾向を知り，自分の考えを書きとめることができる。

T：今日は友達に本を紹介する活動をします。本の紹介方法も紹介したい内容により，変わってきます。どのような紹介の仕方があるでしょうか。

　生徒の発言を取り上げながら進めていく。
　読書新聞の作成，ビブリオバトルなど，実践したことがある生徒もいるだろう。ポップと読書新聞の違いについて考え，伝えたい内容により，紹介する方法も変わってくることを気づかせる。

2　クラスメイトに紹介する本を選ぶ　WS
○自分の読書生活を振り返り，クラスメイトに紹介したい本を一冊選ぶ。
T：クラスメイトに紹介したい本を一冊選びましょう。なぜ紹介したいのか，どのようなことを伝えたいのか，ワークシートに記入しましょう。
・急に紹介すると伝えると，本の選択に時間がかかる生徒もいるため，事前におすすめの本を紹介する活動があると伝えておく。

3　紹介したい内容に合う，紹介の方法を選択する
①本の魅力を端的に伝えたい　→ポップ作り
②あらすじや，自分の考え，挿絵を入れて本を紹介したい。　→読書新聞作り

準備物：ワークシート

読書を楽しむ

本時の目標
自分のおすすめの本を紹介しよう

〈 紹介の方法 〉

① ポップ作り
・本の広告
・キャッチフレーズ
・一目で魅力を伝える

② 読書新聞
・たくさんの情報
・写真や絵
・社説

→ それぞれのよさを生徒に考えさせる

③ 読書会
・考えを共有できる
・違いもあるから楽しい!?
・共同で本の紹介ができる

☆クラスメイトに自分のお気に入りの本を紹介しよう。どの紹介の方法がよいだろうか。

---

③本の中の人物の言動について自分の考えを述べ，他者と交流したい。 →読書会

ポイント
①〜③の見本を提示し，それぞれのよさや違いを考えさせる。
③については同じ本を選択した場合は，他者との交流で読みを深めることもできる。
選択するのが難しい生徒にはワークシートの内容を見て，教師が助言をする。

4 「クラスメイトに読んでほしい本の紹介」を夏休みの課題とする

○生徒が選んだ紹介の方法で下書きをする。
○③を選んだ生徒は，どの場面を伝えたいか，お互いの見解を伝え合い，紹介内容に向け，話し合いを行う。

○2学期の授業で作成したものを用いて本の紹介を行うことを伝える。

ポイント
課題の進捗状況を教師にGoogleクラスルーム等を用いて報告させ，教師は助言を行えるようにするとよい。
作成したもので展示できるものは本と一緒に学校図書館に展示すると読書の活性化へとつながっていく。

いつも本はそばに

本の中の中学生　あと少し，もう少し／西の魔女が死んだ／読書案内　本の世界を広げよう／コラム　本との出会い　（1時間）

1　単元の目標・評価規準

・読書が，知識や情報を得たり，自分の考えを広げたりすることに役立つことを理解できる。
〔知識及び技能〕(3)オ
・文章を読んで理解したことに基づいて，自分の考えを確かなものにすることができる。
〔思考力，判断力，表現力等〕C(1)オ
・言葉がもつ価値に気付くとともに，進んで読書をし，我が国の言語文化を大切にして，思いや考えを伝え合おうとする。
「学びに向かう力，人間性等」

知識・技能	読書が，知識や情報を得たり，自分の考えを広げたりすることに役立つことを理解している。((3)オ)
思考・判断・表現	「読むこと」において，文章を読んで理解したことに基づいて，自分の考えを確かなものにしている。（C(1)オ）
主体的に学習に取り組む態度	本を読んで理解したことに基づいて，積極的に自分の考えたことを紹介文で伝え合おうとしている。

2　単元の特色

教材の特徴

　本単元は「本の中の中学生」と題し，中学生が主人公である二冊の本を紹介している。自分と同じくらいの年齢の人物の日常や，悩みや葛藤，夢の実現への道などに触れることで読者一人一人が自分を見つめ直す機会を得ることができるだろう。「本の中の中学生」との出会いから，自分のものの見方や考え方を広げることができるよう指導していく。
　また，「本の世界を広げよう」には中学生や学校生活，社会との関わりについての本が多数紹介されている。この中から自分が読みたい本を探させてもよい。本教材を通して生徒の読書の幅を広げさせていきたい。

身に付けさせたい資質・能力

　本単元では学習指導要領C(1)オ「文章を読んで理解したことに基づいて，自分の考えを確かなものにする」力を育成することに重点をおく。この資質，能力を身に付けさせる言語活動と

して(2)イ「小説を読み，考えたことなどを伝え合う活動」の趣旨を生かして，「本を読み，紹介したい人物を想定した紹介文（手紙）を書く」活動を設定する。中学生が主人公の本を読み，その内容やそこから考えたことを基に，どのような人物にその本を読んでほしいか考える。そして「友人関係に悩んでいる君へ」「夢をつかみたい君へ」といった題名をつけ，主人公の紹介，本を読み自分が考えたこと等を文章で記す。クラス全員の紹介文（手紙）を一覧にすることで一人一人が求めている内容や読みたい本が見つかり，読書の幅も広がっていくと考える。

　尚，図書館司書と連携をし，教科書で取り上げている二冊の本以外にも学校図書館や地域の図書館から中学生が主人公の本を多数用意し，生徒の読書活動の活性化を図る。

3　学習指導計画（全1時間）

時	○主な学習活動	☆指導上の留意点　◆評価規準
1	○中学生が主人公の本を知る。 ・教科書に取り上げられている「あと少し，もう少し」と「西の魔女が死んだ」を読む。 ・主人公がどのような人物か考える。 ・この二冊以外にも，中学生が主人公の本が多数あることを知る。 ○自分が読んでみたい本を選び，夏休みに読む。 ○選んだ本の内容や登場人物の生き方から，どのような人にその本を読んでほしいか考え，紹介文（手紙）を書く課題に取り組んでいく。	☆自分と同じくらいの年齢の人物が主人公の本を読んだことがあるか振り返らせる。どのような内容であったか。読み終わってどのようなことを感じたか。考えを聞く。 ☆教科書に掲載されている作品以外の中学生が主人公である本を紹介する。 ・簡単にあらすじ等を述べる。 ☆本を読み，考えたことを基に，どのような人物にその本を読んでほしいか考えさせる。 ・どのような主人公であったか。 ・一番印象に残った場面はどこか。 ・クラスメイトに似ている人はいるか。など考えをまとめさせる。 ◆読書が，知識や情報を得たり，自分の考えを広げたりすることに役立つことを理解している。【知・技】 ◆本を読み，考えたことや，どのような人物にその本を紹介したいか，自分の考えを確かなものにしている。【思・判・表】

本の中の中学生 あと少し，もう少し／西の魔女が死んだ／読書案内 本の世界を広げよう／コラム 本との出会い

（1／1時間）

指導の重点
・中学生が主人公の本を読み，考えたことを踏まえ，自分が読みたい本を選ばせる。

本時の展開に即した主な評価規準例（Bと認められる生徒の姿の例）
・読書が，知識や情報を得たり，自分の考えを広げたりすることに役立つことを理解している。【知・技】
・本を読み，考えたことや，どのような人物にその本を紹介したいか，自分の考えを確かなものにしている。【思・判・表】

生徒に示す本時の目標
　中学生が主人公の本を読み，読んでほしい人を想定して，紹介しよう

1　教科書の二作品を読む
T：中学生が主人公である作品を読んだことがありますか。どのような話で，読み終えた後，何を考えましたか。
T：ここでは中学生が主人公である二冊の本が紹介されています。実際に読んでみましょう。
○読み終わったら，それぞれの作品について教師が説明を加える。

2　中学生が主人公である本の魅力を考える
T：中学生が主人公である本はどのような魅力があるでしょうか。

ポイント
・今までの読書経験を振り返らせる。
・自分と年が近い人物が主人公の場合，読み終わった後，どのようなことを考えるか。本を選ぶときの違いなど，視点を与えて考えさせる。

○生徒の意見を板書する。

3　中学生が主人公の他の本を紹介する

ポイント
　図書館司書と連携をし，学校図書館や地域の図書館にある本を手に取れるようにする。冊数に限りがある本は，地域の図書館で借りられるよう，蔵書を確認しておく。
　学校図書館や地域の図書館を活用して読書の幅を広げさせる。

○本の題名と簡単なあらすじを紹介する。
○中学生が主人公の本一例
　・「バッテリー」　あさの　あつこ
　・「ラスト・イニング」　あさの　あつこ
　・「ぼくらの七日間戦争」　宗田　理
　・「ぼくはイエローでホワイトで，ちょっとブルー」　ブレイディ　みかこ
　・「くちびるに歌を」　中田　永一
　・「カラフル」　森　絵都
　・「クラスメイツ　前期　後期」　森　絵都
　・「給食アンサンブル」　如月　かずさ
　・「成瀬は天下を取りにいく」　宮島　未奈
　他，教科書 pp.90-92の中で紹介されているもの

準備物：ワークシート，中学生が主人公の本

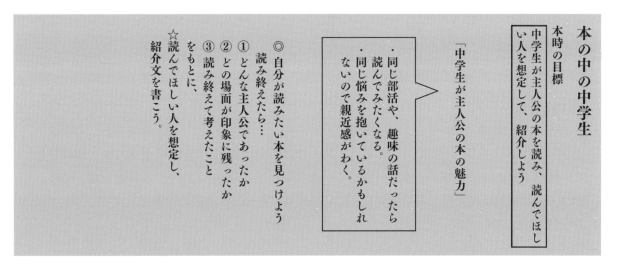

本の中の中学生

本時の目標
中学生が主人公の本を読み、読んでほしい人を想定して、紹介しよう

「中学生が主人公の本の魅力」
・同じ部活や、趣味の話だったら読んでみたくなる。
・同じ悩みを抱いているかもしれないので親近感がわく。

◎自分が読みたい本を見つけよう
読み終えたら…
① どんな主人公であったか
② どの場面が印象に残ったか
③ 読み終えて考えたこと
をもとに、
☆読んでほしい人を想定し、紹介文を書こう。

---

4 自分が読んでみたい本を選び，紹介文を書くことを夏休みの課題とする 📥 WS

T：それではこれから，実際に本を手に取り，読みたい本を選びましょう。
 自分と共通点のある主人公や，まったく性格が違いそうな人物，同じ部活動など，自分が興味がある本を探してみましょう。
○悩んでいる生徒には，教師や司書が本の内容や生徒の読書歴などから本を薦める。
T：本を読んだら，その本を読んで考えたことや，魅了されたこと，自分が最も印象に残った場面などを基に，その本をどのような人に読んでほしいか考えます。そして後で手紙形式の紹介文を書いてもらいます。相手を想定して考えてみましょう。
○例「西の魔女が死んだ」
　・本を読んで考えたこと
　　まいはおばあちゃんの家で生活することができてとてもよかったと思った。時に厳しいおばあちゃんだったが，まいに生きる上で大切なことを教えてくれた。おばあちゃんの死を通してまいは強くなることができ，これからの人生を大事にしようと思うことができたのではないか。
　・どのような人に紹介したいか。

　自立したいと思っている人
　おばあちゃんのことが大好きな人
　家族の大切さを確認したい人

○紹介文　完成例
「強い意志をもちたい君へ」
中学生になり，親に色々言われてうるさいなと思うことはありませんか。自分でやろうとしているのに中々，決めたことが実行できない。そんなあなたはこの本の主人公「まい」と一緒におばあちゃんの魔女修行に行くのはどうでしょうか。おばあちゃんの言葉一つ一つがあなたの心に響くはずです。そして読み終わった後，自分で決める意志の力が湧いてくるように思います。私は読み終わった後，とても温かい気持ちになりました。また，まいの魔女修行を肌で感じ，背筋がピンと伸び，「自分のことは自分で決めていこう」という強い意志が芽生えました。大人になってからも，読み返したくなる大切な本と出会うことができました。

○後日，クラスメイトが作成したものを一覧にして，配布したり，図書館に提示することで，生徒が読みたい本を探すことができ，生徒の読書の幅が広がっていく。

季節のしおり　夏

教材の特徴
　本教材では視覚や聴覚などの五感を働かせて味わう俳句二句，詩一篇と季節感豊かで想像をかきたてられる三語が紹介されている。「春」の学び始めの時期から学校生活に少し慣れてきた「夏」にかけて，季節の言葉が「知っている言葉」から「実感できる，使える言葉」になるための教材設定となっている。授業においては本教材をもとに季節の言葉を発信する「暑中見舞い」の作成を行う。

生徒に示す本時の目標
　「夏」を感じさせる文学作品や季節の言葉を暑中見舞いに書いて送ろう

（以下文学作品は「作品」，季節の言葉は「言葉」と表記する。）

1　本時の目標と学習課題を確認する
〇学習課題について簡単に説明する。
T：夏がやってきました。皆さんも学校生活に少し慣れてきた頃だと思います。日本では昔から季節のあいさつをハガキや手紙で送る習慣があります。事前に伝えてありますが，今回は暑中見舞いを書きましょう。
〇暑中見舞いで使った作品や言葉は紹介や交流で共有することがあると事前に伝えておく。

2　「夏」のイメージを言葉で表現する
〇一般的なイメージになる可能性はあるが，自分がどのような言葉で夏を表すのか考えさせてから板書し，クラスで共有する。
T：夏といえば何をイメージしますか。単語でも文でもよいので自由にノートに書きましょう。

3　教科書の作品と言葉を音読する
〇まず教科書を開けずに「蟬時雨」の意味について考え，季節感を意識させる。
T：「蟬時雨」という言葉はどのような状態を表現しているのでしょうか。
〇三作品の音読と簡単な解説を行う。また，言葉を歳時記で一緒に確認し，この後の作品（言葉）選びについて説明する。

4　「夏」を感じさせる作品や言葉を暑中見舞いに書く
〇ハガキを手もとに用意させ，黒板に紙を貼付して書き方について説明する。表書きと暑中見舞いのあいさつや結びの言葉など，自分の選んだ作品や言葉は主文に書き入れるように助言する。
T：以前に説明しておいたように皆さんハガキを持ってきていると思います。また，誰に送るか決めてきていると思うので，これから送る相手に合った作品か言葉を歳時記等の資料やタブレット検索などで探してみましょう。（10分程度）
〇教員が実際に選ぶところまでやってみせると生徒も分かりやすい。例えば，花が好きな友達にハガキを送るなら，資料から
　<u>「暁の　紺朝顔や　星一つ」　高浜虚子</u>
を選んだり，歳時記で「蜜柑の花」という言葉を見つけたりして使ったなどと説明する。

準備物：歳時記，黒板掲示用資料（ハガキの書き方手順　※電子黒板などで共有してもよい），ハガキ一枚（学校で用意または個人で用意），ハガキ大の下書き用紙，タイマー

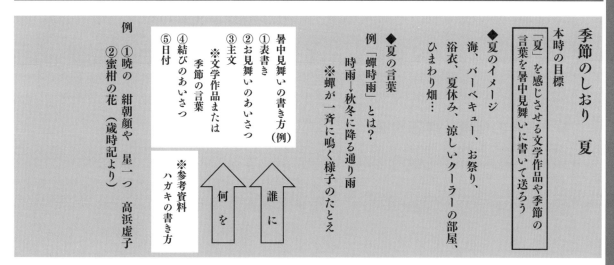

季節のしおり　夏

本時の目標
「夏」を感じさせる文学作品や季節の言葉を暑中見舞いに書いて送ろう

◆夏のイメージ
海、バーベキュー、お祭り、浴衣、夏休み、涼しいクーラーの部屋、ひまわり畑…

◆夏の言葉
例「蟬時雨」とは？
時雨→秋冬に降る通り雨
※蟬が一斉に鳴く様子のたとえ

暑中見舞いの書き方（例）
①表書き
②お見舞いのあいさつ
③主文
　※文学作品または季節の言葉
④結びのあいさつ
⑤日付

※参考資料
ハガキの書き方

誰に　何を

例
①暁の　紺朝顔や　星一つ　高浜虚子
②蜜柑の花（歳時記より）

ポイント

暑中見舞いは小学校時代の先生やしばらく会っていない友達、親族など普段なかなか会えない大切な人に送る。授業の前に家庭で誰に送るか決めておく。授業では相手に合った作品や言葉を歳時記やタブレット等から「自分で」探し書くことを大切にする。

発展

季語を用いた絵手紙や、季節に合わせた俳句を創作して書いたカードなども作成できる。また写真やイラストに合わせて俳句や季語を選ぶ活動も面白い。

5　選んだ作品や言葉の交流

T：作品や言葉を選んだら、ノートに書いてください。まだ選びきれていない人は複数書いても構いません。四人班になって紹介し合います。その時に、どこに夏らしさを感じたかを一緒に説明してください。
○交流の様子を観察し、まだ選択に悩んでいる生徒には支援をしていく。

6　暑中見舞いを完成させる

○作品や季節の言葉を決めたら、ハガキ大の用紙に下書きをする。作品の場合は必ず作者名を書くことを指示する。
T：用紙に下書きをします。下書きの段階で、ハガキの書き方資料を参考に班のメンバーでチェックをし合いましょう。班での確認を終えたら清書をしてください。
○書き方指導を中心にはしないが、ハガキの書き方の一般的な決まり（郵便局のハガキの書き方資料を用いる）を参考にして書かせるようにする。

ポイント

作品や言葉の選択に時間がかかる、また自信が持てない生徒には、まずは自分が季節を感じられる作品や言葉を選ぶよう助言する。

7　振り返りと今後の予定

T：ノートに授業の振り返りを書きます。今回は作品選択の理由を書いておきましょう。
○授業の最後3分になったら、書き終わった暑中見舞いを回収する。未完成の人は次回までの家庭学習課題とする。

4　心の動き

大人になれなかった弟たちに……
（4時間）

1　単元の目標・評価規準

・読書が，知識や情報を得たり，自分の考えを広げたりすることに役立つことを理解することができる。　　　　　　　　　　　　　　　　　　　　　　　　〔知識及び技能〕(3)オ
・登場人物の相互関係，心情の変化などについて，描写を基に捉えることができる。
　　　　　　　　　　　　　　　　　　　　　　　　〔思考力，判断力，表現力等〕C(1)イ
・言葉がもつ価値に気付くとともに，進んで読書をし，我が国の言語文化を大切にして，思いや考えを伝え合おうとする。　　　　　　　　　　　　　　「学びに向かう力，人間性等」

知識・技能	読書が，知識や情報を得たり，自分の考えを広げたりすることに役立つことを理解している。　　　　　　　　　　　　　　　　　　　　　　　　((3)オ)
思考・判断・表現	「読むこと」において，登場人物の相互関係，心情の変化などについて，描写を基に捉えている。　　　　　　　　　　　　　　　　　　　　　（C(1)イ）
主体的に学習に取り組む態度	学習課題に沿って，気になる描写を基に登場人物の相互関係や心情の変化などを捉え，積極的に説明しようとしている。

2　単元の特色

教材の特徴

　本教材は，戦時下の状況を十歳の「僕」の視点で描いた作品である。「弟がかわいくてかわいくてしかたがなかった」はずの「僕」が弟のミルクを盗み飲みしてしまうほどの過酷な状況と，弟の死を迎える結末の心情は，現代では想像することが容易ではない。登場人物の心情は，多くが淡々とした描写で表現されている。戦時下の状況や語句の意味を補いながら，繰り返しや「……」の多用，B29の「青空にきらっきらっと機体が美しく輝いています」などの特徴的な描写に着目することで，一言では表現できない様々な心情を考えていくことができる教材である。

身に付けさせたい資質・能力

　本単元では，学習指導要領2 C(1)イ「登場人物の相互関係，心情の変化などについて，描写を基に捉える」力を育成することに重点を置く。この資質・能力を身に付けさせるための言語

活動として学習指導要領に例示されている(2)イ「小説や随筆などを読み，考えたことなどを記録したり伝え合ったりする活動」の趣旨を生かして「各自で気になる描写について着目し，読み取ったことや考えたことを互いに説明する」活動を設定する。描写については小学校〔第5学年及び第6学年〕C(1)イ「登場人物の相互関係や心情などについて，描写を基に捉えること」において既に学んでいる。登場人物の心情は，直接的な描写だけでなく，暗示的に表現されている場合もある。教科書に示された「目標」を踏まえて，生徒が「気になる描写」について学習課題を設定できるよう指導する。小学校の学習内容との違いは，場面の展開や心情の変化について捉えることである。気になる描写を中心に，生徒が作品全体を精読しながら，設定した学習課題を基に心情の変化について考えていくことができるよう支援していく。

　また，この活動は，〔知識及び技能〕(3)オ「読書が，知識や情報を得たり，自分の考えを広げたりすることに役立つことを理解すること」と関連付けて指導する。初読の感想と学習後の感想を比較することで，読書をすることによって知識や情報を得たり，新しいものの見方や考え方を知ったり，自分の考えが広がったりすることを実感できるようにする。

3　学習指導計画（全4時間）

次	時	○主な学習活動	☆指導上の留意点　◆評価規準
一	1	○作品を通読してあらすじを捉え，感想と疑問をもつ。 ○作中の出来事や時代背景などを確認する。 ○「描写」について確認する。 ○学習の見通しをもって学習課題を検討する。	☆学習課題が単元の目標を達成できるものとして設定されるよう，指導事項との正対を意識する。 ◆「目標」に沿って，気になる描写から学習課題を立てようとしている。【主】
二	2	○学習の見通しをもって学習課題を立てる。 ○描写を基に，登場人物の相互関係や心情の変化などについて捉える。	☆学習課題で取り上げた描写を中心に，他の場面や心情にも着目し，関連付けて登場人物の相互関係や心情の変化を捉えられるよう支援する。
	3	○描写を基に，登場人物の相互関係や心情の変化などについて捉え，まとめる。	☆（第2時と同様） ◆登場人物の相互関係，心情の変化などについて，描写を基に捉えている。【思・判・表】
	4	○学習課題と答えについて互いに説明し，作品の全体像について捉える。 ○捉えた作品の全体像を基に，作品について「問い」を通して自分の考えをもつ。	☆個々の学習課題を踏まえ，作品について自分の考えをもてるよう課題を提示する。 ◆読書が，知識や情報を得たり，自分の考えを広げたりすることに役立つことを理解している。【知・技】

大人になれなかった弟たちに……

指導の重点
・登場人物の心情の変化を捉えるために、気になる描写を基に学習課題を考えさせる。

本時の展開に即した主な評価規準例（Bと認められる生徒の姿の例）
・「目標」に沿って、気になる描写から学習目標を立てようとしている。【主】

生徒に示す本時の目標
　登場人物の心情の変化を捉えるために、気になる描写を基に学習課題を考えよう

1　学習目標と本時の目標を確認する
○題名から学習に関心をもつ。
T：題名から、どのような内容や登場人物の心情が想像できますか。
T：教科書を開いて、学習の目標を確認します。一つめは「本や資料を読み、登場人物が置かれた状況を知る」です。二つめは「登場人物の行動や風景の描写を基に、心情を捉える」です。「描写」とは、どのようなものでしたか。心情は、場面ごとにどうなりますか。
T：p.105を開き、描写について確認します。
○描写については、小学校の第5学年及び第6学年の既習事項、「読むこと」(1)イ「登場人物の相互関係や心情などについて、描写を基に捉えること」と、中学校1年生の「読むこと」(1)イでは新たに「心情の変化について捉える」ことを指導する。
○本時の目標を設定する。
T：今日は、「大人になれなかった弟たちに……」という作品を読んで、登場人物の心情の変化を捉えるために、気になる描写を基に学習課題を考えましょう。

ポイント　生徒の言葉を生かして本時の目標を設定する
　教師が一方的に本時の目標を提示するのではなく、生徒の疑問や既習事項を意識して生徒とやりとりを行い、出てきた言葉を用いて設定することで、生徒が学習に必然性を感じつつ、主体的に学習に取り組むことができるようにする。

2　学習活動の見通しをもつ
○学習のゴールを伝えることで、全4時間の中でどのように学習を進めるか、生徒自身で粘り強さと自己調整が働くように意識付けを行う。
T：この単元は4時間の予定です。学習課題について各自で学習を進めた後、4時間目に学習課題について互いに説明した後、この作品について自分の考えをまとめてもらう予定です。

3　作品を通読し、感想や疑問をもつ
○作品を通読する。
T：本文を読む中で、時代背景に関する語句と、登場人物の心情の変化を読み取る上で、気にな

準備物：時代背景等に関する参考資料

大人になれなかった弟たちに……

本時の目標
登場人物の心情の変化を捉えるために、気になる描写を基に学習課題を考えよう

○「描写」とは（p.105）
・物事の様子や場面、登場人物の行動や心情などを、読み手が具体的に想像できるように描いたもの。

○初読の感想、登場人物や出来事の確認

　　　　　　　　　　必要に応じて生徒の
　　　　　　　　　　主な発言をメモする

○時代背景に関する語句
・国民学校　・太平洋戦争
・防空壕　・配給　・疎開　・空襲　・B29
・栄養失調　・原子爆弾　　など

○通読で気になった「描写」
・題名「たちに……」や「──」が多い
・「ヒロユキ」がカタカナ
・繰り返しが多い
・「強い顔でした。でも悲しい悲しい顔でした。」
・「青空にきらっきらっと機体が美しく輝いています。」　など

★心情を捉えることができそうな描写か？

○学習課題を検討する
（例）・「……」や「──」には　どんな思いがあるのか。　　など

○振り返り

挙げられた「描写」を、「心情を捉える」ことができるか、という視点で全体の場で確認し、教師が意図的に取り上げ、単元の目標を達成するための学習課題になりうるものを精査する（達成できると判断できれば、扱う描写は問わない）。時代背景や物語の展開に関する疑問は分別する。

る描写に線を引いておきましょう。作品を読み終わったあとに確認します。
○登場人物や出来事、感想や疑問を言語化して明確にする。
T：3分程度時間を取るので、周りの人と登場人物や出来事を確認し、線を引いた部分や感想、疑問を伝え合い、ノートにメモしましょう。

4　時代背景に関する語句や気になる描写について確認と共有を行い、学習課題を立てるための見通しをもつ

○15分程度時間を取り、学習課題を立てるための「材料」を共有する。
T：線を引いたところをFigJamで出し合い、時代背景に関するものと心情に関するものに分け、それぞれ貼りましょう。時代背景について、この時間で調べても構いません。
○時代背景について、調べた生徒による説明や教師による解説で確認し、イメージをもたせる。
○気になる描写について、単元の目標を達成できる学習課題の材料になりうるものか精査する。
T：各自が気になった描写について、心情が読み取れそうなものか、確認していきましょう。

ポイント　指導事項と学習課題の材料の正対

○第4時で考える「問い」を予告する。
T：題名や、p.105「言の葉ポケット」にある片仮名表記については、作品の全体に関わることなので、最後に全員で考えていきましょう。

5　本単元での学習課題を考える

○単元の目標を達成できる学習課題を検討する。
T：Googleスプレッドシートの自分の枠に、自分の考えた学習課題を入力してください。次回決めるので、複数でも構いません。

6　本時を振り返り、次時の見通しをもつ

○学習課題を立てるときに、自分が特に重視した点を振り返る。
○次時は、学習課題を決定し、各自で学習課題に基づいて作品を読み深めていくことを伝える。

大人になれなかった弟たちに……

指導の重点
・学習課題を立て,登場人物の心情変化を捉えさせる。

本時の展開に即した主な評価規準例(Bと認められる生徒の姿の例)
・(登場人物の相互関係,心情の変化などについて,描写を基に捉えている。)
　※2～3時を連続して指導するため,本時は形成的評価として実施し,総括的評価は次時に実施する。

生徒に示す本時の目標
　学習課題を立て,登場人物の心情の変化を捉えよう

1　前時の学習を振り返る
○前時の学習内容を確認する。
T:前の時間は,登場人物の心情の変化を捉えるために,時代背景について確認し,気になる描写について学習課題を考えました。みなさんが考えている学習課題を,Googleスプレッドシートで確認しましょう。

2　学習活動の見通しをもつ
○学習のゴールを伝えることで,どのように学習を進めるか,生徒自身で粘り強さと自己調整が働くように意識付けを行う。
T:この単元は4時間の予定です。学習課題について考えるのは,今日と次の時間です。4時間目は学習課題について互いに説明した後,この作品について自分の考えをまとめてもらう予定です。今日はどのような学習になるとよいと思いますか。

3　本時の目標を確認する
○生徒の言葉を生かして本時の目標を設定する。

T:今日は,学習課題を立てて本文を読み返し,登場人物の心情の変化を捉えていきましょう。次回には,学習課題の「答え」と,その「説明」をまとめてもらいます。

4　学習課題に取り組むための見通しをもつ
○検討中の学習課題について,単元の目標を達成しうるものかを全体で確認する。
T:みなさんが考えている学習課題について,心情が読み取れそうなものになっているか,確認していきましょう。
○本時の展開を示す。
T:初めの15分は,今の確認を踏まえて個人で学習課題を決定し,本文を詳しく読み返しながら考えていきます。その後,同じような学習課題に取り組んでいる人同士でグループになり,心情を捉える上での悩みや自分の現時点での解釈を中心に話し合いながら進めていきます。最後の10分は,個人に戻り考えをまとめた後,振り返りをします。学習課題について各自で進めるのは,今日と次の時間だけです。残り時間にも注意しながら学習を進めてください。

5　学習課題を基に,各自で作品を読み深める
○学習課題を決定する。

準備物：なし

```
本時の目標
　学習課題を立て、
　登場人物の心情の変化を捉えよう

　大人になれなかった弟たちに……

○各自の学習課題（例）
　・「……」や「──」にはどんな思いが
　　あるのか。
　・どんな思いから、繰り返して言葉を
　　言うのか。
　・なぜ母は「強い顔」「悲しい悲しい顔」
　　なのか。
　・なぜ敵機のB29が「青空にきらっきらっ
　　と機体が美しく輝いています。」と
　　見えるのか。
　　　　　　　　　　　　　　　など
★描写を基に心情を捉えることができる
　課題か？
○学習課題について、「答え」と「説明」を
　考える。
○学習の流れ
　①個人で考える
　②同じような学習課題の人と考える
　③今日考えたことについて個人でまとめる
○振り返り
```

T：学習課題を決定したら，各自の学習に移り，最終的には学習課題に対する「答え」と「説明」をまとめます。各自でGoogleスライドに学習課題と答え，説明を入力します。

T：目標にあるように，描写から登場人物の心情の変化を捉える学習です。変化を捉えるためには，学習課題にした描写の部分だけではなく，その前後の出来事や登場人物の心情も確認したり考えたりして，作品を読み返していくことが大切です。

> **ポイント　変化の中で描写を捉える**
> 　描写には，物語の流れや展開の中で人物の心情を反映しているものがある。学習課題とした一文だけを考えるのではなく，その前後の出来事や心情にも着目させる。

○机間指導を行い，生徒の学習活動を支援する。
　（以下，想定される教師の支援）
　・「……」や「──」にはどんな思いがあるのか。
　（支援）「……」と「──」の使い分けはあるか。「……」から感じる思いの共通点はあるか。
　・どのような思いから，繰り返して言葉を言うのか。
　（支援）どのような言葉を繰り返して使っているか。それらに対して「僕」はどのような印象を抱いているのだろうか。
　・なぜ母は「強い顔」「悲しい悲しい顔」なのか。
　（支援）この顔は誰が見て感じた顔か。母にはどのような言動があるか。
　・なぜ敵機のB29が「青空にきらっきらっと機体が美しく輝いています。」と見えるのか。
　（支援）この場面の出来事は何か。この場面に至るまで，どのような出来事や登場人物の言動があったか。「僕」はどんな状況にあるか。

6　本時を振り返り，次時の学習を知る

○学習課題に基づいて登場人物の心情の変化を捉えるときに，特に重視した点を振り返る。
○次時も引き続き，各自で学習課題に基づいて作品を読み深めていくことを伝える。

> **ポイント　指導事項を意識した振り返り**
> 　指導事項に正対した振り返りをすることで，本時の中で生徒自身が身に付けていく力を自覚させていく。

大人になれなかった弟たちに……

指導の重点
・学習課題に基づいて、登場人物の心情変化を捉えさせる。

本時の展開に即した主な評価規準例（Bと認められる生徒の姿の例）
・登場人物の相互関係、心情の変化などについて、描写を基に捉えている。【思・判・表】

生徒に示す本時の目標
　学習課題に基づいて、登場人物の心情の変化をまとめよう

1　前時の学習を振り返る
○前時の学習内容を確認する。
T：前の時間は、自分が立てた学習課題に基づいて、登場人物の心情の変化を捉えていきました。現時点では、どのように捉えることができていますか。自分や他の人の状況をGoogleスライドで確認しましょう。

2　学習活動の見通しをもつ
○学習のゴールを伝えることで、全4時間の中でどのように学習を進めるか、生徒自身で粘り強さと自己調整が働くように意識付けを行う。
T：この単元は4時間の予定です。学習課題について各自で考えるのは3時間目の今日までです。4時間目は学習課題について互いに説明した後、この作品について自分の考えをまとめてもらう予定です。次回、互いに説明するために、現時点で捉えられていることと、説明として足りないことは何ですか。3分程度時間を取りますので、周りの人と現時点での説明や足りないことを伝え合ってみてください。

T：今日はどのような学習になるとよいと思いますか。

3　本時の目標を確認する
○生徒の言葉を生かして本時の目標を設定する。
T：今日は、自分が立てた学習課題に基づいて作品を読み直して、登場人物の心情変化について捉えたことをまとめましょう。

4　学習課題に取り組むための見通しをもつ
○本時の展開を示す。
T：まず、初めの10分は、個人で考えていきます。その後、同じような学習課題に取り組んでいる人同士でグループになり、心情を捉える上での悩みや自分の現時点での解釈を中心に話し合いながら進めていきます。最後の10分は、個人に戻って学習課題の答えと説明をまとめた後、振り返りをします。学習課題について自分で考えるのは今日までですので、残り時間に注意しながら学習を進めてください。

5　学習課題を基に、各自で作品を読み深める
○描写に着目して、登場人物の心情を捉える。
○前時と同様に机間指導を行い、生徒の学習活動を支援する。

準備物：ワークシート

大人になれなかった弟たちに……

本時の目標
学習課題に基づいて、登場人物の心情の変化をまとめよう

○各自の学習課題と生徒の回答例
・「……」や「――」にはどんな思いがあるのか。
（答）悔やみきれない後悔や反省があり、言葉にならなくて苦しい思い。
・どんな思いから、繰り返して言葉を言うのか。
（答）弟や母、食べ物の存在の大きさをとても感じているから。
・なぜ母は「強い顔」「悲しい悲しい顔」なのか。
（答）自分たちの気持ちも理解されず悲しいがそれでも自分の力で子どもたちを守ろうと思っているから
・なぜ敵機のB29が「青空にきらっきらっと機体が美しく輝いています。」と見えるのか。
（答）ヒロユキを亡くし、罪悪感や悲しみでぼう然として何も考えられないから。

※学習課題と答えに対する「説明」もまとめておく

○振り返り

○各自で学習課題に対する答えを書き、心情の変化について説明を加えながらまとめる。

T：学習課題の答えを書きましょう。また、学習課題について考える中で捉えることのできた心情の変化について説明をまとめ、次回は互いに説明できるようにしましょう。
○机間指導を行い、生徒の学習活動を支援する。
（以下、想定される生徒の回答例）
・「……」や「――」にはどんな思いがあるのか。
（答）悔やみきれない後悔や反省があり、言葉にならなくて苦しい思い。
・どんな思いから、繰り返して言葉を言うのか。
（答）弟や母、食べ物の存在の大きさをとても感じているから。
・なぜ母は「強い顔」「悲しい悲しい顔」なのか。
（答）自分たちの気持ちも理解されず悲しいが、それでも自分の力で子どもたちを守ろうと思っているから。
・なぜ敵機のB29が「青空にきらっきらっと機体が美しく輝いています。」と見えるのか。
（答）ヒロユキを亡くし、罪悪感や悲しみでぼう然として何も考えられないから。

ポイント　指導事項を意識した「答え」と「説明」

「答え」は小学校の既習事項「登場人物の相互関係や心情などについて、描写を基に捉えること」を踏まえて一文で書かせる。「説明」では、中学校で新たに「心情の変化」を学ぶことを踏まえ、具体的に書かせる。

6　本時を振り返り、次時の学習を知る

○学習課題を基に登場人物の心情の変化についてまとめるときに、特に重視した点を振り返る。
○指導事項を意識した振り返りを行う。
○次時は互いの学習課題について説明し合い、作品について自分の考えをもつことを伝える。

大人になれなかった弟たちに……

指導の重点
・学習課題について交流を通して作品の理解を深め，自分の考えをもたせる。

本時の展開に即した主な評価規準例（Bと認められる生徒の姿の例）
・読書が，知識や情報を得たり，自分の考えを広げたりすることに役立つことを理解している。【知・技】

生徒に示す本時の目標
　学習課題について互いに説明して作品の理解を深め，自分の考えをもとう

1　前時の学習を振り返る
○前時の学習内容を確認する。
T：前の時間は，自分が立てた学習課題に基づいて，「答え」と「説明」を考え，登場人物の心情の変化についてまとめました。Google スライドを開いて，互いに見てみましょう。

2　本時の目標を確認する
T：詳しく聞いてみたいと思ったり，学習課題は違っても自分のまとめと似ていたりするなどして，気になったものはありますか。
○生徒の言葉を生かして学習課題を設定する。
T：今日は学習課題について互いに説明して作品の理解を深め，自分の考えをもちましょう。

3　本時の学習活動に取り組むための見通しをもつ
○本時の展開と「問い」を示す。
T：今日は，作品の理解を深め，考えるために，1時間目に出た「大人になれなかった弟たちに……」という題名について，「ヒロユキ」が片仮名であることも踏まえて考えてもらいます。そのために，初めの15分間は，Google スライドで各自の学習課題と「答え」，「説明」を見て，興味のあるもの，そして，「問い」を考える上で自分の参考になりそうなものについて，自由に席を移動して説明や質問をし合って，作品の理解を深めてください。その後，互いの「答え」や「説明」から理解できたことについて，全体で確認します。そして，個人で「問い」について考え，Google スライドに入力し，何人かに発表してもらいます。終わりに，振り返りの時間を取ります。

4　互いに学習課題と考えた答えについて説明し合い，作品の理解を深める
○机間指導を行い，生徒の学習活動を支援するとともに，全体で共有する記述を選んでおく。
○各自で互いの説明内容について，必要に応じてメモしておく。

5　作品について考えるためのポイントを確認する
○生徒の「答え」や「説明」の中から，作品について考えるためのポイントを取り上げる。
T：互いに説明し合うことで，新たに理解したり，

準備物：なし

大人になれなかった弟たちに……

本時の目標
学習課題について互いに説明して作品の理解を深め、自分の考えをもとう

○学習の流れ
①お互いに学習課題について説明する
②作品全体の登場人物の心情を理解する
③「問い」について考え、自分の考えをもつ

○学習課題の「答え」や「説明」からの理解（例）
・一人一人で自分が生きることに必死な時代だった
・親戚ですら助け合えないほど、必死な時代だった
・かわいくてかわいくてしかたがない弟の死に関わってしまった後悔や悲しみ　など

☆「問い」
「大人になれなかった弟たちに……」という題名には、どのような思いや意味があるのだろう。
※各自の学習課題の「答え」「説明」を踏まえ、「ヒロユキ」が「ヒロシマ」「ナガサキ」と同じく片仮名表記であることの意味や効果についても考えながらまとめる。

必要に応じて生徒の主な発言をメモする

○振り返り

実感が深まったりしたことはありますか。

ポイント　思考を深める視点を与える
当時、日本中がみな生きるか死ぬかというギリギリの状態で余裕のない時代であったということや、自分がミルクを盗み飲みしたことが弟の死に関係してしまっただろうということなど、このあとの「問い」を考える上でのポイントと判断できるものについて、生徒の発言や教師の指名によって意図的に取り上げる。

ポイント　自分の考えをもつ
これまで、作品について学習課題を基に叙述や行間から読みを進めてきたが、ここでは、自分なりの評価や批評などを含めて作品について考えをもたせていく。そのために、互いの学習課題や「答え」、「説明」、そして自分の経験や知識と重ねて考えるよう、机間指導をとおして支援する。

○考えが深まっていると判断できる数人に発表・共有してもらう。

6　作品の理解を深めるための「問い」に取り組む
○自席に戻し、個人の学習に切り替える。
T：「大人になれなかった弟たちに……」という題には、どのような思いや意味があると思いますか。「ヒロユキ」が片仮名表記であることや、互いの学習課題を踏まえて考え、Googleスライドに自分の考えを書きましょう。ここでは、自分の経験や知識を踏まえて考えて構いません。
○机間指導を行い、生徒の学習活動を支援する。
○Googleスライドで互いに参照し、自分の考えに生かしてもよい。

7　本時を振り返る
○読書によって新しく知識や情報を得たり、自分の考えが広がったりしたことを理解する。
T：今回のように作品を詳しく読んでみることで、何かよいことはありましたか。ノートにメモした初読の感想も振り返りながら、考えて書きましょう。
○何人かに発表させ、読書をすることのよさについて全体で確認する。

4 心の動き

星の花が降るころに （5時間）

1 単元の目標・評価規準

- 比較や分類，関係付けなどの情報の整理の仕方について理解を深め，それらを使うことができる。　　　　　　　　　　　　　　　　　　　　〔知識及び技能〕(2)イ
- 場面と場面，場面と描写などを結び付けて，内容を解釈することができる。
　　　　　　　　　　　　　　　　　　　　　　　〔思考力，判断力，表現力等〕C(1)ウ
- 言葉がもつ価値に気付くとともに，進んで読書をし，我が国の言語文化を大切にして，思いや考えを伝え合おうとする。　　　　　　　　　　　　「学びに向かう力，人間性等」

知識・技能	比較や分類，関係付けなどの情報の整理の仕方について理解を深め，それらを使っている。((2)イ)
思考・判断・表現	「読むこと」において，場面と場面，場面と描写などを結び付けて，内容を解釈している。（C(1)ウ）
主体的に学習に取り組む態度	学習課題を把握し，解決するための見通しをもとうとしている。 粘り強く場面や描写などを結び付けて，自らの学習を調整しながら，内容を解釈しようとしている。

2 単元の特色

教材の特徴

　本教材は，小学生のころからの友達である夏実と仲直りをしたかった「私」が，戸部君や掃除をしているおばさんとの関わりをきっかけに，現状を受け入れ，前を向く作品である。本教材の特徴は，複数の場面を相互に結び付けたり，各場面と登場人物の心情や行動，情景描写を結び付けたりすることによって，場面や描写などに新たな意味付けを行うことができることだ。例えば，「銀木犀」に関する描写に着目すると，物語の冒頭は"銀木犀の木の下で，夏実と『私』は，二人で『閉じ込められた』と言って笑った"という描写で始まり，結末は"銀木犀の木の下をくぐって出た"という描写で終わる。この描写を結び付けることで，「銀木犀に関する描写は，『私』と夏実の関係性を象徴している」といった意味付けができる。このように，生徒一人一人がもった多様な解釈を共有することで，自分の考えを広げたり深めたりしながら，作品がもつ魅力に迫ることができるよう指導していく。

身に付けさせたい資質・能力

　本単元では，学習指導要領C(1)ウ「場面と場面，場面と描写などを結び付けて，内容を解釈する」力を育成する。この資質・能力を育成するための言語活動として学習指導要領に例示されている(2)イ「小説を読み，考えたことなどを伝え合う活動」を踏まえて，「最も印象に残った場面を紹介する」という活動を設定する。最も印象に残った場面を紹介するときには，なぜ印象に残ったのか，どのようなところに注目してほしいのかといった理由を述べる必要がある。その際に，場面と場面，場面と描写を結び付けて説明できるように指導する。また，この活動を行う際は，〔知識及び技能〕(2)イ「比較や分類，関係付けなどの情報の整理の仕方について理解を深め，それらを使うこと」を関連付けて指導する。第3時において，「キャンディ・チャート」という思考ツールを用いて学習に取り組ませ，場面や描写を結び付ける際には共通点を見出すことが必要であることに気付かせる。第3時で習得したことを活用して，第4時に最も印象に残った場面や描写を紹介する文章を書くことができるよう，指導する。

3　学習指導計画（全5時間）

次	時	○主な学習活動	☆指導上の留意点　◆評価規準
一	1	○本単元の学習課題『クラスメートに自分なりの読み方を伝えるため「最も印象に残った場面」を紹介しよう』を把握する。 ○教材を通読する。 ○初読の感想を書き，交流する。 ○単元の見通しをもつ。	☆初読の感想を書かせておくことで，第3時に，最も印象に残った場面や描写を紹介する原稿を書くときの参考にできるようにする。 ◆学習課題を把握し，解決するための見通しをもとうとしている。【主】
	2	○場面の展開と「私」の心情の変化を捉える。	◆場面や描写を比較や分類，関係付けて，物語の心情を理解している。【知・技】
二	3	○場面や描写を結び付けて，内容を解釈する。	◆場面や描写を比較や分類，関係付けて，内容を整理している。【知・技】 ◆場面や描写を結び付けて，「私」の心情を解釈している。【思・判・表】
	4	○最も印象に残った場面や描写を紹介する原稿を書く。 ○各自の原稿をグループで検討し，改善する。	◆場面や描写を結び付けて，印象に残ったことを整理している。【思・判・表】 ◆粘り強く場面や描写などを結び付けて，自らの学習を調整しながら，内容を解釈しようとしている。【主】
	5	○最も印象に残った場面や描写を紹介し合う。 ○単元の学習を振り返る。	☆多様な解釈を共有することで，文学的な文章を読むおもしろさを味わえるようにする。

星の花が降るころに

(1/5時間)

指導の重点
・学習課題を把握し，解決するための見通しをもつ。

本時の展開に即した主な評価規準例（Bと認められる生徒の姿の例）
・学習課題を把握し，解決するための見通しをもとうとしている。【主】

生徒に示す本時の目標
学習課題を把握し，解決するための見通しをもつ

1 本単元の学習課題を把握する
T：小説やマンガ，動画などを見て，自分の心が大きく動いたとき，どうしたくなりますか。
〇生徒の発言の中から「友達に話したくなる」「誰かに紹介したくなる」「おすすめしたくなる」といった意見を取り上げ，学習課題につなげる。
T：この単元では，「星の花が降るころに」という小説を読み，クラスメートに自分なりの小説の読み方を伝えるため，皆さんの心が大きく動いた場面や描写を紹介する活動を行います。

ポイント　生徒の言葉を生かして学習課題を伝える
教師が一方的に学習課題を伝えるのではなく，生徒とのやりとりを通して出てきた言葉を用いて伝えることで，生徒が学習の必然性を感じつつ，主体的に学習に取り組むことができるようにする。

2 本時の学習の見通しをもつ
T：今日は，最も印象に残った場面や描写を紹介するという学習課題を解決するための見通しをもちましょう。
〇本時の目標を示す。

3 教材を通読する
T：では，「星の花が降るころに」を読んでみましょう。読み終わった後に，どのような場面や描写が印象に残ったか，簡単に感想を交流してもらいますので，そのことを意識しながら，読んでいきましょう。
〇教師が教材を範読する。

4 初読の感想を書いて交流する　WS1
T：この小説を読んで，印象に残った場面や描写はありましたか。おもしろかった場面，感動した場面，疑問に思った描写など，簡単にメモしましょう。
〇時間を5分程度とる。

ポイント　課題解決のヒントを蓄えさせる
第4時に最も印象に残った場面や描写を紹介する原稿を書く際の参考にできるよう，初読の印象を簡単にメモさせておく。

準備物：ワークシート

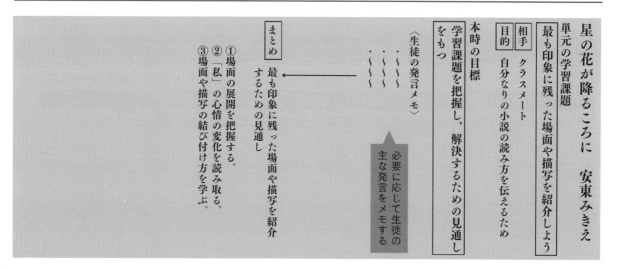

T：では，印象に残った場面や描写について，隣の席の人と交流しましょう。話している中でメモしたいことがあったら，メモしましょう。
○時間を3分程度とる。その後，異なる場面や描写を選んでいる生徒を数名指名して，多様な意見があることを全体で共有する。

5　学習課題を解決するための見通しをもつ
T：では，さっそく，最も印象に残った場面や描写を紹介する活動に取り組みたいのですが，この活動に入る前に確認しておいた方がよいことがいくつかあります。
T：これまで，物語や小説といった「文学的な文章」を読むときに，どのようなことを学習してきましたか。
○隣の席の生徒と相談させてから数名指名したり，タブレット等のチャット機能を活用したりしながら，全体で確認する。

ポイント　学習課題を解決するための見通しをもたせるための留意点
　初めて生徒に「学習課題を解決するための見通し」をもたせる場合は，生徒が戸惑うため，教師とやりとりしながら考えさせるとよい。具体的な教材名を挙げ，「『はじまりの風』ではどのようなことを学習しましたか」と聞き，その際に使用したワークシートを見返させ，考えさせるとよい。
　生徒とやりとりしながら「登場人物」「話の展開」「心情の変化」「場面とは何か」「描写とは何か」「どのように紹介すればよいのか」といった意見を出させる。それらを，板書したり，まとめたりしながら，最終的に本単元で扱う内容を二〜三つにしぼる。

T：皆さんの意見を踏まえると，次の内容を学習すれば，最も印象に残った場面や描写を紹介することができそうですね。
①場面の展開を把握する。
②「私」の心情の変化を読み取る。
③場面や描写の結び付け方を学ぶ。

6　次時の見通しをもつ
T：次回は，場面の展開を把握して，「私」の心情の変化を読み取って，課題を解決することができるようにしていきましょう。

星の花が降るころに

指導の重点
・文章を読み，場面の展開と登場人物の心情の変化を捉えさせる。

本時の展開に即した主な評価規準例（Bと認められる生徒の姿の例）
・場面や描写を比較や分類，関係付けて，物語の心情を理解している。【知・技】

生徒に示す本時の目標
描写を基に場面の展開と「私」の心情の変化を捉える

1　前時の学習を振り返る
T：前回は，どのようなことを学習しましたか。
○最も印象に残った場面や描写を紹介するための見通しをもち，次時では場面の展開を把握し，「私」の心情の変化を読み取る必要があると確認したことを振り返らせる。

> **ポイント　生徒自身に前時の学習を振り返らせることで，学習の必然性を感じさせる**
> 生徒自身に前時の学習を振り返らせることで，学習したことを思い出させ，本時の学習の必然性を感じられるようにする。

2　本時の学習の見通しをもつ
T：今日は，場面の展開と「私」の心情の変化を読み取っていきましょう。
○本時の目標を示す。

3　場面の展開と「私」の心情の変化を捉える
⬇ WS2

T：教科書の文章を四つの場面に分けましょう。
○1行空いている部分をヒントにして，四つの場面に分ける。
○プリント等を使いながら，場面の展開と「私」の心情の変化を捉える。
T：では，プリントを基に四つの場面それぞれの時と場所を記入しましょう。
○指名して，答えを確認する。叙述を正しく読み取る力をつけるため，本文のどこに書いてあるのかも確認する。答えは以下のようになる。

- 場面1　時：去年の秋／場所：銀木犀の木の下
- 場面2　時：昼休み／場所：教室，廊下
- 場面3　時：放課後／場所：校庭
- 場面4　時：学校からの帰り／場所：銀木犀のある公園

T：場面1を音読しましょう。
○必要に応じて，隣の席の生徒とペアで音読させる。音読させる範囲は，音読直後に扱う場面に限定することで，読み取りが苦手な生徒も，読み取る範囲が明確になり，取り組みやすくなる。
T：ワークシートの場面1の「あらすじ」を見ましょう。この場面の「あらすじ」は，「夏実と『二人で木に閉じ込められた』と言って笑った」

準備物：前時のワークシート，ワークシート

星の花が降るころに　安東みきえ

本時の目標　描写を基に場面の展開と「私」の心情の変化を捉える

場面の展開と「私」の心情の変化

場面	時	場所	あらすじ	「私」の心情
1	去年の秋	銀木犀の木の下	夏実と二人で、あの銀木犀の木に閉じ込められたと言って笑ったことを思い出していた。戸部君が話しかけてきたが、押しのけるようにして廊下に向かった。	〈戸部君に対して〉・びっくりした。・格好よくない。・わからない。あの頃は楽しかった。あの頃に戻りたい。
2	昼休み	教室 廊下	夏実と仲直りしようとして声をかけたが、目の前を通り過ぎて行った。	〈夏実に対して〉・今日こそは仲直りをする。・色が飛んでしまった。＝ショック。
3	放課後	校庭	校庭でボール磨きをしている戸部君を見た。戸部君の言葉に笑ってきた。	〈自分に対して〉・自分の考えがひどくくだらないことに思えてきた。
4	学校からの帰り	銀木犀のある公園	掃除をしているおばさんの話を聞き、きっとなんとかやっていけると思った。	〈自分に対して〉・大丈夫。きっとなんとかやっていける。

ポイント　描写を基に考えさせることで、正しく読み取る力を育成する

ワークシートに書き込む際は、なるべく本文の描写を用いることで、正しく読み取ることができるようにする。例えば、「私」は戸部君のことが嫌いだと読み取ってしまう生徒がいた場合、どの描写からそのように考えたのかを確かめることで、戸部君に対する心情は「わからない」と書いてあることに気付かせる。このように、描写を基にして考えさせることで、思い込みや漠然とした読みをしないように指導する。

○生徒を指名したり、グループの代表者に発表させたりしながら確認する。

4　次時の見通しをもつ

T：次回は、最も印象に残った場面や描写を紹介するときに必要な、場面や描写の結び付け方を学びましょう。

ですね。次の場面まで読んで、これは「私」のぼんやりとした回想の内容だと分かります。では、この場面の「『私』の心情」を書きましょう。

○5分程度時間をとり、指名して確認する。

発展　例示や他者参照を活用して、効率よく授業を展開する

場面1は、ワークシートの書き方を例示するために、全体で扱う。適宜生徒を指名し、短時間で進めていく。このような例示を行うことで、取り組み方が分からない生徒も、取り組み方を把握することができる。また、他の生徒が記入したものを参照しやすくするために、タブレット等でワークシートを配布し、直接記入させてもよい。全体で確認する際は、電子黒板等に投影したり、よくまとめられている生徒のデータを共有したりして、効率よく確認する。

T：場面2～4も取り組んでみましょう。
○30分程度時間をとる。
○生徒の実態に応じて、個別に取り組ませたり、グループで協働的に取り組ませたりする。

星の花が降るころに

指導の重点
・場面や描写を結び付けて内容を捉えさせる。

本時の展開に即した主な評価規準例（Bと認められる生徒の姿の例）
・場面や描写を比較や分類，関係付けて，内容を整理している。【知・技】
・場面や描写を結び付けて，「私」の心情を解釈している。【思・判・表】

生徒に示す本時の目標
場面や描写を結び付けて内容を捉える

1　前時の学習を振り返る
T：前回は，どのようなことを学習しましたか。
○ワークシートを基に，場面の展開を把握し，「私」の心情の変化を読み取ったことを振り返らせる。
○必要に応じて，生徒の誤読が多かった部分を取り上げ，指名して全体で確認したり，隣の席の生徒同士で確認させたりする。

2　本時の学習の見通しをもつ
T：今日は，最も印象に残った場面や描写を紹介するときに必要な，場面や描写の結び付け方を学びましょう。
○本時の目標を示す。

3　場面や描写を結び付けて内容を解釈する
　　　　　　　　　　　　　　　　　　　⬇ WS3
○ワークシートを配布する。タブレット等で配布してもよい。
T：今日は「キャンディ・チャート」という思考ツールを使って，場面や描写を結び付けて，内容を解釈していきます。

T：一番上の「場面や描写①」のキャンディ・チャートを見てみましょう。左側には「お守りみたいな小さなビニール袋を（略）そっとなでた。」という描写が書いてあります。右側には「袋の口を開けて，星形の花を土の上にぱらぱらと落とした。」という描写が書いてあります。この描写を結び付けることで，どんなことが分かりますか。
○時間を3分程度とってワークシートに記入させ，数名指名して全体で確認する。
〈生徒の意見の例〉
　・今までの夏実との思い出を捨て，新しい気持ちを見つけた。
　・過去にとらわれる気持ちを捨てて，次に進もうとした。
T：キャンディ・チャートの左側と右側を見てみましょう。左と右に共通する言葉が入っています。
○「袋」という言葉があることを確認する。
T：このように，場面や描写を結び付けるときは，共通点が必要です。この小説では，他にどのような言葉が繰り返されていましたか。
○「銀木犀」「夏実」「戸部君」「わからない」「あたかも」などを簡単に確認する。
T：このような言葉が出てくる場面や描写を結び

準備物：前時のワークシート，ワークシート

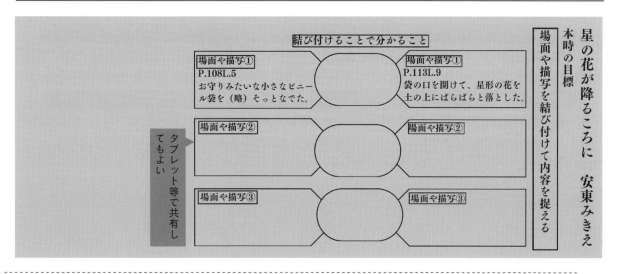

付けて，内容を解釈してみましょう。
○時間を15分程度とり，場面や描写を結び付け，内容を解釈させる。

ポイント　初めて学習する内容は，教師主導で習得させ，生徒主体で活用させる
　本時における「場面や描写を結び付けて内容を解釈する」のような，初めて学習する内容については，最初に教師主導で生徒とやりとりしながら内容を習得させた後，生徒主体で活用させると，学習を定着させることができる。その際は「共通点が必要である」といった学習内容のポイントを言語化して適切に教えることが重要である。

T：書いたものをグループで共有して，結び付けた場面や描写はふさわしいか，内容の解釈は適切かを確かめましょう。別の場面や描写を結び付けた方がよい場合や，別の解釈が考えられる場合は，伝え合いましょう。
○四人一組のグループを作り，結び付けた場面や描写と，解釈した内容を発表する。発表は一人ずつ行い，聞いている三人が，結び付けた場面や描写はふさわしいか，内容の解釈は適切かを検討する。時間は，一人の発表と検討を3分程度で行い，15分程度とる。
○教師は各グループを回り，生徒の指摘が不十分な場合は補足する。また，結び付かない場面や描写を結び付けようとしている場合や，明らかに異なる解釈をしている場合は，助言して改善させる。

4　次時の見通しをもつ
T：次回は，本時の学習を生かして，最も印象に残った場面や描写を紹介する原稿を書きます。皆さんは，どの場面を紹介したいですか。次回までに，決めておきましょう。

4/5時間 星の花が降るころに

指導の重点
・最も印象に残った場面や描写を紹介させる。

本時の展開に即した主な評価規準例（Bと認められる生徒の姿の例）
・場面や描写を結び付けて，印象に残ったことを整理している。【思・判・表】
・粘り強く場面や描写などを結び付けて，自らの学習を調整しながら，内容を解釈しようとしている。【主】

生徒に示す本時の目標
最も印象に残った場面や描写を紹介する

1 前時の学習を振り返る
T：前回は，どのようなことを学習しましたか。
○場面や描写の結び付け方を学んだことを振り返らせる。特に場面や描写を結び付ける際は「共通点が必要である」ことを確認する。

2 本時の学習の見通しをもつ
T：前回，学んだことを生かして，今日は，最も印象に残った場面や描写を紹介するための文章を書きましょう。
○本時の目標を示す。

3 最も印象に残った場面や描写を紹介するための原稿を書く ⬇ WS4
T：まずは，第1時でワークシートに書いた「印象に残った場面のメモ」を振り返ったり，第3時のワークシートを見返したりしながら，最も印象に残った場面や描写を選びましょう。
T：原稿を書くときの条件が二つあります。
　①その場面を選んだ理由を書くときは，他の場面や描写と結び付けること。
　②その場面を読んで，どのように感じたか，自分の気持ちを書くこと。
　この二つの条件を満たすことができるように，「原稿の書き方の例」を参考にしながら書きましょう。
○原稿を書く時間を20分程度とる。

> **ポイント　修正や共有がしやすいように，タブレット等を活用する**
> 本時の後半に，グループで原稿を検討して改善点を修正し，第5時ではグループで原稿を共有するため，原稿を書き直したり，共有したりしやすい方法で書かせるとよい。

○原稿を書いているときは，生徒の状況を確認し，適宜，助言する。取り組むのが難しい生徒には，口頭で確認しながら，文章化させていくとよい。
○自分の気持ちを表す言葉を書くときは，類義語辞典で調べてもよいことを補足する。ただし，インターネットの類義語辞典を使う際は，出典を確認するように注意する。
〈生徒の作品の例〉
　私が最も印象に残ったのは，銀木犀が出てくる場面です。この小説は"銀木犀の木の下で，夏実と『私』は，二人で『閉じ込められた』と言って笑った"という描写で始まり，"銀木犀

準備物：第1時・第3時のワークシート，ワークシート，類義語辞典

星の花が降るころに　安東みきえ

本時の目標
最も印象に残った場面や描写を紹介する

原稿を書くときの条件
① その場面を選んだ理由を書くときは、他の場面や描写と結び付けること。
② その場面を読んで、どのように感じたか、自分の気持ちを書くこと。
※ 類義語を調べるときは出典に注意する。

書いた原稿を検討するときのポイント
① その場面を選んだ理由は、他の場面や描写と結び付けて説明できているか。
② 自分の気持ちを表す言葉は適切か。

の木の下をくぐって出た"という描写で終わります。この銀木犀の描写に，「私」と夏実の関係性を重ねると，最初「私」は，夏実との関係に執着していましたが，最後は，夏実へのこだわりを手放して新たな一歩を踏み出したことが分かります。私は，銀木犀が夏実との思い出の象徴であることに気付いたとき，鳥肌が立つほど感動しました。皆さんも銀木犀の描写に注目して読んでみてください。

4　グループで原稿を検討する
T：では，書いた原稿をグループで検討しましょう。検討する際のポイントは次の二つです。
　① その場面を選んだ理由は，他の場面や描写と結び付けて説明できているか。
　② 自分の気持ちを表す言葉は適切か。
○四人一組のグループを作り，メンバーの書いた原稿を読み合う。一人の原稿を三人が読み，ポイントに沿って検討する。時間は，一人3分程度で行い，15分程度とる。
○教師は各グループを回り，生徒の指摘が不十分な場合は補足する。

ポイント　「読むこと」の指導と評価をすることを意識する

本単元の学習課題は，「書くこと」ではなく「読むこと」であるため，原稿を書くことが目的にならないよう注意する。評価をする際も，誤字脱字の有無や，条件を守って書くことができているかを評価するのではなく，「場面や描写を結び付けて内容を解釈しているか」という本単元の評価規準について評価する。

5　改善点を修正する
○グループでもらった助言を参考に，自分の原稿の改善点を修正する。

6　次時の見通しをもつ
T：次回は，最も印象に残った場面や描写を紹介し合い，単元の学習を振り返りましょう。
○授業時間内に原稿を修正しきれなかった生徒がいる場合は，家で修正してもよいことを伝える。

星の花が降るころに

指導の重点
・印象に残った場面や描写を紹介することで自分の考えを確かなものにさせる。

本時の展開に即した主な評価規準例（Bと認められる生徒の姿の例）
・場面や描写を結び付けて，印象に残ったことを整理している。【思・判・表】
・粘り強く場面や描写などを結び付けて，自らの学習を調整しながら，内容を解釈しようとしている。【主】

生徒に示す本時の目標
最も印象に残った場面や描写を紹介し合い，自分の考えを確かなものにする

1　前時の学習を振り返る
T：前回は，どのようなことを学習しましたか。
○最も印象に残った場面や描写を紹介する文章を書き，グループで検討して改善点を修正したことを振り返らせる。

2　本時の学習の見通しをもつ
T：今日は，最も印象に残った場面や描写をグループで紹介し合い，単元の学習を振り返りましょう。
○本時の目標を示す。

3　最も印象に残った場面や描写をグループで紹介し合う
T：それでは，最も印象に残った場面や描写をグループで紹介し合い，感想を伝え合いましょう。
○グループのメンバーを発表し，座席を移動させた後，グループで紹介し合う手順を説明し，活動に入らせる。
T：紹介するときの手順を説明します。紹介は，一人ずつ順番に行います。一人の持ち時間は5分です。一人が「最も印象に残った場面」を紹介した後，聞いていたメンバーは，一人ずつ感想を言いましょう。
○グループの人数は三〜四人にすることで，感想を伝える時間を確保できるようにする。メンバー構成は，第4時に検討を行った生徒と異なる生徒を組み合わせることで，多様な考えに触れられるようにする。
○一人の持ち時間やグループの人数は，生徒の実態に応じて適切に設定する。例えば，集中するのが難しい生徒が多い場合は，一人3分程度の短い時間にしたり，一人ずつ感想を言う時間をタイマーで区切ったりする。また，より多様な解釈にふれさせたい場合は，グループの人数を六人にすることも考えられる。
○生徒の原稿は，あらかじめタブレット等で共有しておき，感想を言う際に，読み返すことができるようにしておく。

4　自分の紹介を振り返る
T：グループのメンバーにもらった感想を踏まえて，自分の紹介を振り返り，よかった点を書きましょう。
○5分程度，時間をとる。

準備物：これまでのワークシート，ワークシート

星の花が降るころに 安東みきえ

本時の目標
最も印象に残った場面や描写を紹介し合い、自分の考えを確かなものにする

紹介するときの手順
・一人五分×三〜四人
・グループのメンバーで紹介を聞き、感想を伝え合う

振り返り
① 場面や描写と結び付けて読むときのコツをまとめましょう。
② この単元で学んだことを、今後、文学的な文章を読むときにどのように生かしていきたいか、書きましょう。

ポイント　共有して考えを確かなものにする

他の生徒の発表を聞くことで，自分と似た考えに触れて自信をもったり，自分と異なる考えを知って考えを広げたりして，作品に対する解釈を深めることができる。また，自分の考えと他者の考えを比較することで，改めて，自分が文章をどのように捉えたのかを自覚することができる。このような過程を経て，自分の考えを確かなものにすることができる。

5　単元の学習を振り返る　　WS5

○座席を元に戻す。

T：この単元では，最も印象に残った場面や描写を紹介する活動を通して，場面や描写を結び付けて，内容を捉えることを学びました。この単元で学習したことを振り返りましょう。

○これまでのワークシートを見返しながら取り組むように伝え，以下を振り返らせる。

T：場面や描写を結び付けて内容を捉えるときは，どのようにすればよいですか。他の文章でも活用できるよう，場面や描写を結び付けて読むときのコツをまとめましょう。

T：この単元で学習したことを，今後，文学的な文章を読むときにどのように生かしていきたいですか。

○15分程度，時間をとる。必要に応じて，数名指名して発表させ，全体で共有し，単元で学習したことを確認する。

ポイント　学んだことを他の単元でも活用できるように振り返る

振り返りをする際は，「学習したことを振り返りましょう」と漠然と伝えるのではなく，この単元で学んだことを他の単元でも活用することができるよう，明確に問うとよい。

また，書いたものはいつでも見返せるようにしておき，他の単元で同じ指導事項を扱うときや，既習事項として確認するときに活用できるようにする。

4 心の動き

項目を立てて書こう 案内文を書く （3時間）

1 単元の目標・評価規準

・比較や分類，関係付けなどの情報の整理の仕方について理解を深め，それらを使うことができる。　〔知識及び技能〕(2)イ
・目的や意図に応じて，日常生活の中から題材を決め，集めた材料を整理し，伝えたいことを明確にすることができる。　〔思考力・判断力・表現力等〕B(1)ア
・書く内容の中心が明確になるように，段落の役割などを意識して文章の構成や展開を考えることができる。　〔思考力・判断力・表現力等〕B(1)イ
・言葉がもつ価値に気付くとともに，進んで読書をし，我が国の言語文化を大切にして，思いや考えを伝え合おうとする。　「学びに向かう力，人間性等」

知識・技能	比較や分類，関係付けなどの情報の整理の仕方について理解を深め，それらを使っている。　　　　　　　　　　　　　　　　　　　　　　　　　　　　((2)イ)
思考・判断・表現	「書くこと」において，目的や意図に応じて，日常生活の中から題材を決め，集めた材料を整理し，伝えたいことを明確にしている。　　　　　　　(B(1)ア) 「書くこと」において，書く内容の中心が明確になるように，段落の役割などを意識して文章の構成や展開を考えている。　　　　　　　　　　　(B(1)イ)
主体的に学習に取り組む態度	必要な情報を積極的に集めて整理し，学習課題に沿って，見通しをもって案内文を書こうとしている。

2 単元の特色

教材の特徴

　本単元では，行事の案内文という実用的な文章を書くことを学習する。実用的な文章でも，相手や目的，設定や状況に応じて情報を取捨選択していく必要がある。相手や目的をより意識して，情報整理の仕方，内容・構成の検討について学ばせ，現実の活動でも活用できるようにつなげていきたい。
　そこで，学習課題を「体育祭の案内文を書くことになった。できるだけ多くの人に体育祭を見に来てもらいたい。そのために，伝わりやすく・見に来たくなるような案内を書くこと」とし，案内文を書くようにした。相手・目的によって情報や表現の仕方が変わることを学ばせ，

相手意識・目的意識を明確にもたせたい。また，次単元の「推敲」では，本単元で作成した案内文を異なる相手と読み合うことにした。

身に付けさせたい資質・能力
　相手や目的に応じて伝える情報を整理したり，構成を工夫したりして行事の案内文を書く。本単元で身に付けさせたい資質・能力は「比較や分類，関係付けなど情報を整理する力」「相手や目的を常に意識してよりよい文章を書く力」である。本単元では，実際に各学校の出すお知らせ等の情報を比較，分類し，表にまとめて情報を整理する方法を身に付ける展開にした。そして，必要事項を表にまとめて相手や目的に沿った案内文の「内容を検討」して作成し，最後に構成の意図を考え伝え合う交流活動を通して「構成を検討」して案内文をよりよくしていくという流れにした。

3　学習指導計画（全3時間）

次	時	○主な学習活動	☆指導上の留意点　◆評価規準
一	1	○本単元の目標や見通しについて理解する。 ・目的は「多くの人に来てもらえるような伝わりやすい案内文」 ○案内文の情報を確かめて，分析する。 ・学校で配布されたお知らせ，チラシ等の情報を三項目に分ける。 ○案内文の目的と相手を確認。	☆「学校の生徒」として書くという設定。 ◆情報を三項目に分けて整理することを理解し，案内文を分析している。【知・技】 ☆「面白い企画を立ち上げて参加してもらう」のではないことに留意させる。 ☆書く案内文の相手をグループで一つずつ選ばせ，それぞれ必要だと思う情報を考えてくる。
二	2	○本時の目標を理解する。 ○自分たちが書く相手にとって必要な情報を整理する。【グループ】 ○案内文を書く。【個人】	☆各校の前年度の実施要項を準備しておく。 ☆グループで情報を整理，構成を検討。その後，個人で書く。 ◆伝えたい事柄や相手に応じて，必要な情報が伝わるように，情報を三項目に整理して案内文を書いている。【思・判・表】
	3	○本時の目標を理解する。 ○前時で書いた案内文の構成や表現を工夫できているか確認する。【個人】 ○作品を交流する。 ・構成の点で工夫したことを伝え合い，改善点を話し合う。【グループ】 ○交流したことを踏まえて，案内文を修正する。【個人】 ○代表例を発表・共有し，学習を振り返る。	☆タブレット上で提出させ，コメント機能がつけられると効率的に交流ができてよい。 ☆詳細な推敲は次単元で扱うので，「情報の取捨選択と構成の工夫」の交流を中心に取り扱う。 ◆相手が必要とする情報を明確に伝えるために，案内文の構成を考えて書いている。【思・判・表】 ◆必要な情報を集めて整理し，学習課題に沿って相手や目的に応じた案内文を見通しをもって書こうとしている。【主】

項目を立てて書こう　案内文を書く

指導の重点
・いろいろな案内文の情報を分析させる。

本時の展開に即した主な評価規準例（Bと認められる生徒の姿の例）
・情報を三項目に分けて整理することを理解し，案内文を分析している。【知・技】

生徒に示す本時の目標
案内文の情報を分析しよう

1　本単元の目標や学習の見通しについて理解する

○本単元の目標と設定を確認する。案内文に書く日付等は実際の各校の行事に合わせて設定する。

T：本単元では「来月行われる体育祭を多くの人に見に来てもらうために，体育祭の案内文を様々な相手に向けて書く」こととします。そのためにはどのような項目や情報を書けばよいか，実際の案内文やチラシの情報を分析しましょう。

2　案内文を分析する

○生徒に持参させた（もしくは学校で用意した）案内文に書かれている情報を班で整理する。

T：案内文にはどのようなことが書かれていますか。グループで出し合って発表・共有をしましょう。

〈予想される生徒の反応〉
・日付，相手，題名，日時，挨拶，地図など
・持ち物，注意事項，連絡先，その他

ポイント　実際のお知らせを用いて確認する活動

学校や地域からのお知らせや地域からのお知らせ等，実際に生徒たち自身が関わったり，目にしたりするものを使用することによって，現実の社会生活につながっていることをより感じやすくさせる。

○「案内文」という文章の種類について確認する。（p.288「手紙の書き方」を参考にしてもよい）

T：案内文という実用的な文章は伝えたい情報を選んで，効果的な構成で書かれている文章だということを理解しましょう。

T：また，ポスター等ではイラストをメインに皆さんの興味をひく工夫がなされますが，今回は文字の情報や図表の情報に限定します。

3　必要な情報を項目に整理する　　WS1

○p.116「学びのカギ」を参考にして，案内文に必要な情報を三項目に分ける。

T：必要な情報を明確に伝えるために情報を表に整理します。そのための項目は「①基本情報」「②相手にとって必要だと思われる情報」「③案内する側が相手にぜひ伝えたい情報」です。先

準備物：各学校で配布された案内文，行事の案内文，チラシ等（事前に持ってくるように指示を出しておく），ワークシート
（タブレット上でできれば不要）

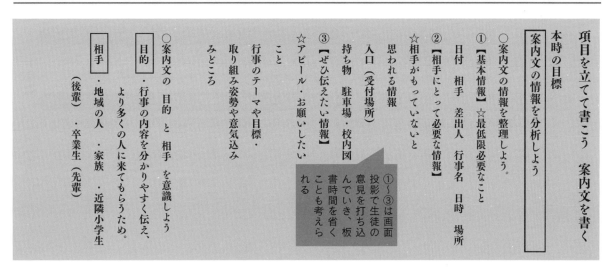

項目を立てて書こう　案内文を書く

本時の目標
案内文の情報を分析しよう
案内文の情報を整理しよう

① 【基本情報】☆最低限必要なこと
　日付　相手　差出人　行事名　日時　場所
② 【相手にとって必要な情報】
　☆相手がもっていないと思われる情報
　入口（受付場所）
　持ち物　駐車場・校内図
③ 【ぜひ伝えたい情報】
　☆アピール・お願いしたいこと
　行事のテーマや目標・取り組み姿勢や意気込み
　みどころ

①～③は画面投影で生徒の意見を打ち込んでいき，板書時間を省くことも考えられる

目的
・案内文の目的と相手を意識しよう
・行事の内容を分かりやすく伝え，より多くの人に来てもらうため。

相手
・地域の人　・家族　・近隣小学生
（後輩）　・卒業生（先輩）

ほど挙げた案内文に書かれていた内容をこの三つの項目に分けて分析してみましょう。

ポイント　情報項目をタブレット等で整理
《情報項目表》

③ぜひ伝えたい情報	②必要な情報	①基本情報

本時の前半で出た案内文に書かれていた情報「日付」「持ち物」「挨拶文」等をカードで書き出し，上記の表にグループで整理し，提出させる。その後の共有・発表がしやすくなる。（そのような機能のアプリソフトがなければ，板書と付箋と模造紙でも可能である。）

○各項目の性質を理解する。
T：①は最低限案内文に必要な項目です。②は「相手がもっていないと思われる情報」で「相手にとって必要な情報」です。相手の状況（相手意識）をよく考えて項目をまとめるとよいでしょう。③は「こちら側の目的に沿うように，相手にアピールする情報」です。

4　今回の案内文の目的と相手を確認する
○今回の案内文の目的を確認する。
T：今回の案内文の目的は「多くの人に体育祭に来てもらうこと」で，そのために様々な相手に向けて体育祭の案内文を中学校の生徒として作成します。
○相手をグループごとに決める。
T：相手はどのような人が考えられますか。（問いかけて「地域の人」「家族」「小学生（後輩）」「卒業生（先輩）」あたりを出させる）グループごとに相手を分担しますので，どの相手に向けて書くか決めましょう。

5　次時へつなぐ
○本時のまとめと次時の確認をする。
T：情報項目の表を用いて，案内文にほしい要素を三つの項目に整理しました。やってみて気づいたことをワークシートに書きましょう。
　次回はこれらを踏まえて，異なる相手に向けて，相手の立場に立った案内文を書きます。相手にとって必要な情報が何かを調べてイメージしてきてください。

項目を立てて書こう　案内文を書く

指導の重点
・相手・目的に応じた案内文を書かせる。

本時の展開に即した主な評価規準例（Bと認められる生徒の姿の例）
・伝えたい事柄や相手に応じて，必要な情報が伝わるように，情報を三項目に整理して案内文を書いている。【思・判・表】

生徒に示す本時の目標
相手に応じて情報を整理し目的を達成するための案内文を書こう

1　前時の確認
○前時に使用した「情報項目表」の項目「①基本情報」「②相手にとって必要な情報」「③ぜひ伝えたい情報」の特徴を確認する。
T：「①基本情報」はどの相手でも必要な基本的なもので，「②相手にとって必要な情報」は「相手がもっていないと思われる情報」で相手が求めていそうな情報，「③ぜひ伝えたい情報」は「案内する側の目的に沿うように，相手に伝えたい情報」になります。

2　本時の学習課題の設定
○案内文の目的と相手を確認する。
T：これから本校の体育祭の案内文を書いてもらいます。目的は「多くの人に来てもらえるように様々な相手に向けて体育祭の案内文を書く」です。相手は前時で出した「地域の人」「家族」「小学生（後輩）」「卒業生（先輩）」です。
○実際の行事に関する情報を与える。前年度の実施要項，写真，映像等を見て情報をグループで整理して，情報を共有する。

> **発展　情報の収集も含めた設定**
> 本単元は学習指導要領の「B書くこと」の学習過程「内容の検討」が主であるが，「情報の収集」についても関連させることができる。まだ1年生で体育祭を経験していないので，「どうすれば本校の体育祭に興味をもってもらえるか。」「魅力のある体育祭とは。」などを先輩にインタビューしたり，全校にアンケートを取ったりしてから項目を話し合わせる時間を取り，それに応じた内容を検討してもより相手と目的を意識した案内文につながる。
> また，こうすることにより第2学年の「多様な情報の収集」にもつなげることができる。

○情報項目表を使って，情報を三つの項目に分けて分析して，ワークシートに記入する。

3　案内文の作成
○グループごとに決めた相手に向けて，各自で案内文を作成する。
T：今回の文章の目的は一つですが，グループによって伝える相手が違います。皆さんの書く相手を具体的にイメージして情報を取捨選択して

準備物：前年度の行事の映像や写真，実施要項，作文など，前時のワークシート（タブレット上でできれば不要）

項目を立てて書こう　案内文を書く

本時の目標
相手に応じて情報を整理し目的を達成するための案内文を書こう

○目的と相手を確認しよう。
→より多くの人に来てもらうため。
相手に応じて情報が整理された伝わりやすい案内文を書く。

相手
・地域の人　・家族
・近隣小学生（後輩）
・卒業生（先輩）

○目的と相手に応じて情報を整理し目的を達成するための案内文を書こう

○情報項目表で整理しよう。

①基本情報	②必要な情報	③ぜひ伝えたい情報

提出させたものを画面投影して，共有する

書いてください。地域の人だったら「ボランティアでお世話になっている指導員の〇〇さん」とか，卒業生なら「部活で一緒だった高校1年の〇〇先輩」というように具体的な人物をイメージして書きます。先ほど使用した情報項目表を使って，案内文を作成しましょう。

T：また，最終的にはＡ４用紙一枚に収まるように紙面構成を考えましょう。

（紙で作成する場合は右下の※「案内文枠」のような形で用紙を配布する。）

ポイント　タブレット等を活用した文章作成

ワープロソフトを活用して文章作成させる。編集が容易で，文章を推敲して書き直すことがしやすくなる。また，交流の際にもコメント機能や共同編集機能を用いることで，他者からの意見を取り入れやすくなる。

推敲して書き直す場合は，推敲前の文章をコピーして別ファイルで残しておくなど，学習履歴として必要なものは残させるように留意する。

○机間指導をして，中々書けないような生徒にはp.117のモデル文を参考に書かせる。その後，相手に沿った内容に変えていく手順を指導する。

（紙で作成するのであれば，下の「案内文枠」に基本情報の項目を入れておいて，生徒に穴埋めさせるプリントを用意しておく。）

4　本時の振り返りと次時の確認

○本時のまとめと次時の確認をする。

T：今回は相手に沿って情報を整理した後に案内文を書きました。次回は案内文を交流して，改善点を考え，構成の工夫をできるようにしていきましょう。

また，現段階までで作成したものは保存しておくことを忘れないようにしましょう。

※「案内文枠」Ａ４サイズ

案内文作成用紙
（　）組（　）番　氏名（　　　　）

項目を立てて書こう　案内文を書く

指導の重点
・よりよい案内文にするために構成を工夫させる。

本時の展開に即した主な評価規準例（Bと認められる生徒の姿の例）
・相手が必要とする情報を明確に伝えるために，案内文の構成を考えて書いている。【思・判・表】
・必要な情報を集めて整理し，学習課題に沿って相手や目的に応じた案内文を見通しをもって書こうとしている。【主】

生徒に示す本時の目標
よりよい案内文にするために構成を工夫しよう

1　前時までと本時の確認
○相手や目的に沿った案内文になっているか確認する。
T：前回は相手に沿って情報を整理した後に案内文を書きました。今回は構成の工夫ができるように案内文を交流して，意図や改善点を伝え合って，案内文を完成させましょう。

2　現段階での案内文の個人推敲
○前時で書いた案内文の目的と相手を確認し，分かりやすいように構成や表現を工夫できているか確認する。【個人】
（次単元に「推敲」を扱うので，ここでは「自分の案内文を見直そう」でもよい。）

3　作品を交流する
○同じ相手に向けた案内文をグループ内で読み合い，相違点や改善点を見つける。
T：グループで同じ相手に向けて書いているので，同じ相手に対してどのような情報の取捨選択をしたかという観点でお互いに作品を読み合ってください。相違点や改善点があったら話し合って，ノートにメモしておきましょう。

○構成の工夫について交流して検討をする。
T：伝えたいことを効果的に相手に伝えるために，どのように構成を工夫しましたか。自分なりに工夫した点を伝え合いましょう。
《交流している場面例》
「自分は○○だとよいと思ったのでこの項目の順番にした」
「この構成だと○○が一番明確に伝わってくるよ」
「私は○○を一番に伝えたかったのですが…」

> **ポイント　自分の意図と相手の受け取り方を表出させる交流**
> どのような交流をさせるかによって，どのようなことが解決・修正できるか変わってくるので，「どこに重点を置いて交流させるか」を留意したい。今回は「構成」について「自分はこういうつもりで○○と○○にしました。」「これだとこういうことが伝わるよ。」というやりとりで自分の意図と相手の受け取り方を出せ，自分の状況をメタ認知させるようにする。

準備物：ワークシート（タブレット等でできれば不要）

本時の目標
項目を立てて書こう　案内文を書く

よりよい案内文にするために構成を工夫しよう

○同じ相手に向けていた案内文を交流しよう。

気づいたことや相違点
・順番が違う。
・具体的になっている。
・○○がある／○○がない

○交流したことを活かして、案内文を修正しよう

←アドバイス後は色を変えて修正しよう

生徒の回答を画面投影

4　交流を踏まえて案内文を修正する

○助言された内容をワークシートに書く。　**WS2**

T：交流して気づいたこと，助言してもらった内容などをワークシートに記入しておきましょう。

○案内文を修正する。

T：交流したことを踏まえて案内文を修正しましょう。

5　全体での発表

○代表例をいくつか取り上げて共有する。

T：異なる相手の案内文を少し見てみましょう。構成の工夫で気づいたことがあればワークシートに記入しておきましょう。
（各グループの代表例を発表。その際には交流で出た構成の工夫なども発表してもらう。）

ポイント　タブレット等を活用した交流と共有

タブレット等で提出させることができれば，共有機能を用いて，同グループ内はもちろんクラス全体の作品を一覧することもでき，比較・検討がしやすくなる。また，添削・コメント機能を用いて，どの部分をどのように改善したらよいかを簡単に記録することができる。また，修正前と修正後の二つのファイルを保存させておいて，どこを改善したかが分かるようにしておくと今後につながる。

6　単元の振り返り

○相手や目的に応じた案内文を書くために，情報を整理したり，構成を考えて工夫したりすることが大切だということを確認する。

発展　目的を変えて文章を書く

今回は目的を一つに設定し，相手に応じた案内文としたが，目的を変えて設定する活動も考えられる。例えば「体育祭に来るつもりはなかった相手に向けて，体育祭の魅力を伝え，何とか説得して来てもらえるような文章」というような，「相手の行動をさらに大きく変容させるような目的」を設定するとより様々な条件を考えて文章を書くことになるだろう。案内文という文章の種類でよいかどうかも検討する時間が取れると，本単元をより発展させた内容となるだろう。

4 心の動き

［推敲］読み手の立場に立つ （1時間）

1 単元の目標・評価規準

・語句の辞書的な意味と文脈上の意味との関係に注意して話や文章の中で使うことを通して，語感を磨き語彙を豊かにすることができる。 〔知識及び技能〕(1)ウ
・読み手の立場に立って，表記や語句の用法，叙述の仕方などを確かめて，文章を整えることができる。 〔思考力・判断力・表現力等〕B(1)エ
・言葉がもつ価値に気付くとともに，進んで読書をし，我が国の言語文化を大切にして，思いや考えを伝え合おうとする。 「学びに向かう力，人間性等」

知識・技能	語句の辞書的な意味と文脈上の意味との関係に注意して話や文章の中で使うことを通して，語感を磨き語彙を豊かにしている。 ((1)ウ)
思考・判断・表現	「書くこと」において，読み手の立場に立って，表記や語句の用法，叙述の仕方などを確かめて，文章を整えている。 (B(1)エ)
主体的に学習に取り組む態度	粘り強く文章を推敲し，今までの学習を生かして案内文を書き改めようとしている。

2 単元の特色

教材の特徴

　本単元では，推敲の段階について理解させ，前単元で書いた案内文をもとに相互推敲をして自分の文書をさらによくしていく。推敲は誤字・脱字や係り受け（呼応）等の間違い，文章記述上のルールの間違いなどを吟味する第一段階の推敲（推敲A）と，設定された相手の立場に立って目的が達成されているかを内容・言葉遣い，語彙の難易度などの視点から吟味する第二段階の推敲（推敲B）に区別する。このように推敲を整理して行わせることにより，生徒はより相手と目的に沿って深く考え，伝わりやすい文章に仕上げることができる。また，本単元を踏まえて今後の作文指導の際にも生徒自身が意識して自分の文章を推敲できるきっかけとしていく。

身に付けさせたい資質・能力

○同じ目的でも相手の異なる文章を相互推敲する。助言を受けて，自分の文章を書き直す。

前時に作成した案内文を活用し，それを相互推敲させる。案内文は地域の人，保護者，小学生（後輩），卒業生（先輩）と四パターンを想定し，グループごとにそれぞれ一パターンの案内文を作成させたので，相手の異なる別のグループの案内文を読んで助言し合うことで，相手によって表現を変えることの必要性を理解させるように展開を工夫する。このことにより，読み手の立場に立って推敲する能力を育成する。最終的には自分の力で推敲できるように，教科書の例文は，確認のための演習問題と位置付け行わせる。また，さらなる演習として案内文例題のワークシートも用意した。相手を変えて書き換える活動も時間によっては行い推敲の力を伸ばしたい。

3　学習指導計画（全１時間）

時	○主な学習活動	☆指導上の留意点　◆評価規準
1	○本単元の目標や見通しについて理解する。 ・推敲の観点を理解する。 　推敲A　誤字・脱字等（誤りをなくす点検） 　推敲B　相手・目的に対して適切であるかの吟味 ○前単元で書いた案内文を読み合う。 ・前単元で書いたグループとは違う案内文を読む。 ・推敲Aだけではなく，推敲Bの観点に注意する。 ○助言をもとに，自分の文章を推敲する。 ○本時の学習のまとめとして例文を推敲する。 ・教科書の例文 ・ワークシートの例文 ○本時の振り返りをする。	☆推敲の種類についての理解をもとに，相互推敲をさせる。 ◆推敲の種類について理解を深め，相手によって使う言葉や表現を考える必要があることなどを理解している。正確で相手に分かりやすい表現に書き改めている。【知・技】 ☆回し読みをして全てのグループのものを読ませることを基本としているが，時間や状況によっては一つに絞って，どのように書き換えるかを中心に行わせてもよい。 ◆相手によって内容や叙述の仕方が変わることを理解して，読み手の立場に立って文章をよりよく整えている。【思・判・表】 ◆今までの学習を生かして，伝えたいことを相手に明確に伝えるために粘り強く文章を推敲し文章を整えようとしている。【主】

［推敲］読み手の立場に立つ

指導の重点
・案内文を推敲させる。

本時の展開に即した主な評価規準例（Bと認められる生徒の姿の例）
・推敲の種類について理解を深め，相手によって使う言葉や表現を考える必要があることなどを理解している。正確で相手に分かりやすい表現に書き改めている。【知・技】
・相手によって内容や叙述の仕方が変わることを理解して，読み手の立場に立って文章をよりよく整えている。【思・判・表】
・今までの学習を生かして，伝えたいことを相手に明確に伝えるために粘り強く文章を推敲し文章を整えようとしている。【主】

生徒に示す本時の目標
読み手の立場に立って案内文を推敲し，よりよい文章にしよう

1　本単元の目標や学習の見通しについて理解する
○本単元の目標と設定を確認する。
Ｔ：本単元では前単元で書いた案内文とは違う相手への案内文を読み，読み手の立場に立って推敲します。

2　推敲の種類について理解する
○推敲とは何をすることか問う。
Ｔ：推敲とは何をすることですか，具体的に挙げていきましょう。
（タブレット等で提出させ分類。板書の場合は推敲Ａと推敲Ｂで左右に分けて板書していく。）
○推敲の語源を紹介する。
Ｔ：そもそも「推敲」とは故事成語からきている言葉です。→推敲の語源を紹介。国語便覧や映像資料を用いる。

○推敲について理解する。
Ｔ：「推敲」とは自分の書いた文章を見直して，伝えたい事実や内容などが十分に書かれているかどうかを検討することが推敲です。その際，書き手としてだけではなく，読み手の立場に立って伝えようとすることが伝わっているかどうかを確かめながら文章を読み返すことが大切です。

○推敲の観点を分ける。
Ｔ：先ほど挙げた推敲の中で，漢字の間違いや送り仮名を推敲して直すことは，全員が同じ正解を出せる第一段階の推敲と言えます。これは「推敲Ａ」と呼ぶことにします。
Ｔ：次に推敲の中で，「この相手には○○という言葉は分からないから□□にした方がいいよ」という相手に応じて目的が達成されるように直していく推敲は第二段階の推敲と言えます。これを「推敲Ｂ」と呼ぶことにします。

ポイント　段階に分けて整理した推敲
本書の第１章にもあるように，生徒に「推敲しよう」と指示するだけでは，どのような推敲をしてよいか分からず，指導が明確にならない。推敲のレベルを分けて，時間や単元で区切って推敲の力を身に付けさせることが，生徒だけではなく指導者側にとっても指導が明確になって効果的である。最終的には生徒

準備物：前単元で作成した案内文，ワークシート（タブレット等が使えれば不要），国語便覧，映像資料

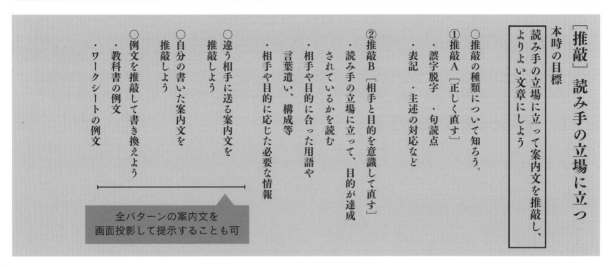

[推敲] 読み手の立場に立つ

本時の目標
読み手の立場に立って案内文を推敲し、よりよい文章にしよう

○推敲の種類について知ろう。
① 推敲A [正しく直す]
・誤字脱字 ・句読点
・表記 ・主述の対応 など
② 推敲B [相手と目的を意識して直す]
・読み手の立場に立って、目的が達成されているかを読む
・相手や目的に合った用語や言葉遣い、構成 等
・相手や目的に応じた必要な情報

○違う相手に送る案内文を推敲しよう
○自分の書いた案内文を推敲しよう
○例文を推敲して書き換えよう
・教科書の例文
・ワークシートの例文

全パターンの案内文を画面投影して提示することも可

が「今現在どのレベルの推敲をしているか」を自覚して推敲できるようにしていくことが大切である。

3　前単元で書いた案内文を交流して推敲する
○前単元で書いた自分の案内文とは違うグループの案内文を回し読みして推敲する。
T：まずは推敲Aをしましょう。
→助言を残す。紙で書かせていれば付箋を貼る。タブレット等で書かせていれば，コメント機能や共同編集機能を用いて助言する。
T：読み手の立場に立って推敲Bをしましょう。
→同様に助言を残す。付箋であれば色を変えて，どの推敲か分かるようにしておく。

ポイント　タブレット等を活用した相互推敲
色分けした付箋機能やコメント機能，共同編集機能を用いることで，推敲の観点ごとに他者からの助言をもらい，自分の文章に生かしやすくなる。
推敲前の状態は学習履歴として残しておき，推敲後との比較ができるように指導しておく。

4　助言をもとに自分の案内文を推敲する
○推敲レベルの注意をする。
T：推敲のレベルをもとに助言をもらいましたが，推敲Aは誤字脱字等を直すことが必要とされるものなので，直しましょう。
T：推敲Bは場合によって自分で考えて採用するかどうかを決めることも出てきます。それらを意識して，自分の案内文を推敲して直しましょう。

5　別の案内文を書き換えてみる　WS
○今まで学習したことを振り返り，教科書の例題，ワークシートの例題を別の相手に書き換えてみる。（時間がなければ宿題にして提出させる。）

6　本時の学習を振り返り，今後へつなぐ
○本時で学習した「推敲A」「推敲B」について振り返って確認する。
T：今後は自分たちで，どのレベルの推敲をしているのか意識できるようにしましょう。

4　心の動き

言葉4　方言と共通語　（1時間）

1　単元の目標・評価規準

・共通語と方言の果たす役割について理解することができる。　　　〔知識及び技能〕(3)ウ
・言葉がもつ価値に気付くとともに，進んで読書をし，我が国の言語文化を大切にして，思いや考えを伝え合おうとする。　　　　　　　　　　　　　「学びに向かう力，人間性等」

知識・技能	共通語と方言の果たす役割について理解している。 ((3)ウ)
主体的に学習に取り組む態度	これまでの学習を生かし，積極的に共通語と方言の果たす役割を理解し尊重しようとしている。

2　単元の特色

教材の特徴

　本教材は，小学校で学習した「方言と共通語」の違いを受けて，それぞれの言葉のもつ役割を理解し，豊かな言語感覚を養う言葉の学習である。方言分布図で地域による言葉の違いを確認して，自分たちの住む地域の言葉について関心を高めると同時に，消滅の危機にある方言の存在を知り，言葉そのもののもつ意味と役割について考えさせたい。配当は1時間であるが，地域性を生かし，様々な学習活動を工夫することが期待できる。

身に付けさせたい資質・能力

　本単元では小学校第5学年及び第6学年の〔知識及び技能〕(3)ウの「共通語と方言との違いを理解すること」で学習したことを生かして，中学校第1学年の〔知識及び技能〕(3)ウ「共通語と方言の果たす役割について理解する」力を養う。

　言語活動として，方言分布図や音声で言葉の表現や発音の違いを確認し，方言の地域性について理解する。また，消滅危機にある方言について知るとともに，方言で書かれた宮沢賢治の詩を音読したり，共通語に直してみたりして，方言と共通語それぞれの個性や役割の違いに気付き，それぞれの言葉を使う場面や効果などについて話し合って，我が国の文化である言葉を尊重する態度を養いたい。

3　学習指導計画（全1時間）

時	○主な学習活動	☆指導上の留意点　◆評価規準
1	○単元の目標を確認し，学習の見通しをもつ。 ○方言分布図を見て，地域によって「捨てる」という意味を表す言葉に違いがあることを確かめる。 ○p.120にある二次元コードから「雨が降る」の地域による発音の違いを聞き分ける。 ○教科書を読んで，方言と共通語の特徴と役割の違いを確認する。 ○宮沢賢治の詩「高原」と，それを共通語に直した文を読み比べて言葉のもつ雰囲気の違いを感じる。 ○「守ろう　地域の言葉」を読み，日本地図にある消滅危機言語と地域を確かめて，地域の言葉である方言が消えるということについて考える。 ○学習を振り返り，方言と共通語について考えたことを短い文章にまとめる。	☆小学校で学習した方言と共通語の違いについて思い出させる。 ◆共通語と方言の果たす役割について理解している。【知・技】 ◆これまでの学習を生かし，積極的に共通語と方言の果たす役割を理解し尊重しようとしている。【主】

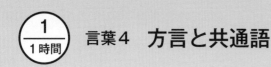

指導の重点
・共通語と方言の果たす役割について理解させる。

本時の展開に即した主な評価規準例（Bと認められる生徒の姿の例）
・共通語と方言の果たす役割について理解している。【知・技】
・これまでの学習を生かし，積極的に共通語と方言の果たす役割を理解し尊重しようとしている。【主】

生徒に示す本時の目標
方言と共通語の特徴と役割を考えよう

1　本単元の学習目標を把握する
○方言と共通語についてこれまでに学習したことや知っていることを自由に話し合わせる。
T：最近，テレビのバラエティ番組などで出演者が方言で話しているのを聞くことがあります。みなさんは小学校で方言と共通語の違いについて学習しましたね。覚えていることを教えてください。今回は方言と共通語にはそれぞれどのような役割があるのかを考えます。

> **ポイント　生徒の反応を見ながら学習課題を伝える**
> 　方言と共通語について知っていることや自分たちの話し言葉について自由に話し合わせる。テレビタレントや漫才師が話している場面や，ニュースのアナウンサーの言葉などを思い出させ，方言と共通語を使っている場面を確認する。

2　本時の学習課題を確認する
T：今日は方言と共通語の特徴や役割の違いについて学習します。
　みなさんは，物を「捨てる」ときに何と言いますか。教科書p.119にある方言分布図を見て地域ごとにどのような言い方をするか確かめましょう。
○関西では「ホカス」，東北では「ナゲル，ブンナゲル」など，地域によって表現が異なることを確認する。
T：私たちの住んでいる地域はどの地域と同じような言葉を使っていますか。
○方言には地域性があり，語句や表現の違い，文末表現や発音の違いがあることを理解する。

3　方言と共通語の特徴と役割を理解する
T：方言の特徴や役割を教科書の本文を読んで確認しましょう。例に出ている言葉を声に出して読んでみてください。
○教科書にある説明を読み，特徴や役割の違いをおさえる。p.120の二次元コードから音声を聞いてイントネーションの違いを確認する。
T：共通語の特徴が分かる部分に線を引きましょう。共通語はどのようなときに使うと便利ですか。
○それぞれの言語の特徴や役割を板書し，ノートに記録させる。

準備物：ワークシート

言葉4　方言と共通語

本時の目標　方言と共通語の特徴と役割を考える

1　方言と共通語の特徴・役割
方言と共通語の特徴と役割を考えよう

（方言）
・家庭や地域の人々との交流で自然や身につく
・地域の風土や生活に根ざした独特の表現
・感情や感覚を実感に即した言葉で表現できる

（共通語）
・日本全国、どの地域の人にも通用する
・不特定多数が聞く言葉に使われることが多い
（全国向けニュース、災害情報など）

2　方言の詩を朗読してみよう

★高原　宮沢賢治
※全文を掲載

朗読テープか教員が範読する。方言の下に共通語で訳した言葉を書く。

・消滅危機言語とは話す人が少なくなり、近いうちになくなる可能性がある言葉のこと
・日本には消滅危機言語が八つある。
（アイヌ語、八丈、奄美、沖縄などの方言）

「消滅危機言語」についての文章を読み、内容を把握する。

4　宮沢賢治の詩「高原」を音読する

T：方言で書かれた宮沢賢治の「高原」という詩を音読し、共通語に言い換えてみましょう。
○「高原」の詩を共通語にすると

> 私は、海ではないかと思ったら、
> やはり光る山だったではないか
> ホウ
> 髪の毛に風が吹けば
> 鹿踊りではないか

T：方言の詩と共通語に言い換えたものを読み比べてみてどのようなことを感じましたか。
○岩手県花巻市出身の宮沢賢治の作品には生まれ故郷の方言を取り入れたものが多い。方言で読むと独特の雰囲気が出ることを感じさせる。

5　消滅危機言語について考える

T：p.120の「守ろう　地域の言葉」を読み、消滅危機言語について考えましょう。
○消滅の危機にある方言と地域を確かめ、消滅危機言語とは何か、消滅する理由や方言の多様性などについて、筆者の考えの分かるところに線を引かせる。
T：ユネスコの危機言語リストに日本のアイヌ語や八丈、奄美、沖縄の方言が入っています。方言が消滅すると、人々の生活や文化はどう変化するでしょうか。

6　言葉について考え、学習のまとめをする

WS

今回、方言と共通語の役割について理解を深めました。学習を振り返り、次の三つの中から一つを選んであなたの考えを書きましょう。
①方言や共通語の役割について
②消滅危機言語について
③生活や文化と言葉の関係について

T：日本には人々の暮らしに寄り添った様々な言葉があります。日常生活の中で言葉の役割に気付いたら「言葉の手帳」に書き加えるといいですね。これからも共通語と方言をうまく取り入れて言語生活を豊かにしていきましょう。

発展
・各地域の方言による挨拶の言葉を調べて、共通語の挨拶と比較してみる。
・住んでいる地域の言葉でユニークだと思う表現を探して他の地域の同じ意味の言葉と比べてみる。

4　心の動き

聞き上手になろう　質問で話を引き出す　（2時間）

1　単元の目標・評価規準

・音声の働きや仕組みについて，理解を深めることができる。　　　〔知識及び技能〕(1)ア
・必要に応じて記録したり質問したりしながら話の内容を捉え，共通点や相違点などを踏まえて，自分の考えをまとめることができる。　　〔思考力，判断力，表現力等〕A(1)エ
・言葉がもつ価値に気付くとともに，進んで読書をし，我が国の言語文化を大切にして，思いや考えを伝え合おうとする。　　　　　　　　　　　「学びに向かう力，人間性等」

知識・技能	音声の働きや仕組みについて，理解を深めている。　　　　　　　　　　((1)ア)
思考・判断・表現	「話すこと・聞くこと」において，必要に応じて記録したり質問したりしながら話の内容を捉え，共通点や相違点などを踏まえて，自分の考えをまとめている。 （A(1)エ）
主体的に学習に取り組む態度	記録したり質問したりしながら話の内容を捉え，学習課題に沿って，進んで聞き上手になろうとしている。

2　単元の特色

教材の特徴

　本教材は，対話を充実させるために聞き方や質問の仕方を具体的に学び，相手から詳しい話や相手の考えを引き出して，聞き上手になることを目指すものである。
　対話をする際，聞き手として，より積極的に対話に参加するために，「聞き方の工夫」について理解を深めさせる。具体的には相づちを打ったり，相手の言葉を引用して質問したり，他の言葉に言い換えて確かめたりする工夫である。さらに，「絞る質問」から「広げる質問」の順に広げていくと対話が充実することを学び，実際にそれらを実践する言語活動を通して今後の対話に活かせる力を育てる。

身に付けさせたい資質・能力

　本単元では，学習指導要領2 A(1)エ「必要に応じて記録したり質問したりしながら話の内容を捉え，共通点や相違点などを踏まえて，自分の考えをまとめる」力を育成することに重点を置く。この資質・能力を身に付けさせるために学習指導要領に例示されている言語活動(2)ア

「紹介や報告など伝えたいことを話したり，それらを聞いて質問したり意見などを述べたりする活動」の趣旨を生かし「１学期の体育祭で経験したことを踏まえて，２学期に実施される文化祭（合唱コンクール）で挑戦したいこと（取り組みたいこと）」について二人一組で対話する活動を設定する。その際，「聞き方の工夫」について考えさせ，質問の仕方を意識して工夫することで，聞き上手になるために効果的なことについて気付かせたい。対話を通して友達の新たな一面に出会えるような質問をしようとすることで，深く考えようとする力を育成したい。また，この活動を行う際は，〔知識及び技能〕(1)ア「音声の働きや仕組みについて，理解を深めること」と関連付けて指導する。

3 学習指導計画（全２時間）

次	時	○主な学習活動	☆指導上の留意点　◆評価規準
一	1	○単元の目標及び本時の課題を確認する。 ○「聞き上手な人」とはどんな人か考える。 ○「聞き方の工夫」，「質問の種類」について理解する。 ○「１学期の体育祭で経験したことを踏まえて，２学期に実施される文化祭（合唱コンクール）で挑戦したいこと（取り組みたいこと）」について二人一組で対話活動を行うことを予告する。 ○本時の学習を振り返る。（次時の予告）	☆どういう聞き方や質問をしたら，対話が充実するか考えさせる。 ☆「質問の型」を示し，「質問の種類」を使い分けながら相手の話を引き出す聞き方を工夫させる。 ◆音声の働きや仕組みに基づいた聞き方や質問の仕方を理解している。【知・技】
二	2	○前時の学習を振り返る。 ○本時の学習の見通しをもつ。 ○二人一組になって，対話を行う。 ○聞き方や質問の仕方について，それぞれの立場から気付いたことや考えたことを伝え合う。 ○役割を交代して，繰り返す。 ○聞き上手になるために，再度聞き方や質問の仕方を工夫し，効果的な質問で相手の話を引き出すために必要なことを考える。 ○もう一度，二人一組になって役割を交代しながら対話を行う。 ○単元の学習を振り返る。	☆「聞き方の工夫」と「質問の種類」を再度確認し，どういう聞き方や質問をしたら，対話が充実するか考えさせる。 ☆対話の一連の様子をタブレット等で記録し，振り返りや評価に活かす。 ☆一度対話を終えた後に，それぞれの立場から気付いたことや考えたことを伝え合わせることで，聞き方や質問の工夫を再構築させ，２回目に活かす。 ◆必要に応じて記録しながら，相手の話を引き出す質問は何かを考えながら聞き方や質問の種類を工夫している。【思・判・表】 ◆学習課題に沿って，聞き上手になろうと進んで聞く学習に取り組もうとしている。【主】

聞き上手になろう　質問で話を引き出す

指導の重点
・教科書に示されている「聞き方の工夫」や「質問のしかた」を理解させる。

本時の展開に即した主な評価規準例（Bと認められる生徒の姿の例）
・音声の働きや仕組みに基づいた聞き方や質問の仕方を理解している。【知・技】

生徒に示す本時の目標
聞き上手になるために，「聞き方の工夫」や「質問の種類」を理解する

1　単元の目標及び本時の課題を確認する

ポイント
「聞き方の工夫」を確認するまで教科書は開かせずに，生徒が主体的に考えられる場面を設定する。

T：皆さんは友達と話をする時，話を聞いてもらってよかったなあと感じたことや，この人とまた話がしたい，また話を聞いてもらいたいと思ったことはありますか。
○自由に考えを発表させる。
T：この単元では対話を充実させるために，話の聞き方や質問の仕方を学び，聞き上手になることを目指したいと思います。では，皆さんにとって聞き上手な人とは，どのような人だと思いますか。
○自由に考えを発表させる。

2　「聞き方の工夫」を確認する
T：では，対話をする際に，どういう聞き方や質問をしたら，対話が充実するか考えてみましょう。
○「聞き方の工夫」を自由に発表させた後，教科書を開かせ発表内容を価値付ける。

3　「質問の種類」を確認する
T：質問にはどのような種類があると思いますか。
○「質問の種類」について説明し，板書にまとめる。
○「広げる質問」については，「どう思うか」「なぜか」「どういうことか」「例えば」「他には」などの「質問の型」を教科書の例を参考に示し，対話の際に使うよう促す。

4　対話のテーマを確認する
T：皆さんは中学校に入学し，この新しいクラスメイトと出会い，1学期は体育祭を経験しました。2学期は，文化祭（合唱コンクール）が控えています。1学期よりもお互いのことを知り，より団結して行事を成功させられるように，どのような文化祭にしたいか自分が挑戦したいことや頑張りたいことについて二人組を作り対話をしましょう。その際，クラスメイトの新たな一面を発見できるような質問をしてください。より相手の話や思いを引き出せる質問を工夫し

準備物：ワークシート

聞き上手になろう　質問で話を引き出す

本時の目標
聞き上手になるために、「聞き方の工夫」や「質問の種類」を理解する

◎どういう聞き方や質問をしたら、対話が充実するか考えよう。

〈聞き方の工夫〉
・〜〜
・〜〜
・〜〜

〈質問の種類〉
・絞る質問
・広げる質問

[対話]のテーマ
「一学期の体育祭で経験したことを踏まえて、二学期に実施される文化祭（合唱コンクール）で挑戦したいこと（取り組みたいこと）」

☆相手意識…クラスメイトの新たな一面を見つける。
☆目的意識…文化祭でさらにクラスが一致団結するため。

本時の振り返り

ましょう。

T：では、まず初めに「話すことメモ」に、30秒程度の自分が話す内容を、箇条書きでまとめましょう。
○1学期の体育祭を経験して感じたことや、文化祭で取り組んでみたいことを簡潔にまとめさせる。

WS1

6　次時の流れを確認する
T：次の時間は、今日「話すことメモ」にまとめた内容をもとに二人組で対談します。その際に、相手の話（思い）を引き出すための効果的な質問は何かを考えながら、聞き上手を目指しましょう。

ポイント
対話をする際に、話し手と聞き手が共通点や相違点について考えを深められるように、共通の話題（同じように経験したことや今後予定されていることなど）をテーマに設定すると質問しやすい。また、「相手意識」と「目的意識」を明確に（具体的に）示すことで、生徒が主体的に、話す内容や質問の仕方を工夫することができる。

5　本時の学習を振り返る
○本時の学習を振り返り、質問で話を引き出すための工夫についてうまくいったことや気付いたこと、学んだことなど、また対話の際に取り入れてみたいことなどをまとめる。

2 聞き上手になろう　質問で話を引き出す
（2/2時間）

指導の重点
前時に学んだことを生かし効果的な質問をさせる。

本時の展開に即した主な評価規準例（Bと認められる生徒の姿の例）
- 必要に応じて記録しながら，相手の話を引き出す質問は何かを考えながら聞き方や質問の種類を工夫している。【思・判・表】
- 学習課題に沿って，聞き上手になろうと進んで聞く学習に取り組もうとしている。【主】

生徒に示す本時の目標
聞き上手になるために，相手の話を引き出す効果的な質問をする

1　本時の目標と学習課題を確認する
T：前回の授業では「聞き方の工夫」と「質問の種類」について学習しました。今日は，二人一組で対話を行い，相手の話を引き出す効果的な質問をして聞き上手を目指しましょう。
〇前時に学習した内容を振り返らせる。

2　対話の流れを確認する　⬇ WS2
〇前時のワークシートと板書を見ながら，対話の一連の流れを確認する。
【活動の流れ】
※タブレット等で録画する。
①二人一組になる。
②話し手は，前時の「話すことメモ」を見ながら30秒程度で話す。
③聞き手は「聞き取りメモ」に必要に応じてメモを取りながら聞き，聞き方や質問の仕方を工夫し，効果的な質問で相手の話を引き出す。一問一答にならないやりとりを目指す。（2分）
④それぞれの立場から気付いたことや考えたことを伝え合う。（1分）
⑤役割を交代して，繰り返す。
⑥聞き上手になるために，再度聞き方や質問の仕方を工夫し，効果的な質問で相手の話を引き出すために必要なことを考える。（2分）
⑦もう一度，二人一組になって役割を交代しながら対話を行う。

ポイント
- 対話の一連の様子をタブレット等で記録し，振り返りや評価に活かす。
- 一度対話を終えた後に，それぞれの立場から気付いたことや考えたことを伝え合わせることで，聞き方や質問の工夫を再構築させ，二回目に活かす。

3　対話する
T：対話のテーマを確認します。
　中学校に入学し，この新しいクラスメイトと出会い，1学期は体育祭を経験しました。2学期は，文化祭（合唱コンクール）が控えています。1学期よりもお互いのことを知り，より団結して行事を成功させられるように，どんな文化祭にしたいか自分が挑戦したいことや頑張り

準備物：前時のワークシート，ワークシート

聞き上手になろう　質問で話を引き出す

本時の目標
聞き上手になるために、相手の話を引き出す効果的な質問をする

〈活動の流れ〉 ※タブレット等で録画する

① 二人一組になる。
② 話し手は前時の「話すことメモ」を見ながら三十秒程度で話す。
③ 聞き手は「聞き取りメモ」に必要に応じてメモを取りながら聞き、聞き方や質問の仕方を工夫し、効果的な質問で相手の話を引き出す。一問一答にならないやりとりを目指す。
④ それぞれの立場から気付いたことや考えたことを伝え合う。
⑤ 役割を交代して、繰り返す。
⑥ 聞き上手になるために、再度聞き方や質問の仕方を工夫し、効果的な質問で相手の話を引き出すために必要なことを考える。
⑦ もう一度、二人一組になって役割を交代しながら対話を行う。

単元の振り返り

たいことについて話をしましょう。その際，クラスメイトの新たな一面を発見できるような質問をしてください。では，一回目の対話を始めましょう。
○聞き手は，「聞き取りメモ」に必要に応じて重要であると判断した情報やキーワードをワークシートに書き留めながら聞く。
○聞き手は，「絞る質問」から「広げる質問」に質問を広げていけるように，「質問の型」を参考に質問の仕方を工夫させ，効果的な質問で相手の話を引き出させる。その際，一問一答にならないやりとりを目指す。
○どういう聞き方や質問をしたら，対話が充実するかを考えながら対話をする。
○聞き方や質問の仕方について，それぞれの立場から気付いたことや考えたことを伝え合う。
○役割を交代して繰り返す。

4　対話を振り返る

T：一回目の対話を振り返り，聞き上手になるために，聞き方や質問の仕方を工夫し，効果的な質問で相手の話を引き出すために必要なことを考えましょう。
○お互いに気付いたことを自由に発表する。
○録画した映像を見返してもよい。

○気付いたことを，二回目の対話に活かす。

5　二回目の対話を行う

T：一回目の対話を踏まえて，より聞き上手を目指して，聞き方や質問の仕方を工夫しながら対話を充実させましょう。では，二回目の対話を始めてください。
○質問で話を引き出す工夫をする。
○役割を交代して繰り返す。

6　単元を振り返る

T：この単元では「聞き方の工夫」と「質問の種類」について学び，聞き上手になることを目指して学習しました。今回の授業で学んだことや今後に活かしていきたいことをワークシートにまとめましょう。
○個人でまとめさせた後，全体で共有する。

4　心の動き

漢字2　漢字の音訓／漢字に親しもう2　（1時間）

1　単元の目標・評価規準

・小学校学習指導要領第2章第1節国語の学年別漢字配当表に示されている漢字に加え，その他の常用漢字を読むことができる。また，学年別漢字配当表の漢字を書き，文や文章の中で使うことができる。　　　　　　　　　　　　　　　〔知識及び技能〕(1)イ
・言葉がもつ価値に気付くとともに，進んで読書をし，我が国の言語文化を大切にして，思いや考えを伝え合おうとする。　　　　　　　　　　　　「学びに向かう力，人間性等」

知識・技能	小学校学習指導要領第2章第1節国語の学年別漢字配当表に示されている漢字に加え，その他の常用漢字を読んでいる。また，学年別漢字配当表の漢字を書き，文や文章の中で使っている。　　　　　　　　　　　　　　　　　　　　　　　　　　　((1)イ)
主体的に学習に取り組む態度	漢字の音訓を理解し，複数の読み方をする熟語を使って短文を進んで作ろうとしている。

2　単元の特色

教材の特徴

　漢字の読み方，音について取り上げた教材である。漢字には音読みと訓読みがあることを小学校で学習しているが，その区別がつかない生徒も少なくない。
　この教材では音と訓の意味を整理しつつ，音読み・訓読みの由来や性質について学習する。さらには同じ字でもいくつかの読みがあることや，日本に漢字が入ってくる以前に言葉はあったので，日本語に漢字をあてている例もあることなど文字文化や言葉の多様性，豊かさに気付かせたい。

身に付けさせたい資質・能力

　この教材では，漢字の読み方を単に記憶するだけでなく，複数の読み方をする漢字や熟語をどのような場面で用いるかということについても捉えさせたい。また，音・訓の由来や性質を学習することを通して，文字文化への興味，関心を高め，日本独自の言語文化を尊重する態度を育てていきたい。

3　学習指導計画（全1時間）

時	○主な学習活動	☆指導上の留意点　◆評価規準
1	○漢字クイズで漢字の読み方について捉える。 ・一つの漢字で複数の音読みができるものを使ったクイズを行う。 ○音読みと訓読みについて理解する。 ○教科書p.126の練習問題に取り組む。 ○複数の読み方ができる熟語を使って短文を作る。	☆ゲームを使った活動を取り入れ，学習に興味をもたせる。 ◆漢字の音訓について，由来や性質，読み方を理解している。【知・技】 ◆学習課題に沿って，熟語を用いた短文を作ろうとしている。【主】

漢字2　漢字の音訓／漢字に親しもう2

1／1時間

指導の重点
・漢字の音訓について知り，その使い方を理解させる。
・学習課題に沿って，熟語を用いた短文を作らせる。

本時の展開に即した主な評価規準例（Bと認められる生徒の姿の例）
・漢字の音訓について，由来や性質，読み方を理解している。【知・技】
・学習課題に沿って，熟語を用いた短文を作ろうとしている。【主】

生徒に示す本時の目標
　漢字の読み方を理解し，場面に合わせた使い方を学ぼう

1　漢字クイズで学習へ導入する

T：みなさんは一つの漢字に複数の読み方があることを知っていますか？
○生徒の反応を受け止め，どのような学習を行うかイメージを持たせる。
T：最初にゲームを行います。例を挙げます。「拍拍」と書いて，どのように読みますか？ヒントは「汚れを落として真っ白にする」です。
T：この例の答えは「ヒョウハク（漂白）」です。このように，同じ漢字を二つ並べて，一つずつ違う読みをしたらどんな言葉になるかをあてるゲームです。四人一組で考えてみましょう。
○ワークシートを配布し，制限時間を決めて協力して解く。

> **ポイント　意欲的に学習に取り組む動機付けを行う**
> ゲームや交流を通してすでに知っている漢字の読み方を振り返り，学習へ楽しく導入させる。

2　漢字の音訓の由来や性質を知る

○クイズの答えを確認し，それらの読みが，すべて音読みであることを確認する。また，漢字の読み方には訓読みもあることを思い出させ，由来や性質について学習する。
T：漢字には今のクイズのように様々な読み方があります。今日は「音読み」「訓読み」について学習しましょう。
○教科書 p.124 を読み，「音」と「訓」の由来や性質について説明する。
T：「明」について，知っている読み方を挙げてみましょう。たくさんの読み方がありますね。では，漢和辞典で「明」を探してみましょう。
　片仮名で書いてあるのが「音」，平仮名で書いてあるのが「訓」です。
　音読みについてよく見ると「漢」や「呉」，「唐」という字が見られますね。
　音は中国語の読み方を元にしているのですが，中国の中でも時代や地域によって発音が違います。そのため，漢字によっては複数の音読みがあります。「呉音」「漢音」「唐音」と呼ばれます。日本語にも古語や方言があるように，中国でも時代や地域によって言葉は変わるんですね。
　一方で，訓は漢字の意味から考えられた読み方です。昔の中国から漢字が伝わる前から，日

準備物：ワークシート，漢和辞典，国語辞典

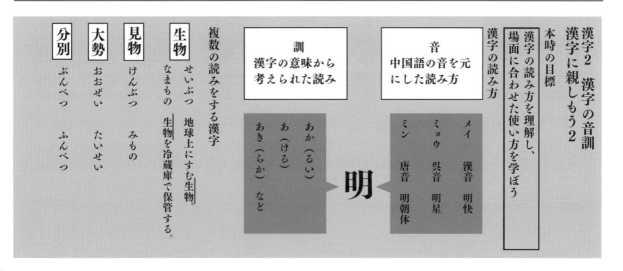

本にも言葉は存在していました。もともとあった言葉に，同じ意味を持つ漢字を当てはめて読んだものが訓です。

○複数の読み方がある新出漢字について教科書p.126の練習問題3に取り組みながら学習する。

ポイント　インプットだけでなくアウトプットさせる
書いて覚えることも大切だが，それだけにとどまらず，状況に応じて漢字を使い分けることで，知識を定着させる。

3　複数の読み方をする熟語について学習する

T：漢字には複数の読み方があることが分かりましたね。では，次の漢字はどのような読み方ができるでしょうか。

○「生物」という熟語を板書し，読み方を答えさせる。

T：「せいぶつ」とも読めますし，「なまもの」とも読めます。では，どのように使い分けるか考えてみましょう。

○時間をとって個人で考えさせてもよいし，ペアで相談をしながら考えさせてもよい。

T：同じ熟語でも，読み方が変われば使い方も変わるのですね。場面に応じて使い分けたり読み分けたりできるようになりましょう。

4　練習問題に取り組み，振り返りをする

○「見物」「大勢」「分別」について，読み方と使い方の違いについて，短文を作りながら学習する。できた例文は生徒同士で読み合い，使い方を相互に交流させる。必要に応じて漢和辞典や国語辞典を使うように声をかける。

○本時の学習の振り返りをノートに記入するように伝える。

5 筋道を立てて

「言葉」をもつ鳥，シジュウカラ （5時間）

1 単元の目標・評価規準

・原因と結果，意見と根拠など情報と情報との関係について理解することができる。
〔知識及び技能〕(2)ア
・文章の構成や展開，表現の効果について，根拠を明確にして考えることができる。
〔思考力，判断力，表現力等〕C(1)エ
・言葉がもつ価値に気付くとともに，進んで読書をし，我が国の言語文化を大切にして，思いや考えを伝え合おうとする。　　　　　　　「学びに向かう力，人間性等」

知識・技能	原因と結果，意見と根拠など情報と情報との関係について理解している。　((2)ア)
思考・判断・表現	「読むこと」において，文章の構成や展開，表現の効果について，根拠を明確にして考えている。　　　　　　　　　　　　　　　　　　　　(C(1)エ)
主体的に学習に取り組む態度	進んで筆者の意見とそれを支える根拠との関係を理解し，学習の見通しをもって，文章のもつ説得力の正体を明らかにしようとしている。

2 単元の特色

教材の特徴

　シジュウカラという小鳥が言葉をもつということは，俄かには信じ難いことである。題名だけで生徒を驚かせる。そして，本教材を読み進めると，確かに「言葉」をもっているに違いないと納得させられる。なぜ納得できるのか。それは，気鋭の動物行動学者である筆者が「仮説」「検証」「考察」を繰り返しながら丁寧に根拠を説明しているからである。特に，第一の検証後の考察で筆者が「〜と十分に主張できるでしょうか」と自らの検証を省みて更なる検証をする展開は，読み手を納得させる「説得力」をもっている。
　本教材では「仮説」「検証」「考察」という科学の手法に則った論理の展開を指導し，その効果を考えさせるとともに，科学的思考の在り方や人間以外の動物がもつ知性について興味・関心を広げて，主体的な読書や探究につなげたい。

身に付けさせたい資質・能力

　本単元では，まず，学習指導要領2(2)ア「原因と結果，意見と根拠など情報と情報との関係

について理解する」という情報の扱い方を身に付けさせる。

その上で，C(1)エ「文章の構成や展開，表現の効果について，根拠を明確にして考える」力の育成に重点を置く。この資質・能力を身に付けさせるために，文章の構成や展開を把握させた上で，学習指導要領に示されている(2)言語活動例ア「説明や記録などの文章を読み，理解したことや考えたことを報告したり文章にまとめたりする活動」の趣旨を生かし「この文章の説得力の正体を考える」という学習課題を設定した。文章の構成や展開の優れたところを根拠として，なぜ読者はこの文章に納得するのかを考えて文章にさせる。

また，発展として，筆者の研究を紹介する番組の紹介文と教科書本文との共通点や相違点を指摘させることで，文章の構成や展開の効果について考えを深めさせる。

3　学習指導計画（全5時間）

次	時	○主な学習活動	☆指導上の留意点　◆評価規準
一	1	○教材を通読する。 ○本単元の学習課題「この文章の説得力の正体を考えよう」を知り，学習の見通しをもつ。 ○文章の大まかな構成を捉える。	☆題名に対する驚きを喚起し，読後の納得感を確認する。文章の展開（検証の進め方）や意見と根拠の関係が読み手の納得（説得力）に関係しそうだと見通しを立てさせる。 ◆学習の見通しをもって，文章のもつ説得力の正体を明らかにしようとしている。【主】
二	2・3	○筆者がどのような事実を基に，どのような仮説を立てたかをまとめる。 ○検証1と2について，文章の展開に即して読み取り，観点を立てて表にまとめる。 ○なぜ検証2を行う必要があったのかを考える。	◆事実と仮説，仮説と検証と考察など情報と情報との関係について理解している。【知・技】 ◆検証2の必要性について，根拠を明確にして考えている。【思・判・表】
三	4	○構成や展開の効果を考える。 ○ここまでの学習を基に「この文章の説得力の正体」を考えて文章にする。	☆「学びのカギ」を読ませ，【検討すること】を話し合わせる。 ☆学習したことのまとめとして，説得力という観点で文章の優れた点を具体的に書かせる。 ◆文章の構成や展開の効果について，根拠を明確にして考えている。【思・判・表】 ◆進んで筆者の意見とそれを支える根拠との関係を理解し，学習の見通しをもって，文章のもつ説得力の正体を明らかにしようとしている。【主】
	5	○筆者が出演した番組の紹介文と本文とを，文章の展開や説得力という観点で比較する。 ○仮説を検証する形で自分の意見を述べることの効果を考える。	☆教科書本文ほどの緻密な展開にはなっていないことを知り，目的によって文章の展開や説得力の必要性に違いがあることに気付かせる。 ◆文章の構成や展開の効果について根拠を明確にして考えている。【思・判・表】

「言葉」をもつ鳥，シジュウカラ

1／5時間

指導の重点
・本文のもつ説得力について考えさせる。

本時の展開に即した主な評価規準例（Bと認められる生徒の姿の例）
・学習の見通しをもって，文章のもつ説得力の正体を明らかにしようとしている。【主】

生徒に示す本時の目標
文章を読むと，確かにシジュウカラは「言葉」をもっていると思えるのはなぜか，考えよう

1　題名に注目する（まだ目標は板書しない）
T：皆さんは動物が言葉をもっていると聞いたら，それはどのような動物の言葉だと思いますか。
○生徒の今までの知識・経験から発言させる。イルカなど高度な知脳をもっていると言われる動物や，類人猿，しゃべるオウムや九官鳥をイメージすることが予想される。
T：題名によれば，写真のようなシジュウカラという小鳥が言葉をもっているようです。それは，どういうことでしょう。読んでいきましょう。

2　本文を通読し，感想を聞く
○通読後に，何人かに感想を聞く。その中で，シジュウカラが言葉をもっていることへの驚きを共有する。

3　本時の目標を知る
○ここで本時の目標を板書する。
T：文章を読んでみると，多くの人がシジュウカラが言葉をもつことに納得させられるでしょう。それはなぜでしょう。この文章のどのようなところに，読み手を納得させる力，つまり説得力がありそうですか。予想してみてください。

> **ポイント**
> 「実験で証明しているから」「根拠となる事実があるから」「最初の実験だけでは足りず，二つもやっているから」「説明がうまいから」「グラフがあるから」「筋道を立てて説明しているから」などが予想される。これらを整理して，「意見と根拠の関係」「構成や展開の効果」という指導目標にまとめ，学習の見通しを立てる。（生徒が構成や展開という用語になじみが少ないなら意味を確認する）

T：皆さんの予想から，文章のどういうところに着目して学習すればよいか，見えてきましたね。この単元全体を通して，鈴木俊貴さんが書いたこの文章がもつ説得力の正体を考えていきましょう。

> **発展**
> ここで時間があれば，筆者のプロフィールや著書，科学・報道番組への出演などを紹介し，生徒の興味や関心を高める。

準備物：なし

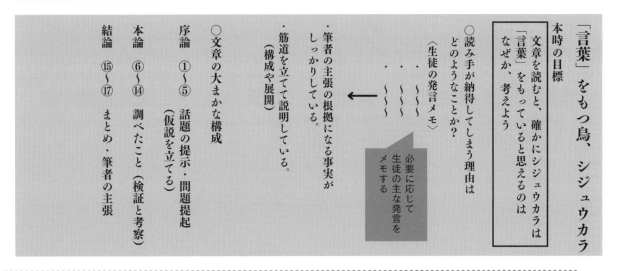

4 文章の大まかな構成をつかむ

○教科書 p.278「『学びのカギ』一覧　説明的な文章を読むために」の「文章の構成に着目する」を参照させ，序論・本論・結論と，その内容について復習する。

T：説明的な文章は一般に，序論・本論・結論で構成されますね。では本文をこの三つに分けましょう。段落でどこからどこまで，というようにノートに書いてみてください。

T：分けたら，前後や左右の人と話し合いましょう。どうしてそのように分けたのか，さきほどの「学びのカギ」を使って説明してみてください。

ポイント
教師は話し合いを確認し，意見が割れたグループに着目して，全体の話し合いに導く。正解を示すことではなく，序論・本論・結論の内容に注目させて話し合わせ，皆が納得できるように伝えさせる。

5 本時のまとめ

T：今日の学習で，文章の説得力の正体を考えるには，主張と根拠の関係や，文章の構成や展開の効果を考えることが大事だと分かりました。また，1学期に学習した説明的文章の構成を復習して使ってみることができました。

次の時間は，主に序論と本論を読んで筆者がどのような実験をしたのか，それでどのように証明されたのかを細かく見ていきましょう。

「言葉」をもつ鳥，シジュウカラ

2/5時間

指導の重点
・筆者の行った仮説，検証，考察を整理させる。

本時の展開に即した主な評価規準例（Bと認められる生徒の姿の例）
・事実と仮説，仮説と検証と考察など情報と情報との関係について理解している。【知・技】
・検証2の必要性について，根拠を明確にして考えている。【思・判・表】

生徒に示す本時の目標
筆者はどのような仮説を立て，どのように検証して考察したかを整理しよう

1　本時の目標を知る
T：前の時間では，序論・本論・結論という説明的文章の基本的な構成を確認しました。今日と次回で，筆者が仮説，検証，考察をどのように進めていったのか，文章の展開をたどりましょう。

> **ポイント**
> 教科書p.137「学びのカギ」にある【学習で用いる言葉】，【文章の展開の例】を読ませて，語句の意味の確認や，この文章の基本的な展開をおさえる。

2　序論を読み，筆者が立てた仮説を確認する
T：序論を読みましょう。研究のきっかけとなったのは，筆者がどのような事実を目撃したことでしたか。
T：この観察から，筆者はどのような仮説を立てましたか。
○ここで，文章全体の仮説を各自に記述させる。

○教科書にある二次元コードから，実際のシジュウカラの鳴き声を聞かせるとよい。

3　検証1を表にまとめる
T：この仮説を検証し，「ジャージャー」がヘビを表す「言葉」であることをどうやって証明していったのか，本論の展開を見ていきましょう。本論では大きくいくつの検証をしていますか。
○二つの検証があることを確認しておく。
T：ではこれを検証1，検証2として表にまとめていきましょう。先ほど読んだ「学びのカギ」にあるように，この文章は実験や観察をして，その結果に基づいて解釈や考察をしているという展開になっているので，その順番に表にまとめましょう。まず，検証1に取りかかってください。
○ワークシートを配布。 [WS]
○教科書p.136「学びへの扉」の2の①を読ませ，本時と次時の学習の見通しをもたせる。「検証の方法」の書き方は，「○○して，□□ならば，……。」とすることを注意する。

> **発展**
> 例として示したワークシートでは，検証1については，検証2をまとめる際の書き方の

準備物：ワークシート（紙，またはタブレット上で）

「言葉」をもつ鳥，シジュウカラ

本時の目標
筆者はどのような仮説を立て，どのように検証して考察したかを整理しよう

○序論　筆者が，どのような事実をもとに，どのような仮説を立てたか。

シジュウカラの親鳥が「ジャージャー」と鳴いてヘビを威嚇していた

という事実をもとに，

「ジャージャー」という鳴き声が「ヘビ」を表す単語ではないかという仮説を立てた。

○本論　二つの検証について表にまとめる。

ア　検証の目的
イ　検証の方法
ウ　実験・観察の手順
エ　結果
オ　結果に対する解釈・考察

> ヒントのために，穴埋め形式にしている。学習者の実態に即して，枠のみを与えるという方法もある。

4 生徒が整理した表を使って，検証1（本論前半）の展開を確認する

○表の順序に従って，まとめたことを確認する。
T：「実験・観察の手順」では，筆者はどうして三つの実験をしたのでしょうか。
○条件を変えて比較するという手順によって結果の確かさが生まれることをおさえる。
○グラフの効果も実感させる。
T：この実験結果からだけでは，「ジャージャー」は「ヘビ」を示す「単語」とは十分に主張できないと言っています。それはなぜですか。
○「ジャージャー」という鳴き声は「ヘビ」を意味するのか「下を見ろ」を意味するのか，これだけでははっきりしないと，筆者自ら実験の問題点を提示していることをおさえる。

> **ポイント**
> これらの手順や思考の展開，グラフでの表し方が「説得力の正体を考える」材料になる。

5 次時の見通しをもつ

T：ここまで，検証1の文章の展開を整理しました。筆者が自分の研究について，順を追って説明していること，それが文章の展開によく表れていることが分かりましたね。次の時間は，検証2を整理して，表の下の部分を完成させましょう。

「言葉」をもつ鳥，シジュウカラ

3／5時間

指導の重点
・筆者の行った仮説，検証，考察を整理させる。

本時の展開に即した主な評価規準例（Bと認められる生徒の姿の例）
・事実と仮説，仮説と検証と考察など情報と情報との関係について理解している。【知・技】
・検証2の必要性について，根拠を明確にして考えている。【思・判・表】

生徒に示す本時の目標
筆者はどのような仮説を立て，どのように検証して考察したかを整理しよう

1　前時の振り返りをして，本時の学習の見通しを立てる
T：前回は，検証1の展開を整理しました。筆者の検証の仕方や，読み手にそれを示している方法にはすぐれたところがあることも学びました。それはどのようなことでしたか。

○「条件を変えて比較している」「結果をグラフで表現している」「自分の検証の問題点を考えている」といったポイントを思い出させる。

T：検証1だけでは問題があるということを筆者が述べていました。検証2でそれを補完することになるので，問題点を確認しましょう。

○10段落を再読させるなどして，筆者の疑問を明らかにする。

ポイント
この二つの質問で，本時の学習の見通しを立てる。最初の質問の意図は，文章の構成や展開のよさに注意すること。二つめの質問の意図は，検証2で確かに問題点を解決できているのかに注意させること。

2　検証2の展開を表にまとめる
T：では，検証2を読んで，展開を表にまとめましょう。書き方が分からないときには，表の上の段の検証1をもう一度よく読んでヒントにし，文章中のどのようなことを書けばいいのか考えてください。

○ワークシート例では，検証2は自分で必要箇所を探してまとめるようになっている。生徒の状況によって，個別に適切なヒントを与えるようにする。

3　生徒が整理した表を使って，検証2（本論後半）の展開を確認する
T：「検証の方法」はどのようにまとめられますか。

○「ジャージャー」という鳴き声を聞いたときに，シジュウカラが木の枝をヘビと間違えて警戒行動をしたならば，「ジャージャー」という鳴き声からヘビの姿をイメージしたことになる。すなわち，「ジャージャー」がヘビを表す言葉であるということ。

○『動物たちは何をしゃべっているのか？』（山極寿一・鈴木俊貴著　集英社）では，筆者は，人間がただの影を見ても「心霊写真だ」と言われるとそのような気になってしまうという例を

準備物：前時のワークシート（紙，またはタブレット上で）

「言葉」をもつ鳥，シジュウカラ

本時の目標
筆者はどのような仮説を立て，どのように検証して考察したかを整理しよう

前時の振り返り
○検証１から分かった，すぐれた点
・条件を変えて比較している
・結果をグラフにしている
・自分の検証の問題点を考えている

○なぜ，「仮説の検証２」を行う必要があったのか。
検証１だけでは，「ジャージャー」という鳴き声を聞いて，シジュウカラがヘビの姿をイメージしているか，確かでないから。

本時
○検証２を表にまとめ，展開を確認する。
※検証１を例にして同じように書く

○筆者のメッセージについて考える。

出して，シジュウカラも「ジャージャー」と言われると，木の枝をヘビだと思い込んでしまうと説明している。

T：「実験・観察の手順」は，どんな比較をしていますか。

T：この比較によって，どうして「ジャージャー」はヘビを表す「単語」と言えるのでしょうか。

○ここでも比較実験を行っていることに注目させる。特に，グラフ５にあたる実験で，ヘビに似ていない動きをするとシジュウカラが確認行動をしないことから，「ジャージャー」が「下を見ろ」ではなく，「ヘビ」を表していることが分かることをおさえる。

○教科書の二次元コードから，実際のシジュウカラの行動の様子を写した映像を見る。

4 検証２でも表れている，構成や展開のすぐれた点を確認する

○検証２でも，条件を変えた比較が効果的であることや，グラフによって分かりやすく示されていることを確認する。

5 筆者のメッセージについて考える

○16～17段落を読んで，動物のもつ能力について追究する筆者の姿勢や，人間だけが高度の能力をもっているわけではないという考え方を知り，自分はどう思ったかを話し合う。

○複数の「単語」を組み合わせて，より複雑なメッセージを伝えていることなども分かってきたという文が第５時の学習にも関わるので，生徒の発言が出てきたら注目させたい。

6 次時への見通しをもつ

T：ここまで２時間で，筆者の仮説，検証，考察の展開をたどりました。次回はいよいよ，今までの学習から，説得力の正体に迫ります。

「言葉」をもつ鳥，シジュウカラ

（4/5時間）

指導の重点
・読み手を納得させるための構成や展開の工夫について考えさせる。

本時の展開に即した主な評価規準例（Bと認められる生徒の姿の例）
・文章の構成や展開の効果について，根拠を明確にして考えている。【思・判・表】
・進んで筆者の意見とそれを支える根拠との関係を理解し，学習の見通しをもって，文章のもつ説得力の正体を明らかにしようとしている。【主】

生徒に示す本時の目標
筆者は読み手に納得してもらうために，文章の構成や展開をどのように工夫しているか考えよう

1 本時の目標を知る
T：今日は単元の目標である，この文章の説得力の正体に迫ります。小さなシジュウカラが言葉をもっているということに，私をはじめ，多くの人がすでに納得していることと思いますが，それはなぜでしょう。

2 構成や展開の効果を考える
○p.137の「学びのカギ」を読む。
T：説得力があるということは，「その事実は，確かに意見を支えている」ということですね。そこで，【検討すること】に書いてある二つの点「事実の解釈に無理はないか」「事実と意見が確かに結び付くか」を，今まで読んできたことを基にして検討しましょう。

ポイント
単元の指導事項である「文章の構成や展開について，根拠を明確にして考える」ことを実施する場面。「その事実が，意見を十分に支えている」ということが根拠をもって言えるならば，構成や展開に説得力があったということだと「学びのカギ」では述べられている。

実験で分かった〜〜という事実から，〜〜と解釈・考察できる。つまり，筆者の仮説（意見）は正しかったという結論が成り立つという展開を確かめさせたい。

T：検証1と検証2の事実の解釈は，どの段落に書かれていますか。
○検討すべき箇所を全員で確認しておく。
T：検証1と検証2から，確かにシジュウカラが「言葉」をもっていると言えそうですか。事実と意見が確かに無理なく結び付くでしょうか。
○個人で考えさせた後，グループで話し合わせる。

発展
筆者の説明に疑問を呈する生徒も出てくることが予想される。例えば，観察の個体が少ないとか，「ジャージャー」だけで他に「言葉」と言えるものはないのか等。グループの中で検討させて，それでも残った妥当な疑問については，「ただし〜」というような付帯事項とさせる。

準備物：プロジェクター

「言葉」をもつ鳥、シジュウカラ

本時の目標
筆者は読み手に納得してもらうために、文章の構成や展開どのように工夫しているか考えよう

○ 構成や展開の効果を考えるために検討すること。
・事実の解釈に無理はないか
・事実と意見が確かに結び付くか

○ この文章の説得力の正体について考えよう。

（各グループの意見は、タブレット等で提出させて、プロジェクターで投影して読み合わせる）

この文章の説得力は〜というところにあると思う。なぜなら…．

○グループで話し合った結果は、タブレット等を使うなどして提出させ、全体で共有する。

T：筆者は、何回も検証を行い、根拠となる事実を積み重ね、それが妥当かどうかよく考察することで、自分の仮説を証明していますね。だから、この文章を読むと、多くの人が納得するということでしょう。

3 この文章の説得力の正体に迫る

T：では、今日学習したことや、今までの学習を振り返って、説得力の正体を説明しましょう。先ほどの話し合いの中で、疑問点の残る人もいましたが、説得力をもたせる工夫の見られる文章であることに異論はないと思います。
　どんな工夫があったのか、「ここに説得力があった」と考えたことを書いてください。

○タブレット等で提出する。

○説得力を高めるために工夫したことは、緻密な構成や展開の他にも、グラフを示すことや、自分の検証を疑い、他の可能性に言及するという筆者の態度を挙げる生徒もいると考えられる。ここは、学習したことを振り返った内容であればよいこととする。

ポイント
書きあぐねる生徒には、次のような書き方の例を示す。
・私は○○ということが説得力につながっていると思う。具体的には〜〜という箇所である。なぜそう思ったかというと……。
・私はこの文章の説得力の正体は○○と書いてあるところだと考える。なぜそう思ったかというと……。

4 本時のまとめと次時の見通し

○何人かの生徒の書いた「説得力の正体」を紹介する。

T：次の時間は、この検証の続きの実験を読んで、皆さんが考えた説得力が表れているかを考えましょう。

「言葉」をもつ鳥，シジュウカラ

指導の重点
・文章を比較して説得力について更に考えさせる。

本時の展開に即した主な評価規準例（Bと認められる生徒の姿の例）
・文章の構成や展開の効果について根拠を明確にして考えている。【思・判・表】

生徒に示す本時の目標
文章を比較して，説得力の正体にもっと迫ろう

1　本時の目標を知る
T：今まで皆さんは，筆者が書いた文章を読んで，文章の構成や展開の効果について考えてきました。筆者が様々な工夫をこらして，シジュウカラが「言葉」をもっていることについて読者を納得させようとしていましたね。今日は，筆者の研究について他の人が書いた文章と読み比べることで，説得力がどのように生まれるかということをもっと浮き彫りにしていきたいと思います。

2　比較の対象となる紹介文を読み，内容をつかむ
○「NHK サイエンス ZERO」HP　読むZERO「【世界初】鳥の言葉を証明！シジュウカラの鳴き声が示す単語と文法とは」をタブレット等で読む。
○紹介文の前半は，鈴木氏の研究のうち教科書と同じ部分について述べていて，後半はシジュウカラの「作文能力」について述べていることを確認する。
T：筆者はシジュウカラの作文能力を証明するために，どのような実験をしていますか。
○「語順を入れ替える」「一緒に暮らすコガラの言葉と組み合わせている」の二つの実験をしていることを指摘させる。
T：この文章は何の目的で，誰が書いたものでしょうか。
○この文章は筆者の研究についての番組の内容紹介であり，書いた人も違うことを確認する。

3　構成や展開の共通点や相違点を考える
T：二つの文章の構成や展開の共通点や相違点を考えましょう。

> **ポイント**
> 共通点は二つの検証をして自分の考えを証明していることが挙がるだろう。
> 相違点は，2・3時で使ったワークシートの「観点」を振り返らせると，紹介文の展開は仮説→検証→考察・解釈→結論という明確な流れになっていないことに気付く。さらに，検証1だけで足りずに検証2を行った理由が明確でない。また，グラフがないことを指摘する生徒もいるだろう。

準備物：なし

「言葉」をもつ鳥、シジュウカラ

本時の目標
文章を比較して、説得力の正体にもっと迫ろう

構成や展開
○本文と番組紹介文の共通点・相違点
〈生徒の発言メモ〉
・〜〜〜
・〜〜〜
・〜〜〜

説得力
〈各グループの意見メモ〉
・〜〜〜
・〜〜〜
・〜〜〜

○仮説を検証する形で自分の意見を述べることの効果を挙げよう。

4　説得力の違いとその理由を考える

T：二つの文章を比較して，説得力という点ではどう違うでしょうか。読者を納得させる工夫が多いのはどちらだと思いますか。なぜそう思ったのかも含めて，個人で考えてからグループで話し合ってみましょう。

○前回書いた，自分が考える「説得力の正体」を思い出して比較させる。

○「理由」を言わせることで，思考の順を追った明確な文章構成や意見を支える根拠の確かさ（グラフも含めて）が，説得力の違いを生んでいることを話し合いの中で明らかにする。

> **ポイント**
> 　紹介文は，番組という映像が主であることや，鈴木氏の研究のユニークさを際立たせる「ルー語」にフォーカスしている点など，目的が違っていることで説得力を高めることへの重心のかけ方が違っていることに気付かせたい。

> **発展**
> 　時間があれば，番組のダイジェスト（NHKラーニング「シジュウカラが言葉を操ることを証明。ヒントはルー大柴さん！」）を視聴する。

5　単元全体を振り返る

T：今まで学習してきたことを二つの点から振り返りましょう。
　この単元では，仮説を検証する形で自分の意見を述べるという文章展開を学びました。第一に，このような展開にすることで，読み手に対してどのような効果がありますか。第二に，自分ならこれをどのような場面で使ってみたいでしょうか。振り返って書いてください。

○タブレット等で提出させ，何人かの生徒の意見を紹介する。

5　筋道を立てて

思考のレッスン1　意見と根拠　（1時間）

1　単元の目標・評価規準

・原因と結果，意見と根拠など情報と情報との関係について理解することができる。
〔知識及び技能〕(2)ア
・言葉がもつ価値に気付くとともに，進んで読書をし，我が国の言語文化を大切にして，思いや考えを伝え合おうとする。　　　　　　　　　「学びに向かう力，人間性等」

知識・技能	原因と結果，意見と根拠など情報と情報との関係について理解している。　((2)ア)
主体的に学習に取り組む態度	学習課題に粘り強く取り組む中で，根拠の正確性や客観性に留意し，その根拠に無理のない理由づけをすることによって意見の信頼性を高めようとしている。

2　単元の特色

教材の特徴

　本教材は，第1学年に設けられた「思考のレッスン」の二つのうち最初に学ぶものとなっている。
　「意見と根拠」という説明的文章を正確に読み解いていくにあたって必要になる概念を，実際に説明的文章を読んだ後（あるいは意図的に前）に改めて授業で取り上げて学習することで，言葉の定義を確認し，学習問題に取り組むことで理解を深められる教材である。

身に付けさせたい資質・能力

　本単元では，学習指導要領2(2)ア「原因と結果，意見と根拠など情報と情報との関係について理解する」力を育成することに重点を置く。この資質・能力を身に付けさせるために，練習問題を通して，「根拠」という言葉の定義や，「意見」に「根拠」を適切に「理由づけ」することを理解できるよう指導する。
　なお，国立教育政策研究所は，令和5年度全国学力・学習状況調査の結果から，生徒は「情報と情報との関係について理解することに課題がある」[i]と分析している。そしてその指導改善のポイントとして「『原因と結果』，『意見と根拠』，『具体と抽象』などの基本的な情報と情報との関係について理解し，実際に話したり聞いたり書いたり読んだりする場面で活用できるように指導することが大切である」[ii]と指摘している。

このことからも，本単元「意見と根拠」についての学習が，この1時間の授業で独立・完結することのないよう留意したい。本単元の学習後に，説明的文章で，筆者の意見とその根拠，理由づけの妥当性を確認してみたり，言語活動において意識的に生徒自身が自分の意見とその根拠，理由づけについてセルフチェック等を行ったりする活動を設けることが大切である。

3　学習指導計画（全1時間）

時	○主な学習活動	☆指導上の留意点　◆評価規準
1	○本単元の学習課題「説得力のある意見にするためにどのような根拠が必要か学ぶ」を知り，学習の見通しをもつ。 ○教科書の練習問題に取り組みながら，学習課題への考えを深める。 ○単元の学習を振り返り，学んだことを活用しながらまとめの課題に取り組む。	☆意見を支える根拠には，正確性と客観性が必要であること，意見と根拠を無理なく結び付けることが大切なことを押さえさせる。 ◆適切な根拠や，意見と根拠の結び付きについて理解している。【知・技】 ◆学習課題に粘り強く取り組む中で，根拠の正確性や客観性に留意し，その根拠に無理のない理由づけをすることによって意見の信頼性を高めようとしている。【主】

---

i　国立教育政策研究所「令和5年度　全国学力・学習状況調査の結果」p.7
　https://www.nier.go.jp/23chousakekkahoukoku/report/data/23summary.pdf（参照2024-8-1）
ii　同上

思考のレッスン1　意見と根拠

指導の重点
・説得力のある意見にするためにどのような根拠が必要か理解させる。

本時の展開に即した主な評価規準例（Bと認められる生徒の姿の例）
・適切な根拠や，意見と根拠の結び付きについて理解している。【知・技】
・学習課題に粘り強く取り組む中で，根拠の正確性や客観性に留意し，その根拠に無理のない理由づけをすることによって意見の信頼性を高めようとしている。【主】

生徒に示す本時の目標
説得力のある意見にするためにどのような根拠が必要か理解しよう

1　本単元の学習課題を把握する

T：今回の授業では「意見と根拠」という言葉について学習します。「意見」を「自分の考え」だとすると，「根拠」はどのようなものだと考えられますか。

○生徒の発言の中から「そう考えた理由」「考えが正しいことの証拠」「意見のもとになった事実」といった言葉が出るものと思われる。それらを取り上げ，考えを深める。

T：それでは，「根拠」とは何かを確認し，説得力のある意見にするためにどのような根拠が必要か考えていきましょう。

ポイント
教科書を開く前に，そもそも「根拠」とは何か生徒自身に予想させる。

2　教科書 p.138上段と中段を音読する
○根拠とは，意見の正しさを裏付けるものであり，事実を示すことが大切であると理解する。

3　教科書 p.138下段の練習問題に取り組む
T：教科書の問題1を解いてみましょう。
○5分程度時間をとる。
（取り組み状況によって次のヒントを出す）
T：問題1①～③は，いずれも二文からできています。片方は意見，片方は根拠として考えることができます。まず問題文を意見と根拠に分けてから，その根拠が適切かどうかを考えてみましょう。
○提示した時間が来たら，ペアあるいはグループで考えを交流する。
○指名あるいは挙手で，全体で考えを共有する。
T：問題1①と③は，教科書 p.138中段にあるように，自分の考えを根拠としているので適切ではありません。②はアンケート結果という事実を根拠としているので適切と言えそうですね。それでは，事実を根拠にしてさえいれば何も問題ないのでしょうか。

発展
生徒の実態に応じて，問題1①と③に，どのような根拠があれば適切な根拠であると言えるか考えることで，生徒の思考を促すこと

準備物：ワークシート

思考のレッスン1　意見と根拠

本時の目標
説得力のある意見にするためにどのような根拠が必要か理解しよう

○意見…自分の考え
○根拠…〜〜／〜〜／〜〜
　※意見の正しさを裏付ける証拠
○理由づけ…根拠が意見とどう結び付くかの説明

まとめ
・意見には根拠を示す。
・根拠は正確で客観的（≠主観的）な事実。
・無理のない理由づけにする。

も考えられる。

4　教科書p.139上段を音読する
○根拠は事実をもとにしていることが大前提として、意見との結び付きである理由づけも重要であることを確認する。

5　教科書p.139下段の練習問題に取り組む
T：教科書の問題2を解いてみましょう。
○5分程度時間をとる。
○提示した時間が来たら、ペアあるいはグループで考えを交流する。
○指名あるいは挙手で、全体で考えを共有する。
T：問題2①は「（記名することでごみを出す人に責任感が生じるからか）記名することでN市のように私たちの地域でもごみが減ることが期待できるからだ」、③は「基礎体力の向上で、疲労によるプレーの低下が軽減され、勝てる試合が多くなるからだ」といったことが考えられますね。それでは教科書p.139左上のチェックポイントで大事なポイントを確認しましょう。

6　まとめ
T：最後にまとめとして、次の三つの意見のうち一つを選び、その意見の説得力を上げるための根拠と理由づけを考えてもらいます。
・「（保護者に対して）お小遣いの金額を上げて欲しい」
・「（保護者に対して）自分用の携帯電話を買って欲しい」
・「（学校に対して）○○という校則を改善したい」
○5分程度時間をとる。
○本時ではデータ探しをすることに主眼を置かないため、根拠となる事実は、実際にそういうデータがあるか確認しなくても、そのようなデータが事実としてあれば根拠になるというものを書いてもよいことにする。
　例）「中学生のお小遣い額が多いほど学力も高い傾向がある」（お小遣いと学力の関係が分かるデータが根拠になる）等
○記述したものは回収し、いくつかの意見は次の授業の冒頭で全体に共有する。

ポイント
中学生が客観的な事実ではなく自分の気持ちを理由として訴えそうな内容について課題にすることで、意欲的に根拠と理由づけを考えられるようにする。

5　筋道を立てて

根拠を明確にして書こう　資料を引用して報告する　（5時間）

1　単元の目標・評価規準

- 比較や分類，関係付けなどの情報の整理の仕方，引用の仕方や出典の示し方について理解を深め，それらを使うことができる。　〔知識及び技能〕(2)イ
- 根拠を明確にしながら，自分の考えが伝わる文章になるように工夫することができる。　〔思考力・判断力・表現力等〕B(1)ウ
- 根拠の明確さなどについて，読み手からの助言などを踏まえ，自分の文章のよい点や改善点を見いだすことができる。　〔思考力・判断力・表現力等〕B(1)オ
- 言葉がもつ価値に気付くとともに，進んで読書をし，我が国の言語文化を大切にして，思いや考えを伝え合おうとする。　「学びに向かう力，人間性等」

知識・技能	比較や分類，関係付けなどの情報の整理の仕方，引用の仕方や出典の示し方について理解を深め，それらを使っている。　((2)イ)
思考・判断・表現	「書くこと」において，根拠を明確にしながら，自分の考えが伝わる文章になるように工夫している。　(B(1)ウ) 「書くこと」において，根拠の明確さなどについて，読み手からの助言などを踏まえ，自分の文章のよい点や改善点を見いだしている。　(B(1)オ)
主体的に学習に取り組む態度	適切に引用した根拠を示しながら，そこから考えた自分の考えが伝わるよう学習の見通しをもってレポートを作成しようとしている。

2　単元の特色

教材の特徴

　本教材には，身近なテーマについての統計資料などを引用して報告の文章を書くにあたっての，留意点や構成の方法などの具体例が示されている。生徒にはそれらを学んでから，実際に報告の文章を書くことで，理解した内容を活用できる知識として定着させたい。

　既に「情報を整理して説明しよう　発見したことをわかりやすく書く」「情報収集の達人になろう」で学んだ情報収集やその整理・取捨選択の方法，「『言葉』をもつ鳥，シジュウカラ」で捉えた「筆者が『事実』から『意見』に展開した方法」など，これまで学習した内容を想起させながら指導する。特に直前の単元の「思考のレッスン１　意見と根拠」で学んだ「適切な根拠や，意見と根拠の結び付きについて理解」したことを踏まえた学習活動にしていきたい。

身に付けさせたい資質・能力

　本単元では，学習指導要領Ｂ　書くこと(1)ウ「根拠を明確にしながら，自分の考えが伝わる文章になるように工夫する」力を育成することに重点を置く。この資質・能力を身に付けさせるための言語活動として学習指導要領に例示されている(2)ア「本や資料から文章や図表などを引用して説明したり記録したりするなど，事実やそれを基に考えたことを書く活動」の趣旨を生かして「文章や図表を引用したレポートを作成する」活動を設定する。

　資料を適切に引用することを大切にして，次にその引用を基にして，自分の考えや意見がそこから飛躍しすぎたり不自然になったりしないように意識させる。

　なお今回の単元の目標に関連する内容として，国立教育政策研究所は，令和５年度全国学力・学習状況調査の結果から，「自分の考えが伝わる文章を書くためには，自分の考えが確かな事実や事柄に基づいたものであるかを確認した上で，考えを支える根拠として示す事例等を検討し，考えと事例等との関係を明確にして記述できるように指導することが大切である」[i]と指摘している。今回の授業においても，引用する資料，事例の検討や，自らの考え・意見との関係について考えを深める活動を取り入れ，資質・能力を向上させる。

3　学習指導計画（全５時間）

時	○主な学習活動	☆指導上の留意点　◆評価規準
1	○本単元の課題「文章や図表を引用したレポートを作成しよう」を知り，学習の見通しをもつ。 ○レポートの型について確認し，個人が調べるテーマを設定する。	☆教科書 p.142 の例で書き方を確認するが，全ては書かれていないことに留意させる。 ◆レポートの構成要素について確認し，自分が興味をもったテーマを設定しようとしている。【主】
2・3	○設定した個人のテーマについて調べる。 ○構成を確認し，集めた情報を整理する。	☆必要な情報の見通しをもって調べさせる。 ◆自分のテーマに必要な情報を考え，見通しをもってレポートを作成しようとしている。【主】
4	○下書きをグループで読み合う。 ○推敲してレポートを完成させる。	☆漠然とした感想にならないよう，教科書 p.143 の「助言をするときの観点の例」を参考にする。 ◆引用の仕方や出典の示し方について理解を深め，それらを使っている。【知・技】 ◆根拠を明確にしながら，自分の考えが伝わる文章になるように工夫している。【思・判・表】
5	○観点に沿って自分のレポートを振り返る。	◆根拠の明確さなどについて，読み手からの助言などを踏まえ，自分の文章のよい点や改善点を見いだしている。【思・判・表】

---

[i] 国立教育政策研究所「令和５年度　全国学力・学習状況調査の結果」p.8
　https://www.nier.go.jp/23chousakekkahoukoku/report/data/23summary.pdf（参照2024-8-1）

根拠を明確にして書こう　資料を引用して報告する

1／5時間

指導の重点
・レポートの型を確認し，自分が調べるテーマを設定させる。

本時の展開に即した主な評価規準例（Bと認められる生徒の姿の例）
・レポートの構成要素について確認し，自分が興味をもったテーマを設定しようとしている。【主】

生徒に示す本時の目標
レポートの型を確認し，自分が調べるテーマを設定しよう

1　本単元の学習課題を把握する
T：みなさんが先日学んだ「『言葉』をもつ鳥，シジュウカラ」は，実験データという事実を引用しつつ，それを踏まえて筆者が意見を述べる説明的文章でした。今回はみなさんに事実を基に意見等を述べて報告する文章であるレポートを書いてもらおうと思います。大変かもしれませんが，ここでレポートの基礎を学ぶことで，社会や理科，総合的な学習の時間でレポートを作成するときも役に立つので頑張りましょう。

> **ポイント**
> レポートの書き方を学ぶ動機づけを行う。

2　レポート作成の見通し，注意点を確認する
○教科書 p.140でレポート作成の流れを確認し見通しをもたせ，p.141で情報を引用するときの注意点を確認させる。

3　レポートの構成要素を学ぶ　WS1
○教科書 p.142を読みながら，レポートにはどのようなことを書く必要があるのか確認する。
T：レポートには何が必要なのか教科書 pp.142-143を読みながら確認しましょう。（確認後）この例には，省略して書かれていないことがありますがそれは何でしょうか。
○個人で3分ほど考えさせる。
○難しいようであれば，レポートの中の二重波線は，内容を区切っているのではなく，省略を表していることを伝える。
○グループで考えを交流した後，挙手あるいは指名して全体で共有する。
T：一つは，考察が途中で終わっていますね。書かれているのは，分かったこと，事実が中心なので，みなさんはこれに加えて自分の意見を書くことにします。
　もう一つは，調査の結果が途中で終わっていますね。調査の方法①に対する結果だけになっています。方法②③に対する結果も書く必要がありますね。調査結果②③を書くとして小見出しをつけてみましょう。
○個人で3分ほど考えさせる。
○グループで考えを交流した後，挙手あるいは指名して全体で共有する。

準備物：ワークシート

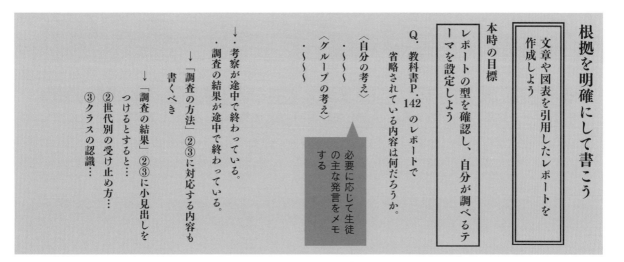

○その他，調査の方法では「複数の国語辞典で確認した」とあるが，結果として記しているのは三つの辞典であることに注目させ，調べたこと全てを書く必要はないことを確認させる。

4　自分が調べるテーマを考える

○テーマを設定するにあたって，教科書の「敷居が高い」のように，誤用も広がっている言葉として，文化庁の「国語に関する世論調査」[i]より「涼しい顔をする」（令和4年度），「姑息」「割愛する」（ともに令和3年度），「がぜん」「破天荒」（ともに令和2年度）といった言葉についてのアンケートをとる。Google Formsなどでアンケートをとった場合はその場で結果を提示する。

T：それでは，自分が作成するレポートのテーマを，アンケートをとった言葉の中，あるいは教科書pp.144-145の統計資料を参考にするか，日頃自分が考えている疑問で調べてみたいことを考えて設定してみましょう。

発展
教科書の例のような「日常でこの言葉を疑問に思ったので調べたい」といった動機のない生徒がいることも想定し，テーマ決めで時間を費やすことのないようある程度の型を提示した授業展開を今回は提案する。生徒の実態に応じて，自由度や条件を設定する。

○各自，テーマを設定し，そのテーマにした理由を記入する。

5　次時の見通しをもつ

T：次回は，実際に設定したテーマについて調べていきます。調査の方法などについて考えておきましょう。

---

i　文化庁「国語に関する世論調査」
　https://www.bunka.go.jp/tokei_hakusho_shuppan/tokeichosa/kokugo_yoronchosa/index.html
　（参照2024-8-1）

根拠を明確にして書こう　資料を引用して報告する

指導の重点
・自分が設定したテーマについて調べさせる。

本時の展開に即した主な評価規準例（Bと認められる生徒の姿の例）
・自分のテーマに必要な情報を考え、見通しをもってレポートを作成しようとしている。【主】

生徒に示す本時の目標
見通しをもって、自分の設定したテーマについて調べよう

1　調査の方法を確認する
○図書室で授業を行う。
T：この時間からは、前回設定したテーマについて調べていきます。この時間と次回の2時間で調べて下書きを完成させます。
T：調査の方法にはどのようなものがありますか。
○個人で3分ほど考えさせる。
○グループで考えを交流した後、挙手あるいは指名して全体で共有する。

2　調査の見通しをもつ
T：教科書p.142に載っている例の「『敷居が高い』はどういう意味で使われているか」では、①国語辞典で確認した意味、②この言葉に関する世代別世論調査、③クラスメイトからとったアンケートの三つの情報を引用しています。これは「どういう意味で使われているか」というテーマにしたので、①本来の意味はこうだけれども、②世代によっても違う使い方をしていて、③自分の周囲ではこのように使っている、という情報が必要だったからだと考えられます。

それでは、テーマを「『敷居が高い』はなぜ間違った意味で使われているか」にすると、どのような情報が必要だと思いますか。
○個人で3分ほど考えさせる。
○グループで考えを交流した後、挙手あるいは指名して全体で共有する。
○「本来の意味」「類似した言葉の有無」「いつから誤用が見られ始めたか」などが想定される。
T：自分が設定したテーマによって、必要な情報が変わってきます。調べ始める前に、自分はどんな情報が必要か考えてみましょう。
○個人で3分ほど考えさせる。
○グループで考えを交流した後、挙手あるいは指名して全体で共有する。

ポイント
漠然と情報を探すのではなく、狙いや見通しをもって調べるよう働きかける。

3　実際に調べる
○調べた情報をレポートに引用するときに必要になる情報をメモしておくよう指導する。限られた時間で調べるため、全て記録するのが大変な場合は、例えばインターネットのサイトであれ

準備物：なし

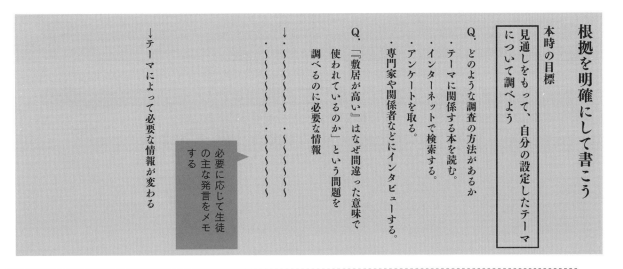

　　ばサイト名とURLを文章作成ソフトに貼り付けて保存したり，本の奥付をタブレット等のカメラ機能を用いて撮影しておいたりしてもよい。
○レポートに使うか使わないかは，情報を整理するときに判断すればよいので，関連する情報は記録しておくよう指導する。
○生徒で，改めてクラス全体にアンケートをとりたい項目がある生徒がいないか確認し，いた場合は授業時間内でアンケートをとる時間を確保する。

4　調べた情報を整理する
○調べた情報を確認し，類似したものはまとめる。
○自分のテーマを再確認し，レポートで使う情報と使わない情報に分類する。例にならって調査の方法と結果の項目は各3点前後にする。

5　下書きをする
○教科書p.142に載っている例のフォーマットを参考に，下書きを行う。
○次時の下書きの交流を効率よく行うため，基本的にレポートの作成はタブレット等を用いるよう伝える。
○第1時で確認したように，考察には「引用した情報・事実から分かったこと」に加えて，「そこから考えた自分の意見」も忘れずに書くように指導する。

6　次時の見通しをもつ
T：次回は，下書きをグループで読み合って，引用の仕方や考察について助言をし合います。下書きに過不足がないか確認しておきましょう。

根拠を明確にして書こう　資料を引用して報告する

（4／5時間）

指導の重点
・アドバイスを参考に、適切な引用をしたレポートを完成させる。

本時の展開に即した主な評価規準例（Bと認められる生徒の姿の例）
・引用の仕方や出典の示し方について理解を深め、それらを使っている。【知・技】
・根拠を明確にしながら、自分の考えが伝わる文章になるように工夫している。【思・判・表】

生徒に示す本時の目標
　アドバイスを参考にして、適切な引用をしたレポートを完成させよう

1　アドバイスの観点を確認する
T：この時間では、みなさんが書いたレポートの下書きをグループで読み合い、アドバイスを送り合ってもらいます。ただし、「何となくよいと思う」とか「なにかおかしい気がする」といった漠然とした感想では、具体的に文章を改めるアドバイスにはなりません。教科書を見てどのようなアドバイスが適切なのかを確認しましょう。
○教科書 p.143の「助言をするときの観点の例」を見て確認する。

2　グループで下書きを読み合う
○生徒がアクセスできる共有のフォルダ内に、グループごとのフォルダを作り、自分のグループのフォルダに下書きを保存するなどして、グループのメンバーが一斉に下書きを読める状態にする。（グループは四人程度を想定）
T：それでは、これからグループでお互いの下書きを読み合ってもらいます。アドバイスは、その人のレポートを「よりよく」するためのものです。間違いがあったら見逃さずに指摘してあげるのが優しさですが、攻撃する訳ではないので気をつけましょう。

ポイント
　助言は否定ではなく、ともに作品を作り上げる肯定的な行為であることを共通認識させる。

○教員が一人の下書きにつき5分を計時し、その間に生徒は黙読し、観点に沿ってアドバイスを記入する。（生徒が慣れている場合は、文章作成ソフトのコメント機能を用い、ソフトの操作に時間がかかるようであれば各自のプリントに記入する。）

3　グループでアドバイスを送り合う
　　⬇ **WS2**

T：それでは、これからレポートの作成者に対して他のメンバーからアドバイスを送ってもらいます。一人につき5分時間をとります。メンバーは一人ずつ、先ほどの「助言をするときの観点の例」に沿ってアドバイスを送ってください。
○アドバイスの時間が余った場合は、次のアドバイスに進まず、内容についての質疑応答などを

準備物：ワークシート

根拠を明確にして書こう

本時の目標

アドバイスを参考にして、適切な引用をしたレポートを完成させよう

○ アドバイスの観点
・項目と内容は合っているか
・調査の「目的」「方法」「結果」「考察」に一貫性はあるか（飛躍していないか）
・引用の方法は適切か
　→引用部分は「　」でくくっているか
　　出典が明記してあるか
・参考文献は、正確に示されているか

行うよう指示する。
○グループ内の話し合いでは解決できないことがあったら保留し、後ほど教員に確認するよう伝える。

> **発展**
> 　交流のメインは、考察の中身等ではなく引用の仕方についての確認であるので、グループ分けは通常の座席を基にしたものでよい。ただし、生徒の実態に応じて、似たようなものをテーマにしたもの同士でグループを作って交流し、考察についてもアドバイスを送り合ってもよい。そうすることで、対話を通して考えがさらに深まることが考えられる。

4　推敲してレポートを完成させる
○アドバイスと自分の考えが食い違う場合、引用の仕方など、正式な方法があるものは教科書で再確認したり、他の友人や教員に聞いたりして解決する。
○考察についてのアドバイスが、作成者本人が受け入れられないものである場合もある。そのときは、無理にアドバイスを反映する必要がないことを伝える。

○推敲した後、教科書 p.143 の「助言をするときの観点の例」を見て、最後のセルフチェックを行う。

5　次時の見通しをもつ
T：次回は、レポート作成のまとめとして、自分のレポートで工夫した点などを振り返ります。またクラス全体でレポートを読み合います。今日グループのメンバーからもらったアドバイスを基に、自分が納得のいくレポートにしておきましょう。

根拠を明確にして書こう　資料を引用して報告する

5／5時間

指導の重点
・自分のレポート作成を振り返らせる。

本時の展開に即した主な評価規準例（Bと認められる生徒の姿の例）
・根拠の明確さなどについて、読み手からの助言などを踏まえ、自分の文章のよい点や改善点を見いだしている。【思・判・表】

生徒に示す本時の目標
自分のレポート作成を振り返ろう

1　振り返りの観点を確認する
T：今回はレポートを書く単元の最後の時間になります。みなさんが書いた自分のレポートとその作成過程を振り返りましょう。単元の冒頭で伝えたように、他の教科等でレポートを書くときに活用できる知識と力として定着させる時間にしたいと思います。振り返りの後は、みなさんの力作をクラスで読み合って、成果を分かち合いましょう。

○教科書p.143の「振り返る」を読み、「どのようなことに注意して、資料を引用したか」「根拠を明確にして自分の考えが伝わる文章を書くために、どんなことに注意したか」「説明や報告の文章を読むときに、引用のしかたに注意することでどのようなよいことがあるか」の三つの観点を確認する。

2　三つの観点に沿って自分のレポート作成を振り返る
T：それでは、これから観点に沿って、自分がレポート作成をするときに学んだこと、工夫したことを振り返ります。振り返って言語化してそれを意識しておくことで、今後レポート作成をするときにも応用ができます。　**WS3**

○振り返るにあたって、自分のレポートを再読し、作成の過程を想起させる。

○教科書p.143の「振り返る」の三観点について、個人で6分ほど考える。やや抽象的な表現でもあるので、板書案のように言葉を少し補足する。

○今回の振り返りでは、反省や「もっとこうすればよかった」といった内容は不要なので、二点目の観点であれば「根拠を明確にして自分の考えが伝わる文章を書くために注意したこと」のように、注意できたことを遠慮せずに書くよう指導する。

3　グループと全体で意見を交流・共有する
○四人程度のグループを作り、教師が計時して各項目4分、合計12分ほど話し合い考えを共有する。

> **ポイント**
> 　一つ目の観点は知識に関することなので、収束に向かう話し合いに、二つ目三つ目の観点は工夫やよさに関することなので、拡散した意見をグループ分けなどしてまとめる話し合いになることを伝える。

準備物：ワークシート，ミニホワイトボード

根拠を明確にして書こう

本時の目標
自分のレポート作成を振り返ろう

○振り返りの観点
・資料を引用するときに注意したこと
（引用の仕方で知っていること）
↓
・～～～～　・～～～～
・～～～～　・～～～～
・根拠を明確にして自分の考えが伝わる文章を書くために注意したこと
（根拠とともに意見を書くときの工夫、意見だけの文章を書くときと何が違うか）
↓
・～～～～　・～～～～
・～～～～　・～～～～
・説明や報告の文章を読むときに、引用の仕方に気をつけるとどのようなよいことがあるか
（逆に、気をつけなければどのような不都合があるか）
↓
・～～～～　・～～～～
・～～～～　・～～～～

○グループで考えを交流した後，全体で共有する。

ポイント
単元のまとめであるため，各グループの意見を全体で共有する。そのために，各グループでミニホワイトボードにまとめたものを黒板に貼って並べたり，Google Jamboard 等に打ち込んで一覧にしたりするなどして全体での共有を図る。

○授業者が補足等の説明を加える。

4　クラス全体でレポートを読み合う

○生徒がアクセスできる共有のフォルダ内に，完成したレポートを保存するクラスのフォルダを作り，クラス全員が一斉に完成したレポートを読める状態にする。

T：それでは，これからクラスメイトがどのようなレポートを作成したのか，読み合う時間にしたいと思います。フォルダの中から他の生徒のレポートを読んでいってください。その際，「この情報の引用は効果的で素晴らしい」レポートや「この考察は深く説得力がある」レポートがあればメモをしておいてください。

○ Google Forms などのアンケート機能を使って，「情報の引用が素晴らしいレポート」「深く説得力のある考察があるレポート」といった観点で投票し，後日発表や表彰をするなどして次回以降の「書くこと」に対して肯定的なイメージをもたせてもよい。

○生徒からの投票では選ばれなかったが，全体で共有すべき点のあるレポートは後日でも取り上げ，価値づける。

5　単元のまとめ

T：この単元ではレポートの作成を通して，情報や資料を引用し，それを根拠にしながら自分の考えが伝わる文章になるように工夫する力を身につけました。レポートを書く力はもちろんですが，情報を適切に引用した経験を通して，例えば誇大広告などを読んでも情報の引用についておかしなところはないかなどと疑う力もつきました。日常生活で生かしていきましょう。

5　筋道を立てて

漢字に親しもう3　（1時間）

1　単元の目標・評価規準

・小学校学習指導要領第2章第1節国語の学年別漢字配当表に示されている漢字に加え，その他の常用漢字を読むことができる。また，学年別漢字配当表の漢字を書き，文や文章の中で使うことができる。　〔知識及び技能〕(1)イ
・言葉がもつ価値に気付くとともに，進んで読書をし，我が国の言語文化を大切にして，思いや考えを伝え合おうとする。　「学びに向かう力，人間性等」

知識・技能	小学校学習指導要領第2章第1節国語の学年別漢字配当表に示されている漢字に加え，その他の常用漢字を読むことができる。また，学年別漢字配当表の漢字を書き，文や文章の中で使っている。　((1)イ)
主体的に学習に取り組む態度	身近にある文章から自然に関する言葉を探し，意味や読み書きを知ろうとしている。

2　単元の特色

教材の特徴

　「漢字に親しもう」は，小学校で学習した漢字を復習するとともに，新出音訓，新出漢字について学習するものである。短文の中での読み方，使い方の練習や，文・文章作りなどを通して，実生活において漢字を活用できる力を育てることを目標としている。小学校での学習を生かしながら，生徒が新たな言葉に出合う場となるよう指導をしていく。
　ここでは，自然に関する言葉や漢字が取り上げられている。生徒が自分の身近にある文章の中からも積極的に自然に関する言葉を探し，文章を読んだり書いたりする際に生かせる力を育てる。

身に付けさせたい資質・能力

　本教材で扱われる練習問題は，自然に関する漢字の読み書きである。これをきっかけとして，自然に関する文章を積極的に読もうとする態度を養っていく。また，日常生活の中で，進んで漢字を使って自分の考えや思いを伝えようとする姿勢を育てる。

3 学習指導計画（全1時間）

時	○主な学習活動	☆指導上の留意点　◆評価規準
1	○新出漢字・新出音訓の確認。 ○練習問題について取り組む。 ○SDGsの自然に関連する資料を読み，グループで気になった熟語を取り上げる。 ○グループで気になった熟語を取り上げ発表する。	☆使い慣れない漢字を身の回りの課題と照らし合わせて使えるよう，SDGsを話題としてグループワークを行う。 ◆自然に関わる漢字について，意味を理解しながら文を読んだり書いたりしている。【知・技】 ◆学習課題に沿って，熟語を探し，意味を理解しようとしている。【主】

1/1時間 漢字に親しもう3

指導の重点
- 常用漢字やそれ以外の漢字を読んだり書いたりさせる。
- 学習課題に沿って，積極的に漢字を読んだり書いたりさせる。

本時の展開に即した主な評価規準例（Bと認められる生徒の姿の例）
- 自然に関わる漢字について，意味を理解しながら文を読んだり書いたりしている。【知・技】
- 学習課題に沿って，熟語を探し，意味を理解しようとしている。【主】

生徒に示す本時の目標
自然に関する漢字について意味を捉え，読んだり書いたりしよう

1　新出漢字・新出音訓を確認する
○フラッシュカードや，視覚教材を準備し，新出音訓の読みを確認する。また，二次元コードから漢字一覧表を確認してもよい。

2　練習問題に取り組む　
○教科書 p.146 の問題1～3に取り組ませる。
○問題1については，一語ずつ使って，一文を作ってもよい。
○最初の5分は個人の時間にする。その時間に終わった生徒がいたら，教科書 p.257 にある，「［練習］小学校六年生で学習した漢字」に取り組ませる。
○問題1については，生徒同士で文章を読み合い，意味の通るものになっているか互いに確認するよう伝える。
○問題2・3については，全体で答えを発表させ，確認する。

ポイント　分からない漢字についての解決方法
国語辞典や，教科書の漢字一覧表を参照するなどして分からない字は調べる習慣をつける。また，生徒同士の教え合いにおいても，調べ方を伝え合うようにさせる。

3　グループで自然に関する漢字を探す
T：今回の漢字の問題は，自然に関する言葉がたくさん出てきました。皆さんは自然について関心を寄せていることや興味があることはありますか。
○漢字学習に入る動機付けとして，生徒自身の関心を高めるようにする。
T：今日は，自然に関する言葉にもっと親しんでみましょう。そこで，「情報収集の達人になろう」で取り上げた SDGs の資料を使います。
○SDGs の資料は，あらかじめタブレット等で配布，もしくは提示をする。自然に関わりの深い目標についての資料を選別して用意する。
〈使用教材〉
・中学生向けの副教材『私たちがつくる持続可能な世界～SDGs をナビにして～』（外務

準備物：ワークシート，ミニホワイトボード，漢和辞典，国語辞典，SDGs についての資料（タブレット等を利用し，指定のページを生徒が閲覧できるように準備する），フラッシュカード，視覚教材

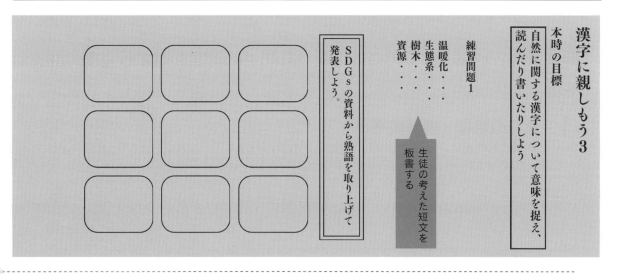

・省・日本ユニセフ協会作成）（PDF）
・ユニセフ　SDGs CLUB　SDGs17の目標
○自然と関わりの深い SDGs の目標は，6，7，11，12，13，14，15である。各班に一つずつ割り振る。
T：この資料を使って，自然に関する熟語をグループで二つ取り上げてください。選ぶ際の基準は，意味や使い方がよく分からないもの，知っていたら自然に関する理解がさらに深まるものとします。

ポイント　活動や発表の際の指定を伝える
事前に熟語を選択する基準をあらかじめ伝えることで，生徒が活動に臨む際の判断基準とする。また，発表においても，何について発表するのかを明示しておく。

○発表については，探した言葉，読み方，意味，文中での使い方などを口頭で説明するとともに，ミニホワイトボードに要点をまとめるように伝える。
○読み方，使い方が分からない場合は，デジタル及び書籍による漢和辞典や国語辞典などを積極的に使うことを勧める。

4　グループ発表を聞き合い，学習の振り返りをする
○グループごとに発表を行う。
○発表を聞くときには，ノートにメモをするように伝える。
○「言葉の手帳」を作って言葉集めをしているならば，そのノートに記録してもよい。
○すべての班の発表が終わったら，本時の振り返りをノートに記入する。

5　筋道を立てて

文法への扉2　言葉の関係を考えよう　（2時間）

1　単元の目標・評価規準

・文の成分の順序や照応など文の構成について理解することができる。
〔知識及び技能〕第2学年（(1)オ）

・言葉がもつ価値に気付くとともに、進んで読書をし、我が国の言語文化を大切にして、思いや考えを伝え合おうとする。　「学びに向かう力、人間性等」

知識・技能	文の成分の順序や照応など文の構成について理解している。　第2学年（(1)オ）
主体的に学習に取り組む態度	今までの学習を生かして、積極的に単語の類別の前提となる文の組み立てについて理解しようとしている。

2　単元の特色

教材の特徴

　文の意味を正確に理解したり、自分の表したいことが的確に伝わる文を作ったりするためには、文の組み立てを正しく理解することが必要になる。文の組み立ては、述語とそれに結びついていく要素との関係から成り立っている。本教材では、文の組み立てを作る文節どうしの関係を学習する。文の組み立ての中核になるのが、主語・述語の関係である。中学生であっても、主語・述語のねじれた文を作ることがある。今回、導入で示す課題「山田さんの感想文の書き直し」を通して、主語の存在、主語と述語の関係、文の組み立てについて把握できるようにする。
　また、日本語の話し言葉では、文に主語が表れないことがよくある。このような明示されない主語についても考えさせることで、文意を正確に読み取らせる。

身に付けさせたい資質・能力

　本単元では、学習指導要領〔知識及び技能〕(1)言葉の特徴や使い方に関する事項、オ「文の成分の順序や照応など文の構成について理解する」力を育てる。そのために、「文節どうしの関係」「連文節」「文の成分」「文の組み立て」について、理解を深めることに重点を置く。そのための言語活動として、「山田さんの感想文を書き直そう」という課題を設定する。四人組の交流を取り入れて、なぜ山田さんの文は分かりにくいのか、どのように書き直せば分かるよ

うになるのか気付かせたい。その後，p.246の「文節どうしの関係」を理解させる。練習問題に取り組みながら，「主・述の関係」「体言と用言」「修飾・被修飾の関係」「接続の関係」のそれぞれについて理解させる。

3　学習指導計画（全2時間）

次	時	○主な学習活動	☆指導上の留意点　◆評価規準
一	1	○p.147の導入や教材文を読み，言葉の関係について考える。 ・分かりやすく伝えるためには文節どうしの関係を理解する必要があることに気付く。 ○p.246「文法2　文の組み立て」を読み，「文節どうしの関係」「連文節」「文の成分」「文の組み立て」を理解する。 ・下段の練習問題に取り組み，理解を深める。	☆「文節どうしの関係」「連文節」「文の成分」「文の組み立て」について，理解を深めさせる。 ◆文の成分の順序や照応など文の構成について理解している。【知・技】 ◆今までの学習を生かして，積極的に単語の類別の前提となる文の組み立てについて理解しようとしている。【主】
二	2	○ワークシートの問いに取り組みながら，前回の学習で学んだ「文節どうしの関係」「連文節」「文の成分」「文の組み立て」を確認する。 ○指示された条件を満たす短文を作る。 ○考えた短文をグループで伝え合う。 ・p.250「書くことに生かす」を読み，文章の推敲に生かせることを知る。	☆「主・述の関係」や「修飾・被修飾の関係」などを含んだ短文を書かせる。 ☆短文が思い浮かばない生徒には，既習の教科書の文章から条件に合う文を探させる。 ◆文の組み立てについて理解を深めている。【知・技】 ◆進んで短文を作り，文の組み立てについて理解しようとしている。【主】

[目標の設定と指導事項について]　　　　　　　　　　　　　田中　洋一

　本単元は，「文法への扉1　言葉のまとまりを考えよう」に続く文法学習の単元であり，「文法への扉3　単語の性質を見つけよう」へとつながる単元である。
　学習指導要領，知識及び技能(1)言葉の特徴や使い方に関する事項における「文や文章」の系列の指導事項は，第1学年「単語の類別」，第2学年「文の成分の順序や照応など文の構成について理解する」である。このように本単元の内容は，第2学年の指導事項に相当する。光村図書では，第1学年の「文法への扉3　単語の性質を見つけよう」及び「文法3　単語の分類」で単語の類別を学ぶことになっている（本書ではp.316）。文法の学習は文の成分の性質や，つながりを学んでから単語の類別に進んだ方が学びやすいという判断から，光村図書では単語の類別の前にあえてこの単元を置いているのである。光村図書の指導事項配列表には学習指導要領の順で「単語の類別」が配置されているが，ここの内容は明らかに文の成分の順序や照応である。このような事情から本書では，この単元の目標を「文の成分の順序や照応など文の構成について理解することができる」とした。光村図書の編集方針を尊重しての対応であるのでご理解いただきたい。

文法への扉2　言葉の関係を考えよう

指導の重点
・文の成分の順序や照応など文の構成について理解させる。

本時の展開に即した主な評価規準例（Bと認められる生徒の姿の例）
・文の成分の順序や照応など文の構成について理解している。【知・技】
・今までの学習を生かして，積極的に単語の類別の前提となる文の組み立てについて理解しようとしている。【主】

生徒に示す本時の目標
文節どうしの関係と文の成分について理解しよう

1　本単元の学習課題を把握する
○教科書 p.147上段を読み，山田さんの感想文の文法的な誤りを指摘させる。
○二次元コード「文法ワーク」を利用させる。
T：山田さんの書いた感想文は，山田さんの言いたいことは伝わるけれど，なんだか分かりにくいと思われる文ですね。なぜこの文が分かりにくいのか考えて，ワークシートに書き込みましょう。　⬇ WS1
○各自の持つタブレット等で，ワークシートに取り組ませる。
T：なぜ山田さんの感想文が分かりにくいのか，書いた内容を四人組で交流しましょう。
○交流で出た意見を全体で共有する。
（生徒の反応）
・「私は」と「大石先生」と二つ主語らしいものがあるけど，述語が「すばらしい」しかない。
・「私は」に対応する述語がない。
・一文が長いから分かりにくい。
T：では，分かりやすい文章にするために，書き直しのポイントを考えましょう。
○二次元コードを読み込むと出てくる文法ワークの「私」が「どうした」のかが分かるように書き直そうという言葉を軸に考えさせる。
（生徒の反応）
・「私は」という主語の述語「思った」を書き加える。（主語と述語を対応させる。）
・「すばらしい」のが「大石先生」で，「思った」のが「私」だと分かりやすいようにする。
・一文に主語が二つだと分かりにくくなるから，二文にする。（条件に，一文のままと書いていないので二文にしてもよいとする。）
T：書き直しのポイントを押さえて，ワークシートに書き直しましょう。
○文の組み立てが正しくないと，文の意味が分かりにくくなってしまうことに気付かせる。
○分かりやすい文を書くために，文の組み立てのきまりを学習することを伝える。

ポイント
二次元コードの文法ワークには，「私」が「どうした」のかが分かるように書き直そうと書いてあるが，すぐに書き直せる生徒ばかりではない。そのため，まず文法上の間違いについて考えさせ，四人組の交流をさせるこ

準備物：ワークシート

文法への扉2　言葉の関係を考えよう

本時の目標
文節どうしの関係と文の成分について理解しよう

○山田さんの感想文が分かりにくい理由
・文の中に主語が二つある
・「私は」に対応する述語がない
・一文が長い

書き直しのポイント
※「私」が「どうした」が分かるように書く
・主語と述語を対応させる
　「私は」──「思った」
　「大石先生は」──「すばらしい」
・二文にしてもよい

「文節どうしの関係」
「連文節」
「文の成分」
「文の組み立て」
・練習問題　二四六〜二五〇ページ

とで，全員が感想文の間違っている部分を確認できるようにする。その後，書き直しのポイントをまとめることで，書き直しへの思考を促す。

2　p.246「文法2　文の組み立て」を確認する

T：これからp.246「文の組み立て」を読み，「主・述の関係」「修飾・被修飾の関係」「接続の関係」「独立の関係」「連文節」「文の成分」「文の組み立て」を確認しましょう。

○「文節どうしの関係」を読み，文法を学習することの意義を確認する。

○書き直した後に交流して，自らの学習の調整につなげる。

T：書き直した部分について，「ポイント」に従って文節どうしの関係について確認しましょう。

3　練習問題に取り組む

○説明は簡単にして，下段の練習問題を解きながら学習させる。

○上段の説明を読んで，自ら学習するように促す。これによって，一人では理解することが難しい生徒に対して，個別に指導する時間を確保する。

○早く問題を解き終わった生徒は，p.246の二次元コードの練習問題に取り組ませる。

ポイント
生徒の実態に応じて，三・四人のグループになって，答えを確認させる。答えを確認するだけでなく，文法的知識を学び合わせる。

4　本時の学習を振り返り次時の見通しをもつ

○本時の学習を振り返り，次の時間にすることを確認する。

T：本時の目標は「文節どうしの関係と文の成分について理解しよう」でした。分かりやすく伝えるためには文節どうしの関係を理解する必要があることに気がつきましたね。

T：次回は，今日学んだ知識を活用して，条件に合う短文を作ります。

発展
タブレット等で，ドリルタイプの学習支援ソフトを活用できる場合には，家庭学習として知識の定着を図ったり，発展的に練習問題に取り組ませることも考えられる。

文法への扉2　言葉の関係を考えよう

指導の重点
・文の成分の順序や照応など文の構成について理解させる。

本時の展開に即した主な評価規準例（Bと認められる生徒の姿の例）
・文の組み立てについて理解を深めている。【知・技】
・進んで短文を作り，文の組み立てについて理解しようとしている。【主】

生徒に示す本時の目標
文節どうしの関係や文の組み立てなどの知識を活用し，条件に合った文を作ろう

1　前回学んだことを確認する
○ワークシートの問いに取り組みながら，前回の学習で学んだことを確認する。　⬇ WS2
T：前回，山田さんの書いた感想文を書き直しました。そのとき，「主語」と「述語」などの「文節どうしの関係」や「連文節」「文の成分」「文の組み立て」について学びましたね。問題を解いて学んだことを復習しましょう。
○各自ワークシートに取り組む。
T：書き直した文章を隣の人と確認しましょう。
○十分確認し合った後，書き直した文章を全体で共有する。
（生徒の反応）
・「〜でしたが」の部分を区切って「しかし」という接続語を書き加えた。
・「〜いたので」の部分を区切って「そのため」という言葉を入れた。
T：この問いは，「接続の関係」の復習でした。一文が長くなる人は多いので，今後文章を書くときに今回学んだことをぜひ生かしましょう。
○「しかし」の部分は逆接の言葉「けれども」などでもよい。また，「そのため」も他の順接で書き直せるが，「なので」と書き直す生徒もいることが予想される。「なので」は口語表現のため文章を書くときに使わないよう指導する。
T：次の文の書き直しを確認しましょう。
○修飾語「きれいに」の位置を，被修飾語「ふいて」の直前に移動することを確認する。

2　本時の目標を把握する
○本時の目標と活動を伝える。
T：本時の目標は，「文節どうしの関係や文の組み立てなどの知識を活用し，条件に合った文を作ろう」です。前時に学習した「文節どうしの関係」「連文節」「文の組み立て」などの知識を活用して，条件に合う短文を作ります。

3　示された条件を満たす短文を作る
○例題を用いて，具体的な活動を示す。
T：これから，主語と述語の関係がある例文を紹介します。
T：「私は（主語），毎朝新聞のコラムを読む（述語）。」というように，これから提示される条件に合う短文を作ります。
○条件を提示する。タブレット等で条件を配布してもよい。短文の条件は板書参照。

準備物：ワークシート

文法への扉2　言葉の関係を考えよう

本時の目標
文節どうしの関係や文の組み立てなどの知識を活用し、条件に合った文を作ろう

【復習問題】
今日の教室掃除の班は、A君とBさんが休みでした。
逆接：しかし・けれどもなど、手伝ってくれた人が三人いました。
順接：そのため・それでなど、いつもより早く掃除が終わったそうです。黒板まわりやロッカーの上も きれいに ふいてありました。

○条件に合った短文を作成しよう。
例　主語と述語の関係がある文
　　　　主語　　　　　述語
　・私は、毎朝新聞のコラムを読む。

条件
①主語、述語の関係があり、連体修飾語が使われている文
②連用修飾語が二つ以上使われている文
③主語、述語の関係が二つあり、接続語が使われている文
④主語、述語の関係、補助の関係がある文

T：それぞれ条件に合った短文を書きましょう。どの文節が主語で、どの文節が述語なのかなど、分かるように書き加えましょう。
○一人で学習するのが困難な生徒に対しては、個別に指導する。短文を考えること自体が難しい場合には、教科書の文章を指定して、そこから条件に合う文を選ばせるようにする。
○早く終わる生徒は、二つ目の例文を作成させたり、他の条件の例文を作成させたりしてもよい。
〈参考条件例〉
・独立語が使われている文
・並立の関係が使われている文
・「～は」「～が」以外の主語が使われている文
・連体修飾語がなく、連用修飾語が三つ以上使われている文
・主語述語の関係、補助の関係があり、連体修飾語と連用修飾語が使われている文

4　書いた短文を三・四人グループで伝え合う

○三・四人のグループで、考えた短文を伝え合う。
T：これから、グループで作った短文を伝え合います。そのとき、条件に合っているかどうかも確認します。もし、条件に合っていない短文があったら、どのように直せばよいか話し合いましょう。

○条件に合っているかどうかを確認し、グループで話し合うことで、より知識の定着を図る。
○グループで確認した後に、クラス全体でも数人に短文を発表させて共有する。その際に、より文法の知識が定着するように簡潔に説明する。
T：「ぼくは、おいしいカレーを食べた。」は、「ぼくは」が主語、「おいしい」が連体修飾語、「食べた」が述語です。条件を満たしていますね。

5　学習を振り返る

T：本時の目標は「文節どうしの関係や文の組み立てなどの知識を活用し、条件に合った文を作ろう」でした。分かりやすく伝えるためには文節どうしの関係を理解する必要があることに気がつきましたね。本日学んだことをこれからの生活に生かしましょう。
○p.250「書くことに生かす」を読み、文章の推敲に生かせることを確認する。

5 筋道を立てて

聴きひたる 大阿蘇 （1時間）

1 単元の目標・評価規準

・事象や行為，心情を表す語句の量を増すとともに，語句の辞書的な意味と文脈上の意味との関係に注意して，語感を磨き語彙を豊かにすることができる。　〔知識及び技能〕(1)ウ
・言葉がもつ価値に気付くとともに，進んで読書をし，我が国の言語文化を大切にして，思いや考えを伝え合おうとする。　「学びに向かう力，人間性等」

知識・技能	事象や行為，心情を表す語句の量を増すとともに，語句の辞書的な意味と文脈上の意味との関係に注意して，語感を磨き語彙を豊かにしている。　((1)ウ)
主体的に学習に取り組む態度	進んで，語句の量を増すとともに，語句の辞書的な意味と文脈上の意味との関係に注意して，語感を磨き語彙を豊かにしようとしている。

2 単元の特色

教材の特徴

　本教材は，題名の付け方や特徴的な文末表現，繰り返される馬の描写，視点の移動など，作者の様々な工夫により，自然豊かな情景をイメージしやすい詩となっている。また，教科書に示された二次元コードにアクセスすることで，生徒一人一人が自由に朗読を聴くことができる。イヤホンを用いるなどの工夫をすることで，生徒は自由に何度も詩を聞き直すことができ，それぞれが詩の世界をイメージすることが可能となる。

身に付けさせたい資質・能力

　「空の詩 三編」の学習では，音読を通して感じたことを交流し，表現の効果について考えたり，詩の創作活動を通して表現の工夫について考えたりしている。そこでの学習成果を生かし，本教材では，朗読を聴くことで感じられる詩の印象や特徴を，語句の辞書的な意味と文脈上の意味との関係に注意して読み直すことで，語感を豊かにすることを目指す。

3 学習指導計画（全1時間）

時	○主な学習活動	☆指導上の留意点　◆評価規準
1	○既習事項を振り返り，本時の目標について確認する。 ○朗読を聴き，詩の世界をイメージする。 ○詩の朗読を聴いて感じたこと，気付いたこと，分かったことについて書き，共有する。 ○教科書の本文を見ながら，改めて朗読を聴く。 ○教科書本文を見ながら聴いたり，言葉の意味を調べたりしたことで，気付いたことや分かったことを書き加える。 ○グループで共有する。 ○全体で共有する。 ○改めて朗読を聴く。 ○学習の振り返りを行う。	☆「朝のリレー」や「空の詩　三編」，小学校時代の詩の授業で学習したことを想起させる。 ☆教科書は開かず，音声に集中させる。 ☆難しく考えすぎず，書ける範囲で自由に書かせるようにする。 ☆意味が分からない言葉や，詩の世界をイメージする上で気になる言葉に線を引かせる。 ☆書き加えたことが分かるように，赤ペンなど筆記用具の色を変えさせる。 ◆詩の中の言葉の意味や表現に注目して，詩を読んでいる。【知・技】 ◆進んで詩の中の言葉の意味について考え，詩を味わおうとしている。【主】 ☆時間があれば，実際に朗読させるとよい。

1 / 1時間 聴きひたる 大阿蘇

指導の重点
・詩の表現に着目して作品のよさを見つけさせる。

本時の展開に即した主な評価規準例（Bと認められる生徒の姿の例）
・詩の中の言葉の意味や表現に注目して，詩を読んでいる。【知・技】
・進んで詩の中の言葉の意味について考え，詩を味わおうとしている。【主】

生徒に示す本時の目標
　詩の中の言葉の意味や表現に着目して，詩を読み，よさを見つけよう

1　既習事項を振り返り，本単元の学習の見通しをもつ
○これまで学習してきた詩の授業で，学んできたことを想起させる。
○詩の朗読を聴くことで作品のもつ印象や，表現の効果について考えた後，実際に読んでみて気付いたことや分かったことを根拠にして，作品のよさを説明することを確認する。

2　詩の朗読を聴いて，感じたことや気付いたこと，分かったことを共有する 🔽 WS
○教科書本文を見ずに，詩の朗読を聴く。生徒の実態に応じて，繰り返し聴くのもよい。
○朗読を聴いて，感じたこと，気付いたこと，分かったことなど，自分の考えを自由に記録する。
Ｔ：これから詩の朗読を何度か聴きます。本文はまだ見ません。聞こえてくる言葉から詩の世界をイメージしてみましょう。聴き終わったら，感じたこと，気付いたことや分かったことをワークシートに自由に書いてもらいます。詩の内容がよく分からなかったという人も，感想でいいので，聴いていて感じたことを書いておきましょう。

> **ポイント　取り組みにくい生徒が出ないように**
> 　本時で大切なことは，聴いたときに感じた詩のイメージや印象を，語句の意味や使われ方に着目して，読むことで分かる構成や展開の工夫，表現の工夫などを根拠に，詩のよさとして説明できることである。そのため，表現技法の理解が不十分な生徒や音声だけで言葉の意味を理解するのが難しい生徒が，最初の活動で何もできないということになってしまわないよう，聴いた段階で「分かったこと」や「気付いたこと」だけではなく，「感じたこと」を記録してもいいことにする。そうすることで全ての生徒に詩を実際に読んでみようという動機を与えられることになる。

○グループで共有する。お互いの感想や考えを聞きながら，自分はその考えに共感できるかどうかを考えながら聴くようにする。

準備物：ワークシート，辞書

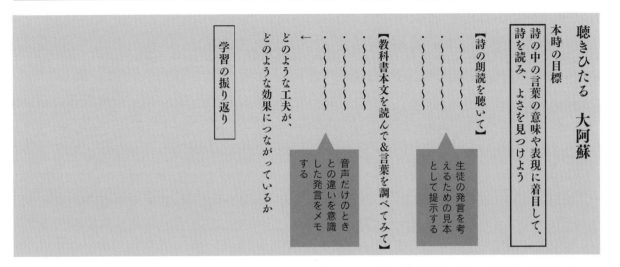

3　教科書本文を見たり，気になる言葉を調べたりする

○教科書本文を見ながら，改めて朗読を聴く。その際に，分からない言葉や気になる言葉に線を引きながら聴くようにする。

○これまでの詩の授業における既習事項を想起させる。線を引いた言葉について辞書などを使って調べさせたり，用いられている表現技法に着目させたりする。

4　気付いたこと，分かったことを書き加える

○詩の朗読を聴いた際に記録したワークシートに加筆する形で，新たに気付いたことや分かったことを記録させる。この記録をする際には，筆記用具の色などを変えさせるとよい。

T：この作品のよさや特徴を説明するために，言葉の意味など調べてみて分かったことや，実際に読んでみて気付いたり分かったりした展開や表現の工夫などをワークシートに書き加えましょう。

ポイント　記録する筆記用具を変える

朗読を聴いて感じたことや気付いたこと，分かったことなどが記録されているワークシートに，赤ペンなど色を変えた筆記用具で書き加えることによって，生徒が自分の読みの深まりに気付けたり，語句の意味を知ることで新たな視点で読めたりしたことを自覚できる。また，教師としても，生徒がどのような思考過程で詩を読んだのかを把握しやすくなり，その後の指導や評価に生かすことができる。

5　グループや全体で共有し，学習の振り返りを行う

○詩の朗読を聴いたときに感じたり，読んでみて分かったりした詩のよさについて，言葉の意味や使われ方を指摘して説明する学習であったことを振り返らせる。

季節のしおり　秋

教材の特徴

　第1学年の季節のしおりの三つ目の教材である。作品や言葉との出会いを通じて事象や行為，心情を表す語句の量を増すとともに語彙力を高めることを目指している。本教材には秋の情景（風景）を表す作品と季節の動植物にまつわる言葉が紹介されている。作品は月や野菊の美しさによって季節感を味わうことができる和歌，俳句，詩の三種類，言葉は秋の季語三語である。日本の「秋」の美しさを先人がどのように表現したかを知り，語感が磨かれるような学習活動を行う。

生徒に示す本時の目標

　季節の美を楽しむ秋の旅を，俳句や短歌（和歌）などの文学作品を用いて提案する

1　本時の目標と学習内容を伝える

○季節のしおり「春」「夏」の授業では生徒は自分の視点が作品選択の中心だったが，今回は「誰かに秋の旅を楽しんでもらう」という視点を加えて作品と向き合わせる。

T：今日は日本の「秋の美」について考えます。秋になったら見てみたいもの，美しさが増すものは何でしょうか。歳時記やタブレットなども用いてノートに箇条書きにしてみましょう。

○「秋の美」について，歳時記やタブレット検索，国語便覧等を用いて考え，ノートに書かせる。生徒に発表させ，板書する。

T：皆さんが発言してくれた例えば夕暮れ（夕焼け）ですが，その何が特に美しいと考えますか。

ポイント

　「秋の美しさ」と聞くと，生徒は月，夕暮れ，菊，すすき　虫の音などを挙げる。さらにそれぞれの美しさについて考えさせ，作品や季節の言葉と向き合わせる。

2　作品や季節の言葉を音読し，内容や意味を理解する

T：教科書の作品の，それぞれを音読して内容を理解しましょう。

○作品や言葉の理解については時間をかけすぎないようにし，作品を2点ほど取り上げてその「秋の美」について生徒に考えさせることに重点を置き，意見を板書する。

T：作品の中の2点について，例えば「秋風に…」だと，何の美しさを描いていると考えますか。月と挙げてくれた人が多いけれど，ではその月のどのような美しさを詠んでいるのでしょうか。

○留意しておくのは，美しさの捉え方に正解を用意しないことである。生徒がそれぞれに感じる月の美しさは光だけでなく，雲との対比や月に対する当時の人々の考え方であるかもしれないので，明らかに読み違えている部分は確認，訂正するが，その他は柔軟に受け止める。

3　季節の美を楽しむ旅行を文学作品を用いて提案する

T：季節の美を楽しむ秋の旅を俳句や短歌などの文学作品を用いて提案してみましょう。書き方のベースになるものを，黒板に貼ります。皆さ

準備物：歳時記，黒板掲示用資料（Ａ３の作品原本），プリント（Ａ３の作品原本をＡ４にしたもの），タイマー，国語便覧（あれば）

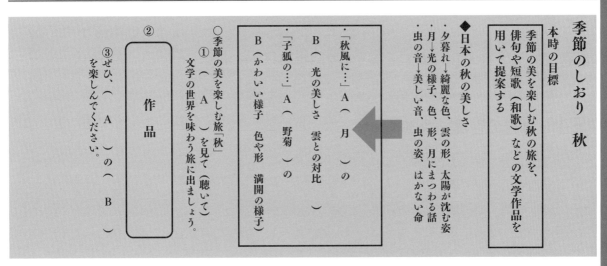

んにはＡ４のプリントで配布します。
○プリントを配布する。記名した後，机に歳時記，タブレット等を用意させる。
Ｔ：教科書にあるように秋の美しさを表現した作品がたくさんあるので，それを秋の美しさを味わう旅行のポイントにしたいのです。
　本当は，この俳句ならこの場所に行ってもらおうとか，こんなことをしてもらおうとか考えられるとさらに楽しいのですが，今回はコピーの部分まで作成します。参考に，私が夏の美を楽しむ旅行で作成したのがこちらです。
○教員が黒板（プリント）の書き方例に沿って自作を紹介する場合
　「花火」を楽しむ旅で，作品は
　・海の月　花火彩る　美しき　河東碧梧桐
　花火と月の両方の美しさを勧める。
のように説明する。
Ｔ：では，始めてください。時間は12分予定しています。何か質問があったら挙手してください。

ポイント
生徒がまず自分で何を楽しんでもらいたいか考え作品選びをした段階で，一度班で集まり，お互いの作品選びの意図や何を特に見て欲しいかを交流させる。そのことで自分の選択を客観的に見ることができる。

4　学習班による交流
○秋の美と作品選びが終わったらプリントに書き込み，学習班で交流する。（10分程度）
Ｔ：プリントのＡの部分と，作品の部分を紹介し合い，感想を述べたり質問をしたりしましょう。
○感想を聞き，質問に答えることで自分の選択を見直すことができる。

5　プリントの完成と振り返り
Ｔ：では，交流を終えて，Ｂに言葉を記入し，なぜＢの言葉を選んだのか理由を書きましょう。
　その後，振り返りを書いて終了です。もし，書けなかったら自宅学習とします。
○個人作業に戻り，Ｂを記入して完成させる。
○プリントのＢと答えた理由また本時の振り返りを書き入れて完成となる。

6　課題の発表（時間があれば）
Ｔ：振り返りまで書けた人は，自分の書いた内容を発表してください。
○書画カメラなどで映して紹介するとよい。

6 いにしえの心にふれる

古典の世界／音読を楽しむ いろは歌 （1時間）

1 単元の目標・評価規準

・音読に必要な文語のきまりを知り，古文を音読し，古典特有のリズムを通して，古典の世界に親しむことができる。 〔知識及び技能〕(3)ア
・古典には様々な種類の作品があることを知ることができる。 〔知識及び技能〕(3)イ
・言葉がもつ価値に気付くとともに，進んで読書をし，我が国の言語文化を大切にして，思いや考えを伝え合おうとする。 「学びに向かう力，人間性等」

知識・技能	音読に必要な文語のきまりを知り，古文を音読し，古典特有のリズムを通して，古典の世界に親しんでいる。 ((3)ア) 古典には様々な種類の作品があることを知っている。 ((3)イ)
主体的に学習に取り組む態度	独特のリズムを生かしながら繰り返し音読し，進んで古典の世界に親しもうとしている。

2 単元の特色

教材の特徴

　本教材は，小学校で古典についてある程度学習してきた生徒たちにとって，中学校における古典学習の導入にあたる。「古典の世界」では，古典作品が現代まで脈々と受け継がれてきたことを知り，古典とは決して現代とかけ離れているものではなく，現代を生きる私たちと深くつながっていることや，中学校三年間で古典を学習する意味について考えるきっかけにつなげたい。また，「いろは歌」では，七五調の四句から成る形式（今様）の文語の詩で，歴史的仮名遣いを用いて書かれている。現代語訳や出典を読み，内容を理解したり，歴史的仮名遣いや文語のきまりを知ったり，学んだことを活かしたりしながら繰り返し音読をすることで古典の世界に親しませたい。

身に付けさせたい資質・能力

　本単元では，学習指導要領〔知識及び技能〕(3)ア「音読に必要な文語のきまりを知り，古文を音読し，古典特有のリズムを通して，古典の世界に親しむ」ことと，同(3)イ「古典には様々な種類の作品があることを知る」ことに重点を置く。この資質・能力を身に付けさせるために，

「いろは歌」の特徴や学んだことを活かして音読を工夫する活動を設定する。小学校で学んだ古典作品についての既習事項を確認し，「いろは歌」で用いられている歴史的仮名遣いや文語のきまりについて理解した上で，一人ひとりが音読の目標を決め，学んだことを活かして工夫しながら繰り返し音読をすることで古典の世界に親しませ，生徒が主体的に学ぼうとする力の育成を目指す。

3　学習指導計画（全1時間）

時	○主な学習活動	☆指導上の留意点　◆評価規準
1	○教科書 pp.152-153「古典の世界」を読み，和歌や物語，随筆など，三年間で様々な種類の古典作品にふれることを確認する。 ○文語のきまりや古典の知識を学ぶ。 ・「いろは歌」の範読を聞く。 ・現代語訳や出典を読み，作品を理解する。 ・歴史的仮名遣いのルールを理解する。 ○学んだことを活かして「いろは歌」を音読する。 ・様々な形態で音読の練習をする。 ・音読をして気付いたことを交流する ・読み方の目標を各自で決めて音読する。 ○本時の学習を振り返る。	☆繰り返し音読することで，独特のリズムに生徒自らが気付くようにする。 ☆独特のリズムを活かした音読の仕方を工夫させ，古典の世界に親しませる。 ◆文語のきまりを理解し，学んだことを活かして「いろは歌」を音読している。【知・技】 ◆「古典の世界」を読み，様々な種類の古典作品があることを理解している。【知・技】 ◆繰り返し音読することで独特のリズムに気付き，特徴を活かしながら音読しようとしている。【主】

古典の世界／音読を楽しむ　いろは歌

指導の重点
・古文特有のリズムを活かして音読の仕方を工夫させる。

本時の展開に即した主な評価規準例（Bと認められる生徒の姿の例）
・文語のきまりを理解し，学んだことを活かして「いろは歌」を音読している【知・技】
・「古典の世界」を読み，様々な種類の古典作品があることを理解している。【知・技】
・繰り返し音読することで独特のリズムに気付き，特徴を活かしながら音読しようとしている。【主】

生徒に示す本時の目標
　古文特有のリズムを活かしながら音読し，古典の世界に親しむ

1　小学校での既習事項を確認する
T：小学校で学んだ古典学習について，覚えていることを教えてください。
○既習事項について自由に発表させる。

2　本時の学習内容を確認する
○文語のきまりや古典の知識を学び，独特のリズムを活かしながら繰り返し「いろは歌」を音読する。それにより古典のリズムを味わい古典の世界に親しむことを理解する。

3　「古典の世界」を読む
○教科書pp.152-153「古典の世界」を読み，古典には様々な古典作品があることを理解する。古典作品が現代まで脈々と受け継がれてきたことを知り，古典とは決して現代とかけ離れているものではなく，現代を生きる私たちと深くつながっていることを気付かせる。また中学校三年間で学習する古典作品について今後の学習の見通しをもつ。

4　「いろは歌」を読む　　　WS
○「いろは歌」の範読を聞き，各自音読する。
T：「いろは歌」の現代語訳や出典を読んで，重要事項をワークシートに記入しましょう。
○最古の「いろは歌」が成立したと考えられる時代について確認する。
○「いろは歌」の特徴についてまとめる。

5　歴史的仮名遣いについて理解する
○教科書p.169「古典の言葉」を参照しながら，古典の言葉（文語）と現代の言葉（口語）にはどのような違いがあるのか考えさせる。
T：古典作品を読む上で大切な仮名文字や，特別な読み方をするものを確認しましょう。
○歴史的仮名遣いに注意させる。

> **ポイント**
> 　特に中心となる歴史的仮名遣いを確認する。
> ・「ゐ」→「い」
> ・「ゑ」→「え」
> ・「を」→「お」
> ・「はひふへほ」→「わいうえお」

準備物：ワークシート

古典の世界 音読を楽しむ いろは歌

本時の目標
古文特有のリズムを活かしながら音読し、古典の世界に親しむ

「いろは歌」
・最古の「いろは歌」
・平安時代中期成立、作者不明
・七五調の四句からなる形式＝「今様」
※歴史的仮名遣い

〈音読〉
・繰り返し音読する
・練習方法…一人読み、ペア読み、班読み、一斉読み　など
・音読して気付いたことを交流する
・読み方の目標を決める
・学んだことを活かして音読する

【振り返り】

---

6 「いろは歌」を繰り返し音読する

T：この後皆さんにも音読をしてもらいます。もう一度範読するので、よく聞いて音読してください。

○様々な形態（一人読み、ペア読み、班読み、一斉読みなど）で音読し、文語のリズムに慣れさせる。

○繰り返し音読する中で気付いたことを班の中で交流し、音読の中で生かす。（個→全体→個）

7 読み方の目標を決めて音読する

○気付いたことや既習事項を踏まえて、どのように音読するか、自分で目標を立てる。
○練習時間を区切りながら、メリハリをつけた学習を行う。
○目標に沿って、音読の仕方を工夫する。
○アドバイスをし合い、よりよい音読を目指す。

> **ポイント**
> 現代語訳や出典で確認した内容や、独特のリズムを踏まえて、音読の仕方を工夫させる。「音読チェックカード」を用いながら互いにアドバイスをし合い、古典のリズムを味わい、古典の世界に親しませる。

8 本時の学習の振り返り

T：本時の学習を振り返って、学んだことや今後に活かしたいことをまとめましょう。

6　いにしえの心にふれる

蓬萊の玉の枝─「竹取物語」から
古典の言葉
（4時間）

1　単元の目標・評価規準

・音読に必要な文語のきまりや訓読の仕方を知り，古文や漢文を音読し，古典特有のリズムを通して，古典の世界に親しむことができる。　　　　　　　　　　〔知識及び技能〕(3)ア
・文章を読んで理解したことに基づいて，自分の考えを確かなものにすることができる。
　　　　　　　　　　　　　　　　　　　　　　　　〔思考力，判断力，表現力等〕C(1)オ
・言葉がもつ価値に気付くとともに，進んで読書をし，我が国の言語文化を大切にして，思いや考えを伝え合おうとする。　　　　　　　　　　　　　　　「学びに向かう力，人間性等」

知識・技能	音読に必要な文語のきまりや訓読の仕方を知り，古文や漢文を音読し，古典特有のリズムを通して，古典の世界に親しんでいる。　　　　　　　　　　　　　((3)ア)
思考・判断・表現	「読むこと」において，文章を読んで理解したことに基づいて，自分の考えを確かなものにしている。　　　　　　　　　　　　　　　　　　　　　　　（C(1)オ）
主体的に学習に取り組む態度	学習活動に沿って描かれている古典の世界を想像し，進んで現代とのつながりや価値観の違いなどについて読み深めようとしている。

2　単元の特色

教材の特徴

　本教材の「竹取物語」の冒頭部分は，小学校の教科書でも取り上げられており，また昔話の「かぐや姫」を読んで大体の内容を知っていることから，生徒たちにとっては親しみやすい教材である。現存する最古の物語として，千年以上も昔から現代まで脈々と読み継がれてきた作品であり，「五人の貴公子たち」や「ふじの山」の章段では，古典とは決して現代とかけ離れているものではなく，現代を生きる私たちにも通じる思いが描かれていて現代と深くつながっていることに気付かせることができる。本教材では，「いろは歌」で学習した文語のきまりを使い，繰り返し古文を音読し古典特有のリズムを味わいながら，現代とのつながりや価値観の違いなどについてふれることで古典に親しませたい。

身に付けさせたい資質・能力

　本単元では，学習指導要領C(1)オ「文章を読んで理解したことに基づいて，自分の考えを確

かなものにする」力を育成することに重点を置く。この資質・能力を身に付けさせるための言語活動として学習指導要領に例示されている「小説や随筆などを読み，考えたことなどを記録したり伝え合ったりする活動」を設定する。五人の貴公子たちの特徴や失敗談を読み比べ，五人の貴公子の中で最も関心をもった人物は誰かについて自分の考えをもたせ共有させる。またこの活動を行う際は，〔知識及び技能〕(3)ア「音読に必要な文語のきまりや訓読の仕方を知り，古文や漢文を音読し，古典特有のリズムを通して，古典の世界に親しむこと」と関連付けて指導する。また，オ「読書が，知識や情報を得たり，自分の考えを広げたりすることに役立つことを理解すること」を関連付けることもできる。

3 学習指導計画（全4時間）

次	時	○主な学習活動	☆指導上の留意点　◆評価規準
一	1	○単元の目標及び学習課題を把握する。 ○「竹取物語」について知る。 ○歴史的仮名遣いに気を付けながら全文を音読し，現代語訳から全体のあらすじを捉える。 ○古文と現代の文章との違いを確認する。	☆教科書 p.169「古典の言葉」を参照しながら現代とは違う言葉や，現代では使われなくなった言葉の意味を確認させる。 ◆歴史的仮名遣いや文語のきまりに気を付けながら本文を音読し，大まかなあらすじを捉えている。【知・技】 ◆古文と現代の文章との違いを理解している。【知・技】
	2	○「二．五人の貴公子たち」と教科書 pp.166-167「貴公子たちの失敗談」を比較しながら読む。 ○登場人物の言動に着目し，現代と比較して共通している部分や相違点，価値観の違い等についてまとめる。 ○「五人の貴公子たちの中で最も関心をもった人物は誰か」について自分の考えをまとめる。	☆五人の貴公子同士や，現代と比較して古典の世界を捉えさせる。 ◆五人の貴公子の失敗談を比較し，それぞれの言動に込められた思いや考え方について自分の考えをもっている。【思・判・表】
二	3	○かぐや姫の気持ちの変化を整理しながら読む。 ○「かぐや姫の成長」，「かぐや姫の告白」，「月からの迎え」，「かぐや姫の昇天（天の羽衣）」の場面を合わせて読み，かぐや姫にとって天上（月）と地上のどちらの世界が幸せか，自分の考えをもつ。	◆かぐや姫の気持ちの変化を整理しながら複数の場面（資料）を合わせて読み，かぐや姫にとって天上（月）と地上のどちらの世界が幸せか考えようとしている。【主】
	4	○四人グループで交流し，参考になる考えをメモする。 ○交流を通して広がったり深まったりした考えを基に，かぐや姫にとって天上（月）と地上のどちらの世界が幸せかについて自分の考えをまとめる。 ○単元の学習を振り返る。	◆交流を通して，かぐや姫にとって天上（月）と地上のどちらの世界が幸せかについて自分の考えを深め，確かなものにしている。【思・判・表】

蓬萊の玉の枝―「竹取物語」から
古典の言葉

1/4時間

指導の重点
・音読をし、あらすじを捉えて古典の世界に親しませる。

本時の展開に即した主な評価規準例（Bと認められる生徒の姿の例）
・歴史的仮名遣いや文語のきまりに気を付けながら本文を音読し、大まかなあらすじを捉えている。【知・技】
・古文と現代の文章との違いを理解している。【知・技】

生徒に示す本時の目標
古典特有のリズムを味わいながら音読し、物語のあらすじを捉え、古文と現代の文章との違いを理解する

1 「竹取物語」について確認する
T：「竹取物語」について知っていることを発表してください。
○小学校で学習したことや、昔話「かぐや姫」について知っていることを自由に発表する。
○教科書p.164の出典を参照しながら「竹取物語」について整理する。
・千年以上も昔に書かれた、現存する中では最古の物語とされる
・「源氏物語」では、「物語の出で来はじめの親」と評されている
・作者不詳
・最初は口承文学として語り継がれたもので平安時代初期に書き起こされたものと言われている

2 本文を通読する
T：本文を範読します。授業の後半で音読をするので、よく聞いてください。
○前単元「いろは歌」で学習した歴史的仮名遣いや文語のきまりを確認し、範読を聞く。
T：教科書青字部分の現代語訳を参考にしながら、古文と照らし合わせ物語の大まかなあらすじを捉えましょう。

3 古文と現代の文章の違いを確認する
○着目させる項目を確認する。
・仮名遣いが違う部分の読み方
・文末の言葉の違い
・現代とは違う意味で使われている言葉
・現代では使われなくなった言葉の意味
○教科書p.169「古典の言葉」を参照し、時代とともに変化してきた言葉や仮名遣い、言葉の使い方の変化について考える。
T：確認した歴史的仮名遣いや、今では使われなくなった言葉などを意識しながら古文を音読しましょう。

ポイント
繰り返し音読することで、読むのが難しい古文や発音しにくい表現を意識しながら、歴史的仮名遣い等の文語のきまりに改めて気付き、現代の文章との違いを再確認させる。

準備物：なし

蓬萊の玉の枝―「竹取物語」から

本時の目標
古典特有のリズムを味わいながら音読し、物語のあらすじを捉え、古文と現代の文章との違いを理解する

- 「竹取物語」について
  ・日本最古の物語
  ・平安時代初期に成立、作者不詳

- 〈あらすじ〉
  ・かぐや姫の誕生
  ・五人の貴公子の求婚と失敗
  ・帝の求婚と、月に帰るかぐや姫
  ・かぐや姫が月に帰った後の帝

- 〈主な登場人物〉
  ・かぐや姫 ・翁 ・五人の貴公子 ・帝

- 〈古文と現代の文章との違い〉

【振り返り】

4　古文を音読する

〇まずは教師の範読を聞く。その後、歴史的仮名遣いに注意し、リズムを味わいながら繰り返し音読する。

〇前単元の学習同様、様々な形態（一人読み、ペア読み、班読み、一斉読みなど）で音読し、歴史的仮名遣いの読みと文語のリズムに慣れさせる。

> **ポイント**
> 古文の音読については、歴史的仮名遣いに注意しながら正確に音読することを意識させる。歴史的仮名遣いの読みについては小学校でも学習している。生徒の習熟に注意しながら古文特有の言い回しやリズムを味わうことを目的に音読を行わせる。

5　本時の学習を振り返る

〇本時の学習で学んだことを確認する。
　・「竹取物語」について
　・歴史的仮名遣い等の文語のきまり
　・古文と現代の文章の違い
　・物語の大まかなあらすじ

〇本時の学習で学んだことや今後に活かしていきたいことをまとめる。

〇次時の予告をする。
　「二．五人の貴公子たち」の失敗談を読み比べ、五人の貴公子同士や言動に着目し、現代と比較して共通している部分や相違点、価値観の違い等についてまとめる。

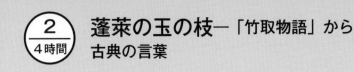

2 / 4時間　蓬萊の玉の枝―「竹取物語」から
古典の言葉

指導の重点
・文章を読んで理解したことに基づいて、自分の考えを確かなものにさせる。

本時の展開に即した主な評価規準例（Bと認められる生徒の姿の例）
・五人の貴公子の失敗談を比較し、それぞれの言動に込められた思いや考え方について自分の考えをもっている。【思・判・表】

生徒に示す本時の目標
　五人の貴公子の失敗談を比較し、彼らの中で最も関心をもった人物に対し、自分の考えをもつ

1　前時の学習を振り返る

2　本時の学習内容を確認する
T：本時の学習では、「二．五人の貴公子たち」の場面と、教科書pp.166-167を読み、五人の貴公子たちの思いや言動を比較し、現代を生きる私たちとの共通点や相違点、価値観の違い等について確認した後、「五人の貴公子たちの中で最も関心をもった人物は誰か」について自分の考えをまとめます。
○学習の見通しをもたせる。

3　五人の貴公子の失敗談を比較する
　　　　　　　　　　　　　　WS1
○「二．五人の貴公子たち」と教科書pp.166-167「貴公子たちの失敗談」を読みながらまとめる。
　・くらもちの皇子【蓬萊の玉の枝】
　　→にせの玉の枝を作らせるが、嘘がばれる
　・石作の皇子【仏の御石の鉢】
　　→にせ物と見破られる

・右大臣阿倍御主人【火鼠の皮衣】
　→大金を払い商人から買い求めるが、あっさり燃えてしまう
・大納言大伴御行【竜の首にある五色に光る玉】
　→自ら探しに行くが遭難し、病気ですももの玉のように目が真っ赤にはれてしまう
・中納言石上麿足【燕の持たる子安貝】
　→自ら籠に乗り取ろうとするが、転落。握っていたのはつばめのふん

ポイント
・五人の貴公子たちの行動を比較すると、同じ「失敗」でも、違いがあることに気付かせることで、自分の考えをまとめる基準にさせたい。
・「国語便覧」を活用したり、タブレット等を使用したりして、教科書に詳しくは載っていない四人の貴公子たちの失敗談について、新しい情報を探させる。その際、情報の引用の仕方や情報の信憑性については十分留意させる。
　また、学校図書館司書と連携しながら事前に関連する資料を集めて提示したり、実際に図書館を利用しながら資料を探させてもよい。

準備物：ワークシート

```
蓬莱の玉の枝―「竹取物語」から

本時の目標
 五人の貴公子の失敗談を比較し、彼らの中で最も関心をもった人物に対し、自分の考えをもつ

【五人の貴公子たちの失敗談】
・くらもちの皇子 →蓬莱の玉の枝
・石作の皇子 →仏の御石の鉢
・右大臣阿倍御主人 →火鼠の皮衣
・大納言大伴御行 →竜の首にある五色に光る玉
・中納言石上麿足 →燕の持たる子安貝

◎現代との共通点 △相違点、価値観の違い

【振り返り】
```

4　五人の貴公子たちの中で、最も関心をもった人物は誰か、自分の考えをまとめる

T：五人の貴公子の失敗談を比較して、彼らの中で最も関心をもった人物を選びその人に対する自分の考えをまとめましょう。

○教科書に記載されている内容や、五人の貴公子たちの言動から、それぞれの心情や人物像を想像させる。

○現代を生きる自分たちと共通する部分や相違点、価値観の違い等にもふれさせながら、現代とのつながりを考えさせる。

5　五人の貴公子たちの中で、最も関心をもった人物は誰か自分の考えを交流する

○まずは、同じ貴公子を選んだ人同士が集まり、三～四人のグループになって、考えを交流し合う。

○注目した貴公子の言動を紹介し合いそこから見える人間性や価値観について、自分との共通点や相違点についても、自分の考えを述べながら交流する。

○次に、違う貴公子を選んだ人たちと考えを交流する。その際も、着目した貴公子の言動や考え方を挙げ、自分のそれとの共通点や相違点についても紹介しながら交流する。

6　全体で交流する

○グループで話し合ったことを基に最も関心をもった貴公子についての考えを全体で共有する。

7　本時の学習を振り返る

○本時の学習で学んだことを確認する。
○次時の予告をする。

・教科書に記載されていない「かぐや姫の告白」、「月からの迎え」、「かぐや姫の昇天（天の羽衣）」等を合わせて読み、かぐや姫にとって天上（月）と地上のどちらの世界が幸せか、自分の考えをもつ。

3 / 4時間 蓬萊の玉の枝―「竹取物語」から
古典の言葉

指導の重点
・描かれている古典の世界を想像し，現代とのつながりや価値観の違いなどについて読み深めさせる。

本時の展開に即した主な評価規準例（Bと認められる生徒の姿の例）
・かぐや姫の気持ちの変化を整理しながら複数の場面（資料）を合わせて読み，かぐや姫にとって天上（月）と地上のどちらの世界が幸せか考えようとしている。【主】

生徒に示す本時の目標
かぐや姫の気持ちの変化を読み，かぐや姫にとって天上（月）と地上のどちらの世界が幸せか考える

1　前時の学習を振り返る

2　本時の学習内容を確認する
T：本時の学習では，教科書に載っていないいくつかの場面（資料）を合わせて読み，かぐや姫の気持ちの変化を整理します。そしてかぐや姫にとって天上（月）の世界と，地上の世界のどちらの世界で生きることが幸せかについて考えたいと思います。

3　かぐや姫の気持ちの変化を捉える
T：かぐや姫の気持ちの変化を整理しましょう。
○まず，前世の罪を償うために，物思いがない（思い悩むことがない）天上（月の世界）から地上に来たかぐや姫に，人間の感情が芽生え始めることを確認する。
○かぐや姫の気持ちの変化を整理する。
「物思いなし」→「人間的な感情が芽生える」
→「人間の心を失う」
【物思いなし】

・天上からやってきて，思い悩むことがない。
【人間的な感情が芽生える】
・くらもちの皇子の失敗で，晴れ晴れしく思う。
・阿倍御主人の失敗に，うれしいと喜ぶ。
・石上麿足の死を，少し気の毒に思う。
・帝との心を込めた手紙のやり取りで心を慰め合う。
・翁と嫗との別れを悲しみ，月の世界に帰らないといけないことをひどく嘆く。
【人間の心を失う】
・天人に「天の羽衣」を着せられると，翁をかわいそうだと思う心などもすっかり忘れる。
○「かぐや姫の成長」，「五人の貴公子の求婚」，「かぐや姫の告白」，「月からの迎え」，「かぐや姫の昇天」等に描かれている内容を想像しながら読む。

ポイント
「国語便覧」を活用したり，タブレット等を使用したりして，教科書に載っていない複数の場面について，新しい情報を探させる。その際，情報の引用の仕方や情報の信憑性については十分留意させる。
また，学校図書館司書と連携しながら事前に関連する資料を集めて提示したり，実際に

準備物：ワークシート，資料

蓬萊の玉の枝──「竹取物語」から

本時の目標
かぐや姫の気持ちの変化を読み、かぐや姫にとって天上（月）と地上のどちらの世界が幸せか考える

- 前世の罪を償うためにやってきた。
- 天上の世界からやってきて、思い悩むことがない。

★天上の世界（月の世界）から来た。 → 物思いがない 天上

★人間的な感情が芽生える
- くらもちの皇子の失敗で、晴れ晴れしく思う。
- 阿倍御主人の失敗に、うれしいと喜ぶ。
- 石上麻呂足の死を、少し気の毒に思う。
- 帝との心を込めた手紙のやり取りで心を慰め合う。
- 翁と嫗との別れを悲しみ、月の世界に帰らないといけないことをひどく嘆く。 ←

★天人に「天の羽衣」を着せられると、翁をかわいそうだと思う心などもすっかり忘れる。

【振り返り】

図書館を利用しながら資料を探させたりしてもよい。

4 かぐや姫にとって、天上（月）と地上のどちらの世界が幸せか考える　WS2

T：天上（月）と地上のどちらの世界が幸せだと思うか、自分の考えを書きましょう。

ポイント
まず初めに自分の考えをもたせ、その上で複数の場面（資料）を合わせて読むことで、自分の考えの変容（深まりや広がり）に触れさせる。

5 複数の場面（資料）を合わせて読む

T：複数の場面（資料）を合わせて読み、かぐや姫の心情が読み取れる部分や気になる部分にサイドラインを引きましょう。また、喜びや悲しみなど、現代に通じる部分があるか探してみましょう。
- 共感する部分：青色
- 疑問に思う部分：黄色
- 文章から伝わるかぐや姫の思いを自分の言葉で書く。キーワードをメモする。

○タブレット等を活用する。

6 本時の学習を振り返る

○本時で学んだことを確認する。
- かぐや姫の気持ちの変化。
- かぐや姫にとって、天上（月）と地上のどちらの世界が幸せか考える。
- 複数の場面（資料）を合わせて読む。

○本時の学習で学んだことや今後に活かしていきたいことなどをまとめる。

○次時の予告をする。
- 四人グループで考えを交流し、交流を通して広がったり深まったりした考えを基に、かぐや姫にとって天上（月）と地上のどちらの世界が幸せかについて、自分の考えをまとめる。

蓬萊の玉の枝―「竹取物語」から
古典の言葉

(4/4時間)

指導の重点
・文章を読んで理解したことに基づいて，自分の考えをもたせる。

本時の展開に即した主な評価規準例（Bと認められる生徒の姿の例）
・交流を通して，かぐや姫にとって天上（月）と地上のどちらの世界が幸せかについて自分の考えをまとめている。【思・判・表】

生徒に示す本時の目標
交流を通して，かぐや姫にとって天上（月）と地上のどちらの世界が幸せかについて自分の考えをまとめる

1　前時の学習を振り返る

2　本時の学習内容を確認する
T：本時の学習では，かぐや姫にとって天上（月）と地上のどちらの世界が幸せかについて，前時に合わせて読んだ複数の場面（資料）を基に交流し，参考になる考えをメモしましょう。

3　三〜四人のグループを組み，交流する
T：三〜四人グループで，サイドラインを引いた部分や読み取れたかぐや姫の心情について交流し，参考になる考えをメモしましょう。
○前時に合わせて読んだ複数の場面（資料）から，かぐや姫の心情が読み取れる部分や気になる部分に引いたサイドラインの箇所を確認する。
　・共感する部分：青色
　・疑問に思う部分：黄色
　・文章から伝わるかぐや姫の思いを自分の言葉で書く。キーワードをメモする。
○まずは，同じ世界（天上（月）か地上）を選んだ人同士が集まり，三〜四人のグループになって，考えを交流し合う。
○根拠となるかぐや姫の心情や言動に関する共通点や相違点，自分の考えとの共通点や相違点，価値観の違い等についても，自分の考えと比較しながら交流する。
○現代とのつながりも考えさせる。
○次に，違う世界（天上（月）か地上）を選んだ人たちと考えを交流する。その際も，根拠となるかぐや姫の心情や言動に関する共通点や相違点，自分の考えとの共通点や相違点，価値観の違い等についても，自分の考えと比較しながら交流する。
○参考になる考えをメモする。
○タブレット等を活用する。

> **ポイント**
> かぐや姫にとって天上（月）と地上のどちらの世界が幸せか，についての最初の考えが複数の場面（資料）を合わせて読むことで，どのように変容したか（広がったり深まったりしたか）についても説明する。

準備物：前時のワークシート，資料

蓬萊の玉の枝—「竹取物語」から

本時の目標
交流を通して，かぐや姫にとって天上（月）と地上のどちらの世界が幸せかについて自分の考えをまとめる

★かぐや姫にとって，天上（月）と地上のどちらの世界が幸せか。

〈生徒の発言メモ〉

天上（月）　　地上

・～～～
・～～～
・～～～

★交流を通して広がったり深まったりした自分の考えをまとめよう。

【単元の振り返り】

4　全体で交流する
○グループで交流した内容を，全体でも共有する。
○参考になる考えをメモする。
○タブレット等を活用する。

ポイント
　古典を学ぶ意義についても触れるよう助言する。

5　かぐや姫にとって天上（月）と地上のどちらの世界が幸せかについて自分の考えをまとめる
T：交流を通して広がったり深まったりした考えを基に，かぐや姫にとって天上（月）と地上のどちらの世界が幸せかについて，合わせて読んだ場面（資料）の一部を引用（紹介）しながら自分の考えをまとめましょう。
○最初にもった自分の考えとの変容（広がりや深まり）についても触れ，交流したことで自分の考えを確かなものにさせる。
○交流をして考えが深まったことや，新たに気付いたこと，考えが変化したことなどについて追記させる。

6　単元の学習を振り返る
○本時の学習で学んだことを確認する。
○「竹取物語」読んで，学んだことや古典に興味をもったこと，今後に活かしていきたいことなどをまとめる。

6　いにしえの心にふれる

今に生きる言葉／漢文を読む　（3時間）

1　単元の目標・評価規準

・音読に必要な文語のきまりや訓読の仕方を知り、漢文を音読し、古典特有のリズムを通して、古典の世界に親しむことができる。　〔知識及び技能〕(3)ア
・書く内容の中心が明確になるように、段落の役割などを意識して文章の構成や展開を考えることができる。　〔思考力、判断力、表現力等〕B(1)イ
・文章を読んで理解したことに基づいて、自分の考えを確かなものにすることができる。
　〔思考力、判断力、表現力等〕C(1)オ
・言葉がもつ価値に気付くとともに、進んで読書をし、我が国の言語文化を大切にして、思いや考えを伝え合おうとする。　「学びに向かう力、人間性等」

知識・技能	音読に必要な文語のきまりや訓読の仕方を知り、漢文を音読し、古典特有のリズムを通して、古典の世界に親しんでいる。　((3)ア)
思考・判断・表現	「書くこと」において、書く内容の中心が明確になるように、段落の役割などを意識して文章の構成や展開を考えている。　(B(1)イ) 「読むこと」において、文章を読んで理解したことに基づいて、自分の考えを確かなものにしている。　(C(1)オ)
主体的に学習に取り組む態度	積極的に漢文を音読し、これまでの学習を生かして、日常生活での出来事を、故事成語を使って書こうとしている。

2　単元の特色

教材の特徴

　本単元では、古典学習の導入として生徒たちの親しみやすい教材で漢文の基本事項を学ぶ。授業計画は、前半で「矛盾」やその他の故事成語を取り上げながら漢文と故事成語について幅広く知り、後半では故事成語と自分たちの日常とを結び付けた文章を書くという流れである。故事成語についての文章を読んで理解したことを既習事項や授業で学んだことと結び付け、「書くこと」を通して故事成語そのものを自分のものになるよう取り組ませたい。すなわち、知識を知っているだけのものではなく、日常生活の中で活用できるようにする。そのために生徒が、自ら考えて課題に取り組み、考えを広げたり深めたりできるような学習課題、学習方法

を設定して「言葉がもつ価値」について考えさせたい。

身に付けさせたい資質・能力

　言語を通じて漢文特有のリズムや表現に親しむとともに，故事成語の意味や由来を理解する。また，日常生活や社会生活と故事成語を結び付け，故事成語を使った創作文を書く。課題を「故事成語の用例集を作る」と設定した。

3　学習指導計画（全3時間）

次	時	○主な学習活動	☆指導上の留意点　◆評価規準
一	1	○既習事項や学習の見通し，本時の目標を確認する。 ○「今に生きる言葉」の音読を聞き，内容を捉える。 ○教科書 p.174「漢文を読む」を読み，漢文の読み方（訓読）の基本を学ぶ。 ○漢文独特のリズムや言い回しに親しみながら，様々な形態で「矛盾」を音読する。 ○矛盾の言葉の意味と故事の内容を捉える。 ○授業の振り返りを行い，次回の学習内容を知る。	◆漢文のきまり，漢文特有のリズムや表現等について理解し，音読している。【知・技】 ☆教科書の二次元コードやDVDなども活用する。 ☆漢文独自の表現に留意して音読させる。
二	2	○前時の振り返りと本時の学習内容の確認を行う。 ○「矛盾」以外の故事成語について調べてまとめる。 ○各々で調べた故事成語の内容や意味を共有する。 ○調べた故事成語から一つ選んで，創作文を書くために日常において起きそうな場面を想像する。	◆故事成語の意味や由来を理解している。【思・判・表】 ☆意味を調べるための辞書や便覧を準備しておく。 ☆タブレット等を用いて，共有に役立てる。 ☆日常生活と故事成語とのつながりを実感させる。 ☆読み手が故事成語の正確な使い方を理解できる文章を書くように意識させる。 ☆起承転結を意識して創作文を書かせる。
	3	○前時の振り返りと本時の学習内容の確認を行う。 ○故事成語を使った創作文を書く。 ○出来上がった創作文をグループで読み合い，助言をし合う。 ○助言をもとに文章に加除訂正をして創作文を完成させる。 ○授業の振り返りを行い，故事成語について考えたことや学んだことを書く。	☆具体的な基準を示して助言するよう指導する。 ◆故事成語の意味を生かし，構成や展開を工夫して文章を書いている。【思・判・表】 ◆これまでの学習を生かして，日常生活の出来事を，故事成語を使って書こうとしている。【主】

今に生きる言葉／漢文を読む

指導の重点
・故事成語について理解させる。
・漢文を音読し、古典特有のリズムを通して、古典の世界に親しませる。

本時の展開に即した主な評価規準例（Bと認められる生徒の姿の例）
・漢文のきまり、漢文特有のリズムや表現等について理解し、音読している。【知・技】

生徒に示す本時の目標
・故事成語について理解しよう
・漢文のリズムや表現に注意して音読しよう

1 「故事成語」とは、どういうものか理解する
T：「故事成語」の意味や由来について理解しましょう。
○教科書 p.170を読む。
○教科書 p.171、本文下段にある四コマのイラストをもとに、「盾」と「矛」についての故事がどのようなものか説明を聞いて理解を深める。各生徒の感想をもとに故事の面白さを共有する。
○「故事成語」について教師の説明を聞く。
○日本と中国の歴史的背景についての解説を聞き、故事成語の文化的な位置付けを理解する。
　中国と日本の交流は歴史的に長く盛んであった。中国からの影響は文化面でも大きく、文字文化にまで及んでいる。そのために故事成語は伝統的に日本人の日常に定着し、様々な場面で使われていることを理解する。
T：故事成語は故事から生まれた言葉ですが、それによって他の熟語とは異なる性質をもっています。故事成語特有の性質について、考えて発表してください。
○漢字は意味をもつ文字のため、文章の中で使われる熟語は正確に読めなくても、漢字のもつ意味から熟語の意味を想像することができる。
　それに対して故事成語は、中国の古い出来事に由来しているため、漢字が本来もつ意味とは関係ない使われ方をしていることに注意させる。同時にそれが故事成語の魅力であり、故事についての知識がないと通じない語という位置付けになる。

2 「漢文」とは、どのようなものか理解する
T：漢文について、理解しましょう。
○教科書 p.174を開き、漢文の「訓読」についてその手順を知る。
○特に、書き下し文のルールや漢文独特の言い回しについて理解を進める。

> **ポイント　書き下し文の取り扱い**
> 書き下し文については、正確な理解が必要だがその反面、この部分に時間をかけすぎることは、ここでは適切ではない。
> 　本時の目標から考えると、ここでは主たる活動には当たらないため、ポイントを絞り、端的に指導するよう工夫したい。

準備物：なし

```
今に生きる言葉／漢文を読む     故事成語の世界を想像して創作文を
                              書こう

本時の目標
○故事成語について理解しよう
○漢文のリズムや表現に注意して
  音読しよう

○故事成語とは…中国の古典に由来する言葉
  日本では生活に息づいている。
    座右の銘、話や文章の中での引用等

○漢文を読むための重要事項 P.174
  ※漢文の一部
    「誉之曰吾盾之堅莫能陥也」

○訓読のためのキーワード
  ・送り仮名
  ・返り点
  ・句読点

矛盾
  矛→ほこ（攻める道具）
  盾→たて（守る道具）

振り返り　～故事成語と漢文の音読～
  ①故事成語とは
  ②漢文を音読することに慣れたか
```

3　漢文を音読する

○「矛盾」の音読を行い、いろいろな形態で音読する。

T：漢文特有のリズムや表現を味わいながら音読をしましょう。

○音読練習を行う。

4　「矛盾」の「故事」を理解する

○語句の意味や表現に注目して「故事」を理解する。「楚人」「鬻ぐ」「利なること」等を押さえ、語の意味を理解する。そして「盾」が「堅きこと」や「矛」が「利なること」まで、つなげて理解する。
　表現については「陥さざる無き」が二重否定であることを押さえ、それが強い肯定になることを理解する。

T：最後に「楚人」が答えることができなかったのはどうしてですか。
〈予想される生徒の反応〉
・商売上のセールストークで、当たり前に言ってきたことのおかしな点を指摘されて、自分でも驚いている。
・理屈に合わないことは承知で商売上言っていることなので、それを人から指摘されても反論できなかった。

ポイント　故事の面白さを味わわせる

最初は書き下し文から漢文特有の語句や表現に着目させるが、最終的には現代語訳を中心に読み、故事の内容を理解させる。故事の多くには登場人物がいて、現代に通じる人間らしさがあふれていることに注目する。故事成語が長い間、言い伝えられてきた理由として、故事のストーリー自体に読み手を納得させる魅力があることにも気付かせる。

5　授業の振り返りを行い、次回の学習について知る

○特に次の点を確認する。
　・「故事成語」とは何か。
　・「矛盾」の故事と言葉の意味。
　・故事成語の面白さ。
○次回は、「矛盾」以外の故事成語を読み、「故事」と「語の意味」について考えることを予告する。

2/3時間 今に生きる言葉

指導の重点
・いろいろな故事成語を読み，理解を深めさせる。

本時の展開に即した主な評価規準例（Bと認められる生徒の姿の例）
・故事成語の意味や由来を理解している。【思・判・表】

生徒に示す本時の目標
調べた故事成語の内容を理解しよう

1 前時の内容を振り返る
T：この前の授業で学習したことを簡単に，復習しましょう。
○以下のことについて簡単に復習する。
　・漢文特有のリズムや表現。
　・「故事成語」の特徴。
　・「故事」と「故事成語」の関係。
　・「矛盾」の故事と意味，使われ方。
　・故事成語の面白さ。

2 他の故事成語について調べる
T：教科書には「矛盾」以外にも「推敲」「蛇足」「四面楚歌」「漁夫の利」が載っています。これらも，それぞれ「故事」があり，それを由来とする意味があります。
　また，他にもたくさんの故事成語があります。それぞれどのような「故事」から生まれ，どのような意味をもつ言葉になったのか，調べてみましょう。
○活動時間は15〜20分程度とする。時間内でできるだけたくさんの故事成語を調べるように指示する。

ポイント　資料の活用について
　調べる語の範囲は，生徒の状況や時間配分により異なる。できるだけ基本的な故事成語を扱うようにするために，教科書や資料集，国語便覧に限って調べさせる方法もある。
　しかし，一般に資料集や国語便覧には，故事と故事成語とその使われ方が載っていることが多い。その場合は探究学習という位置付けにはならない。
　今回は，次時で「故事成語用例集」を作るという計画があるので，多くの故事成語を集める必要がある。そこで，教科書，資料集，便覧に加え，タブレット等を活用して自分で故事成語を見付ける活動を設定した。したがって出典や調べた方法も明確に示させる。
　あらかじめ教師が候補の故事成語を一覧にして提供する方法もある。

3 文章の中で使う故事成語を選ばせる
T：皆さん，たくさんの故事成語を見付けましたね。それぞれ故事と語の意味の結び付きが面白かったでしょう。それでは何人かの人に発表してもらいます。

準備物：国語辞典，漢和辞典，国語便覧，資料集

今に生きる言葉

本時の目標
調べた故事成語の内容を理解しよう

○「矛盾」以外の「故事成語」について
・教科書では
　「推敲」・「蛇足」・「四面楚歌」・
　「漁夫の利」
　（生徒が探した故事成語を板書する）

例
○背水の陣
○登竜門
○朝三暮四
○五十歩百歩
○五里霧中

・故事成語は他にも、たくさんある。調べて意味とその由来をもとに、創作文を書こう。

振り返り
故事成語の由来と意味が分かって創作文の候補を見つけられたか。

○何人かの生徒が発表する。
○タブレット等で共有することも考えられる。
T：では，今の発表で出された故事成語を参考にして次の課題を出します。教科書の p.173 を見てください。「故事成語を使って体験文を書こう」とありますね。今まで見てきたように，故事成語は故事に由来する独特な意味があります。それは私たちの日常に結び付くような内容が多いです。p.173を読んでみましょう。
○生徒に音読させる。
T：p.173の下段にあるのが体験文です。「漁夫の利」という故事成語の意味は下段右側にあります。両者が争っている間に，第三者に利益をやすやすと横取りされるという意味です。そして下段左側の体験文は，故事成語の意味に沿った事例になっています。次の時間に皆さんにもこのような創作文を書いてもらいます。そこで今日は，今まで学習した創作文を書く対象とするものを一つ選んでもらいます。
○今まで学習した故事成語の中から，日常生活や社会生活において，具体的な状況や場面を想像できるものを選ぶと，この後の活動がしやすいことをアドバイスする。

4 授業の振り返りを行い，次回の学習について知る

○本時の学習内容を振り返り，「矛盾」の「故事」がどのような内容かについて，自分の分かる言葉で説明する。
○次回の学習活動として，故事成語の用例集を作るために短い作文を書くことを理解する。

3/3時間 今に生きる言葉

指導の重点
・書く内容が明確になるように，文章の構成や展開を考えさせる。
・故事成語の意味をふまえて，日常生活や社会生活で起きそうな出来事を考え文章で具体的に書かせる。

本時の展開に即した主な評価規準例（Bと認められる生徒の姿の例）
・故事成語の意味を生かし，構成や展開を工夫して文章を書いている。【思・判・表】
・これまでの学習を生かして，日常生活の出来事を，故事成語を使って書こうとしている。【主】

生徒に示す本時の目標
調べた故事成語を使って創作文を書き，クラスの「故事成語用例集」を作ろう

1　前時の内容を振り返る
T：前回の授業では，「矛盾」の故事を読み，その由来となる故事と語の意味を学習しました。そのうえで，他にどのような故事成語があるのかを調べました。
○調べた故事成語の由来と意味をノートで確認する。
○本時の活動は200字程度の作文になるため，音読や細かい振り返りは行わず，時間を確保する。

2　「故事成語」の意味やその由来を知り，そこから想像を広げ，日常生活や社会生活において起きそうな出来事を創作して文章に書き表すという学習課題を提示する
T：教科書のp.173には，日常生活で起きそうな出来事が，故事成語を使って簡潔に紹介されています。とても分かりやすくてよい文章です。このような文章をそれぞれが書き，このクラスの「故事成語用例集」としてまとめ，みんなで読みましょう。
○クラスもしくは学年全員の作品を集めて「故事成語用例集」を作る。
○教科書 p.173の「漁夫の利」を参考にして，どのように書くとよいのか，またどこに工夫するとよいかを理解する。

> **ポイント　構成や展開を工夫する**
> 　教科書の例文は4段落で書かれており，起承転結に整理されている。生徒には既習事項としての文章の構成や展開を想起させながら，故事成語の意味や面白さが伝わる文章になるために必要なことを考えさせて取り組ませたい。
> 　また，200字程度の文章だからこそ，一文の字数は20字を目安に設定し，テンポのある表現ができることを実感し学ばせたい。

3　構成のメモを整えてから書き出す　WS
T：故事成語をもとにした出来事を，具体的に想像し，分かりやすく伝えるために簡単にメモを書いてから，本文を書きましょう。
○具体的な出来事を想像してメモを書く。
○故事成語の意味が正確に使われている文章になるよう意識して書く。
○活動時間は25分程度とする。

準備物：ワークシート，国語辞典，漢和辞典

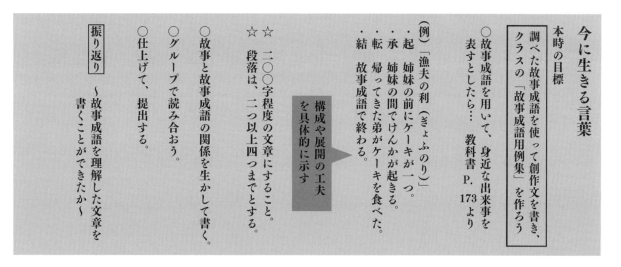

今に生きる言葉

本時の目標

○故事成語を用いて，身近な出来事を表すとしたら… 教科書P.173より

調べた故事成語を用いて，クラスの「故事成語用例集」を作ろう

（例）「漁夫の利（ぎょふのり）」
- 起　姉妹の前にケーキが一つ。
- 承　姉妹の間でけんかが起きる。
- 転　帰ってきた弟がケーキを食べた。
- 結　故事成語で終わる。

☆構成や展開の工夫を具体的に示す

☆二〇〇字程度の文章にすること。
☆段落は，二つ以上四つまでとする。

○故事と故事成語の関係を生かして書く。
○グループで読み合おう。
○仕上げて，提出する。

振り返り　～故事成語を理解した文章を書くことができたか～

ポイント　故事成語の意味や由来から事例を考える

　故事成語の大きな特徴は，故事がもとになって生まれた言葉であり，そのため臨場感のある面白さや力強い説得力が，その言葉に含まれている。中学生は多感で交友関係も広がり，様々な出来事と出会うことが多くなる時期である。したがって故事成語の学習は生徒の興味関心とつながりやすいと考えた。自由な発想で時にはユーモアを交えた物語を創造させたい。

5　アドバイスをもとに，各々の「創作文」の推敲を行う

T：では，創作した文章を各自で推敲する時間を5分程度取ります。迷ったら友人と相談してもよいです。

6　まとめを行う

○「故事成語」を活かして，まとまりのある文章を書くことができたか，自己評価を行う。
○「故事成語用例集」は後日，教師が作成し，生徒に配布するか教室に置くかして，皆で楽しむようにする。

4　お互いの文章を読み，アドバイスや質問をすることを目的とした課題設定を行う

T：故事成語の正しい意味を使って，文章が創作できているか，確認してみましょう。書いた創作文を四人組になって発表し合い，アドバイスや質問をしてください。

○四人程度のグループになって，順番に発表し，感想を交流する。
○発表後，お互いに創作文の基本的事項に沿ってアドバイスし合う。必要な時は質疑応答をしてもよい。

7 価値を見いだす

「不便」の価値を見つめ直す （4時間）

1 単元の目標・評価規準

・原因と結果，意見と根拠など情報と情報との関係について理解することができる。
〔知識及び技能〕(2)ア
・比較や分類，関係付けなどの情報の整理の仕方について理解を深め，それらを使うことができる。
〔知識及び技能〕(2)イ
・根拠を明確にしながら，自分の考えが伝わる文章になるように工夫することができる。
〔思考力，判断力，表現力等〕B(1)ウ
・目的に応じて必要な情報に着目して要約することができる。
〔思考力，判断力，表現力等〕C(1)ウ
・文章を読んで理解したことに基づいて，自分の考えを確かなものにすることができる。
〔思考力，判断力，表現力等〕C(1)オ
・言葉がもつ価値に気付くとともに，進んで読書をし，我が国の言語文化を大切にして，思いや考えを伝え合おうとする。
「学びに向かう力，人間性等」

知識・技能	原因と結果，意見と根拠など情報と情報との関係について理解している。((2)ア) 比較や分類，関係付けなどの情報の整理の仕方について理解を深め，それらを使うことができる。((2)イ)
思考・判断・表現	「書くこと」において，根拠を明確にしながら，自分の考えが伝わる文章になるように工夫している。(B(1)ウ) 「読むこと」において，目的に応じて必要な情報に着目して要約している。(C(1)ウ) 「読むこと」において，文章を読んで理解したことに基づいて，自分の考えを確かなものにしている。(C(1)オ)
主体的に学習に取り組む態度	粘り強く意見と事例を整理して，必要な情報に着目して要約しようとしている。これまで学習したことを振り返り，自分の学習を調整しながら，自分の考えを確かなものにしようとしている。

2 単元の特色

教材の特徴

現代は「便利」であることが当たり前の時代である。そのため，生徒は「不便」なことを，

嫌なことや面倒くさいことだと一般的には捉えている。本教材は，そのような生徒のもつ価値観に対して，一見「不便」なことも異なる視点から見ると価値を見いだせるということを教えてくれる教材である。本教材を読むと，生徒は自分のものの見方や考え方が一面的であったことに気付き，物事を多面的に捉えることのおもしろさを味わうことができる。

　この教材の特徴を生かし，単元の前半では，目的に応じて必要な情報に着目して要約することで，叙述を正しく読む力を育成する。単元の後半では，筆者の考えに対する自分の考えをもち，それを周囲と共有することで，自分の考えを確かなものにできるようにする。

身に付けさせたい資質・能力

　本単元では，前述した資質・能力を身に付けさせるための言語活動として「自分の考えを文章にまとめる」活動を設定する。

　単元の前半では，要約を通して文章の要旨を捉えることで，叙述を正しく読む力を育成する。ここでは，〔知識及び技能〕の「情報の扱い方に関する事項」も関連付けて指導する。単元の後半では，筆者の考えに対する自分の考えを文章にまとめて共有することで，「根拠を明確にして自分の考えが伝わる文章になるように工夫する力」と，「自分の考えを確かなものにする力」を関連付けて育成する。

3　学習指導計画（全4時間）

次	時	○主な学習活動	☆指導上の留意点　◆評価規準
一	1	○「不便」に対する印象を書く。 ○教材を通読する。 ○通読後の「不便」に対する印象を書く。 ○キーワードを整理する。	☆第3時において，自分の考えを文章にまとめるときに参考にできるよう，初読後の印象を書かせる。 ◆情報を比較や分類，関係付けている。【知・技】
	2	○意見と事例を整理して，文章のおおまかな構造を捉える。 ○目的に応じて要約する。	◆目的に応じて必要な情報に着目して要約している。【思・判・表】 ◆粘り強く意見と事例を整理して，必要な情報に着目して要約しようとしている。【主】
二	3	○筆者の考えに対する自分の考えを文章にまとめる。	◆意見と事例について理解している。【知・技】 ◆事例を挙げて，自分の考えが伝わる文章になるように工夫している。【思・判・表】
	4	○自分の考えをグループで共有する。 ○共有を踏まえて自分の考えを振り返る。 ○単元で学習したことを振り返る。	◆筆者や他者の考えと自分の考えを比較し，自分の考えを確かなものにしている。【思・判・表】 ◆これまで学習したことを振り返り，自分の学習を調整しながら，自分の考えを確かなものにしようとしている。【主】

「不便」の価値を見つめ直す

指導の重点
・本文中のキーワードを整理させる。

本時の展開に即した主な評価規準例（Bと認められる生徒の姿の例）
・情報を比較や分類，関係付けている。【知・技】

生徒に示す本時の目標
　キーワードを整理する

1　本時の学習の見通しをもつ
T：今日から「『不便』の価値を見つめ直す」という文章を読んでいきます。最終的には，筆者の考えに対する自分の考えをもち，その考えを確かなものにしていきます。本時は，そのための準備をしていきましょう。
○本時の目標を示す。

2　「不便」に対する印象を書く　WS1
T：これから読む文章の題名は「『不便』の価値を見つめ直す」です。皆さんは普段，どのようなときに「不便」だと感じますか。
○全体で二，三名指名して，具体的に「不便」だと感じることを挙げさせる。
T：皆さんは「不便」という語に対してどのような印象をもっていますか。それを書きましょう。
○時間を3～5分程度とる。その後，隣の席の生徒と意見交換させ，二，三名指名して板書し，全体で共有する。

3　教材を通読する
T：皆さんから様々な意見が出ましたが，この文章の題名は「『不便』の価値を見つめ直す」です。果たして「不便」には価値があるのでしょうか。では，文章を読んでみましょう。
○教師が教材を範読する。

4　教材を通読した後の「不便」に対する印象を書く
T：文章を読んでみて，皆さんの「不便」に対する印象はどのようになりましたか。改めて，文章を読んだ後の「不便」に対する印象を書きましょう。
○時間を5分程度とる。その後，隣の席の生徒と意見交換させ，二，三名指名して，全体で共有する。

> **ポイント　自分の考えをもつときの参考にできるよう，初読の感想を書いておく**
> 　第3時において，自分の考えを文章にまとめるときに参考にできるよう，初読後の感想を書かせておく。

5　キーワードを整理する
T：段落に番号を振りましょう。
○指示や確認をしやすくするために，段落に番号

準備物：ワークシート

「不便」の価値を見つめ直す

- 筆者の考えに対する自分の考えをまとめる

本時の目標
- キーワードを整理する

キーワード
- 「不便」という語に対する印象（生徒の発言を板書する）

用語の確認　キーワード
【定義】話題や筆者の主張に関係する重要な言葉。
【見分け方】題名、繰り返される、「　」で強調

キーワード	段落	意味
不便益	5	不便だからこそ得られるよさ
不便	6	手間がかかったり、頭を使って考えなければならなかったりすること
便利	6	手間もかからず、頭も使わなくてよいこと

を振らせる。

T：この文章のキーワードを確認しましょう。

○必要に応じて「キーワード」という言葉の定義を確認する。ここでは文章の内容を理解するときの「重要な言葉」とする。また、「キーワードの見分け方」も確認する。例えば、題名に含まれたり、繰り返し使われていたり、「　」を使って強調されていたりすることを押さえる。

T：この文章のキーワードは何ですか。

○全体に問いかけたり、指名したりしながら、「不便益」「不便」「便利」といった言葉を出させる。特に、「不便益」は筆者特有の使い方の語なので注目させる。

T：この文章の内容を理解する上で重要な言葉になるので、筆者がそれぞれの言葉をどういう意味に使っているかまとめましょう。

○時間を5～10分程度とり、キーワードと、定義が書かれている段落、定義の内容をまとめる。

ポイント　叙述を基に読み取ることが苦手な生徒のために全体で考え方の例を示す

叙述を基に読み取ることが苦手な生徒が多い場合は、最初に全体で考え方の例を示した後、自力で取り組ませるとよい。例えば、「最初に『不便益』の意味を全体で確認しましょう」と告げ、全体に対して「何段落に書いてありますか」と問う。「5段落」と答えることができた場合は「どの叙述からそう考えましたか」と理由を聞き、他の定義の読み取りに活用できるようにする。（「不便益」の場合は、8段落や15段落等、他の段落から書き抜く生徒もいるため、それらも含めて確認する）このように、全体で取り組み方を例示した上で、「では、『不便』と『便利』は自分の力で読み取ってみましょう」と伝えることで、読み取りが苦手な子も取り組みやすくなる。

○まとめ終わったら、全体で確認する。

6　次時の見通しをもつ

T：今日は、この文章のキーワードを確認しました。次回は、意見と事例を整理して、目的に応じて文章を要約していきましょう。

「不便」の価値を見つめ直す

2/4時間

指導の重点
・目的に応じて必要な情報に着目して要約させる。

本時の展開に即した主な評価規準例（Bと認められる生徒の姿の例）
・目的に応じて必要な情報に着目して要約している。【思・判・表】
・粘り強く意見と事例を整理して，必要な情報に着目して要約しようとしている。【主】

生徒に示す本時の目標
意見と事例を整理して，目的に応じて要約する

1　前時の学習を振り返る
T：前回は，どのようなことを学習しましたか。
○「不便」に対する印象を書いた後，キーワードを整理し，「不便益」「不便」「便利」の語の筆者の使っている意味を確認したことを振り返る。

2　本時の学習の見通しをもつ
T：今日は，意見と事例を整理して，目的に応じて要約することで，要旨を捉えていきましょう。
○本時の目標を示す。

3　意見と事例を整理して，文章のおおまかな構造を捉える　⬇ WS2
T：いきなり要約するのは難しいと感じる人が多いと思うので，まずは，意見と事例を整理して，文章のおおまかな構造を捉えましょう。
○時間を10分程度とり，ワークシートを使いながらまとめさせる。

> **ポイント　用語の意味や見分け方といった知識を確認し，読み取る際に活用する**
> 生徒の実態に応じて，「問題提起」「意見」「事例」といった用語の意味と，どのようにして見分けるかを全体で確認してからワークシートに取り組ませる。既習事項であれば，過去のワークシート等を振り返らせる。
> 　特に，見分け方は具体的に確認するとよい。例えば，「意見」は，文頭が「つまり」で始まったり，文末が「〜のだ。」で終わったりする。「事例」は，文頭が「例えば」で始まったり，「事例」という言葉が書いてあったりする。このように，見分け方を確認することで，叙述を基に読み取ることが苦手な生徒も取り組みやすくなる。

> **発展　タブレット等を活用して，学習の効率化を図る**
> 　ワークシートは，タブレット等で配布し，直接記入させてもよい。全体で確認する際も，電子黒板等に投影したり，よくまとめられている生徒のデータを共有したりして，効率よく確認する。また，他の生徒が記入したものを参照できるようにしておくことで，読み取りが苦手な生徒も，他の生徒を参考にしながら取り組むことができる。

準備物：前時のワークシート，ワークシート

「不便」の価値を見つめ直す

本時の目標
意見と事例を整理して，目的に応じて要約する

今回の要約の条件
相手…「まだこの文章を読んだことがない人」
目的…「筆者の意見を理解してもらう」

〈見分け方〉
・問題提起　「〜か。」疑問の形で終わる
・意見　「つまり〜」「〜のだ。」
・事例　「例えば」

○一人ずつ指名したり，班で確認させたりしながら，文章のおおまかな構造を確認する。

4　目的に応じて要約する

T：授業の後半は，目的に応じて要約してみましょう。まず，言葉の定義を確認しましょう。

○「要約」と「要旨」の言葉の定義を確認する。「要約」は，文章の内容を短くまとめること。「要旨」とは，文章の内容や書き手の考えの中心となる事柄であることを確認する。

T：要約をするときは，相手と目的を確認することが大切です。

T：相手は「まだこの文章を読んだことがない人」，目的は「筆者の意見を理解してもらう」ためと設定し要約します。そのためには，どのような情報が必要ですか。

○この文章のキーワードや，筆者の考えの中心を見つけることが必要であることを確認する。

T：では，これまで学習したワークシートや，教科書の文章を基に，要約してみましょう。

○時間を10分程度とり，要約させる。

T：自分の要約をグループで共有して，確認しましょう。

○四人程度のグループを作り，要約を共有して，必要な情報が含まれているかを確認させる。

要約の例

私たちは，「不便は悪いこと」という価値観をもつことが多いが，不便だからこそ得られるよさである「不便益」もある。このように，これまでの常識とは異なる別の視点をもつことで，世界を多様に見ることができる。（百字）

T：要約の仕方を理解することができましたか。他の文章でも応用できるように，要約するときの留意点をまとめましょう。

5　次時の見通しをもつ

T：今日は，意見と事例に着目して，要約することを通して文章の要旨を把握しました。これまで，筆者の考えを読んできて，改めて，皆さんは，筆者の考えに対してどのように思いましたか。次回は，筆者の考えに対する自分の考えをまとめていきましょう。

「不便」の価値を見つめ直す

3/4時間

指導の重点
・自分の考えが伝わるように工夫した文章を書かせる。

本時の展開に即した主な評価規準例（Bと認められる生徒の姿の例）
・意見と事例について理解している。【知・技】
・事例を挙げて，自分の考えが伝わる文章になるように工夫している。【思・判・表】

生徒に示す本時の目標
筆者の考えに対する自分の考えをもつ

1　前時の学習を振り返る
T：前回は，どのようなことを学習しましたか。
○意見と事例を整理して，目的に応じて要約したことを確認する。
T：問題提起の文と筆者の考えの中心となる文を読みましょう。
T：このことを伝えるために，筆者は「不便益」という語を示してその事例を挙げたのでした。

2　本時の学習の見通しをもつ
T：これまで，筆者の考えを読んできて，皆さんはどう思いましたか。今日は，筆者の考えに対する自分の考えを文章にまとめていきましょう。
○本時の目標を示す。

3　筆者の考えに対する自分の考えを文章にまとめる　⬇ WS3
T：では，筆者の考えの中心である「これまでの常識とは異なる別の視点をもつことで，世界をもっと多様に見ることができるようになるはずだ」に対する自分の考えを書きましょう。
T：自分の考えを書くときは，次の二つの条件に従って書きましょう。

条件①
　まず，筆者の考えに対する自分の考えを書きましょう。自分の考えは「賛成」や「反対」だけではなく「共感した」「重要だ」「そうともいえない」「おかしい」「例外も多い」等のような考えでもよいです。

条件②
　次に，理由を書くときは，筆者のように具体的な事例を挙げて説明しましょう。

T：どのように書けばよいか分からない人は，書き方の例を参考にして書きましょう。最初に「私は……と考える。」と，条件①の「自分の考え」を書きましょう。次に条件②の理由を書くときは，「例えば，～だ。」と，具体的な事例を挙げて説明しましょう。そして，最後に「このように，……と考える。」とまとめを繰り返して書きましょう。

> **ポイント　必要に応じて，前時の学習を振り返る**
> 本時は，これまで「読むこと」の中で学習してきた「意見」と「事例」という概念を，実際に「書くこと」で活用する。そのため，「意見」と「事例」という概念が習得できて

準備物：ワークシート

```
「不便」の価値を見つめ直す
本時の目標
　筆者の考えに対する自分の考えをもつ

┌─────────────────────────────────┐
│筆者の考えに対する自分の考えを書く。
│条件①：筆者の考えに対する
│　　　　自分の考えを書く。
│「賛成」「反対」「共感した」「重要だ」
│「そうともいえない」「おかしい」
│「例外も多い」　など
│条件②：理由は、具体的な事例を挙げる。
│
│書き方の例
│私は……（条件①自分の考え）と考え
│る。
│例えば、～（条件②具体的な事例）だ。
│このように、……と考える。
└─────────────────────────────────┘
```

いない生徒は、何をどのように書けばよいのか分からなくなってしまう。生徒の実態に応じて、全体で前時の学習を振り返ったり、個別に支援したりすることが大切である。学習が定着していない生徒には、教科書の文章のどこが「意見」で、どこが「事例」に当たるのかを確認し、教科書の文章を真似しながら書けるようにするとよい。

りをしながら生徒に書かせる「口頭作文」が有効である。また、長文を書くのが苦手だが短文なら書ける生徒であれば、箇条書きで書かせ、教師が支援して文章化する。書くことに関して特別な支援を要する生徒には、音声入力をさせたり、生徒の考えを聞き取りながら教師がある程度書いたりすることも考えられる。生徒にとって個別最適な学びになるよう、できる範囲で支援する。

〇時間を30分程度とる。終わらなかった場合は、家庭学習で取り組んでもよいことにする。

4　次時の見通しをもつ

T：次回は、自分の考えを他のクラスメイトと共有することで、自分の考えを確かなものにし、単元の学習を振り返っていきましょう。

発展　タブレット等を活用して、より本時の目標を達成しやすくする

　生徒の実態に応じて、タブレット等を活用して自分の考えをまとめさせることで、より本時の目標を達成しやすくすることができる。

　その際は、他の生徒が書いているものを参照できるようにしておくことで、考えが浮かばない生徒も取り組むことができるようにする。

　また、文章を書くことが苦手な生徒には、その生徒に合った適切な支援を行うことが大切である。例えば、話すことは得意だが書くことが苦手な生徒には、教師が口頭でやりと

「不便」の価値を見つめ直す

指導の重点
・交流を通して自分の考えを確かなものにさせる。

本時の展開に即した主な評価規準例（Bと認められる生徒の姿の例）
・筆者や他者の考えと自分の考えを比較し，自分の考えを確かなものにしている。【思・判・表】
・これまで学習したことを振り返り，自分の学習を調整しながら，自分の考えを確かなものにしようとしている。【主】

生徒に示す本時の目標
他者の考えと自分の考えを比較し，自分の考えを確かなものにする

1　前時の学習を振り返る
T：前回は，どのようなことを学習しましたか。
○筆者の考えに対する自分の考えをまとめたことを振り返らせる。

2　本時の学習の見通しをもつ
T：今日は，二つのことに取り組みます。前半では，前回書いた自分の考えを，他のクラスメイトと共有して，自分の考えを確かなものにしましょう。後半では，単元の学習を振り返りましょう。

3　自分の考えをグループで共有する WS4
T：自分の考えをグループで共有しましょう。他の生徒の考えを読んだら，印象に残った考えをメモしましょう。
○教師は事前に生徒の考えを読んでおき，多様な考えにふれられるようなグループを作る。人数は，生徒の実態に応じて四～六人程度にする。時間は10～20分程度とる。

> **ポイント　自分の考えを確かなものにするだけではなく，説明的な文章を読むおもしろさを味わえるようにする**
> 多様な考えにふれられるようなグループにすることで，自分の考えと他の生徒の考えを比較し，自分の考えを確かなものにしやすくする。また，同じ文章を読んでも，多様な考えをもてることを知り，説明的な文章を読むおもしろさを味わえるようにする。

> **発展　タブレット等を活用して共有する際は，対話する時間を設けることで共有が充実する**
> 前時で自分の考えをまとめる際に，タブレット等を活用した場合は，本時の共有でも使用するとよい。もし，前時でプリントに書かせた場合でも，写真を撮って共有することで，タブレット等を活用できる。共有の仕方は，生徒の実態に応じて，自席で共有したり，グループを作って共有したりする。グループを作る場合は，一人の考えをグループ全員で読んだ後に，簡単に感想を言わせたり，質問したりする時間を設けると共有が充実する。

準備物：前時のワークシート，ワークシート

「不便」の価値を見つめ直す

本時の目標
他者の考えと自分の考えを比較し、自分の考えを確かなものにする

① 共有
・印象に残った考えをメモする

② 自分の考え
・強化　A→A´
・変容　A→B
・進化　A＋A（B）＝C

③ 振り返り
・自分の考えを確かなものにするには
・単元で学習したことを今後どのように生かしていくか

4　共有を踏まえて自分の考えを振り返る

T：他のクラスメイトの考えを読み、自分の考えはどうなりましたか。自分の考えをもう一度読み直し、自分の考えがどのようになったか、「強化」「変容」「進化」の中から選んで書きましょう。

○時間を5分程度とる。必要に応じて、「強化」「変容」「進化」について以下のように説明する。

・強化：自分の考えに似た考えを読み、自分の考えがより確かなものになること。自分の考えが「A」だとすると、「A→A´」というイメージ。

・変容：自分の考えと異なる考えを読み、自分の考えが変容すること。自分の考えが「A」だとすると、「A→B」というイメージ。

・進化：自分の考えと似た考え、もしくは異なる考えを読み、新たな自分の考えが生まれること。自分の考えが「A」だとすると、「A＋A（B）＝C」というイメージ。

5　単元で学習したことを振り返る

T：この単元で学習したことを振り返りましょう。
○15分程度、時間をとる。

○これまでのワークシートを見返しながら取り組むように伝え、以下を振り返らせる。
①自分の考えをより確かなものにするためにはどうするとよいか。
②この単元で学習したことを今後、説明的な文章を読むときに、どのように生かしていきたいか。

T：この単元で学習したことを、今後の学習に生かしていきましょう。

> **ポイント　学んだことを他の単元でも活用できるように振り返らせる**
>
> 振り返りをする際は、「学習したことを振り返りましょう」と漠然と伝えるのではなく、この単元で学んだことを他の単元でも活用することができるよう、明確に問うとよい。
>
> また、書いたものはいつでも見返せるようにしておき、他の単元で同じ指導事項を扱うときや、既習事項として確認するときに活用できるようにする。

7 　価値を見いだす

思考のレッスン2　原因と結果　（1時間）

1　単元の目標・評価規準

・原因と結果，意見と根拠など情報と情報との関係について理解することができる。
〔知識及び技能〕(2)ア
・言葉がもつ価値に気付くとともに，進んで読書をし，我が国の言語文化を大切にして，思いや考えを伝え合おうとする。　　　　　　　　　　　　　「学びに向かう力，人間性等」

知識・技能	原因と結果，意見と根拠など情報と情報との関係について理解している。　((2)ア)
主体的に学習に取り組む態度	本時の目標に沿って，情報と情報の関係を理解し，粘り強く問題に取り組み，説明しようとしている。

2　単元の特色

教材の特徴

　情報の扱い方に関する事項を学ぶ「知識及び技能」の修得に特化した教材である。しかしながら，本単元を単独で扱うというよりも，「7　価値を見いだす」の大単元内において，前に置かれた「読むこと」の「『不便』の価値を見つめ直す」の教材と，後に置かれた「話すこと・聞くこと」の「進め方について考えよう」「話題や展開を捉えて話し合おう」の教材の「思考力，判断力，表現力等」の育成と関連付けながら指導することが適切である。つまり，本教材の学習において本指導事項を確実に押さえることが，「知識及び技能」の定着だけでなく，「思考力，判断力，表現力等」を高めていくことにつながることに留意したい。

身に付けさせたい資質・能力

　本単元では，学習指導要領〔知識及び技能〕(2)ア「原因と結果，意見と根拠など情報と情報との関係について理解する」力を育成することに重点を置く。「原因と結果」については，小学校の〔第5学年及び第6学年〕2　内容〔知識及び技能〕(2)ア「原因と結果など情報と情報との関係について理解すること」において既に学んでいる。中学校第1学年においては，原因と結果の関係に加え，意見と根拠の関係について理解することが示されているため，本教材が単に小学校の復習に留まることのないよう留意したい。また，生徒は，同じ「思考のレッスン」として，「意見と根拠」について既に学んでいる。原因と結果の関係によって事実がしっ

かりと説明されるとき、筋道の通った話となるし、その事実が根拠となれば、意見の説得力が高まっていく。本教科書で学んだ「意見と根拠」も想起させながら、原因と結果のつながりについて話し合い、その事実によってどのような意見を述べることができるか説明したり話し合ったりする活動を通して、物事を筋道立てて理解したり表現したりして、根拠の明らかな意見を述べることができる力を育てていく。

3　学習指導計画（全1時間）

時	○主な学習活動	☆指導上の留意点　◆評価規準
1	○学習目標を知る。 ○原因と結果を意識して、事実を正しく捉える。 ○事実から意見を考え、話し合う。 ○原因と結果の関係を捉える際に気を付けることや、その必要性について振り返る。	☆小学校や中学1年での既習事項を意識して問題に取り組ませる。 ◆学習目標を踏まえ、原因と結果について考えようとしている。【主】 ☆話の筋道が立つことで意見の説得力が増すことに気付かせる。 ◆原因と結果、意見と根拠など情報と情報との関係について理解している。【知・技】

思考のレッスン2　原因と結果

指導の重点
・適切な表現で原因と結果を説明させる。
・学習目標を踏まえ，原因と結果について考えようとさせる。

本時の展開に即した主な評価規準例（Bと認められる生徒の姿の例）
・原因と結果，意見と根拠など情報と情報との関係について理解している。【知・技】
・学習目標を踏まえ，原因と結果について考えようとしている。【主】

生徒に示す本時の目標
原因と結果を表す言葉を使って正しく説明しよう

1　学習目標を確認する
○既習事項を確認する。
T：今日は，「原因と結果」について学習します。小学校の高学年で既に学んでいることです。原因とはどのようなもので，結果とはどのようなものでしたか。また，原因と結果とは何を説明するものですか。
T：今日は，小学校での学習を生かし，原因と結果を表す言葉を使って，事実について正しく説明しましょう。

> **ポイント　生徒の言葉を生かして本時の目標を設定する**
> 教師が一方的に本時の目標を提示するのではなく，疑問や既習事項を意識して生徒とやりとりを行い，出てきた言葉を用いて本時の目標を設定することで，生徒が学習に必然性を感じつつ，主体的に学習に取り組むことができるようにする。

2　原因と結果のつながりを確認し，問題1に取り組む
○教科書の例示を基に，原因と結果のつながりについて簡潔に押さえる。問題1に取り組むことを通して考え方を整理していく。
T：教科書 p.186を開いてください。B公園についての例文があります。そして，原因と結果を表す言葉には，例えばこのようなものがありました。まず問題1を通して復習してみましょう。
T：問題1に取り組みます。まず，①～③の三つの文がどのようにつながっているか，線で囲ったり結んだりして，示してください。 WS
○個人で問題に取り組ませる。
○生徒の説明や教師の解説によって，答え合わせを行う。
T：だれか答えや説明を発表してください。
T：②から③のつながりは，「そのため，」という接続する語句でつながっていました。「そのため」の語から②と③の関係が分かります。考えてみてください。
○個人で課題に取り組ませ，考えさせる。
○小集団で話し合う。
T：少し時間を取るので，近くの人と話し合ってみてください。
○考えを発表する。

準備物：ワークシート

原因と結果

〇小学校の復習

本時の目標
原因と結果を表す言葉を使って正しく説明しよう

問題1
三文（①②③）のつながりを考える
① 小笠原諸島は、一度も大陸と陸続きになったことがない火山島である。
② 隔離された環境によって、島の生き物たちは独自に進化した。
③ 〔そのため〕、小笠原諸島には、姿、形、性質が本州とは異なる生き物が数多くいる。

原因 → 〔そのため〕 → 結果

〔そのため〕に注目

問題2

個人
(1) どこがおかしいか考える
(2) 論理が通るように直す

グループ
(1) 意見交換
(2) いろいろな直し方があることを確認する

〇まだ1年生は接続詞の学習をしていないが、②が理由・原因、③が結果であることを文意から考えさせる。

T：このように接続する語に着目すると原因と結果の関係が分かります。接続する語がない場合は自分で接続する語を入れてみるとよいですね。

ポイント 「原因と結果」「意見と根拠」の関連
「原因と結果」を前に学習した「意見と根拠」の関係と比べてみるとよい。「原因」と「根拠」に共通点があるので参考になり、理解しやすくなる。

3 問題2に指示を加えて取り組ませる

T：問題2の①～③に取り組みます。まず、個人で上～中段に示された①～③の観点で吟味し、おかしい点を指摘します。その後、意見が成立するように、原因または結果のどちらかについて、書き換えてみてください。それができたら、グループで見せ合い、原因と結果の関係が成立するようになったかを確認してください。

〇何人かに発表させる。

4 本時の振り返りを行う

〇原因と結果を表すときに、意識したことを振り返る。

〇何人かに発表させて、全員で確認する。

T：原因と結果を表すときのポイントは文章を読んだり書いたりするときに活用しましょう。

7 価値を見いだす

漢字に親しもう4 （1時間）

1 単元の目標・評価規準

・小学校学習指導要領第2章第1節国語の学年別漢字配当表に示されている漢字に加え，その他の常用漢字を読むことができる。また，学年別漢字配当表の漢字を書き，文や文章の中で使うことができる。〔知識及び技能〕(1)イ
・言葉がもつ価値に気付くとともに，進んで読書をし，我が国の言語文化を大切にして，思いや考えを伝え合おうとする。「学びに向かう力，人間性等」

知識・技能	小学校学習指導要領第2章第1節国語の学年別漢字配当表に示されている漢字に加え，その他の常用漢字を読むことができる。また，学年別漢字配当表の漢字を書き，文や文章の中で使っている。((1)イ)
主体的に学習に取り組む態度	学習課題に沿って積極的に漢字を読んだり書いたりしようとしている。

2 単元の特色

教材の特徴

「漢字に親しもう」は，小学校で学習した漢字を復習するとともに，新出音訓，新出漢字について学習するものである。短文の中での読み方，使い方の練習や，文・文章作りなどを通して，実生活において漢字を活用する力を養うことを目標としている。小学校での学習を生かしながら，生徒が新たな言葉に出合う場となるよう指導をしていく。

ここでは，様子や心情に関する言葉や漢字が取り上げられている。状況に応じて文章を読んだり書いたりする際に生かせる力を育てたい。

身に付けさせたい資質・能力

本教材に示された練習問題は，様子や心情に関する漢字の読み書きである。文学的文章について，様子や心情を表す言葉に着目して読むことができるように指導をしているが，漢字の学習を通しても身に付けられるようにする。また，日常生活の中で，進んで漢字を使って自分の考えや思いを伝えようとする姿勢を育てる。

そこで，言語活動として「新春おみくじを作ろう」を設定した。おみくじ作りを通して，普

段使わない言葉も,場面を設定することで使うことができるようにする。

3 学習指導計画(全1時間)

時	○主な学習活動	☆指導上の留意点　◆評価規準
1	○新出漢字・新出音訓の確認。 ○練習問題について取り組む。 ○「語彙ブック」の心情・行為を表す言葉から,言葉を選び,新春おみくじを作る。 ○グループで読み合い,確認する。	☆「語彙ブック」に加え,二次元コードを使って漢字一覧表を参照したり,国語辞典を使ったりするよう声をかける。 ◆様子や心情を表す言葉を漢字で書き,文章の中で使っている。【知・技】 ◆様子や心情に関する言葉や漢字を,積極的に読んだり書いたりしている。【主】

1　漢字に親しもう4
（1時間）

指導の重点
・小学校で学習した漢字を使って文章を作ったり，中学校で学習する漢字の読み方について理解したりさせる。

本時の展開に即した主な評価規準例（Bと認められる生徒の姿の例）
・様子や心情を表す言葉を漢字で書き，文章の中で使っている。【知・技】
・様子や心情に関する言葉や漢字を，積極的に読んだり書いたりしている。【主】

生徒に示す本時の目標
様子や心情を表す言葉や漢字を使ってみよう

1　新出漢字・新出音訓を確認する
○フラッシュカードや，視覚教材を準備し，新出音訓の読みを確認する。また，二次元コードから漢字一覧表を確認してもよい。

2　練習問題に取り組む
○時間を決めて練習問題の2と3に個人で取り組む。終わったら全体で答えを確認する。

3　新春おみくじを作る練習をする　WS
T：今日はみんなでおみくじを作りましょう。おみくじにはどんなことが書かれていますか。
○身近で見たことのある文章を想起させる。生徒とやり取りを進めながら，例文を示すなどして，作るおみくじのイメージを共有する。
○おみくじで使う運勢は生徒が決めてよいが，他人が不快に思うような文は書かないよう指導する。
T：おみくじには，運勢，予想する出来事，それらに対するアドバイスなどが書いてあります。運勢に合わせて，言葉を考えてみましょう。まずは練習です。練習問題の1にある四つの熟語のどれかを使って，大吉の文章を考えてみましょう。

> **ポイント　スモールステップで取り組む**
> 言語活動を行う際に，どのように取り組んでよいか分からない生徒もいる。そこで，最初に同じ課題に全員で取り組み，考え方を共有する。

○二文程度の簡潔な文章にするよう伝える。
○時間を決めて，個人作業をする。できた人から互いに読み合って内容を確認する。
○適宜，机間指導を行う。よくできているものを全体の場で紹介する。

4　グループで協力しておみくじを作る
T：今回みなさんが使ったのは様子や心情を表す熟語でした。今作ったように，様子や心情を表す言葉や漢字を使ってもう一つおみくじを作ってみましょう。あみだくじは知っていますね。普段自分があまり使わない言葉を使ってできるといいですね。
○グループに運勢を割り振り，使えそうな言葉や漢字を探し出す。
○「語彙ブック」や漢字一覧表，「小学校六年生

準備物：フラッシュカード，視覚教材，漢和辞典，国語辞典，ミニホワイトボード，ワークシート

漢字に親しもう4

本時の目標
様子や心情を表す言葉や漢字を使ってみよう

おみくじ例

大吉
様々なことに意欲的に挑むと吉。めざましい成果を得られるでしょう。

練習
「意欲」「困難」「感激」「危険」のどれかを使って、大吉のおみくじを作る。

大吉
〈生徒の作成したもの〉

大吉
〈生徒の作成したもの〉

様子や心情を表す言葉や漢字を使っておみくじを作ろう。

参考にできるもの
・語彙ブック
・漢字一覧表
・小学校六年生で学習した漢字一覧
・国語辞典 ・漢和辞典

担当
大吉・・・〇班
中吉・・・〇班
小吉・・・〇班

で学習した漢字一覧」などを参照し，多くの言葉や漢字に出合うようにする。国語辞典や漢和辞典も適宜，使用するように声をかける。

> **ポイント　グループ活動を通して多くの言葉や漢字に出合う**
> 使える言葉をグループ内で共有し，自分一人では探しきれなかった言葉や思いつかなかった言葉に出合えるようにする。

○探し出した言葉や漢字を使って一人一つずつおみくじを作成する。
○出来上がったらグループ内で読み合い，クラスで紹介したいものを一つ決める。また，表現や漢字について適宜アドバイスをしあう。
○発表については，運勢と，内容と，様子や心情を表す言葉や漢字で何を使ったかを発表するように，あらかじめ伝える。

5　グループ発表を聞き合い，学習の振り返りをする

○グループごとに発表を行う。使った漢字はミニホワイトボードに書いて示し，聞き手に分かるようにする。
○発表を聞くときには，ノートに自分が使わなかった漢字や言葉をメモするように伝える。「言葉の手帳」を作って言葉集めをしているならば，そのノートに記録してもよい。
○すべての班の発表が終わったら，本時の振り返りをノートに記入する。
○ワークシートは回収する。新年最初の授業でおみくじを引き合うことにしてもよい。

7　価値を見いだす

［話し合い（進行）］進め方について考えよう （1時間）

1　単元の目標・評価規準

- 意見と根拠など情報と情報との関係について理解することができる。〔知識及び技能〕(2)ア
- 話題や展開を捉えながら話し合い，互いの発言を結び付けて考えをまとめることができる。
〔思考力，判断力，表現力等〕A(1)オ
- 言葉がもつ価値に気付くとともに，進んで読書をし，我が国の言語文化を大切にして，思いや考えを伝え合おうとする。　「学びに向かう力，人間性等」

知識・技能	意見と根拠など情報と情報との関係について理解している。　((2)ア)
思考・判断・表現	「話すこと・聞くこと」において，話題や展開を捉えながら話し合い，互いの発言を結び付けて考えをまとめている。　（A(1)オ）
主体的に学習に取り組む態度	話し合い活動において，言葉を選んで積極的に自分の考えを伝えようとしている。

2　単元の特色

教材の特徴

　学校生活において，話し合いの場面は数多くあるが，その話し合いの基本を身につけるための単元である。そして，ここで学んだ話し合いの基本を，次の単元である「話題や展開を捉えて話し合おう」で生かして実践する流れになっている。話し合いを行う際には，話題や展開を捉えながら，目的に沿って互いの考えを伝え合うことが必要となる。そのために，大きな役割となる進行役に注目しながら，よりよい話し合いの進め方について考えさせていく。

身に付けさせたい資質・能力

　導入の場面では，教科書の二次元コードに収録された動画を視聴させ，話し合いの様子や進行役の発言等で工夫されている点について考えさせる。その後，実際に自分たちが話題や展開に沿って話し合いを進めるために必要なポイントを話し合わせる。最後に振り返りとして話し合いがうまくいかなかった例の動画を視聴させ，うまくいかなかった理由を指摘させることで話し合いのポイントを再確認させる。こうした活動を通して，話題や展開を捉えながら，よりよい話し合いを進める基礎的な力を身につけさせる。

3 学習指導計画（全1時間）

時	○主な学習活動	☆指導上の留意点　◆評価規準
1	○話題や展開を捉えながら，よりよい話し合いの進め方について考える。 ・進行役の発言に注目しながら，教科書p.189の二次元コードの動画を視聴して，話し合いをよりよく進めるためのポイントを考える。 ・教科書p.189の①②の問題に取り組む。 ・話題や展開を捉えながら，話し合いをよりよく進めるためのポイントをまとめる。 ・振り返りとして，話し合いがうまくいかなかった例の動画を視聴し，うまくいかなかった理由を指摘する。	☆導入の動画は，二回視聴させる。 　一回目は画面を見ながら，話し合いの様子から気付いたことをメモさせる。 　二回目は教科書p.190の台本を見ながら，進行役の発言で効果的だと思ったものに線を引かせる。 ☆振り返りの動画では，教科書p.190の「よりよい話し合いにするために」を活用しながらポイントを押さえさせる。 ◆意見と根拠など情報と情報との関係について理解している。【知・技】 ◆積極的に話題や展開を捉えながら話し合い，互いの発言を結び付けて考えをまとめている。【思・判・表】

［話し合い（進行）］進め方について考えよう

指導の重点
- 意見と根拠など情報と情報との関係について理解させる。
- 話題や展開を捉えながら話し合い、互いの発言を結び付けて考えをまとめさせる。

本時の展開に即した主な評価規準例（Bと認められる生徒の姿の例）
- 意見と根拠など情報と情報との関係について理解している。【知・技】
- 積極的に話題や展開を捉えながら話し合い、互いの発言を結び付けて考えをまとめている。【思・判・表】

生徒に示す本時の目標
話題や展開を捉えながら、よりよい話し合いをするにはどうしたらよいか考えよう

1 動画を視聴する
○最初にp.189の二次元コードの動画を二回視聴する。
○動画を見て、一回目は話し合いの様子から気付いたことをワークシートに記入する。
○二回目は教科書p.190の台本を見ながら、進行役の発言で効果的だと思ったものに線を引く。
T：これから見る動画では、来月開催される異文化交流会についての話し合いをしています。進行役の発言に注目して、よりよい話し合いにするためにどのような工夫がされているかを考えながら見てください。動画は二回視聴します。話し合いの様子で、気付いたことはワークシートに記入しておきましょう。
○一回目の視聴をする。

ポイント
一回目の視聴では、進行役の発言に加えて、うなずきながら他の意見を聞いている姿勢にも注目させる。

T：それでは、もう一度見ますが、今度は赤ペンを持ち、p.190の台本を見ながら、進行役の発言で効果的だと思った箇所に線を引きましょう。
○二回目の視聴をする。

2 個人で教科書p.189の①②の問題に取り組む
○ワークシートと教科書の台本を基に、p.189の問題に取り組む。
T：それでは、ワークシートと教科書の台本を基に、p.189の問題に取り組んでみましょう。ミライシードのムーブノートを開き、自分の考えをカードに入力してください。
○入力させる。
T：入力が終わった人は、それぞれのグループの広場に送りましょう。
○ミライシードのムーブノートに、①話し合いの様子で気付いた点とその理由（ピンク）、②進行役の発言で効果的だと思ったものとその理由（ブルー）を入力する二種類のカードを前もって全員に送っておく。
○入力が終わった生徒は、四人グループの広場に送らせる。

3 グループで、話し合い、まとめる
○グループの広場に集まったカードを基に、個人

準備物：ワークシート

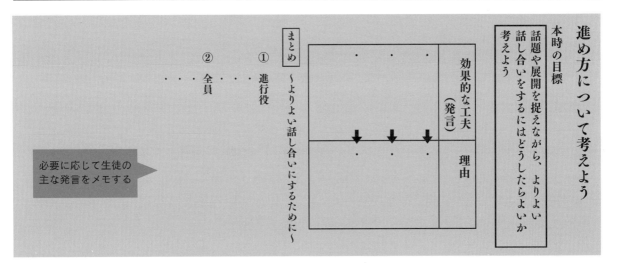

の考えを出し合い，広場に用意されたまとめ用のカードに入力し，みんなの広場に送る。

T：それでは，四人グループに分かれて，お互いに考えを出し合い，よりよい話し合いにするためのポイントをまとめましょう。一つに絞らず，箇条書きにしてカードにまとめます。

T：入力が終わったグループは，カードをみんなの広場に送ってください。

ポイント
・各グループの広場に前もってまとめ用のカードを送っておき，話し合った結果を入力させる。まとめ用のカードは，①進行役（ブルー），②全員（ピンク）の二種類用意する。
・ポイントは一つにまとめず，箇条書きで入力させる。

4 全体で共有する
○各グループで代表者を決め，みんなの広場に送ったカードを基に，全体の前で発表する。
T：各グループの代表者は，注目した進行役の発言等も併せて，ポイントを発表してください。

5 教科書 p.190 の「よりよい話し合いにするために」を読む
○発表のまとめとして，「よりよい話し合いにするために」を読んで，話題や展開を捉えながら，話し合いをよりよく進めるためのポイントを確認する。

6 本時の振り返りをする
○本時の学習の振り返りとして，話し合いがうまくいかなかった例の動画を視聴し，うまくいかなかった理由を指摘する。
T：最後に，話し合いがうまくいかなかった動画を視聴します。最初に見た動画との違いや，今日学習したポイントを意識しながら，どこがいけなかったのか，気付いた点を指摘してください。
○本時で学んだこと・今後に生かしたいことを確認し，ワークシートの欄外に記入する。

季節のしおり　冬

教材の特徴

　第1学年では作品や言葉との出会いを通じて事象や行為，心情を表す語句の量を増すとともに語彙力を高めることを目指している。本教材では冬の情景を表す作品と季節の動植物にまつわる言葉が紹介されている。作品は，雪の静けさや植物の冬の姿の魅力，寒いからこそその湯気の温かさを表現した詩三篇である。先人が日本の冬をどのように感じて表現したかを知り，季節の言葉を自分の言葉として大切にできる学習活動を行う。

生徒に示す本時の目標

　季節の言葉を用いて，班で協力して「冬」の詩を創作しよう

1　本時の目標と学習内容を伝える

○詩の作成に苦手意識をもつ生徒がいるので，歳時記やタブレット等で調べた季節の言葉を用いて班で文を繋いでいくことを伝える。

T：今日は詩を創作します。でも，一人で作るのではなく，四人の学習班で一文ずつ作っていきます。ただし，最終的に「冬」の季節を表す詩にしていきます。

ポイント

　個人で詩を作るのが目的ではなく，季節の言葉を使って班で協力して「冬」の詩を作るのが目的なので，歳時記を広げたり，タブレット等を検索したりという作業を担当させる。また，「冬」をどう表すか，班で話し合う時間，詩を調整する時間を大切にさせたい。

2　作品や季節の言葉を音読し，内容や意味を理解する

T：教科書の作品を音読していきます。それぞれの作品のどのような表現に冬を感じますか。（各作品を読み，大まかな意味を共有し，冬を表す言葉に触れる。）作品の中に冬になると葉が落ちることや，冬だからこそ温かい湯気が際立つ表現があるが，教師が指摘するより生徒からの気付きを引き出せるとよい。

○歳時記で季節の言葉を確認する。

3　詩にどのような「冬」らしさを表現するか学習班で話し合い，書く順番を決める

T：皆さんが創作する詩にどのような「冬」らしさを表していくか，学習班で相談しましょう。そのためには，「冬」を表す言葉はもちろんですが，どのようなことを工夫すればよかったでしょうか。「3　言葉に立ち止まる」で学んだことを思い出してみましょう。では，司会，記録を決めて各自ノートにも記入すること。時間は12分です。

○全ての班を回って問題はないか確認する。あればさりげなくその課題を捉えて助言する。

T：書く順番も考えておきましょう。書くべきことを確認し合ったので，順番に沿って内容を考えましょう。

○四人の学習班で順番に書くが，書き方に悩んだら，「起承転結」や「始め，中1，中2，終わ

準備物：歳時記，黒板掲示用資料，タイマー，清書用紙，書画カメラ（あれば）

季節のしおり　冬

本時の目標
季節の言葉を用いて、班で協力して「冬」の詩を感じさせる

◆作品に用いられた「冬」を感じさせる言葉
・「太郎を眠らせ…」→雪
・「きっぱりと…」→冬が来た／花も消え木も…帯になった
・「なつかしき…」→冬の朝／湯／湯気

◎詩「冬」創作手順
　　　　一年□組（　　　）
①どんな「冬」らしさを詩で表現するか学習班で相談する。
②詩の順番を誰が担当するか決める。
（自分の担当→　　　）
③創作開始→順番が来たら一文を考える。
④自分が使った季節の言葉
（　　　　　　　　　　）
⑤みんなで詩を確認して感想を述べる。または質問をする。→推敲して整える。
※完成した詩は清書用紙に書いて提出
※ノートに振り返りを書く

り」など既習の知識も大事なヒントになる。

4　詩の創作開始

T：まずは，冬を感じさせる言葉を歳時記やタブレットなどから選択して一番目の人から書き始めましょう。また，既習事項である表現技法を取り入れてみましょう。

○前の人が書き終わらないと次に進めないので，待っている人は歳時記などを読みながら待たせておく。

5　完成した詩の調整と確認を行う

○詩は「冬」というテーマに合っているか，誤字脱字はないか，季節を表す言葉は入っているか等を詩を読んで確認する。その際に季節の言葉を選んだ理由も各自話せるとよい。
　最後に，必ず表現技法の活用も確認させる。

T：完成した詩は，清書用紙に書いて，提出してください。

> **発展**
> 今回は「冬」をテーマに詩を創作したが，季節ごとに詩や俳句などを創作させて，校内コンクールや校内展示を行うことで創作が自然な学習活動になる。また，校外のコンクール応募も生徒の創作意欲を高めるのに役立つ。

6　作品の共有（学級）

T：創作した詩を学級で共有します。今回は書画カメラで映してみましょう。

○生徒作品例1
　①布団から出るのに勇気がいるし，こたつからも出られないよ，寒すぎて。
　②何度も何度も怒られながら起きる冬の朝。
　③楽しみは何だろう？　コンビニのほかほか肉まん？
　④春はあんなに張り切っていたのに，今はだらしない中学1年生の冬。

○生徒作品例2
　①粉雪，ぼた雪，まっしろ。
　②庭に雪ウサギがいっぱいできていた。
　③凍えそうな朝にウサギを作ったのは小学生？
　④私も作りたかったけど，手袋を忘れてきました，ああ残念。

T：ノートに振り返りを記入をしたら班で回収をして提出してください。

7 価値を見いだす

話題や展開を捉えて話し合おう （4時間）
グループで語り合い，ものの見方を広げる

1 単元の目標・評価規準

・意見と根拠など情報と情報との関係について理解することができる。〔知識及び技能〕(2)ア
・話題や展開を捉えながら話し合い，互いの発言を結び付けて考えをまとめることができる。
　　　　　　　　　　　　　　　　　　　　　　〔思考力，判断力，表現力等〕A(1)オ
・言葉がもつ価値に気付くとともに，進んで読書をし，我が国の言語文化を大切にして，思いや考えを伝え合おうとする。　　　　　　　　　　　　「学びに向かう力，人間性等」

知識・技能	意見と根拠など情報と情報との関係について理解している。　　　　((2)ア)
思考・判断・表現	「話すこと・聞くこと」において，話題や展開を捉えながら話し合い，互いの発言を結び付けて考えをまとめている。　　　　(A(1)オ)
主体的に学習に取り組む態度	話し合い活動において，言葉を選んで積極的に自分の考えを伝えようとしている。

2 単元の特色

教材の特徴

　本単元は，1年生「話すこと・聞くこと」において，これまでの「話の構成を工夫しよう　一枚の写真をもとにスピーチをする」「聞き上手になろう　質問で話を引き出す」で学んできたことを生かして，実際に「話題や展開を捉えて話し合う」といった活動を行う単元である。
　話し合いは，互いの考えを述べ合うだけでなく，話題からそれることなく目的の実現に向けて，互いの発言を結び付けながら考えをまとめていくものである。
　そこで，積極的に自分の考えを述べるとともに，他者の発言にも耳を傾け，自分の考えと結び付けながら，互いの考えを生かしてまとめていくような活動にしていきたい。

身に付けさせたい資質・能力

　ここでは，グループで考えた話題について，目的を明確にしたうえで話し合い活動を行う。話題や展開を捉え，意見と根拠，その二つを結び付ける理由を明確に述べ，互いの発言を結び付けて考えをまとめる力を身に付けさせたい。

3 学習指導計画（全4時間）

次	時	○主な学習活動	☆指導上の留意点　◆評価規準
一	1	○自分たちの身近な問題や考えたいことなどから，話題を探す。 ○目的と話題を確認する。 ・話し合う目的（何かを決める／解決策を見つける／考えを広げる）を確認する。 ・話題を確認する。	☆教科書記載の二次元コード「表現・テーマ例集」を参考に，様々な視点から考えが広がり，深まりそうな話題を設定させる。 ◆目的と話題の決定に向けた活動の中で，意見と根拠など情報と情報との関係について理解している。【知・技】
二	2	○前時に確認した目的と話題に沿って，自分の意見をまとめる。 ・自分の意見と根拠を付箋に書き出す。 ・想定される反対意見と，それに対する自分の考えと根拠をワークシートに書き出す。 ○p.193の「学びのカギ」を読み，話題や展開を捉えて話し合うための工夫について確認する。 ○p.194と照らし合わせながら，二次元コードの動画を視聴し，話し合いの進め方のポイントを確認する。 ○司会者を決め，話し合いの準備をする。	☆自分の意見をまとめる際には，目的と話題を再度確認させ，意見を支える根拠も具体的にしっかりと考えさせる。 ☆次時の話し合いをスムーズに進めるために，話題や展開を捉えて話し合うための工夫や進め方を確認し，役割分担をしておく。 ◆意見と根拠など情報と情報との関係について理解し，話し合いの目的に応じて自分の意見をまとめている。【知・技】
三	3	○前時に確認した話し合いの進め方のポイントを基に，グループで語り合う。 ・話題や展開を捉えて語り合う（録画）。 ・付箋を使って整理するなど，話し合いを可視化しながら進める。 ○グループでの話し合いの結果を，代表者がクラス全体に報告する。 ・グループでまとまった考えを付箋等で可視化した図を，タブレット等で撮影し，ミライシードのオクリンクで送り，クラス全員のタブレット等に公開する。	☆話題や展開を意識した話し合いを進めさせる。 ☆話し合いの様子をタブレットで録画させ，振り返りの際に視聴させる。 ☆話し合いを可視化した図は，ミライシードのオクリンクで撮影して送らせ，クラス全員のタブレット等に公開し，発表の際に使用させる。 ◆話題や展開を捉えながら発言し，互いの発言を結び付けて考えをまとめている。【思・判・表】 ◆話し合い活動において，言葉を選んで積極的に自分の考えを伝えようとしている。【主】
四	4	○話し合いを振り返る。 ・録画を視聴して話し合いを振り返り，効果的だと感じた発言などを共有する。 ・「話題や展開を捉えて話し合う」という目標に対するグループとしての達成度は何％かとその理由を話し合い，全体で共有する。 ○教科書 p.195の「振り返る」を基に，個人の振り返りをする。	☆振り返りの際には，話し合いの様子の録画を視聴させ，それを基によいと思ったことや改善したいと思ったことを話し合わせる。 ◆話題や展開を捉えながら発言し，互いの発言を結び付けて考えをまとめている。【思・判・表】 ◆話し合い活動において，言葉を選んで積極的に自分の考えを伝えようとしている。【主】

話題や展開を捉えて話し合おう
グループで語り合い,ものの見方を広げる

指導の重点
・話し合いの話題と目的を確認させる。

本時の展開に即した主な評価規準例（Bと認められる生徒の姿の例）
・目的と話題の決定に向けた活動の中で,意見と根拠など情報と情報との関係について理解している。【知・技】

生徒に示す本時の目標
話し合いの話題と目的を確認しよう

1　学習の今後の流れを確認する
○教科書 p.192を読んで,今回の学習の目標と今後の流れを確認する。

2　話し合いの話題を考える
○各自で身近な問題や考えたいことなどから話題を探す。
○思いついたことをマッピングでノートに書き出していく。
○教科書 p.192の二次元コードの「表現・テーマ例集」を参考にしながら考えさせる。「表現・テーマ例集」の中から選択させてもよい。

T：それでは,まず話題を考えましょう。マッピングを使って,身近な問題やみんなで考えたいことなど,思いついたことをどんどんノートに書き出していきましょう。
　　教科書のp.192の二次元コードを開くと「表現・テーマ例集」が載っているので,参考にしてください。

3　グループで考えを出し合い,整理する
○各自,マッピングで書き出したものの中からいくつか選択し,付箋に書き出す。
○話題は,様々な考えが広がり,深まるものであるかという観点で決めるので,付箋を並べ替えながら整理していく。

ポイント
　話し合いの際に考えを整理しやすいように,あらかじめ付箋を一人五枚ずつ配っておき,話し合いに移る前に,ノートに書き出したものの中から自分で選択したものを付箋に書き写させておく。
　話題は,グループ全員がイメージしやすく,様々な考えが広がり,内容が深まりそうなものを選択できるよう,机間指導の中で声かけをしていく。

T：それでは,各自でノートに書き出したものの中からこれはというものをいくつか選び,付箋に書き写してください。一枚の付箋に一つずつです。
T：四人グループに分かれましょう。指定された用紙に,それぞれが書き出した付箋を並べ,その話題がグループ全員にとってイメージしやすく,多様な考えが広がり,内容が深まるものであるかを考えながら,意見を出し合い,並べ替

準備物：付箋（一人五枚ずつ）

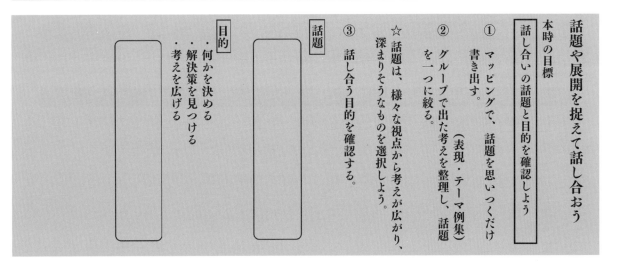

話題や展開を捉えて話し合おう

本時の目標

> 話し合いの話題と目的を確認しよう

① マッピングで、話題を思いつくだけ書き出す。

② グループで出た考えを整理し、話題を一つに絞る。（表現・テーマ例集）

☆ 話題は、様々な視点から考えが広がり、深まりそうなものを選択しよう。

③ 話し合う目的を確認する。

話題

目的
・何かを決める
・解決策を見つける
・考えを広げる

えて整理していきましょう。

4　話し合いの話題を一つに絞る

○グループで意見を出し合い，整理したものを基に，話し合いの話題を決定する。

T：では，話し合いの話題を決定してください。グループ全員がイメージしやすく，多様な考えが広がり，深まるものを選びましょう。

> **ポイント**
> 話し合いに参加することができない生徒が出ないように，グループ全員がイメージしやすく，話し合いに参加しやすい話題を選択させる。

5　話し合う目的を確認する

○自分たちが選択した話題について，基本的なことに対する共通認識を図り，何について話し合うのかを確認する。

T：選択した話題について，一人一人の捉え方にずれがあると，話し合いがうまく進みません。ここで，基本的な点について再度確認しておきましょう。

○話し合いの目的を確認する。

T：基本的なことが確認できたら，この話し合いは何を目指すものなのか，目的を確認しましょう。

T：p.192の二次元コード「表現・テーマ例集」を参考にして，話し合いの目的は，①何かを決めるものなのか，②解決策を見つけるものなのか，③考えを広げるものなのかを確認してください。

6　振り返り

○目的と話題の決定に向けて，情報を整理しながら考えをまとめることができたかを振り返る。

話題や展開を捉えて話し合おう
グループで語り合い、ものの見方を広げる

指導の重点
・グループで話し合い、ものの見方を広げさせる。

本時の展開に即した主な評価規準例（Bと認められる生徒の姿の例）
・意見と根拠など情報と情報との関係について理解し、話し合いの目的に応じて自分の意見をまとめている。【知・技】

生徒に示す本時の目標
話し合いの目的に沿って、自分の考えと根拠をまとめよう

1　話し合いにおける話題と目的を確認する
○前時に決めた話題と目的をグループで確認する。
T：まず初めに、グループに分かれ、具体的に「何について意見を出し合うのか」そして、「何を目指すのか」という話題と目的をしっかりと確認しましょう。

2　自分の意見をまとめる

> **ポイント**
> 考えはピンク、根拠はブルーと、二色の付箋を用意して書き出させ、考えをまとめさせる。

○話し合いの話題と目的に沿って、自分の考えをまとめ、付箋（ピンク）に書き出す。
○書き出した考えが、話題や目的に沿ったものであるかを見直し、検討する。
T：話題と目的に沿って、自分の考えをまとめ、ピンクの付箋に書き出しましょう。
T：書き出した考えは話題や目的に沿ったものになっていますか。再度確認し、検討を進めましょう。

3　自分の考えを支える根拠を探す
○自分の考えを支える具体的な根拠を探し、ブルーの付箋に書き出す。
T：考えがまとまったら、その考えを支える根拠を探し、ブルーの付箋に書き出しましょう。根拠は、他の人がイメージしやすく納得ができるようなものを探しましょう。
○自分の考えを納得してもらうために、何を準備すれば効果的かを具体的に考えさせる。

4　想定される反対意見を考える
○想定される反対意見と、それに対する自分の考えと根拠をワークシートに書き出す。 ⬇ WS
T：それでは、自分の考えに対して他の人からどんな意見が出されるかを想像して、ワークシートに書き出してみましょう。
T：その意見に対して、あなたはどのように答えますか。よく考えて、ワークシートに記入しましょう。

> **ポイント**
> 反対意見を想定し、それに対する意見と根

準備物：ワークシート，付箋（二色），大画面テレビ

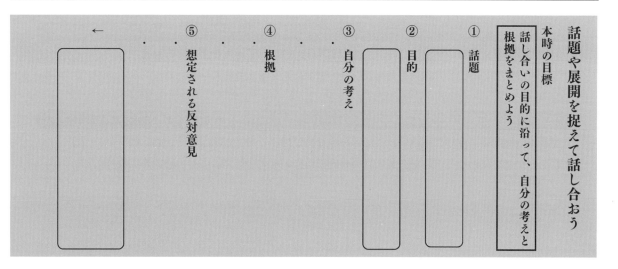

拠を考えさせる。これにより，自分の考えを別の角度から見ることができ，考えを広げさせることができる。

○想定した反対意見とそれに対する自分の意見と根拠を基にして，新たに出てきた考えと根拠をそれぞれ付箋に書き足す。
T：ここで，新たな考えやその根拠が見つかった人は，付箋に書き足しておきましょう。

5 次時の話し合いに向けて，示されている話題や展開を捉えて話し合うための工夫について確認する
○p.193の「学びのカギ」を読み，話題や展開を捉えて話し合うための留意点について確認する。
○教師が一つ一つ読み上げて確認する。

6 次時の話し合いに向けて，話し合いの進め方のポイントを確認する
○p.194に書かれた内容と照らし合わせながら，二次元コードの動画を大画面テレビで視聴し，話し合いの上手な進め方について留意点を確認する。
○動画は四場面に分かれているため，その都度教科書pp.194-195を見せながら教師が解説を加えていく。
○司会を決め，話し合いの準備をする。

7 振り返り
○自分の考えと根拠を話し合いの目的に応じてまとめることができたかを振り返る。
○話し合いの進め方のポイントを理解できたかを振り返る。
T：よりよい話し合いを進める基本は，目的を明確にすること，一人一人が自分の考えをもって役割をしっかり果たすこと，進行役となる司会者がみんなの考えをうまく引き出し，話がそれたときには軌道修正しながら元の話題に戻して話題と目的に沿って話し合いを進めることです。次回は，それを実践し，よりよい話し合いにしましょう。

話題や展開を捉えて話し合おう
グループで語り合い，ものの見方を広げる

指導の重点
- 話題や展開を捉えながら話し合い，互いの発言を結び付けて考えをまとめさせる。
- 話し合い活動において，言葉を選んで自分の思いや考えを伝え合わせる。

本時の展開に即した主な評価規準例（Bと認められる生徒の姿の例）
- 話題や展開を捉えながら発言し，互いの発言を結び付けて考えをまとめている。【思・判・表】
- 話し合い活動において，言葉を選んで積極的に自分の考えを伝えようとしている。【主】

生徒に示す本時の目標
話題や展開を意識して語り合おう

1　本時の目標と話し合いの流れを確認する
〇板書を見て説明を聞き，本時の目標と話し合いの流れを確認する。

T：今日は，これまで準備してきたものを実践に移して話し合いを行います。教科書 p.193 に示されている話題や展開を捉えて話し合うための留意点を意識して，話題と目的に沿ったよりよい話し合いを目指して頑張りましょう。

〇教科書 p.193 から必要な点を板書し，話し合いを始める前に再度確認したうえで実践させる。

T：話し合いは黒板に書かれた流れで行います。時間を意識して，時間内にグループの考えをまとめられるようにみんなで協力しながら話し合いを進めてください。

〇黒板にタイマーをセットして，時間を意識して話し合いを進めさせる。

2　グループで話し合う
〇四人グループで話し合いを行う。
〇話題と目的を確認し，意見を述べる。
〇意見と根拠，その二つを結び付ける理由を明確に述べる。
〇互いの発言を結び付けて，考えを深める。
〇前時に各自の考えを書き出した付箋を使って整理するなど，話し合いを可視化しながら進める。
〇司会を決め，話し合う。各グループで一台，タブレット等をセットして話し合いの様子を録画させる。

　付箋を貼ってグループの考えを整理し，発表に用いる用紙を各グループに準備しておく。

〇机間指導の際，話題からそれているグループがあれば，司会に軌道修正するようアドバイスを与える。

3　グループでの話し合いの結果を，代表者がクラス全体に報告する
〇グループでまとまった考えを付箋等で可視化した図を，タブレット等で撮影し，ミライシードのオクリンクで送り，クラス全員のタブレット等に公開する。

〇グループでの話し合いの結果を，代表者がクラス全体に報告する。まず，グループの話題と目的を示したあと，グループでまとまった考えを可視化した図を基に説明する。話し合いで出た主な意見とともに，目的が達成できたかどうかも報告する。

T：それではこれから各グループの代表者に話し

準備物：タイマー，大画面テレビ，前時の付箋，付箋を貼ってグループの考えを整理し，発表に用いる用紙

話題や展開を捉えて話し合おう

話題や展開を意識して語り合おう

本時の目標
◎よりよい話し合いにするために目的や話題を確認し、自分の考えをもって参加する。
・意見と根拠、その二つを結び付ける理由を明確に述べる。
・互いの発言を結び付けて考えを深める。
・話し合いのポイントを可視化する。

【話し合いの流れ】
① 話題と目的の確認（2分）
② お互いの考えを語り合う（10分）
③ 意見の整理・まとめ（5分）
④ 発表（10分）

合いの結果を発表してもらいます。
　どのような話題と目的で話し合いを進めたのかを示したあと，グループでまとまった考えを報告してください。その際，話し合いで出た主な意見とともに，目的が達成できたかどうかも併せて報告してください。
　他のグループは，報告を聞いたあと，話し合いの経緯や反対意見がなかったかなど，質問や意見があれば，挙手をして発言してください。

ポイント
　各グループでまとまった考えを可視化した図は，それぞれのグループが発表する際に大型テレビの画面に映し出すとよい。
　質問・意見が出ない場合は，教師が必要に応じて話し合いの経緯が伝わるような問いかけをする。

4　振り返り
○話し合いの目的が達成できた（できなかった）要因はどこにあるのかを振り返る。
T：話し合いの目的が達成できたグループ，できなかったグループそれぞれですが，その要因はどこにあったと思いますか。考えてみましょう。

5　まとめと次時の確認
T：次の時間が話し合いの最後の学習となります。今日の話し合いの様子を撮影した録画を視聴して，これまでの学習を振り返り，よりよい話し合いにするためには何が必要かをみんなで考えましょう。

話題や展開を捉えて話し合おう
グループで語り合い，ものの見方を広げる

（4／4時間）

指導の重点
・話し合いを振り返り，よりよい話し合いの仕方について考えさせる。
・話し合い活動において，言葉を選んで自分の考えを伝え合わせる。

本時の展開に即した主な評価規準例（Ｂと認められる生徒の姿の例）
・話題や展開を捉えながら話し合い，互いの発言を結び付けて考えをまとめている。【思・判・表】
・話し合い活動において，言葉を選んで積極的に自分の考えを伝えようとしている。【主】

生徒に示す本時の目標
話し合いを振り返り，よりよい話し合いの仕方について考えよう

1　本時の目標と流れを確認する
○本時が話し合いの学習の最後になること，前時に行った話し合いの録画を視聴して振り返りを行うことを確認する。
Ｔ：これまで3時間をかけて，話し合いの目的と話題を確認し，それに対する自分の意見をまとめ，実際にグループで話し合うといった活動を進めてきました。今日はその集大成です。前回の話し合いの録画を視聴して，話題や展開を捉えて話し合うにあたって効果的だと思った発言や，よかった点，改善すべき点を出し合いながら，よりよい話し合いにするために必要なことは何かをみんなで考えていきましょう。
○各グループで前時の話し合いの様子を撮影した録画を準備させ，気付いたことを記録し，振り返りをするためのプリントを配布する。

2　前時の話し合いを振り返る
○前時の話し合いの様子を撮影した録画を視聴し，各自，話題や目的を捉えて話し合うにあたって効果的だと思った発言や，よかった点，改善すべき点など，気付いたことを記録する。
○各自が記録したことを基に，グループで話し合いの振り返りをする。
○「話題や展開を捉えて話し合う」という目標に対するグループとしての達成度とその理由を考えて話し合う。結果をＢ4の画用紙に書き，黒板に掲示する。
○グループの代表者が結果を発表し，全体で共有する。
Ｔ：今回は，「話題や展開を捉えて話し合う」という目標に対して，グループとしての達成度は何％位だったかについて話し合います。何％とした理由は何でしょうか。うまくいった点，うまくいかなかった点について，具体的に意見を出し合いましょう。

> **ポイント**
> 　達成度とその理由については，どのような点がうまくいき，どのような点がうまくいかなかったのかを具体的に示させて話し合わせる。達成度を考えるのが目的ではなく，うまくいった点，いかなかった点を話し合わせることが，目的である。何％という数字だけの話し合いにならないように注意する。
> 　画用紙は黒板に掲示した際に見やすいよう

準備物：プリント，黒板掲示用資料，マジックペン（黒・赤・青）（各グループにワンセットずつ）

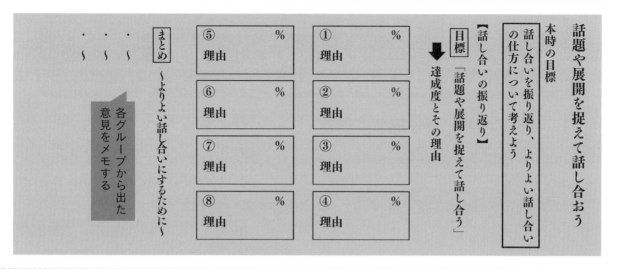

に，書式を印刷しておく。マジックを用意し，数字は黒で，理由は，うまくいった点は赤で，うまくいかなかった点は青で，キーワードのみ大きな字で書かせる。

3 「よりよい話し合いにするために必要なこと」について考える

○これまでの学習を振り返り，よりよい話し合いにするために必要なこととして何があるかを考え，意見を出し合う。
○グループの考えがまとまったら，全体で共有する。

T：それでは，これまでの学習のまとめとして，よりよい話し合いにするために必要なこととして，どのようなことがあったかを再確認しましょう。今後の話し合い活動において，皆さんはどのようなことを心掛けていこうと思いますか。今回の学習で学んだこと，それをこれからどのような形で生かしていきたいかをグループで話し合いましょう。

4 個人の振り返り

○教科書 p.195 の「振り返る」を基に，個人の振り返りをする。

T：では，ここからは個人に戻り，自分自身の活動や取り組みを振り返りましょう。
　自分はどのような点に気をつけて，意見と根拠を話したり聞いたりしたか，話題からそれないようにどのような工夫をしたかなどについて振り返り，これからの活動に生かしていきましょう。

いつも本はそばに

研究の現場にようこそ
四百年のスローライフ／はやぶさ２ 最強ミッションの真実／読書案内 本の世界を広げよう
（１時間）

1　単元の目標・評価規準

・読書が，知識や情報を得たり，自分の考えを広げたりすることに役立つことを理解することができる。
〔知識及び技能〕(3)オ

・文章を読んで理解したことに基づいて，自分の考えを確かなものにすることができる。
〔思考力，判断力，表現力等〕C(1)オ

・言葉がもつ価値に気付くとともに，進んで読書をし，我が国の言語文化を大切にして，思いや考えを伝え合おうとする。
「学びに向かう力，人間性等」

知識・技能	読書が，知識や情報を得たり，自分の考えを広げたりすることに役立つことを理解している。　　　　　　　　　　　　　　　　　　　　　　((3)オ)
思考・判断・表現	「読むこと」において，文章を読んで理解したことに基づいて，自分の考えを確かなものにしている。　　　　　　　　　　　(C(1)オ)
主体的に学習に取り組む態度	積極的に本を読み，キーワードを用いて紹介文を作成しようとしている。

2　単元の特色

教材の特徴

　本単元は，二名の研究者の文章を紹介している。「ニシオンデンザメ」の生態についても，また，小惑星リュウグウに着陸した「はやぶさ２」の話も生徒には馴染みの少ないものかもしれない。あるいは，聞いたことはあっても，詳細までは分からないことが多いだろう。だからこそ読書が新しい知識を与えてくれ，その結果示されている内容に魅了される生徒も多いはずだ。生徒が知的好奇心をかき立てられるような作品を読むことで，自分の視野や考えが広がることを実感させ，読書の楽しみを見出せるよう指導する。

身に付けさせたい資質・能力

　本単元では学習指導要領C(1)オ「文章を読んで理解したことに基づいて，自分の考えを確かなものにする」力の育成に重点を置く。その資質・能力を身に付けさせる言語活動として，「本を読み，クラスメイトに知ってほしいこと」を伝え合う活動を取り入れる。教科書で紹介

されている二作品の他に，pp.202-204に掲載されている「研究」「職業」「夢」「自分」「生き物・自然」「冒険」がテーマの作品の中から一冊選び，選んだ本の中から自分が興味をもち，クラスメイトに知ってほしいことをキーワードを用いて端的にまとめ，紹介していく。「なぜ，知ってほしいのか」「どのようなことに驚いたのか」ということを掘り下げていくことで，自分の考えを確かなものにしていく。また，クラスメイトに伝わりやすいキーワードを考えることで，本の内容をより理解しようとする力を養う。クラスメイトとの交流を通して，今まで自分が読んだことがなかった本に出会い，生徒一人一人の読書の幅を広げたい。

3 学習指導計画（全1時間）

時	○主な学習活動	☆指導上の留意点　◆評価規準
1	○「四百年のスローライフ」「はやぶさ2 最強ミッションの真実」を読む。 ○初めて知ったことや，驚いたことを簡単にまとめ，グループで交流する。	☆題名を読み，どのような内容か考えさせる。 ☆読み終えた後，ワークシートに初めて知ったことや驚いたことを記入させる。 ☆四人組のグループになり，自分の考えを理由とともに発表させる。 ☆自分が伝えたいことを表すキーワードは何か，考えさせる。 ◆教科書の二作品を読んで，初めて知ったことや驚いたことなど，自分の考えをもっている。【思・判・表】
	○教科書に掲載されている本や同じテーマの本を学校図書館や地域の図書館で借り，「クラスメイトに知ってほしいこと」をキーワードを用いて紹介することを，冬休みの課題とする。	☆教科書に掲載されている本の中から生徒に興味のある本を選ばせる。 冬休みの課題として，本を読み，クラスメイトに知ってほしいことをキーワードを用いて紹介することを伝える。 ◆多数の本の中から自分の興味がある本を選び，紹介文作成に向け，課題に取り組もうとしている。【主】

研究の現場にようこそ
四百年のスローライフ／はやぶさ2 最強ミッションの真実／
読書案内　本の世界を広げよう

1／1時間

指導の重点
・多数のテーマの本から自分の興味がある本を選び、紹介文作成に向け、考えをもたせる。

本時の展開に即した主な評価規準例（Bと認められる生徒の姿の例）
・教科書の二作品を読んで、初めて知ったことや驚いたことなど、自分の考えをもっている。【思・判・表】
・多数の本の中から自分の興味がある本を選び、紹介文作成に向け、課題に取り組もうとしている。【主】

生徒に示す本時の目標
　自分の興味のある本を選び、紹介文作成に向け、自分の考えをもとう

1　教科書に掲載されている二作品を読む
T：「四百年のスローライフ」「はやぶさ2 最強ミッションの真実」の題名からそれぞれどのような内容が想像できるでしょうか。
○何人かの生徒に発言させる。
T：それでは実際に二作品を読み、どのような内容であるか見ていきましょう。

2　作品を読み、考えたことを発表させる
T：初めて知ったことや、驚いたことはあるでしょうか。ノートに記入してみましょう。
○生徒が書き終わったら、四人組で交流させる。指名して出た意見を、発表させる。

T：どのような考えが出てきましたか？
・ニシオンデンザメがこんなに長生きとは知らなかった。
・四百年も生きていられるのはすごい。
・はやぶさ2の着陸はとても緊張感のある現場であることが伝わってきた。
・日本と世界がこのようなことで関わっていることは知らなかった。

> **ポイント　題名が内容を物語っていることに気付かせる**
> 　題名である「四百年のスローライフ」も「はやぶさ2 最強ミッションの真実」も、本の内容や筆者が伝えたいことを上手く表現し、読者の興味をかき立てている。

3　多数のジャンルの中から、自分の興味がある本を選ばせる
T：今読んだ二作品は研究者の文章でした。馴染みのないことも多かったと思いますが、本を読むと新たな知識を得ることができます。教科書に掲載されている本の中から、自分が読んでみたいと思う本を探してみましょう。
○図書館司書と連携をし、pp.202-204に掲載されている本を準備してもらい、教室に本を持ってきてもらうか、図書館で授業を行ってもよい。本の冊数が多いため、一人一冊手にとれるようにする。

4　選んだ本の中からクラスメイトに知ってほしいことを、キーワードを挙げ、紹介する冬休み

準備物：ワークシート，教科書に掲載されている本，プロジェクター

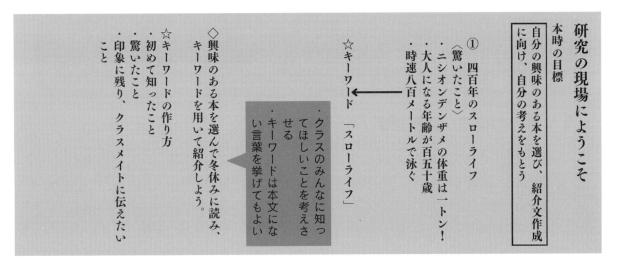

の課題を出す

T：冬休みの間に本を読み，その中で自分がクラスメイトに知ってほしいことは何か，考えをまとめましょう。考えがまとまったら，それを表すキーワードを作成し，キーワードと共に本を紹介しましょう。

○例「四百年のスローライフ」
「初めて知ったこと」
・ニシオンデンザメというサメがいること。
・大人は百五十歳前後であること。
・どんな魚よりも遊泳速度が遅いこと。
「クラスメイトに知ってほしいこと」
・1600年代から時速八百メートルでのろのろと泳ぎ，今の時代まで生き続けているサメがいること。
「キーワード」
・時速八百メートルのスローライフ
・ニシオンデンザメの四百年の命

生徒が内容を理解したうえで，興味があり，クラスメイトに知ってほしいことを考えさせる。

それを表すキーワードと共に，紹介文を作成させる。キーワードは本文に登場する言葉であっても，そうでなくてもよい。

〈完成例〉
「ニシオンデンザメの四百年の命」

みなさんはニシオンデンザメを知っていますか。北極海に生息するこのサメは他の動物よりもひと際長生きをします。その秘訣は，彼らが住む場所の温度が関係します。

私はこの本を読んだ時に，自分と同じ時を過ごしている動物でも，こんなにも命の長さが違うことに驚きました。そして，慌ただしい日常の中で，ゆったりと自分のペースで生きているニシオンデンザメがいることに穏やかな気持ちになりました。私たちの知らない，生き物の不思議，暮らしについてぜひその扉を開けてみてください。

本の内容だけではなく，自分が読んで考えたことを伝える文章を作成する。紹介文は手書きでもよいが，プロジェクターに本の写真と共に，キーワード，紹介文を提示し，クラスで発表会をすると様々な分野の本を目にすることができる。

8 自分を見つめる

少年の日の思い出　（7時間）

1　単元の目標・評価規準

・事象や行為，心情を表す語句の量を増すとともに，語句の辞書的な意味と文脈上の意味との関係に注意して文章の中で使うことを通して，語感を磨き語彙を豊かにすることができる。
〔知識及び技能〕(1)ウ
・文章の構成や展開，表現の効果について，根拠を明確にして考えることができる。
〔思考力，判断力，表現力等〕C(1)エ
・文章を読んで理解したことに基づいて，自分の考えを確かなものにすることができる。
〔思考力，判断力，表現力等〕C(1)オ
・言葉がもつ価値に気付くとともに，進んで読書をし，我が国の言語文化を大切にして，思いや考えを伝え合おうとする。　　　　　　　　　「学びに向かう力，人間性等」

知識・技能	事象や行為，心情を表す語句の量を増すとともに，語句の辞書的な意味と文脈上の意味との関係に注意して文章の中で使うことを通して，語感を磨き語彙を豊かにしている。((1)ウ)
思考・判断・表現	「読むこと」において，文章の構成や展開，表現の効果について，根拠を明確にして考えている。(C(1)エ) 「読むこと」において，文章を読んで理解したことに基づいて，自分の考えを確かなものにしている。(C(1)オ)
主体的に学習に取り組む態度	文章の構成や展開，表現の効果について粘り強く考え，学習課題に沿って，自分の考えを表現しようとしている。

2　単元の特色

教材の特徴

　本教材は，プロローグにあたる現在の場面から，回想場面へとうつる過程で「語り手」が変化する。そして回想場面のまま終わり，エピローグがないという作品構造になっている。「構成」や「語り手」に着目しながら，文学作品を俯瞰して読むのにふさわしい教材と言える。

身に付けさせたい資質・能力

　本教材では，多様な視点をもって文学作品を深く読む力を付けていく。そのためには，叙述

から登場人物の心情を読みとるだけでなく，作品の構成や展開，「語り手」にも着目させる。C(1)エを中心に据え，最後の場面でエピローグがない理由についてグループで話し合うことで，作品構成について自分の考えをもたせるようにした。また，作品の一場面を「語り手」を変えて書き換える活動により，構成や展開，表現の工夫を理解させていく。

3　学習指導計画（全7時間）

次	時	○主な学習活動	☆指導上の留意点　◆評価規準
一	1	○本単元の目標を確認し，学習の見通しをもつ。 ○教材を通読する。 ○初読後の感想を交流し，学習課題を設定する。	☆登場人物の心情だけでなく，作品の構成や展開に着目していく学習であることを押さえさせる。 ◆文章の構成や展開，表現の効果について根拠を明確にして考えている。【思・判・表】
	2	○全体を前半と後半の二つに分け，それぞれの特徴を確認する。 ○前半の内容を理解する。 ・「客」の心情を捉える。 ・プロローグの役割を考える。	☆描写から「客」の複雑な心情を読みとらせ，前半から後半へのつながりを意識させる。 ◆事象や行為，心情を表す語句の量を増すとともに，語句の辞書的な意味を文脈上の意味との関係に注意して語感を磨き語彙を豊かにしている。【知・技】 ◆文章の構成や展開，表現の効果について根拠を明確にして考えている。【思・判・表】
	3	○なぜ「僕」がクジャクヤママユを盗んだのか考える。 ・エーミールの人物像を捉える。 ・探究に必要な視点を考え，課題に取り組む。	☆「僕」の行動について考えるときに，多様な視点で文章を読むことの必要性に気付かせる。 ◆文章を読んで理解したことに基づいて，自分の考えを確かなものにしている。【思・判・表】
	4	○なぜ「僕」は自分のちょうをつぶしたのか考える。	☆本文の叙述を根拠に考えさせる。 ◆文章を読んで理解したことに基づいて，自分の考えを確かなものにしている。【思・判・表】
	5	○エピローグが書かれていない理由を考える。 ・グループで出し合った，考えるための視点を用いて課題に取り組む。 ・各自の視点で考えたことを交流する。 ・交流後に考えの再構築を行う。	☆グループ交流により自分の考えを広げさせる。 ◆文章の構成や展開，表現の効果について根拠を明確にして考えている。【思・判・表】 ◆文章を読んで考えたことを交流し，他者の考えを自分の考えに生かそうとしている。【主】
二	6	○視点を変えて作品の一場面を書き換える。 ・一人称と三人称の違いについて理解する。 ・三人称で作品の一場面を書き換える。	☆なぜその場面を書き換えたのか，書き換える際に工夫した点を説明できるようにさせる。 ◆文章の構成や展開，表現の効果について考えている。【思・判・表】
	7	○書き換えた作品を読み合い，作品全体を俯瞰し，作品に対する自分の考えをもつ。	☆視点を変えて読むことで，作品を多面的に捉えられることに気付かせる。 ◆文章を読んで理解したことに基づいて，自分の考えを確かなものにしている。【思・判・表】 ◆作品の構成や展開，表現の工夫について自分の考えを深めようとしている。【主】

1/7時間 少年の日の思い出

指導の重点
・初発の感想を生かして、描写から全体の構成や展開を捉えさせる。

本時の展開に即した主な評価規準例（Bと認められる生徒の姿の例）
・文章の構成や展開、表現の効果について根拠を明確にして考えている。【思・判・表】

生徒に示す本時の目標
初読後の感想を交流し、学習課題を設定しよう

1 本単元の目標を確認する
○単元の目標は、文章の構成や展開、描写に着目して、作品を多面的に捉えることである。
T：この単元では、これまで学んできた登場人物の心情の動きや表現の効果について自分の考えをもつと共に、作品の構成や展開に「語り手」の存在が大きく関わってくることを学びます。単元の最後には「語り手」の立場を変えて文章を書き換えてもらいます。作品を多面的に捉えながら、自分なりの考えをもてるようになりましょう。

2 「少年の日の思い出」の作者や作品について確認する
○ヘルマン・ヘッセの代表的作品、「少年の日の思い出」が書かれた背景などを簡単に確認する。
・この作品が翻訳小説であることを確認し、翻訳に使われている言葉や表現にも着目するよう促す。
・「車輪の下」や「デミアン」などヘッセの代表作と呼ばれる作品が、少年時代特有の心の揺らぎが書かれていることを知り、登場人物の心情の理解に関心をもたせる。

3 教材を通読する
○文中の語句の意味調べについては事前の宿題とし、作品を読みながら、文脈の中で理解させていく。
○教材を範読する。
T：この作品を読んで、疑問をもったことや気付いたこと、深く考えてみたいことをタブレットに入力しましょう。
○5〜10分程度時間をとる。
〈生徒から挙げられることが予想される問い〉
・なぜ「僕」はクジャクヤママユを盗んだのか。
・なぜ「僕」はクジャクヤママユを盗んだあと、逃げてしまい、すぐに謝りに行かないのか。
・なぜ「僕」はちょうを指で粉々につぶしたのか。
・二十ペニヒはいくらぐらいなのか。
・最初の場面は色に関する描写が多いのはなぜか。
・途中から「語り手」が変わっているのはなぜか。
・エーミールはなぜあんなに冷静でいられるのか。
・「客」が自分の思い出を語った理由。

準備物：なし

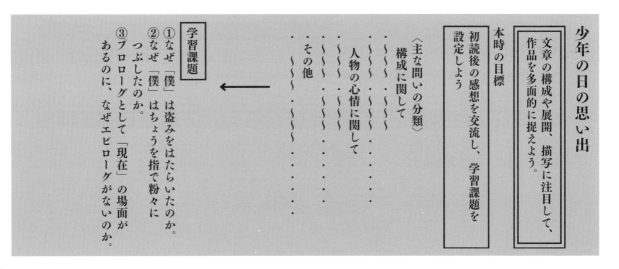

少年の日の思い出

文章の構成や展開、描写に注目して、作品を多面的に捉えよう。

本時の目標
初読後の感想を交流し、学習課題を設定しよう

〈主な問いの分類〉
構成に関して
・~~~・~~~
・~~~・~~~
・~~~・~~~
人物の心情に関して
・~~~・~~~
・~~~・~~~
・~~~・~~~
その他
・~~~・~~~・~~~

学習課題
① なぜ「僕」は盗みをはたらいたのか。
② なぜ「僕」はちょうを指で粉々につぶしたのか。
③ プロローグとして「現在」の場面があるのに、なぜエピローグがないのか。

・なぜ、現在の場面に戻らないのか。
・なぜ「現在」の場面があるのか。

> **ポイント　生徒の言葉を生かして学習課題を伝える**
> 生徒の興味、関心を生かして作品を読み深めるのにふさわしい学習課題を設定する。学習課題の解決を目指し、生徒が主体的に学習に取り組めるようにする。

4　学習課題を設定する
○タブレット等に入力された内容をクラス全体で共有し、グルーピングしていく。
T：初読後の皆さんの感想を見ると、大きく、作品の構成に関すること、人物の心情に関すること、それ以外とに分けられそうです。グルーピングをしていきましょう。
○グルーピング後に各時間の学習課題になるものを選ぶ。
T：それでは、今グルーピングした中で、作品の読みが深まりそうな課題を選びましょう。今回選ばなかった課題も、これからの学習内容には関わってくるものなので、タブレットに入力された内容は毎時間自分で確認し、疑問を解決するために、文章を深く読み込んでいきましょう。
〈各時間の学習課題として設定されるもの〉
・「僕」が盗みをはたらいたのはなぜか。
・「僕」がちょうを指でつぶした理由。
・プロローグとして「現在」の場面がある意味は何か。
・なぜ「現在」の場面に戻るエピローグがないのか。
T：次回から、人物の心情、作品の構成・展開について、設定した学習課題に取り組んでいきましょう。

> **ポイント　構造と内容の解釈両面から課題を設定する**
> 登場人物の心情に関する課題と構成に関する課題を両方設定することで、作品をより多面的に捉えられるようにする。

2／7時間　少年の日の思い出

指導の重点
・人物の心情を表す語句の意味を理解させる。
・作品の展開を捉え，叙述を基にして前半（プロローグ）の役割を考えさせる。

本時の展開に即した主な評価規準例（Bと認められる生徒の姿の例）
・事象や行為，心情を表す語句の量を増すとともに，語句の辞書的な意味を文脈上の意味との関係に注意して語感を磨き語彙を豊かにしている。【知・技】
・文章の構成や展開，表現の効果について根拠を明確にして考えている。【思・判・表】

生徒に示す本時の目標
　作品の展開を捉え，前半のプロローグの役割と後半の「僕」の心情へのつながりを考えよう

1　場面の変化を理解する
○全体を二つに分けたとき，前半と後半の違いは何かを考える。「語り手」が変化している点，「現在」と「過去」の場面になっている点を押さえる。
T：この作品は二つの場面に分けることができますが，前半と後半で異なっている点や特徴をあげてみましょう。
○前半部分では情景や色の描写が多く，それらの描写が効果的に使われていることにも気付かせる。

2　前半部分の「客」の心情を捉える　⬇ WS
○既習事項を復習し，「客」の心情を捉える。
T：人物の心情を読みとるときに，着目するとよい点としてどのようなことがありましたか。
〈予想される生徒の反応〉
　・情景描写　・比喩表現　・行動描写
　・表情　　　・会話の言葉　……
T：それでは，それらの観点を用いて，前半部分の客の心情を読みとり，まとめていきましょう。

○各自が読みとったことをワークシートに記入し，発言をさせて全体で共有し，板書にまとめる。
○「闇」「不透明な青い夜の色」「薄暗がりの中にしずんだ」などの描写から，「客」の心情が重く，沈んだものであるのに対し，「明るいランプの光を受けて」「きらびやかに」など，ちょうに関する描写だけは明るく，周囲の情景と対比的に描かれていることに気付かせる。
○「彼が見せてほしいと言った」「用心深く取り出し」「熱情的な収集家」「もう，結構」「彼は微笑して」などの描写から「客」がちょうに対して揺れ動く複雑な思いを抱いていることに気付かせる。

> **ポイント　ワークシートに記入する際は，思考の過程を視覚化させる**
> 　どの観点を用い，本文のどの叙述を基に心情を読みとったかが分かるように記入させる。

3　前半の「客」の「ちょう」に対する思いが，後半にどのようにつながっていくのか捉える
○前半の「客」のちょうに対する心情が，後半の最初の場面の「この遊戯のとりこ」「ひどく心を打ち込んでしまい」「熱情」「むさぼるような，

準備物：ワークシート

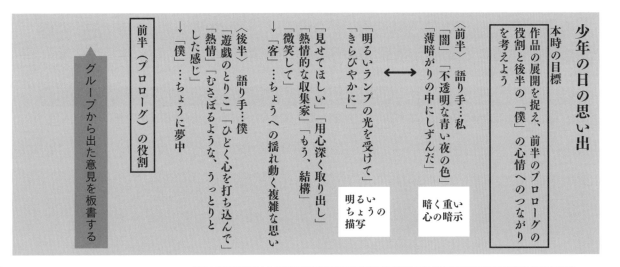

うっとりとした感じ」につながっていることを確認する。

T：前半では「客」が幼年時代，ちょうに「熱情的」であったと書かれていましたが，それが後半の最初の部分のどこにつながっていきますか。

4　前半のプロローグの役割を考える

○なぜ，この作品にプロローグが存在するのか，ここまでの学習を振り返って考える。

T：前半部分は現在の場面であり，「客」のちょうに対する複雑な思いが書かれていました。また「客」の友人である「私」が「語り手」として登場していました。このプロローグにはどんな役割があるのでしょうか。グループで話し合ってみましょう。

○グループで話し合った内容を発表させる。

T：では，最初に○班，プロローグにはどんな役割があると思いましたか。理由も含めて発表してください。→班による発表

T：では，今の意見以外に別の視点から考えた班はありますか。

〈予想される発表例〉

・「もう，結構」という言葉から，大人になっても，つらい思い出をひきずっていることが分かる。忘れられないほどつらい思い出であることが強調される。

・「微笑して」という表現から，昔の思い出だと割り切って考えようとしている様子が見え，大人になった「客」の視点が感じられる。

・情景描写の暗示によって，「思い出」がどんなものなのか，読者が知りたくなる。

・ちょう好きの「私」を登場させることで，「客」のつらい思い出を分かち合って，浄化させる効果がある。

5　本時を振り返り次時の見通しをもつ

T：前半部分について色々な意見が出ました。次回以降，「思い出」について読み進めることで，プロローグの役割についてさらに考えが深まるかもしれません。課題を解決できるようにしていきましょう。

3/7時間 少年の日の思い出

指導の重点
・登場人物の考え方や感じ方について、自分の考えをもたせる。

本時の展開に即した主な評価規準例（Bと認められる生徒の姿の例）
・文章を読んで理解したことに基づいて、自分の考えを確かなものにしている。【思・判・表】

生徒に示す本時の目標
なぜ「僕」はクジャクヤママユを盗んだのか考えよう

1 エーミールの人物像を捉える
○エーミールの人物像を「僕」と比較しながら全体で確認し、学習課題へとつなげる。「非のうちどころがないという悪徳」、「子供としては二倍も気味悪い性質」、「彼の収集は〜宝石のようなもの」、「模範少年」、「専門家、批評家」などの言葉に着目させる。
○「僕」とエーミールのちょうへの向き合い方の違いなどに気付かせる。
T：学習課題に向かう前に、エーミールの人物像について全体で確認しましょう。エーミールの人物像が分かる表現に線を引き、「僕」と異なる点を考えましょう。

2 学習課題を探究するための視点を考える
○課題を探究するために必要な様々な視点を考えさせ、共有する。
T：本時の課題である「僕」がクジャクヤママユを盗んだ理由について考えるときに、どのようなことが分かっているとよいですか。課題にアプローチする方法をなるべくたくさん考えてみましょう。

〈予想される生徒の反応〉
・「僕」が、どれ位ちょうに夢中になっているか。
・クジャクヤママユの価値。
・「僕」のエーミールへの気持ち。
・盗むまでの「僕」の心情の動き。
・「僕」の性格。

T：たくさんのアプローチ方法が出ましたね。それでは、これらの視点から自分が取り組みたい視点を選び、課題を探究し、ワークシートに記入していきましょう。

> **ポイント　課題を探究するための視点を自分で選ばせる**
> 複数のアプローチ方法のうち、自分が取り組みたい視点を選ぶことで学習の個性化を図り、主体的な学びへとつなげていく。取り組み方に迷っている生徒には考えやすい視点を指導者側が示したり、複数の視点で考えられる生徒には時間の許す限り多くの視点から課題を考えさせたりして、学習の調整を行う。

> **ポイント　ワークシートの形式は限定し過ぎ**

準備物：前時のワークシート

少年の日の思い出

本時の目標
なぜ「僕」はクジャクヤママユを盗んだのか考えよう

エーミールの人物像←→「僕」

「非のうちどころがないという悪徳」
「子供としては二倍も気味悪い性質」
「彼の収集は〜宝石のようなもの」
「模範少年」「専門家、批評家」

○「僕」が盗みを犯した理由に迫るためには？
（アプローチ方法）
・「僕」が、どれ位ちょうに夢中になっているか。
・クジャクヤママユの価値。
・「僕」のエーミールへの気持ち。
・盗むまでの「僕」の心情の動き。
・「僕」の性格。

◎なぜ「僕」はクジャクヤママユを盗んだのか。

→生徒から出た意見を板書

ず、余白をもたせる

　各自のアプローチ方法で課題を探究するため、ワークシートは余白をもたせ、生徒が自由に書き込めるようにする。本文の叙述を抜き出して、そこに自分の意見を書き込む生徒もいれば、「僕」の心情の動きを心情曲線のような形で示す生徒もいるだろう。生徒には、文章で記述するだけではなく、記号や図を用いてよいことを示し、自分の思考の過程が明確になるように記入することを伝える。

3　探究した課題を交流する

○自分で選択した視点で探究した内容について発表させ、全体で共有する。複数の視点から課題に迫ることで、盗みにいたる「僕」の心情をより深く読みとることができる。

T：それでは、「僕」がクジャクヤママユを盗んでしまった理由について考えたことを理由と共に発表してください。→挙手による発表

T：今の発表と異なる視点で考えた人はいますか。また、同じ視点であっても別の考えをもった人はいますか。→複数人の生徒による発表

〈生徒発表例〉

・「僕」はちょうに夢中になると他のことは全部忘れてしまうという記述があったし、エーミールに比べて子供っぽいから、クジャクヤママユに夢中になると、善悪の判断もつかなくなってしまったのだと思いました。

・私は、クジャクヤママユのうわさを聞いてからの「僕」の心情の動きを追ってみました。「熱烈に欲しがって」や「見られるときの来るのが待ち切れなくなった」という記述から、クジャクヤママユに対して他のちょうとは異なる特別な感情をもっていることが分かります。そして「四つの大きな不思議な斑点」を見た瞬間「逆らいがたい欲望」を感じたとあるので……

4　本時を振り返り次時の見通しをもつ

T：様々な視点をもつことで、「僕」の心情が深く読みとれましたね。次回以降の課題も多面的な視点で捉えていきましょう。

4/7時間 少年の日の思い出

指導の重点
・登場人物の考え方や感じ方について、自分の考えをもたせる。

本時の展開に即した主な評価規準例（Bと認められる生徒の姿の例）
・文章を読んで理解したことに基づいて、自分の考えを確かなものにしている。【思・判・表】

生徒に示す本時の目標
なぜ「僕」はちょうを指で粉々につぶしたのか考えよう

1 「僕」がエーミールに謝りに行った場面のエーミールの態度や「僕」の気持ちを確認する
○「僕」がちょうを指で粉々につぶすという行動に出るきっかけとなった出来事は、謝罪に行ったときのエーミールとのやり取りである。そのときのエーミールの言葉や様子を捉えながら、僕の心情の推移に迫る。
○エーミールが「僕」を軽蔑的に見つめたこと、エーミールの価値観で「僕」を評価し、断罪したことを押さえる。
○「詳しく話し、説明しようと試みた」という表現から、エーミールが「僕」の話を最後まで聞かず、「僕」の気持ちを理解しようとしなかったことにも気付かせる。
T：謝罪に行ったときのエーミールの様子が分かる部分に線を引きましょう。エーミールの態度に対して僕はどのような気持ちになったか考えましょう。

2 「僕」がちょうをつぶしたのはなぜか、僕の心情を考える
○「僕」がちょうをつぶしたのはなぜか、本文の叙述を根拠に「僕」の心情に触れながら、ノートに記入させる。
○挙手により考えたことを何人かに発表させる。
〈生徒の記入例〉
　・「ちょうを一つ一つ取り出し」とあるから、激情的につぶすのではなく、これまでのちょうへの思い出を一つずつ消し去り、思い出と決別しようとした。
　・盗んでしまったときの気持ちを「詳しく話し、説明しようと試みた」けれども、エーミールは聞いてくれなかったため、起こってしまったこと、結果が全てなのだと感じ、「僕」も自分の気持ちを捨てて、ちょうを粉々につぶした。
　・「粉々に」という表現から二度とちょうが元通りにならないことが分かり、二度とちょうを収集する気持ちが起きないようにした。
○この場面がこの後の学習課題である「エピローグの欠如」につながっていくので、ここでは簡単な発表だけに留める。

準備物：前時のワークシート

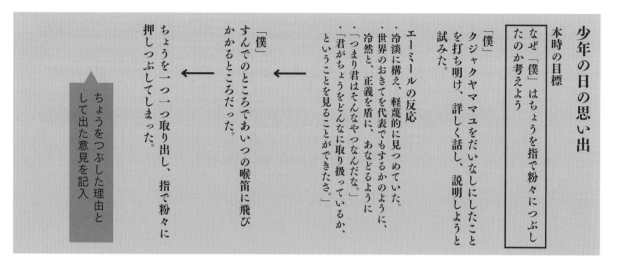

ポイント　自分の考えを示すときには本文の叙述に必ず触れさせる

ちょうを指でつぶす場面を「償いの気持ち」、「エーミールと自分への怒り」などと簡単に表現してしまうのではなく、なぜこの行為に至ったのか、「僕」の心情を深く読みとる必要がある。そのためには、本文の記述やこれまで学習した「僕」や「エーミール」の人物像を基にして意見を述べさせる。

3　なぜ、エピローグがないのかという学習課題を探究するための視点について考える

○最初に設定した学習課題の最後を締めるものとして、この単元で学習したことを活用してグループで課題に取り組む。

T：ここまでの授業で、課題に取り組む際に、様々な視点から考えていくことで、多面的に物語を読むことができ、深い読みにつながることが分かりました。今回の学習課題のアプローチ方法についても考えてみましょう。

○個人でアプローチ方法を考えた後、どのような方法があるかグループで考えを交流する。自分が気付かなかった視点についてはワークシートに追記する。

〈予想される生徒の反応〉
・「僕」のちょうに対する思い
・情景描写の分析
・現在、「客」はどのような気持ちなのか。
・もしエピローグをつけたらどうなるか。
・プロローグの再分析

ポイント　構成について考える課題に適したアプローチ方法を考えさせる

今回の学習課題は、構成に関わる課題なので、作品をより俯瞰してみる視点が求められる。そのため、これまでのアプローチ方法よりも多くの視点が求められる。特にプロローグとつなげながら、「もしエピローグがあったらどうなるか」という視点は、構成の効果を考える際には重要である。

4　本時を振り返り次時の見通しをもつ

T：今日は、最後の場面における「僕」の気持ちに迫りました。次回の授業では、その気持ちがエピローグがないことにどのように結びついていくのか考えていきましょう。

5/7時間 少年の日の思い出

指導の重点
・様々な視点で読みとった内容を交流する中で、文章の構成や表現の効果について考えさせる。
・文章の内容や構成の仕方に着目し、構成の効果について自分の考えを表現しようとさせる。

本時の展開に即した主な評価規準例（Bと認められる生徒の姿の例）
・文章の構成や展開、表現の効果について根拠を明確にして考えている。【思・判・表】
・文章を読んで考えたことを交流し、他者の考えを自分の考えに生かそうとしている。【主】

生徒に示す本時の目標
なぜ現在の場面に戻るエピローグがないのか考えよう

1 アプローチ方法を選び、学習課題を探究する
○前時に課題を探究するためにグループで出し合った複数のアプローチ方法をグループ内で分担する。
T：前時に課題を探究するためには何について考えればよいか意見を出し合いました。グループで考えたアプローチ方法をそれぞれ分担して、多面的に探究していきましょう。
○自分が分担した視点で考えたときに、分かったこと、考えたことをワークシートに記入する。
T：自分の分担した視点で考えたことを、この後グループ内で交流します。自分がその考えに至った理由を説明できるよう、思考の過程をワークシートにメモしておきましょう。

> **ポイント　課題が終わった生徒は別の視点でも課題に取り組む**
> 自分の分担した視点で考え終わった生徒には時間の許す限り、他の視点でも考えさせ、主体的に学習に取り組む態度を育てる。

2 グループ内で意見交流をし、自分の考えを広げる
○自分の分担した視点で考えたことをグループ内で発表し合い、他者の発表内容を必要に応じてワークシートにメモする。
T：自分の分担した視点で読みとったこと、考えたことを、グループ内で発表しましょう。発表し終わったあと、なぜエピローグがないのかという課題について自分の意見をまとめてもらいますので、他者の発表した内容をワークシートにメモしておきましょう。
○グループ内で意見交流したことを基に、なぜエピローグがないのかということについて、個人で自分の考えをまとめ、ワークシートに書く。
○個人でまとめた考えを再度グループ内で発表し合う。

> **ポイント　協働的な学びによって学習を深める**
> グループ学習によって、限られた時間で、様々な視点で課題にアプローチすることができ、自分一人では至らなかった考えにまで学習を深めることができる。国語を苦手とする生徒も他者の考えを参考にしながら、自分の考えを書くことができる。また、二段階のグ

準備物：前時のワークシート

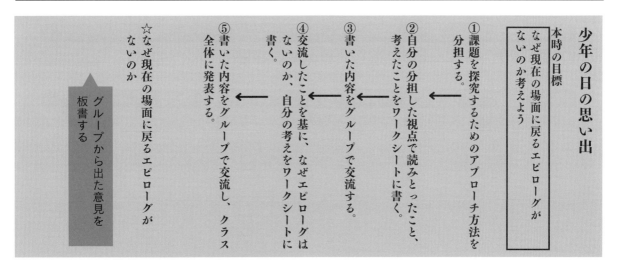

ループ学習を設定することで，考えることが苦手な生徒はスモールステップを踏みながら課題解決に近づくことができる。

3　グループで交流した内容をクラス全体に発表する

○グループで出た考えをクラス全体で共有し，考えをさらに広げていく。

T：それでは，グループの中で出た意見を紹介してください。グループの発表を聞きながら，随時メモをとりましょう。まずは○班，お願いします。→班の発表
　では次に○班，今発表された意見以外にグループの中で出た意見はありますか。→繰り返す

発展
　アプローチする方法を個人で分担せず，初めから複数の視点で個人で考えさせたあと，グループで交流しながら課題解決に向かわせることもできる。グループで課題解決した内容をICTのプレゼンテーション機能を使って，クラス全体の発表に視覚資料として用いる学習も効果的である。

4　考えの再構築を行う

○発表後に，自分の考えに変化が出た部分をワークシートに色を変えて記入し，考えの再構築を行う。

〈生徒記述例〉
もしエピローグを付けると，思い出を語り終わった「客」は，同じちょう好きの友人である「私」に慰められ，「客」の心は安らぐと思う。しかし，実際は安らぐような簡単なことではないからエピローグを書かなかったのではないか。最後の場面では「闇の中で」とあるから，「客」の心は決して晴れるものではなく，ずっと苦しい思い出を背負っており，それは大人になった今も決して癒えるものではない。その気持ちを強調するために，一番つらい思いをしている場面で物語を終わらせているのではないか。

5　本時を振り返り次時の見通しをもつ

T：今日は物語の構成について考えました。エピローグを付けると，語り手が現在の場面の「私」に戻ることになります。この「語り手」の変化は小説にどのような影響を及ぼすのでしょうか。次回は文学作品における「語り手」の存在について「書くこと」を通して考えていきましょう。

6/7時間 少年の日の思い出

指導の重点
・書き換えすることにより、文章の構成や人称の違いによる表現の工夫に気付かせる。

本時の展開に即した主な評価規準例（Bと認められる生徒の姿の例）
・文章の構成や展開、表現の効果について考えている。【思・判・表】

生徒に示す本時の目標
視点を変えて作品の一場面を書き換えよう

1 一人称、三人称について理解する
○この作品が「一人称」で書かれていることを理解し、「三人称」で書かれるときとの違いを、既習作品の「竹取物語」を使って説明する。

T：皆さんは以前に「竹取物語」を学習しました。物語の語り手に着目したとき、「少年の日の思い出」とどのような違いがありましたか。

〈予想される生徒の反応〉
- 今回の作品は「僕」が語り手だけど、「竹取物語」は作者が語り手。
- 「竹取物語」は語っている人が物語の中に登場しない。
- 登場人物の心情があまり語られていなかった。

T：「竹取物語」のような「語り」を三人称、今回のような「語り」を一人称と言います。

2 一人称、三人称の例を示し、物語を書き換える活動について理解する
○「少年の日の思い出」の一場面を例として用いて、一人称と三人称の書き方の違いについて理解する。

- 僕の両親は、立派な道具なんかくれなかったから、僕は、自分の収集を、古いつぶれたボール紙の箱にしまっておかなければならなかった。～こうした箱のつぶれた縁の間に、僕は、自分の宝物をしまっていた。（一人称）
- 彼（少年）は自分の収集を古いボール紙の箱にしまっていた。彼（少年）は自分で作った手作りの収集箱の縁に、自分がこれまでに採った大切なちょうをしまっていた。（三人称による書き換え）

○語り手が「僕」、「私」というような主体ではなくなると、同じ出来事や物事でも見え方、表現の仕方が変わってくる点を押さえる。

3 作品を書き換える場面と表現の変化について考える
○「語り手」が変化することによって、文章の表現の仕方が変わってくるのはどのような場面か考える。

○「語り手」の立場を変えて表現すると「同じ言葉」がどのように変化するか考える。

T：この作品を「三人称」で書き換える場合、どのような場面がふさわしいでしょうか。また、表現の仕方にどのような変化が生まれるでしょうか。

○書き換える場面としては、「僕」の一方的な視

準備物：前時のワークシート

少年の日の思い出

本時の目標 視点を変えて作品の一場面を書き換えよう

	一人称	三人称
語り手	物語に登場する人物	物語に登場しない
視点	語り手の人物の一方的な視点になる	色々な登場人物の視点になれる
心情	語り手自身の心情が語られる	登場人物の心情を語る場合と語らない場合がある

○三人称で作品を書き換える
　書き換えに適した場面や表現
　↓
　「僕」の一方的な視点や感情により、偏った描かれ方になっている場面や表現

点や感情により偏った描かれ方をしている場面をとりあげるとよいことを理解させる。
○表現については「僕」のエーミールへの負の感情によってマイナスイメージの表現が使われることが多いこと、「僕」が自分の立場を守るような表現が多いことなどを理解させる。
○三人称でも様々な登場人物の心情を書くことができる点も確認する。

> **ポイント　前半と後半では「語り手」が変化しているが、どちらも一人称であることを確認する**
>
> 　プロローグでは「私」が「客」を客観的に描写しているように感じるが、これもまた、物語の登場人物である「私」から見た視点であることを確認する。このように、この作品の「語り」は二重構造の複雑な展開を示している。従って今回書き換える場面は後半の「僕」が「語り手」となっている場面を選ぶとよいが、国語の力がある生徒はプロローグの書き換えにチャレンジさせてもよい。

4　作品を書き換える場面を選び、書き換える

○200字から400字程度で、三人称の視点で作品の一場面を書き換える。
○原稿用紙やワークシートでもよいが、タブレット等に入力させると次時の共有がしやすくなる。
○書き換える際に、なぜその場面を書き換えたのか、どの言葉や表現に工夫を加えたのかをワークシート等に記入する。
T：200字から400字程度で、三人称の視点で作品の一場面を書き換えてみましょう。次時では、お互いの作品を読み合いながら、なぜその場面を書き換えたのか、書き換える際にどの言葉や表現に工夫を加えたのかを交流します。
○どの場面で書くか迷っている生徒には以下の場面で書くことを助言するとよい。
　・青いコムラサキをエーミールに見せる場面
　・クジャクヤママユがつぶれてしまった場面
　・母に一切を打ち明ける場面
　・エーミールに謝罪に行く場面
　・闇の中でちょうを粉々につぶす場面

5　本時を振り返り次時の見通しをもつ

T：次回は書き換えた作品を交流し、単元全体の学習を振り返りましょう。

7/7時間 少年の日の思い出

指導の重点
・作品の特徴や登場人物の描写について自分の考えをもたせる。

本時の展開に即した主な評価規準例（Bと認められる生徒の姿の例）
・文章を読んで理解したことに基づいて，自分の考えを確かなものにしている。【思・判・表】
・作品の構成や展開，表現の工夫について自分の考えを深めようとしている。【主】

生徒に示す本時の目標
　書いた文章を読み合い，作品に登場する人物の心情や作品の構成，展開への理解を深めよう

1　書き換えた作品をグループで読み合う
○次のような観点で読み合わせる
　・作品に書かれていた内容を踏まえているか。
　・その場面を選んだ理由は何か。
　・「語り手」の立場を踏まえて構成や展開を考え，内容が明確に伝わるか。
　・「語り手」の立場を踏まえて表現の工夫がされているか。
○作品を読むときにはワークシートなどを用意して，上記の観点について気付いたことを書き込みながら読む。
T：前回書いた作品を観点を意識して読み合いましょう。読み合った後に，気付いたことを話し合います。

2　グループで書き換えた作品を評価し合う
○「語り手」の立場を変えて書いたときに，どの描写を工夫して書いたか，各自の考えを明らかにする。
○「語り手」の立場が変わったことが明確に分かるように，上手に書き換えられている作品を一つ選ぶ。工夫されて書き換えられている部分をクラス全体に紹介し，共有する。
○選んだ作品のどこに書き換えの工夫が表れているのか確認し，その部分をクラス全体に紹介し共有する。共有の仕方はミニホワイトボードに記入して提示したり，タブレット等に示したり，時間や実態に合わせて行う。
T：観点を基に，書き換えの効果がよく表れている作品を一つ選びましょう。どの部分が効果的なのか，全体に紹介してもらいます。

> **発展**
> 　時間が許せば，グループで互いの書いた作品を読み合い評価し合った後に，自分の作品を推敲し書き直す展開も考えられる。また，交流によって気付いたことを基に，別の場面を書き直すなど，より主体的な学びにつなげていくことができる。

3　人称を変えて書いたことで，気付いたことを話し合う
○視点を変えて読むことで，この作品の印象がどのように変わったか，意見を交流する。
○「僕」の行動や心情の動きについて感じたこと

準備物：前時のワークシート，ミニホワイトボード

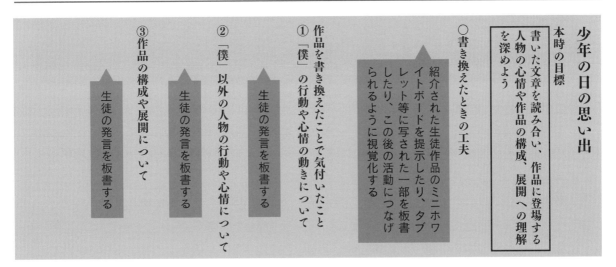

を話し合う。
○この作品にプロローグがあり，エピローグがない点について再度話し合い，この作品の構成，展開について自分の考えをもつ。
○話し合いの仕方は時間や実態に応じて，グループ，全体共有などを適切な方法で行う。
T：視点を変えて作品に向き合うと，構成や展開，表現の効果について，様々なことが見えてきます。世の中にある小説は一人称で書かれているもの，三人称で書かれているものの二つに分かれます。一人称で書かれることによるよさや気付いたことを話し合いましょう。

> **ポイント　作品を俯瞰して自分の考えをもつ**
> 三人称への書き換えをした後に，作品をもう一度読み直すと，どうしても「僕」の一方的な見方や幼さが目立ってしまう。しかし，小説の多くが一人称で書かれていることを考えたときに，一人称で書かれることのよさにも気付かせるべきである。また，同じ一人称でもプロローグでは「私」が語り手になっている。その意味を考えさせ，作品への読みを深めたい。

4　学習を振り返り，作品について自分の考えをまとめる

○単元で学んだことを振り返り，作品の構成や展開，表現の効果について自分の考えをワークシートやノートに書く。
○初読後の感想を振り返らせ，読みが深まったかどうかを確認する。
○振り返りの観点として以下の点を確認する。
　・視点を変えることで登場人物の行動や心情への理解が深まったか。
　・作品を書き換えることで，心情や行動，情景を表す語句の効果を意識できたか。
　・作品の構成や展開について自分の考えをもつことができたか。

8 自分を見つめる

漢字に親しもう5

身に付けたさせい資質・能力
　本教材で扱われる練習問題は，食生活に関する漢字の読み書きである。食生活は生徒自身の実生活と密接につながっており，生徒自身もイメージをもちやすい。だからこそ，言葉や漢字と生活を結び付け，様々な語彙を獲得する機会とする。
　そこで，語句リレーという言語活動を設定する。食材や調理方法などを表す言葉を漢字にして，リレー形式で答えていく。また，そのゲームで挙がった言葉を使ってレシピづくりに取り組み，日常生活の中で，進んで漢字を使って自分の考えや思いを伝えようとする姿勢を育てる。

生徒に示す本時の目標
　食生活に関する言葉を知り，漢字で読んだり書いたりしよう

1　新出漢字・新出音訓を確認する
○フラッシュカードや，視覚教材を準備し，新出音訓の読みを確認する。また，二次元コードから漢字一覧表を確認してもよい。

2　練習問題に取り組む
○時間を決めて練習問題の2と3に個人で取り組む。終わったら全体で答えを確認する。

3　食生活に関する漢字についての導入
○本時の目標を黒板に書く。
○学習の導入として練習問題の1に取り組む。一語ずつ一文を作ってもよい。
T：問題です。練習問題の1にある四つの語を使ってできるデザートは何でしょうか。
　　答えはプリンです。では，プリンはどのように作るか知っていますか。
○展開に沿って，プリンのイラストを掲示する。
○生徒との対話を通して，「材料」「器具」「調理方法」「味の特徴」というまとまりを挙げていく。まとまりを意識して板書する。

4　語句リレー
T：今日は皆さんと食生活にかかわる言葉や漢字に触れていきたいと思います。そこで，語句リレーを行います。
○語句リレーについて説明する。班（五～六名）対抗で行う。ミニホワイトボードにお題に沿った語句を一人一つずつ漢字で書いていく。班員は一列に座る。教室の後ろから，前に向かってリレー形式でつなぎ，最初に黒板にミニホワイトボードを貼れた班を勝ちとする。
○お題は「材料」「器具」「調理方法」「味の特徴」とする。常用漢字表や漢字辞典，国語辞典，家庭科の教科書などを見ながらどのような言葉があるか班で分担して探し，漢字で書けるように準備する。
○時間に応じて「材料」「器具」「調理方法」「味の特徴」のいずれかを取り上げて行う。
○全体の取り組みの様子や，よい取り組み状況にあった班を全体の場で紹介する。
T：最近学習したばかりの「搾る」という調理方法を挙げた○班は，よく思い出しましたね。○班は，読みやすい字でとても速く取り組むことができていました。そしてクラスの皆さんが積極的に言葉を探し，漢字で書くことができていました。

準備物：フラッシュカード，視覚教材，黒板掲示用資料，ミニホワイトボード，家庭科の教科書，ワークシート，漢和辞典，国語辞典，プロジェクター，スライド

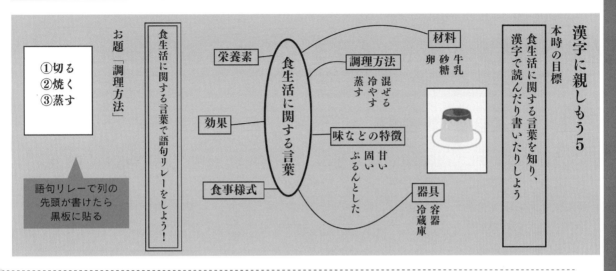

5　食生活にかかわる言葉を広げる

T：ゲームを通して，食に関するたくさんの言葉を挙げることができました。少し時間をとりますので，これからの生活で使えそうな言葉をワークシートにメモしましょう。

○「言葉の手帳」を作って言葉集めをしているならば，そのノートに記録してもよい。

T：食生活にかかわる言葉はほかにも，栄養素や，食事の効果についての語などもあります。例えば，次の文章を読んでみましょう。

○「**発酵**食品とは，**微**生物の働きによって食材のもつもともとの性質が人間にとって有益に変化した食品のことです。これを食べることで，悪玉**菌**の働きを**抑**制し，腸内**環**境を整えてくれます。」と書かれたスライドを，プロジェクターに投影する。（太字は１年生で学習した漢字）

T：この文章の中には中学生になって学習した漢字が五つ使われています。食生活について知識を得たり，自分の考えを伝えたりするためにも，様々な言葉を知り，漢字で書けるようになることは大切ですね。

6　学習を振り返る

T：学習の振り返りとして，ゲームの前にお話しした，プリンの作り方について三文以内で説明してみましょう。その際「牛乳」「冷蔵庫」「砂糖」「卵」と，調理方法の言葉を一つ追加してみましょう。

> **ポイント　振り返りで学習目標が達成されたかを試してみる**
>
> 　ゲームに取り組んだだけで終わってしまうと，活動あって学びなし，に陥ってしまうことがある。ゲームで得たことを学びとして実感できるように，振り返りの場面で工夫する。

○調理方法を表す言葉として，「蒸す」か「冷やす」などが挙げられているとよい。また，これらの言葉がゲーム内で出ていなければ教師のほうであらかじめ補足しておくとよい。

○作り方が書けた人には，振り返りも書くように指示する。

8 自分を見つめる

文法への扉3　単語の性質を見つけよう　（2時間）

1 単元の目標・評価規準

・単語の類別について理解することができる。　　　　　　　　　〔知識及び技能〕(1)エ
・言葉がもつ価値に気付くとともに，進んで読書をし，我が国の言語文化を大切にして，思いや考えを伝え合おうとする。　　　　　　　　　　　　　　　「学びに向かう力，人間性等」

知識・技能	単語の類別について理解している。((1)エ)
主体的に学習に取り組む態度	今までの学習を生かして，積極的に単語の類別について理解しようとしている。

2 単元の特色

教材の特徴

　様々な単語が書かれたカードと共に，「単語を組み合わせて，文を作ろう。」という課題を品詞分類への入り口の課題として設定している。活動の中で特に注目させたいのは，「自立語・付属語」の違いと，「活用の有無」である。一つのカードには一つの単語が書かれている。単体で読んで，意味の分かるものが「自立語」，それだけでは意味の分からない語が「付属語」である。また，この課題で鍵になるのが「必要ならば，単語の形を変えてもよい」という条件である。語尾の形を変えなければ付属語に結びつかない単語は「活用のある語」，どのような付属語がついても形が変わらない単語は「活用のない語」である。
　品詞分類の前提となる重要な基準である「自立語・付属語」と「活用の有無」をまず確認し，「品詞」「体言と用言」の順に理解させる流れとなっている。

身に付けさせたい資質・能力

　本単元では，学習指導要領〔知識及び技能〕(1)エ「単語の類別について理解する」力である「単語を文法上の性質によって分類する方法」を学ぶことに重点を置く。この資質・能力を身に付けさせるための言語活動として，p.251の例文「空に輝く太陽のように，彼女は明るく笑った。」を分類する活動をペアワークで行う。「自立語」と「付属語」に分類する活動を通して，文の中での単語の役割の違いに主体的に気付かせたい。「自立語・付属語」「活用の有無」「品詞」「体言と用言」それぞれを確認した後，pp.251-252の練習問題に取り組みながら，「単語

の分類」「品詞」について理解したことを確認できるようにする。

3　学習指導計画（全2時間）

次	時	○主な学習活動	☆指導上の留意点　◆評価規準
一	1	○p.223の例題に取り組み、単語の性質について考える。 ・単語を組み合わせる過程で、性質の違いに気づき、それによって分類できることを理解する。 ○p.251「文法3　単語の分類」を読み、「自立語・付属語」・「活用の有無」、「品詞」、「体言と用言」について理解する。 ・下段の練習問題に取り組み、理解したことを確認する。 ◇必要に応じて、pp.255-256の活用表を用いて理解を深めさせる。	☆「単語の分類」「品詞」「体言と用言」について、理解させる。 ◆単語の類別について理解している。【知・技】 ◆今までの学習を生かして、積極的に単語の類別の前提となる言葉の単位について理解しようとしている。【主】
二	2	○p.253の品詞分類表で、「自立語・付属語」・「活用の有無」、「品詞」、「体言と用言」の確認をする。 ○p.253の例以外の品詞を考え、ワークシートに記入する。 ○交流活動でどのような品詞を書いたか伝え合う。また、品詞を正しく分類できているか確認し合う。	☆タブレット等や辞典・資料集・問題集で調べてもよいと指示する。 ◆単語の類別について理解している。【知・技】 ◆進んで単語を考え、品詞について理解しようとしている。【主】

文法への扉3　単語の性質を見つけよう

指導の重点
・単語の類別について理解させる。

本時の展開に即した主な評価規準例（Bと認められる生徒の姿の例）
・単語の類別について理解している。【知・技】
・今までの学習を生かして，積極的に単語の類別の前提となる言葉の単位について理解しようとしている。【主】

生徒に示す本時の目標
「単語の分類」「品詞」「体言と用言」について，理解を深めよう

1　単語を組み合わせて文を三つ作る
　　　　　　　　　　　　　　　　　WS1

○p.223の二次元コードで「文法ワーク」を読み取り，タブレット等で文を作成する。
T：ワークシート内の単語を組み合わせて，文を三つ作ります。作るときの条件を確認して作りましょう。
○条件：同じ単語を何回使ってもよい。必要ならば，単語の形を変えてもよい。
○3〜5分経過したところで，周囲と確認してもよいことを伝える。どのような文を作ったか，数人に発表させて板書する。
T：このように，文は単語を組み合わせることによって成り立っています。発表された文の中には，単語の形を変えたものもありますね。
○単語の形を変えた言葉がある生徒に挙手をさせると，ほぼ全員の手が挙がると予測される。
T：今日の授業は，単語が性質によって分類されることを学びます。そこで，形が変わった単語の性質も分かります。確認しましょう。
○単語を組み合わせる過程で，性質の違いに気付き，それによって分類できることを理解する。

2　自立語と付属語を分類する
○p.251「単語の分類」を読み，例文「空に輝く〜」の単語の分類に取り組む。
T：最初に単語を自立語と付属語に分類します。まずは，次の例文を文節に区切りましょう。文節に分けるときは「ネ」を入れて文を区切っていきます。
○例文を板書して，生徒の取り組みが一段落したことを確認してから，生徒に例文を文節に区切って音読させる。
○音読に合わせて黒板の例文を文節に区切る。
T：自立語の決まりを確認します。
○「文節の初めは必ず自立語がくる」「一文節に自立語は一つしかない」ことを確認する。
T：例文「空に輝く〜」の自立語だけに傍線を引きましょう。
○3分ほどたったところで，ペアになって，どのように傍線を引いたか確認する。確認するときは自立語の決まりを再確認させる。
○生徒が確認した後，黒板の例文の自立語に傍線を引く。
T：文節の初めは必ず「自立語」です。線が引けていますか。確認しましょう。

準備物：ワークシート

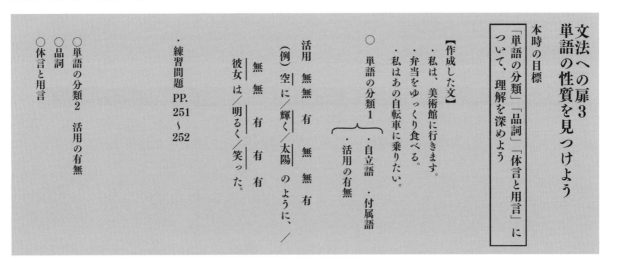

○ p.251下段の練習問題に取り組む。

3 活用の有無を分類する

T：次に，活用の有無を分類していきます。活用する語と活用しない語の確認をしましょう。

○ p.252「活用の有無」を読み，活用する語と活用しない語の違いを確認する。
・活用する語…後に付く単語によって，単語の形が変化する。
・活用しない語…後にどのような単語が付いても，単語の形が変化しない。

○例文「空に輝く〜」で，活用する単語を確認してから，p.252下段の練習問題に取り組ませる。

4 品詞分類表の確認をする

○ p.253「品詞」を読み，品詞分類表を確認する。

T：自立語と付属語の分類や活用の有無の分類には単語の知識が必要です。単語の種類についての詳しい内容は2年生になってから勉強するので，今は正確に分類できなくても構いません。

5 体言と用言の分類をする

○ p.254を読み，例文「空に輝く〜」の体言・用言を確認する。
・体言…「が・は・も」などを付けて主語になることができる自立語。名詞。
・用言…単独で述語になることができる自立語。動詞・形容詞・形容動詞。

6 本時の振り返り

T：本時の目標は「『単語の分類』『品詞』『体言と用言』について，理解を深めよう」でした。目標は達成できましたか。

○以下の3点に基づいて学習を振り返る。
・自立語と付属語の定義。
・活用する語としない語の区別の仕方。
・体言と用言の定義。

T：板書の例文「空に輝く〜」をもう一度確認しましょう。傍線部の単語は自立語であり，活用のあるものとないものに分けられます。また，傍線が付いていない単語が付属語で，それも活用があるものとないものがあるということが分かりました。

T：体言と用言は文中で中心的な意味を成す特別な自立語であり，その他の接続詞や感動詞，副詞・連体詞とは別格であることに気付きますね。

文法への扉3　単語の性質を見つけよう

指導の重点
・単語の類別について理解させる。

本時の展開に即した主な評価規準例（Bと認められる生徒の姿の例）
・単語の類別について理解している。【知・技】
・進んで単語を考え、品詞について理解しようとしている。【主】

生徒に示す本時の目標
「単語の分類」「品詞」について、理解を深めよう

1　前回学んだことを確認する
○「品詞分類表」を見ながら品詞の特徴を確認する。
T：p.253の品詞分類表を見ながら、それぞれの品詞の確認をしましょう。
○単語の分け方のポイントを板書しながら、「自立語・付属語」「活用する・しない」の基準で分け、それがどのような成分になるかによって分類されていることを確認する。

2　本時の学習課題を把握する
○ワークシートの十個の品詞を考える。

⬇ WS2

○p.253に載っている品詞以外を記入するように指示する。
T：本日は、皆さんに「単語の分類」「品詞」について、理解を深めてもらうために、品詞探しをしてもらいます。p.253に載っている品詞以外を書くようにしましょう。各品詞一つ以上書くようにしましょう。
○品詞を思いつかない生徒には、タブレット等や資料集・文法の問題集・各種の辞典などを使用するよう助言する。
○8分程度経過したところで、席を立ってクラスメイトに探した品詞を伝え合う活動をする。交流を通してワークシートを完成させるように伝える。
T：今から、自分の考えた品詞をクラスメイトのみんなに伝えてもらいます。自分が考えた以外の単語があれば、ワークシートに色ペンで記入して、各品詞五個ずつ書くようにしましょう。ワークシートを完成させたら、着席しましょう。
○どのような品詞を考えたか、全体で確認する。
T：それでは、どのような品詞を考えたか、発表してください。

〈生徒の発表例〉
・動詞…歩く　食べる　笑う　起きる　持つ
・形容詞…赤い　暑い　うれしい　楽しい
・形容動詞…健康だ　穏やかだ　静かだ
・名詞…山　海　太陽　猫　学校　これ
・副詞…すぐ　まるで　少し　どんどん
・連体詞…あの　その　小さな　たいした　我が
・接続詞…また　けれども　そして　すると
・感動詞…はい　おはよう　わぁ　もしもし
・助動詞…ます　れる　させる　ない　よう

準備物：ワークシート，資料集，文法の問題集，辞典

文法への扉3 単語の性質を見つけよう

本時の目標
「単語の分類」「品詞」について、理解を深めよう

【品詞分解　ポイント】
自立語　活用する（用言）　主語になる（体言）
　　　　活用しない　　　　修飾語になる
　　　　　　　　　　　　　接続語になる
　　　　　　　　　　　　　独立後になる
付属語　活用する
　　　　活用しない

【品詞を考えよう】
・動詞…歩く　食べる　笑う　起きる　持つ
・形容詞…赤い　暑い　うれしい　楽しい
・形容動詞…健康だ　穏やかだ　静かだ
・名詞…山　海　太陽　猫　学校　これ
・副詞…すぐ　まるで　少し　どんどん
・連体詞…あの　その　小さな　たいした　我が
・接続詞…また　けれども　そして　すると
・感動詞…はい　おはよう　わぁ　もしもし
・助動詞…ます　れる　させる　ない　よう
・助詞…の　から　ながら　まで　も

・助詞…の　から　ながら　まで　も

T：たくさんの品詞を考えられましたね。それでは，皆さんが考えた品詞が合っているか，確認してみましょう。

○ワークシートに記入した品詞が，正しく品詞分類されているか確認する。

T：ワークシートに書いた全ての品詞を確認するのは時間が足りないので，各品詞を一つずつ確認してもらいます。

T：動詞の確認はみんなで行いましょう。
〈生徒の反応〉
　・「歩く」は動作を表している。
　・「食べる」は動作を表している。

T：今確認したように，p.253の「品詞分類表」の分類の仕方を見ながら，書いた品詞を確認しましょう。

○苦手な生徒には個別指導する。タブレット等や資料集・文法の問題集・辞典などを使用してもよいと助言する。

○10分ほどたったところで，三・四人グループで確認し合う。

ポイント
まぎらわしい語の「ある」（連体詞と動詞）や「が」（接続詞と助詞），形容動詞（名詞＋「だ」）についても簡単に説明する。使用している資料集や問題集に識別表があれば，確認する。

3　本時の振り返り

T：本時の目標は「単語の分類」「品詞」について，理解を深めようでした。目標は達成できましたか。

○p.253の品詞分類表を見ながら，以下の点に基づいて学習を振り返る。
〈自立語と付属語の定義〉
　・自立語…単独で文節を作ることができる単語。
　・付属語…単独で文節を作ることのできない単語。
〈活用する語としない語の区別の仕方〉
　・活用する語…後に付く単語によって，単語の形が変化する。
　・活用しない語…後にどのような単語が付いても，単語の形が変化しない。

T：以上の2点をしっかり確認しておきましょう。2年生になったら，品詞の一つ一つを詳しく学びます。

8 自分を見つめる

二十歳になった日 （4時間）

1 単元の目標・評価規準

・事象や行為，心情を表す語句の量を増すとともに，語句の辞書的な意味と文脈上の意味との関係に注意して話や文章の中で使うことを通して，語感を磨き語彙を豊かにすることができる。　　　　　　　　　　　　　　　　　　　　　　〔知識及び技能〕(1)ウ
・文章の構成や展開，表現の効果について，根拠を明確にして考えることができる。
　　　　　　　　　　　　　　　　　　　　　　　　〔思考力，判断力，表現力等〕C(1)エ
・言葉がもつ価値に気付くとともに，進んで読書をし，我が国の言語文化を大切にして，思いや考えを伝え合おうとする。　　　　　　　　　　　　　「学びに向かう力，人間性等」

知識・技能	事象や行為，心情を表す語句の量を増すとともに，語句の辞書的な意味と文脈上の意味との関係に注意して話や文章の中で使うことを通して，語感を磨き語彙を豊かにしている。　　　　　　　　　　　　　　　　　　　　　((1)ウ)
思考・判断・表現	「読むこと」において，文章の構成や展開，表現の効果について，根拠を明確にして考えている。　　　　　　　　　　　　　　　　　　　　　　　（C(1)エ）
主体的に学習に取り組む態度	自らの学習を調整しながら，文章の構成や描写の工夫について考え，随筆の効果についてまとめようとしている。

2 単元の特色

教材の特徴

　本教材は1年生の唯一の随筆作品であり，生徒は中学生になって初めて随筆に出会うことになる。これまでの学習で物語的な文章や説明的な文章を扱い，読み取りに慣れてきた時期に，随筆という筆者の体験をもとに自由に書かれた文章を読む。形式的に自由に書かれているものから，筆者が伝えていることを読み取らせたい。また，随筆であるからこそ，構成や描写に自由度があり工夫次第で読み手の好奇心や興味を引き出すことができる。本教材のさくらももこ氏「二十歳になった日」も構成や描写に工夫がなされ，興味深く読める。書き出しの工夫，言葉の使い方，文章の構成の仕方など，本教材を扱い学習を進めることができる。

身に付けさせたい資質・能力

　本教材では学習指導要領C(1)エ「文章の構成や展開，表現の効果について，根拠を明確にし

て考えること」ができる力を育成する。本教材は読み手が興味をもって読み進められるような工夫がたくさん施されている。例えば，文章の構成では導入の書き出し，序盤の「分かれ道」からは読み手を少しハラハラとさせる表現などが挙げられる。また，表現の効果では情景描写，傍点による強調，筆者独特の感性による表現など，たくさんの工夫がなされている。この文章を扱うことで，読み手に合わせて文章の構成や描写を工夫することができることを読み取らせたい。「読むこと」と「書くこと」の学習は表裏一体であることから，この単元で身に付けた力を「書くこと」にも応用できると考えている。

　また，本教材では学習指導要領，知識及び技能(1)ウ「事象や行為，心情を表す語句の量を増すとともに，語句の辞書的な意味と文脈上の意味との関係に注意して話や文章の中で使うことを通して，語感を磨き語彙を豊かにする」ことの指導も行う。描写の工夫において印象的な言葉を中心としながら，生徒たちが語彙を広げ，今後の学習活動で工夫した表現を取り入れられるように指導をしたい。

3　学習指導計画（全4時間）

次	時	○主な学習活動	☆指導上の留意点　◆評価規準
一	1	○単元の見通しをもち，随筆について理解しよう。 ・単元の見通しを確認し，身につける力を生徒と共有する。 ・随筆という文種について理解する。 ・随筆を読む楽しさについて，複数の随筆を読み自分の考えをまとめる。	☆随筆にも様々な書き方のものがあるので，複数の随筆を読ませ，随筆の楽しさを考えさせる。 ☆随筆について，ワークシート一枚程度で物語文や説明文とは何が違うのかをワークシートにまとめさせる。 ◆自らの学習を調整しながら，文章の構成や表現の工夫について考え，随筆の効果についてまとめようとしている。【主】
二	2	○本文を通読し，書き手の考えを捉えよう。 ・本文を通読し，内容を捉える。 ・書き手の考えについて捉える。	☆本文を範読し，生徒に内容を捉えさせる。 ☆文章から読み取れる筆者の思いについて自分の考えをまとめる。
	3	○表現の工夫について考える。 ・本文の表現についてベストなものを考える。 ・個で考えた意見をグループ，クラスと広げていく。 ・クラスで出た表現を用いて，各自で文を作成し，共有する。	☆本文に書かれている表現の工夫について，個→グループ→クラスと一番気に入ったところを広げ，表現のおもしろさを焦点化し，学習に意欲をもたせる。 ◆事象や行為，心情を表す語句の量を増すとともに，語句の辞書的な意味と文脈上の意味との関係に注意して話や文章の中で使うことを通して，語感を磨き語彙を豊かにしている。【知・技】
	4	○テーマをよりよく伝えるための表現の効果について考える。 ・前時の振り返りを行い，表現について確認する。 ・本教材の表現の効果について自分の好きなものを挙げてまとめ，発表をする。	☆前時の表現の工夫も合わせて，読み手に伝えるための効果であることを理解させる。 ◆文章の構成や展開，表現の効果について，根拠を明確にして考えている。【思・判・表】

$\frac{1}{4時間}$ 二十歳になった日

指導の重点
・随筆の構成や表現の工夫について考え，効果についてまとめさせる。

本時の展開に即した主な評価規準例（Bと認められる生徒の姿の例）
・自らの学習を調整しながら，文章の構成や表現の工夫について考え，随筆の効果についてまとめようとしている。【主】

生徒に示す本時の目標
随筆について理解し，随筆の特徴をまとめよう

1　単元の見通しをもち，随筆について興味をもつ

T：これまでの授業では，小説や説明文を読んできました。今日からは「随筆」というジャンルの文章を読みます。今までの学習と比べると，少しくだけた表現が多い文章もあるので，文章を読むのが苦手な人も，楽しく読めると思います。
○単元計画表を用いて，いつ何を学習するかを教師と生徒で共通理解をする。
○中学校で初めて学習する「随筆」について興味をもたせ，進んで学習する意欲を引き出す。
○国語が苦手な生徒にとって，文章を読むことが少しでも楽しくなるように声かけをしたい。

2　「随筆」という文種を理解する

T：「随筆」の辞書的な意味を確認し，本文に入る前に何編か随筆を読んでみよう。
○「随筆」というジャンルの定義を確認する。
○本文に入る前に中学生が読みやすい随筆を何編か用意し読ませて，イメージをつかませる。
○範読することで文章が読めない生徒にもイメージをつかませる。

ポイント　随筆に慣れる
随筆には様々な形式があるので，教科書本文のみでなく，複数の著者の作品を読ませる。随筆の楽しさを生徒に感じさせる。

3　随筆とこれまで学習した文章とを比べて，違いを考える 📥 WS1

T：随筆を何編か読みましたが，今まで学習してきた小説や説明文とは少し違いがありましたね。その違いについて，それぞれワークシートにまとめてみましょう。まだ「随筆」を知らない人が分かるようにまとめましょう。図やイラスト等を使用しても構いません。
○学習形式は個でもペアでもグループでも可能とし，個人で学び方が選択できるようにすることもできる。インターネットや書籍等で調べてもよい。
○考えがまとまらない生徒には，小説，説明文，随筆と三つの表を作り，思い浮かぶ語句を表に入れていく。例えば，小説であれば，フィクションである，登場人物が複数でそれぞれ役割をもつ，構成は起承転結が多いなどが挙げられる。

準備物：ワークシート，本教材以外の随筆作品をコピーしておく（許可がとれればタブレット等への送信も）

二十歳になった日　さくらももこ

本時の目標
随筆について理解し、随筆の特徴をまとめよう

〈随筆とは〉
筆者の体験等をもとに、自由な形式で書いた文章のこと

まとめ
自分で考えたこと・調べたこと
＋
発表で知ったこと
↓
随筆とは・・・

説明的文章であれば，問題提起がある，序論・本論・結論の構成になっていることが多い。筆者が読み手に伝えたいことが明確であるなどが入る。語句を表に入れながら，「では，随筆はどうなっているか」と解答を促すのも効果があると考える。

○随筆は小説や説明文と比較し，形式や構成に自由度が高い。また，描写についても筆者独特の感性が表れていることが多いなど，比べて分かったことが書かれていれば調整については「おおむね満足」としたい。

4　まとめたことの発表を行う

T：では，まとめたことの発表を行い，考えを共有していきましょう。

○学び方を選択制にしたため，共有の仕方も選択できるようにしたい。例えば，ポスターセッション形式で出席番号順に発表させ，自分と一緒に学習をしていない生徒のところに共有させにいくなど，共有の仕方に工夫をしたい。

○共有するときは，自分とは異なる意見や新しい発見についてメモをとるように促し，発表を聞かせる。

5　まとめの共有を行う

T：随筆についてまとめたことをワークシートにまとめてみましょう。

○随筆について自分のまとめたことと発表を聞いて新たに分かったことを合わせてまとめを行う。

○すでに各自でまとめを行っているため，簡単に行う。

2/4時間 二十歳になった日

指導の重点
・本文を通読し、感じたことをまとめさせる。

本時の展開に即した主な評価規準例（Bと認められる生徒の姿の例）
＊本時は次時につなげるための時間のため、評価については特になし

生徒に示す本時の目標
作品の内容を捉え、感じたことをまとめよう

1 本文を通読する
T：前回は随筆について、まとめてもらいました。今日は早速、教科書本文の随筆を読み進めていきましょう。
○最初は教師が範読をし、生徒が内容を捉えやすいようにする。
○CDやデジタル教科書の音声があれば、使用してもよい。

2 内容を確認する
T：出てくる人物等を確認しましょう。
○「誰が」「いつ」「何をしたか」を端的に確認する。
○筆者の体験をもとに書かれた随筆であることを再度確認する。

3 作品を味わう　WS2
T：この「二十歳になった日」は、筆者の体験をもとに書かれていますが、自分が伝えたいことがあるからこそ、書くのでしょう。では、この「二十歳になった日」を読んであなたは何を感じましたか。

○学習形式は個→グループ→クラスと広げていくようにする。
○考えがまとまらない生徒には、タイトルに注目するように伝え、「二十歳になった日は…」と、あとに続く形で答えるようにヒントを与える。
○考えに至った理由も考えさせる。理由を考えるときに、必ず本文中の内容をもとにするように指導を行う。
○グループでの共有を行う。四人グループもしくは三人グループを事前に教師の方で作成しておく。その際、国語が得意な生徒がグループに一人入るように考慮し、意図的にグループを作成し、話し合いが進むようにしておく。
○話し合いはグループで順番に発表し、最終的に一つの意見にまとめなくてもよいと伝える。まとめ方は全員の意見を融合してもよいし、新たな意見を紹介してもよい。
○課題について発表の準備を行う。ミニホワイトボードやタブレット等にテーマについて書き、黒板に提示する。その際、理由は書かず発表で補うことを伝える。
○グループの代表が自分たちのグループが考えたことについて発表する。
○聞き手は、発表内容を聞き、自分たちと同じか異なるか、異なる場合はなぜかと質問を考えな

準備物：ワークシート，デジタル音源，ミニホワイトボード

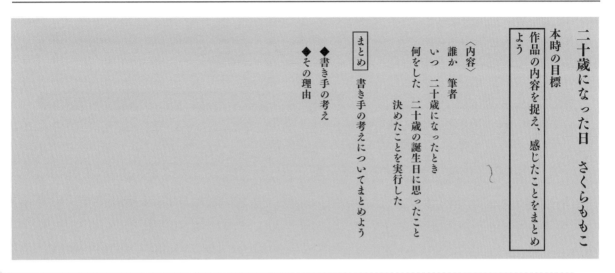

二十歳になった日　さくらももこ

本時の目標
作品の内容を捉え、感じたことをまとめよう

〈内容〉
誰か　筆者
いつ　二十歳になったとき
何をした　二十歳の誕生日に思ったこと決めたことを実行した

まとめ　書き手の考えについてまとめよう
◆書き手の考え
◆その理由

がら聞くように指導をする。
○教師は発表を聞き，発表の内容に不足があれば，指摘を行う。
○全グループが発表を終えたら，教師の方で課題について出た意見を傾向ごとにまとめていく。

発展
生徒にグループで出た意見をまとめさせ，クラスの意見としてもよい。

ポイント　書き手の考えについてそれぞれが考える時間が大切
本教材は筆者の心情が分かりやすいように書かれているため，多様な意見はあまり出てこないかもしれないが，それぞれ個で考えたことを大切にする話し合いにする。

4　書き手の考えについてふりかえる
T：本日の学習のまとめを行います。「二十歳になった日」の作品から感じたことは何ですか。そう考えた理由となる部分も合わせてまとめに記入をしましょう。
○まとめの部分に本時の学習のふりかえりを書かせる。ふりかえりでは，最初の自分の意見からどのように変化したか書けるとよい。

3/4時間 二十歳になった日

指導の重点
・本文の工夫された表現について取り出し，それを使って例文を作らせる。

本時の展開に即した主な評価規準例（Bと認められる生徒の姿の例）
・事象や行為，心情を表す語句の量を増すとともに，語句の辞書的な意味と文脈上の意味との関係に注意して文章の中で使うことを通して，語感を磨き語彙を豊かにしている。【知・技】

生徒に示す本時の目標
本文の工夫された表現を見つけ，自分の文章で使ってみよう

1 表現について確認を行う
T：今回の授業では表現について学習を行います。表現とはどのようなものでしょうか。近くの人とこういうもの，という話をしてみましょう。
○話をすることで，全員に表現とはどういうものかを明確にイメージさせる。
○よく話をしている何名かを指名し，話したことを紹介させる。
○表現とは内容を読み手がより感じられるように書く手法のことや，説明とは異なり筆者のイメージを言葉で表す方法などの説明ができればよい。

> **ポイント　表現とは何かを押さえておく**
> これから進める学習内容に関わる重要な語句については，授業の導入で定義づけておくことも必要である。

2 本文から自分の一番気に入った表現を抜き出す　WS3
T：では，本文から自分の一番気に入った表現を抜き出してみましょう。また，どうして気に入ったのか，その理由もあわせて考えましょう。
○自分の気に入った表現が分からない生徒には教師のおすすめの表現を例文として伝え，考えさせるヒントを与えてもよい。

3 グループで意見をまとめる
T：個人で考えたものをグループで共有してください。出た意見はあとですべて紹介してもらいます。代表が発表できるように，同じものはまとめて，違う意見はどこが違うのか考えておきましょう。
○グループでの共有を行う。四人グループもしくは三人グループを事前に教師の方で作成しておく。その際，国語が得意な生徒がグループに一人入るように考慮したグループを作成し，話し合いが進むようにしておく。
○話し合いはグループ内で一人一人順番に発表し，同じような内容の意見はまとめながら整理する。分ける際はミニホワイトボード等を使用し，思考の手順があとで発表できるようにしておく。
○ミニホワイトボードを掲示する。思考の手順に

準備物：ワークシート，ミニホワイトボード

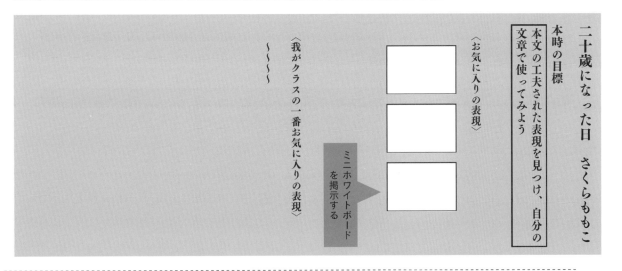

ついて班で発表し，クラスに出た意見を紹介する。

4 クラスの意見を聞き，自分の意見の変容を考える

○グループの発表を聞く。聞く際に，自分の最初の意見と比べて，理由が明確か，説得力があるかどうかを判断させ，自分の意見をあらためて検討させる。

○全グループが発表を終えたら，教師の方で紹介された意見についてまとめ，クラスの意見として分類を行い，出た意見をまとめる。

○まとめられた意見をもう一度生徒に確認させ，最初の自分の考えから，グループ活動，クラス全体での活動を経て，考えが変化したかどうか確認する。

5 最終的に自分が決めた表現を使って例文を作成する

T：クラスで意見を紹介してもらいました。自分の気に入った表現が決まりましたか。今度は決まった表現を使って，例文を考えます。表現の内容をよく理解し，自分らしい文を作りましょう。

○クラスで出た意見の表現について，どのような状況で使えるのか全体で考える。

○一文でなく，短い文章にし，より効果的に表現が分かるような文を書くように指示する。

○提出された作品は，廊下に掲示したり作品集としてタブレット等にアップしたりして見合うこともよい。

> **ポイント　取り上げる表現の数を増やす**
>
> 　個→グループ→クラスと話し合いの場を広げていくことで，取り上げる表現の数を増やしたい。またグループ活動で全員が発言し，表現の効果について意欲をもたせたい。

4/4時間 二十歳になった日

指導の重点
・本文の表現の効果について意見をまとめさせる。

本時の展開に即した主な評価規準例（Bと認められる生徒の姿の例）
・文章の構成や展開，表現の効果について，根拠を明確にして考えている。【思・判・表】

生徒に示す本時の目標
本文の構成や表現の効果について考え，作品のよさを考えよう

1　前時の表現の工夫を振り返り，本時の学習がその続きであることを示し，つなげる

T：今回の授業では表現の効果について考えます。前回は表現について学習を行いましたが，本文にどのような効果がもたらされているか考えていきましょう。表現の効果には様々な要素が考えられます。その中で一つをとりあげて，この随筆で輝いていると思われる理由を説明してください。

○構成については，物語文が起承転結の構成のものが多いことや，説明文が序論，本論，結論の構成のことが多いのは既習事項である。既習事項を踏まえて，本教材がどのような構成になっているか考えさせてもよい。

○前時は，表現について例文を書く授業を行っている。本時は筆者がその表現をどのような状況で使用しているかあらためて確認し，その効果について検討させる。

2　本文の表現の効果について挙げる

T：この教材で使用されている表現の効果は何がありましたか。挙げてみましょう。また，それらの表現の中で，自分の好きな表現を一つ挙げてみましょう。 WS4

○表現の工夫として，①構成の工夫②描写の工夫③言葉の使い方の工夫（比喩など）があったことを整理する。

○作品中の表現の中で一番好きなものを一人一つ挙げる。

3　表現の効果が，作品にどのようなよい影響を与えているか考える

T：選んだ表現について，なぜ選んだのかという理由と，この作品の中でどのようなよい影響をもたらしているかを考えてみましょう。

○選んだ表現と選んだ理由，文章に与える影響については，A4一枚にまとめる。もしくはタブレット等のプレゼンテーションソフトのスライド一枚にまとめさせる。

○まとめる方針として，この随筆を初めて読む人に表現の効果を知ってもらうためにはどのようなことをまとめに入れるべきか考えさせる。

○学習が進まない生徒は，表現の効果を複数挙げ，その中から一つ選ばせる。その後は，なぜその表現を選んだのか，もしこの表現がなかったらこの随筆はどのような印象になっているかとい

準備物：ワークシート

二十歳になった日　さくらももこ

本時の目標
本文の構成や表現の効果について考え、作品のよさを考えよう

〈表現の効果〉
☆構成の工夫
☆描写の工夫
☆言葉の使い方の工夫

単元のまとめ
☆身についた力について振り返る
☆身についた力は生活のどこで生かせるか

うことを、教師と対話を行いつつ、考えを深めさせていく。そのような生徒が複数いる場合は、個別指導を行い全員に考えさせるよう指導を行う。

4　自分の考えを他者に向けて発表する

○グループでの共有を行う。四人グループもしくは三人グループを事前に教師の方で指示しておく。

○発表は、まとめた資料を提示しながら、グループに向けて、自分がまとめた考えを説明する。

○聞き手は、発表をしっかりと聞き取り、その意見に説得力があるかどうか判断し、改善が必要な場合は助言を行う。

○発表が終わり次第、助言をもとに発表を修正する。

○教師は全体を見渡せる位置に立ち、発表の様子を確認する。そのため、生徒の発表の位置も工夫し、教師に発表内容が見えるように座席を移動させる。

5　クラスでの発表を行う

T：これからさらにたくさんの人の意見を聞いてもらうために、ポスターセッションのように発表をしてもらいます。表現の効果についての意見が、説得力があるかどうか判断をしながら聞いてください。

○グループごとにA〜Dの発表順を決めさせ、Aの人たちから発表を行う。

○聞き手は自分のグループの人以外の発表を聞きに行く。

○発表を聞き、自分の意見との違いを考える。

○教師は全体が見える位置に立ち、生徒の発表内容を確認し、必要なら助言を行う。

6　単元のまとめを行う

○身についた力を振り返り、生活に結びつけられるところを考え、深めていく。

8 自分を見つめる

構成や描写を工夫して書こう
体験を基に随筆を書く

（5時間）

1 単元の目標・評価規準

- 事象や行為，心情を表す語句の量を増すとともに，語句の辞書的な意味と文脈上の意味との関係に注意して話や文章の中で使うことを通して，語感を磨き語彙を豊かにすることができる。〔知識及び技能〕(1)ウ
- 書く内容の中心が明確になるように，段落の役割などを意識して文章の構成や展開を考えることができる。〔思考力・判断力・表現力等〕B(1)イ
- 根拠を明確にしながら，自分の考えが伝わる文章になるように工夫することができる。〔思考力・判断力・表現力等〕B(1)ウ
- 言葉がもつ価値に気付くとともに，進んで読書をし，我が国の言語文化を大切にして，思いや考えを伝え合おうとする。「学びに向かう力，人間性等」

知識・技能	事象や行為，心情を表す語句の量を増すとともに，語句の辞書的な意味と文脈上の意味との関係に注意して話や文章の中で使うことを通して，語感を磨き語彙を豊かにしている。 ((1)ウ)
思考・判断・表現	「書くこと」において，書く内容の中心が明確になるように，段落の役割などを意識して文章の構成や展開を考えている。 (B(1)イ) 「書くこと」において，根拠を明確にしながら，自分の考えが伝わる文章になるように工夫をしている。 (B(1)ウ)
主体的に学習に取り組む態度	自らの学習を調整しながら，書く内容の中心が明確になるように文章の構成や展開を考えようとしている。

2 単元の特色

教材の特徴

　本教材は学習指導要領言語活動例ウに示された随筆を書く活動である。随筆は中学校生活の中で，書くことが多いものである。本教材では，相手と目的を設定して随筆を書かせる。内容についても，感動の内容だけでなく，そこに至る経緯やそのことの価値などを深く掘り下げる随筆を目指す。

身に付けさせたい資質・能力

　本単元では学習指導要領B(1)イ「書く内容の中心が明確になるように，段落の役割などを意識して文章の構成や展開を考える」力と，B(1)ウ「根拠を明確にしながら，自分の考えが伝わる文章になるように工夫する」力の育成を目指す。前単元で学習した表現の工夫や構成の工夫等を生かして，相手と目的に合わせて豊かな表現で随筆を書く力を育成する。また，本単元では学習指導要領の知識及び技能「(1)ウ　事象や行為，心情を表す語句の量を増すとともに，語句の辞書的な意味と文脈上の意味との関係に注意して話や文章の中で使うこと」の指導も合わせて行う。

3　学習指導計画（全5時間）

次	時	○主な学習活動	☆指導上の留意点　◆評価規準
一	1	○本単元の学習について単元計画を知り，学習の見通しをもつ。 ○「随筆」という文種について，前単元「二十歳になった日」の学習から振り返る。 ○相手・目的を意識し，読み手が知りたい内容を深めるために練習問題に取り組む。	☆練習問題に取り組み，他者に興味をもって読んでもらえる随筆について理解させる。
二	2	○材料をマッピングで集める。 ○ペアでマッピングした図を見合い，相手と目的に合わせて材料を取捨選択する。 ○取捨選択をした項目について，内容を深める。	☆相手と目的を復習し，常に意識させることで相手意識，目的意識を定着させる。 ☆マッピングで広げたアイデアを一つに絞り，内容を深めさせる。
	3	○第2時で作成した内容を「読み手が知りたいこと」に並べ替える。 ○並べた結果と理由を四人グループで発表し，意見や感想を伝える。 ○グループでの話し合いをもとに，構成を再構築する	☆前時で自分が深めた内容が，他者にとっても興味をもって読める内容か検討させる。 ☆多角的な見方・考え方ができるようにさせる。 ◆書く内容の中心が明確になるように，文章の構成や展開について考えている。【思・判・表】 ◆話し合いを通して，書く内容の中心が明確になるように構成や展開を考えようとしている。【主】
三	4	○描写について前単元で学んだことを振り返る。 ○モデル文を使って，描写の工夫を考える。 ○他者の書き換えた文章を読み，様々な描写があることを理解する。 ○教科書の文章を使って，初めて知った描写の工夫を挙げる。	☆前単元で描写の工夫として抜き出したことを復習し，描写の工夫について理解させる。 ☆自分が読んだ本から，今まで使ったことのない表現を抜き出し，表現の工夫を見つけさせる。 ◆事象や行為，心情を表す語句の量を増やし，文章の中で使い，語彙を豊かにしている。【知・技】
四	5	○随筆を書く。 ○書き終わったら，各自で推敲を行う。 ○随筆を書く際に，自分がした工夫についてまとめる。	☆自分が学習したことを書くことで省察し，次回に生かさせる。 ◆根拠を明確にしながら，自分の考えが伝わる文章になるように工夫している。【思・判・表】

構成や描写を工夫して書こう　体験を基に随筆を書く

指導の重点
・相手・目的を意識して文章を書き換えさせる。

本時の展開に即した主な評価規準例（Ｂと認められる生徒の姿の例）
＊本時は次時につなげるための時間のため，評価については特になし

生徒に示す本時の目標
相手と目的に合わせて，内容を深める練習をしよう

1　本単元の学習計画を把握する
○単元の流れを把握し，学習内容に見通しをもつ。
Ｔ：小学校でも行事が終わったあとに作文を書くことがありましたね。その作文が他の人から「おもしろい」って言われたら，もっと作文が楽しくなると思いませんか。

> **ポイント　全員が意欲をもって授業に臨む**
> 作文を書くことに苦手意識をもつ生徒に，関心をもって学習に取り組ませることができるように声かけを行う。

2　前単元を振り返り，随筆について理解する
○さくらももこ「二十歳になった日」の学習を振り返り，随筆という文種はどのようなものか理解する。
Ｔ：前の授業で学習した「二十歳になった日」は随筆でした。どのように文章が書かれていましたか。

3　随筆を書く際の「相手」「目的」を確認し，本単元の設定を行う
○随筆は構成や描写に工夫が必要であることを確認し，構成や描写を考える際には「相手」「目的」が重要であることを理解する。

○今回の相手・目的について設定を行う。
　テーマ：行事で成長した自分
　相手：行事に来られなかった祖父母
　目的：自分が成長したことを伝える

4　相手・目的に合わせて内容を考える　WS1
○相手が読みたいと思える随筆になるように項目を取り上げて深める練習を行う。
Ｔ：どのようにしたら，読み手が興味をもつ随筆を書くことができるか考えてみましょう。次の例題がテーマに合うかどうか，また合っているならば適切になるように書き換えてみましょう。
○例題1
　運動会ではお弁当がおいしかったです。大好きなランチョンミートおにぎりが入っていました。
○例題2
　全員リレーで第1走者だった私は，前日からとても緊張していました。バトンを持つ手が震え

準備物：ワークシート

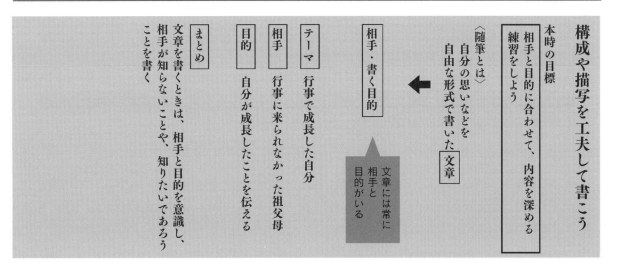

○例題３
　私のクラスは総合でビリでした。
○例題４
　運動会は楽しかった。みんなと協力することは大事だと思いました。
○運動会で自分が成長したことを伝えるための作文なら例題１〜４のどれを選択するか考える。選択後は例題の前後に他者が読みたくなるようなできごとを付け足していく。
○生徒の様子を見て，例題１を学級全体で考えてから，例題２へ進んでもよい。

> **ポイント　事実や体験の羅列だけでなく，そのときの心情や現在の価値を書こう**
> 　随筆を読んでいて，興味をもてるのは体験に対して心情への共感や内容への価値付けがされているからである。例題は体験しかなかったり，心情しか書かれていなかったりし，情報が不足している。読みたいと思える随筆づくりのため，①体験②心情③価値付けの情報を追加したい。

5　例題について書き直したものを紹介する
○生徒が作業しているところを確認し，よい書き直しができている生徒をピックアップする。よい書き直しとは，①体験等の事実が書かれている②そのときの気持ちが表現できている③今，思うこと，価値付け（成長したこと），に結びつけられているものとする。
○生徒作品を電子黒板で投影し，①体験②心情③価値付け（成長したこと）と色分けし確認を行う。

> **発展**
> 　生徒が説明できるならば，生徒に電子黒板で色分けさせながら，発表させてもよい。

構成や描写を工夫して書こう　体験を基に随筆を書く

2/5時間

指導の重点
・随筆の創作に向けて，材料を集め，内容を考えさせる。

本時の展開に即した主な評価規準例（Bと認められる生徒の姿の例）
・本時は次時につなげるための時間のため，評価については特になし

生徒に示す本時の目標
随筆の創作に向けて材料を集め，内容を考えよう

1　材料をマッピングで集める　WS2
○随筆のテーマ，相手，目的について再度確認を行い，方向性がずれないようにする。
○マッピングが未履修であれば，簡単に説明を行い，アイデアが広げられる思考ツールだということを紹介する。
T：行事で成長したことを中心に，思いつく語句をどんどん挙げていこう。語句が思い浮かばなくなったら，友達のものを参考に見せてもらうのもいいです。成長したことをたくさん思いだそう。
○書くことが分からない，マッピングの数が少なくもう表現できない，という生徒には教室内を自由に行き来させ，友達のマッピングを参考にさせる。
○意欲的に取り組ませるために，ゲーム形式にして，挙げられる項目数を競わせてもよい。

2　ペアでマッピングした図を見合い，どの話題を選ぶか決定する
○マッピングした表から，個人で相手・目的に合わせて話題を決定する。
○次にペアの人にマッピングを見てもらうことを伝え，他者（読み手）が聞きたい項目になっているかどうかも考えさせる。

> **ポイント　読み手の目線をペアでの作業で補う**
>
> マッピングした図には自分が伝えたいことも読み手が知りたいと思うことも，様々書かれている。その中で，読み手が知りたいと思うことを生徒二人ペアで検討し，読み手の視線を理解させる。

T：作成したマッピングをペアの人に見てもらいましょう。そして，ペアの人が祖父母になったつもりで読み，もっと知りたいと思う項目を挙げてもらいましょう。また，その理由も聞いてみましょう。
○ペアになって，前後半で同じ作業を行う。読み手側は祖父母の気持ちになって内容を選ぶことを伝える。
○ペアで互いに選択した理由も伝えて，参考にさせる。

準備物：ワークシート

構成や描写を工夫して書こう

本時の目標
随筆の創作に向けて材料を集め、内容を考えよう

目的	自分が成長したことを伝える
相手	行事に来られなかった祖父母
テーマ	行事で成長した自分

(1) 材料を集める＝マッピング
(2) 取捨選択　相手・目的
(3) 内容を深める
　①体験・事実
　②そのときの気持ち
　③成長したこと

3　選択をした項目について、内容を深める

T：ペアの人と選んだ項目について、前時の練習問題のように深めていきましょう。深める観点は①体験②心情③価値付けでした。運動会のことを思い出して観点にそって内容を深めていきましょう。

○第１時で学習した①体験②心情③価値付けの観点にそって内容を深める。

○個人で考えた後、ペアで意見交流を行い、選択した項目について内容を深める。

○作業が進まない生徒は、友達の書いているものを参考にしてもよいことを伝え、積極的に内容を深めさせる。

> **ポイント　自分の随筆の内容を深める**
> 前時の練習問題に合わせて、自分の随筆に書く内容を①体験②心情③価値付けという項目にそって自分がもっている情報を当てはめていく。

4　深めた内容を吟味する

○深めた内容をペアで確認し合う。さきほどマッピングを見合ったペアで、本時の内容が深まっているか確認し合う。

T：マッピングで選択した項目について、内容が正しく深まっているか確認しよう。

○正しく深まっている状態は、テーマ「行事で成長した自分」にそって、①体験②心情③価値付けが書けているかどうかで判断する。

○内容を見て、追加したり削除したりするところを意見交流する。

○伝えられた意見について、再度自ら検討し、変更した方がよい部分は変更をする。

構成や描写を工夫して書こう　体験を基に随筆を書く

3/5時間

指導の重点
・読み手が興味をもって読めるように構成を考えさせる。

本時の展開に即した主な評価規準例（Bと認められる生徒の姿の例）
・書く内容の中心が明確になるように，文章の構成や展開について考えている。【思・判・表】
・話し合いを通して，書く内容の中心が明確になるように構成や展開を考えようとしている。【主】

生徒に示す本時の目標
　読み手が興味をもって読めるように構成を考えよう

1　構成の違いによって，文章が全く異なるものになることを理解する
○第１時の例題を用いて，板書の①体験②気持ち③成長（価値付け）に物事をあてはめる。
○深めた内容が順序によって，伝わり方が異なることを理解する。
○①体験「実行委員になって，クラスでの種目決めのときにもめた」
　②気持ち「みんなが自分勝手なことばっかり言っていて私の大変さなんてみんな分かってくれてないと実行委員になったことを後悔した」
　③成長したこと（価値付け）「運動会が終わった後に，クラスのみんなが『実行委員やってくれてありがとう』とか『私も忘れていた声かけでやる気になった』などと伝えてくれて，大変な中に喜びがあることをはじめて知った」
○例題の①体験②気持ち③成長したことをはじめ・なか・おわりに当てはめていく。最初は①②③の順番，次は②①③の順番にし，どの順番にすれば読み手が興味をもつか考える。
T：例題の①体験②気持ち③成長したことをはじめ・なか・おわりに当てはめていきましょう。最初ははじめに①体験，なかに②，おわりに③を入れてみると読み手はどうですか。
　次に，はじめに②，なかに①，おわりに③を入れるとどうですか？

> **ポイント**
> 　内容が同じでも構成によって，読み手の興味のもち方が異なることを理解する。

2　読み手にとって興味がわくような構成を考える
T：さきほどの例題のように，自分の考えた内容で構成を考えてみましょう。どの順番が最も効果的なのか考えてください。また，その順番にした理由についても考えて発表できるようにしてください。
○自分が考えた内容の構成を考える。
○構成については，便宜的に「はじめ・なか・おわり」とする。
○深めた内容をどの順序にするか，ワークシートの付箋を動かしながら考え，最も興味をわかせ

準備物：ワークシート，大きめの付箋

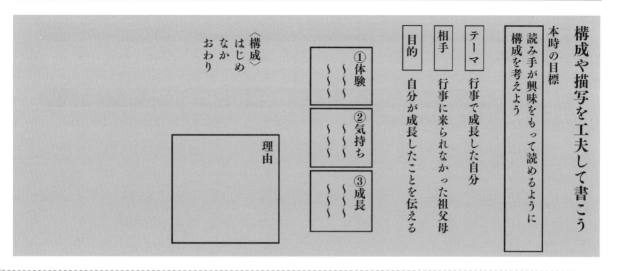

る順番を決める。
○その順番にした理由を発表で説明できるようにする。

WS3

3　決めた構成の順番と理由をグループで検討する

Ｔ：グループの人に自分が考えた構成を点検してもらいましょう。グループの人は読み手である祖父母の気持ちになって点検してください。発表後，一人ずつよい点，改善すべきポイント，質問のどれか一つは必ず発表してもらいますので意識して聞き取りましょう。

○四人グループを組み，発表を行い順序の検討を行う。

○一名ずつ班内で①考えた内容，②構成の順序③理由を発表する。発表が終わり次第，残りの三名が質問や意見（よいところ・改善のための助言）を一つ以上発表する。

○グループのメンバーからの助言をメモする。

4　助言の内容を再検討する

Ｔ：グループで出た意見を取捨選択しましょう。出された意見の中で，読み手と目的にそって考えたときに有効だと思うものを残しましょう。その残した意見をもとに，順序を再構築してみましょう。

○グループでの助言を検討し，取り入れるものと取り入れないものに分類する。

○取り入れる助言を用いて，内容の順序を再構築する。

構成や描写を工夫して書こう　体験を基に随筆を書く

4/5時間

指導の重点
・描写を工夫させる。

本時の展開に即した主な評価規準例（Bと認められる生徒の姿の例）
・事象や行為，心情を表す語句の量を増やし，文章の中で使い，語彙を豊かにしている。【知・技】

生徒に示す本時の目標
描写の工夫の仕方について理解し，様々な描写を使おう

1　前単元から描写の工夫を抜き出す　WS4
○前単元のさくらももこ「二十歳になった日」からおもしろい，素敵だと思った描写を抜き出す。
○前単元で描写に触れていた場合は，既習のプリント等を読み直させ，簡単に発表させる。
○抜き出せない生徒がいる場合はペアで対話しながら抜き出させる。その際，使ったことのない語句を挙げてみるなど，生徒が見つけやすい指示に変えてもよい。
T：さくらももこ「二十歳になった日」からおもしろいなと思った表現や素敵だなと思った表現を見つけて線を引いてみよう。好きな人とペアで進めてもよいです。難しい人は使ったことのない言葉を見つけてみよう。

ポイント　様々な描写に触れさせ，語彙を広げる
読書が好きな中学生は語彙が多く，様々な描写についてもインプットされているが，語彙が少なく，知っている描写も総じて少ない中学生が多い。そのため，さくらももこの随筆を用いて，読み手の興味や関心を高める描写についておさえる。

2　ビフォー文を書き換えてみよう
T：ビフォー文を描写に工夫して伝わるように書き換えてみよう。個人，グループの順に進めていきます。
○説明文のような描写をそぎ落とした文章を用いて，描写を工夫した文章へ変換する。描写の効果について理解させる。

〈ビフォーの文章〉
　五月二日土曜日，私たちの学校では運動会が開催された。運動会では様々なことを経験し，成長できた。第一に，協力することの大切さを学んだ。なぜなら協力することで，私のクラスが優勝できたと思ったからだ。

○個人でビフォーの文章を描写に工夫して書き換えさせる。

ポイント　書き換えさせることで実際に使える描写を定着させる
描写を知っているだけではなく，実際に使いこなしてみてはじめて定着するため，ビフォー文を書き直す作業を取り入れる。一つは

準備物：ワークシート，プリント

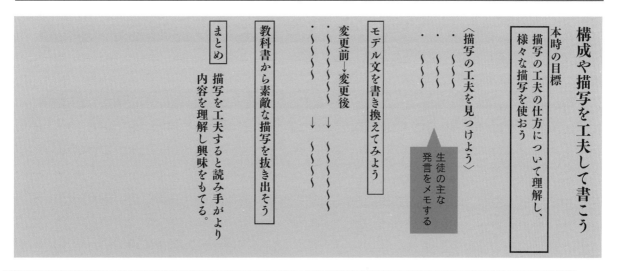

心情や情景がさらに伝わるような表現をさせる。また，グループで検討する時間を設けることで，他者が知っている表現についても取り入れることができ，さらに語彙や描写についての工夫が広がる。

3　書き換えた内容を班の代表が全体で発表する

T：個人で考えたものをグループで共有してみよう。誰の表現が効果的な描写となっていたか吟味してみよう。そして，よいところを取り入れたアフター文を作ってください。

○タブレット等を用いて，描写の工夫を書き込む。内容が変わらなければ，文章をすべて変更してもかまわない。

○電子黒板にアフター文を提示し，書き換えた文を紹介する。

○発表後は教師が効果的な描写を取り上げて，評価する。

○アフター文の例
　「よく晴れているな！」五月の爽やかな風が吹く最初の土曜日，私たちは待ちに待った運動会を行った。晴れ渡る空と春の風が心地よい中，運動会は私にたくさんの宝をもたらしてくれた。特に大きな宝となっているのは，協力の力の偉大さだった。…

4　教科書やその他の文章の描写について調べてみよう

T：教科書や図書室の書籍から，自分が使ったことがない表現や素敵だと思う描写を抜き出してみよう。

○教科書や図書室の書籍から描写の工夫について抜き出し，さらに語彙を広げる。

○抜き出した描写はプリントにまとめ，あとから見返すことができるようにしておく。

構成や描写を工夫して書こう　体験を基に随筆を書く

指導の重点
・相手と目的を明確に構成や描写を工夫して随筆を書かせる。

本時の展開に即した主な評価規準例（Bと認められる生徒の姿の例）
・根拠を明確にしながら，自分の考えが伝わる文章になるように工夫している。【思・判・表】

生徒に示す本時の目標
　相手・目的にそって，構成と描写を工夫して随筆を書こう

1　これまでの学習を振り返り，作文に生かせるようにする
T：本時は，今までの学習を生かして，随筆を書いていきます。これまでに学習したことで，随筆を書くのに生かせることは何でしょうか。
○前単元の「二十歳になった日」を思い起こす生徒も多いと思われるが，中学1年生になって「比喩で広がる言葉の世界」「語彙を豊かに　心情を表す言葉」「さまざまな表現技法」など，多くの単元での学習が生きるように指導を行う。

2　実際に随筆を書く
T：実際に随筆を書いていきます。今回の作文における相手と目的は何か，もう一度確認をします。また，構成については，構成メモを作りました。描写についても前の時間に素敵な表現をまとめました。ぜひ二つ以上描写に工夫を加えて，随筆を完成させてください。書くことが難しくてなかなか進まない人は，声をかけてください。
○作文の条件についてよく説明を行い，相手と目的について再度確認をする。
　相手：行事に来られなかった祖父母
　目的：自分が成長したことを伝える
○前時に確認した構成についても，再度プリントを確認し，どの順序で書くか点検させる。
○時間を計って書かせる。
○教師は教室を巡回しながら，なかなか書けない生徒に書き出しの描写等についてヒントを与えながら支援を行う。

> **ポイント　書き出しのヒントを与える**
> 　どうしても書けない生徒は書き出しでつまずくことが多い。書き出しのヒントを与え，続きは自分で書いてみようと促すと書けるようになる生徒が多い。

3　書き終わった生徒から読み直し（推敲）を行う　⬇ WS5
○書き終わった生徒から読み直しを行う。推敲を行う視点は①誤字脱字②構成がメモと合っているか③描写の工夫が二つ以上あるか④一文が長くないかの4点に絞る。
○祖父母になったつもりで読み，書き手の成長が伝わるかを確認する。

準備物：ワークシート，作文用紙（タブレット等でも可）

構成や描写を工夫して書こう

本時の目標
相手・目的にそって、構成と描写を工夫して随筆を書こう

〈随筆〉
・字数　６００字前後
・構成　構成メモを参照して書く
・描写　行事の様子がよく分かるような描写を二つ以上使用して書く

相手→行事に来られなかった祖父母
目的→自分が成長したことを伝える

まとめ　〜文章を書くときに大事なこと
① 相手と目的の意識
② 構成：項目の順序で効果的に伝わる
③ 描写：使い方でより気持ち等が伝わりやすくなる

発展
　文章を書くのが得意な生徒には，推敲の観点をまとめたプリントを配付し，観点が満たされているかチェックをさせてもよい。

冊のノートやワークシートに記入させておくのもよい。また，学んできたことが一目で分かるような図式化したワークシートが作成できれば，作文を書くごとに技術が蓄積され，読み返すことで自分の力を振り返ることができる。

4　本単元のまとめを行う

〇時間を制限し，途中でも一旦書くのをやめる。終わっていない生徒の随筆は後日提出させる。

Ｔ：ここでこの単元のまとめを行います。一回ワークシートを見てください。今回の学習ではどのような力が身に付いたか振り返ってみよう。また随筆を書くときに，今まで学習したことが生かせたかどうかも振り返りましょう。

〇まとめは文章を書くときに大切なこととし，今回の単元で学習したことを限定して示す。次回以降の作文で既習事項が生かせるように，学習項目を定着させる。

〇まとめは生徒自身の言葉を生かしてまとめる。教師の一方的なまとめ方でなく，生徒から出た語句を大切にしていきたい。

発展　　WS6
　学びの連続性を考慮し，学習した技術を別

8 自分を見つめる

漢字3　漢字の成り立ち　（1時間）

1　単元の目標・評価規準

・小学校学習指導要領の学年別漢字配当表に示されている漢字に加え，その他の常用漢字を読むことができる。また，学年別漢字配当表の漢字を書き，文や文章の中で使うことができる。
〔知識及び技能〕(1)イ

・言葉がもつ価値に気付くとともに，進んで読書をし，我が国の言語文化を大切にして，思いや考えを伝え合おうとする。「学びに向かう力，人間性等」

知識・技能	小学校学習指導要領の学年別漢字配当表に示されている漢字に加え，その他の常用漢字を読むことができる。また，学年別漢字配当表の漢字を書き，文や文章の中で使っている。((1)イ)
主体的に学習に取り組む態度	学習課題に沿って，漢和辞典を用いて漢字を調べようとしている。

2　単元の特色

教材の特徴

　「漢字の成り立ち」は，1学年の漢字学習の最後に位置付けられた教材である。漢字の成り立ちについて理解し，漢字への理解を深めることをねらいとしている。漢字の「作り方」を知ることは，漢字を読んだり書いたりするうえでの一つのヒントとなる。特に，会意や形声の知識があると，未習の漢字についても意味や読み方を推測することも可能となる。中学校で学習する漢字は読むことができるようになるのが目標である。そのためにも，成り立ちに関する知識を学習することは実生活で漢字を使っていくためにも必要な知識である。さらには文字文化に触れる機会にすることもできる教材である。

身に付けさせたい資質・能力

　この教材では，漢字の成り立ちについて理解を促し，漢字の知識の一つとして身に付けさせたい。そこで，創作漢字クイズに取り組み，漢字の成り立ちについて生徒自身に考えさせる。その中で，漢字の成り立ちから意味や読みを推測する力も育てていく。また，これまでの漢字学習を振り返り，組み立てや音訓の知識を関連させながら，クラスの思い出漢字ブックを作る。

そのなかで漢和辞典を用いて成り立ちを調べながら，我が国の言語文化を大切にしようとする態度を養う。

3　学習指導計画（全1時間）

時	○主な学習活動	☆指導上の留意点　◆評価規準
1	○創作漢字クイズに取り組む ○漢字の成り立ちについて知る。 ○タブレット等を使用して，クラスの思い出漢字ブックを作成する。	☆ゲームを使った活動を取り入れ，学習に興味をもたせる。 ◆漢字の成り立ちについて理解し，漢和辞典を使って調べている。【知・技】 ◆学習課題に沿って，漢和辞典を用いて漢字を調べようとしている。【主】

漢字3　漢字の成り立ち

指導の重点
・漢字の成り立ちについて理解し，漢和辞典を使って調べさせる。
・学習課題に沿って，漢和辞典を用いて漢字を調べさせる。

本時の展開に即した主な評価規準例（Bと認められる生徒の姿の例）
・漢字の成り立ちについて理解し，漢和辞典を使って調べている。【知・技】
・学習課題に沿って，漢和辞典を用いて漢字を調べようとしている。【主】

生徒に示す本時の目標
　漢字の成り立ちを調べ，意味や読み方について考えよう

1　漢字クイズで学習へ導入する
T：皆さんはこんな漢字を見たことがありますか。これは創作漢字です。音読みと意味とはそれぞれ何になるでしょう。

出典：産経新聞社主催　創作漢字コンテスト　第3回受賞作品

○プロジェクターに映し出すか黒板に掲示して創作漢字を生徒に見せる。相談させたのち，答えが分かった生徒に答えてもらう。
T：正解です。音読みは「イ」，意味は「獣医」だそうです。この漢字の成り立ちを皆さんはどう考えますか。
○生徒に成り立ちについての考えを聞く。
T：漢字には今のお話のように，それぞれ成り立ちがあります。今日は，その成り立ちについて知り，皆さんの身近な漢字の成り立ちを調べてみましょう。

2　漢字の成り立ちを知る
○象形・指事・会意・形声について教科書を読みながら板書して説明する。
○国字・六書などにも簡単に触れる。

3　練習問題に取り組む
○漢和辞典を使って，練習問題に取り組む。
○漢字の成り立ちについて，漢和辞典で調べる際は，「解字」欄を参照する。（漢和辞典によって違う可能性があるため，辞典の利用法を参照する。）
○全体で答えを確認する。

4　「クラスの思い出漢字ブック」を作る
T：一年間の漢字学習のまとめとして，「クラスの思い出漢字ブック」を作ります。そこで，今日学習した漢字の成り立ちについても調べ，載せてみましょう。
○事前アンケートの結果を提示して，一人に一つ漢字を割り振る。
○あらかじめ準備したテンプレートをタブレット上で配布する。生徒はタブレット等を使って，テンプレートに以下の情報を入力する。

①割り振られた漢字
②音読み・訓読み
③組み立てと部首

準備物：クラスの思い出漢字ブックテンプレート，ワークシート，プロジェクター，事前にアンケートを取ったクラスの思い出が表れた漢字を人数分，漢和辞典

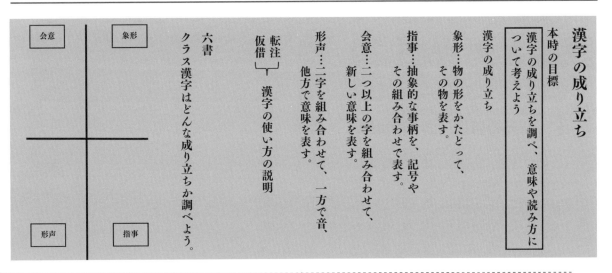

④漢字の成り立ち
⑤漢字を使った熟語・例文
⑥漢字にまつわるクラスのエピソード

> **ポイント　漢字学習や一年間の振り返りを設定する**
> 　一年間で学習してきた漢字の組み立てや部首，音と訓についても触れ，漢字学習の振り返りをする。また，自分の生活に漢字がどのように根差していたかを振り返り，言語と生活のつながりを意識させる。

○作成時間を確保し，タブレット等を使って進捗状況を観察する。
○適宜，漢和辞典や国語辞典，教科書の常用漢字表を参照するように伝える。

5　作成したページを共有し，漢字の成り立ちについて共有する

○班を作り，「クラスの思い出漢字ブック」に入力した，漢字の成り立ちについて報告する。また，作成時に悩んでいることや分からないことについては班員に相談する。
○成り立ちについては全体で共有する。

6　振り返りをし，家庭学習について伝える

○タブレット上で配布したテンプレートについては，提出を行う。授業の振り返りをノートに記入する。

8　自分を見つめる

一年間の学びを振り返ろう
要点を資料にまとめ，発表する　　　　　　　　　　　　　　（4時間）

1　単元の目標・評価規準

・比較や分類，関係付けなどの情報の整理の仕方，引用の仕方や出典の示し方について理解を深め，それらを使うことができる。　　　　　　　　　　　　〔知識及び技能〕(2)イ
・相手の反応を踏まえながら，自分の考えが分かりやすく伝わるように表現を工夫することができる。　　　　　　　　　　　　　　　　　　　　〔思考力，判断力，表現力等〕A(1)ウ
・目的や意図に応じて題材を決め，集めた材料を整理し，伝えたいことを明確にすることができる。　　　　　　　　　　　　　　　　　　　　〔思考力，判断力，表現力等〕B(1)ア
・言葉がもつ価値に気付くとともに，進んで読書をし，我が国の言語文化を大切にして，思いや考えを伝え合おうとする。　　　　　　　　　　　　　「学びに向かう力，人間性等」

知識・技能	比較や分類，関係付けなどの情報の整理の仕方，引用の仕方や出典の示し方について理解を深め，それらを使っている。　　　　　　　　　　　　　　((2)イ)
思考・判断・表現	「話すこと・聞くこと」において，相手の反応を踏まえながら，自分の考えが分かりやすく伝わるように表現を工夫している。　　　　　　　　　　(A(1)ウ) 「書くこと」において，目的や意図に応じて題材を決め，集めた材料を整理し，伝えたいことを明確にしている。　　　　　　　　　　　　　　　(B(1)ア)
主体的に学習に取り組む態度	主体的に観点を決めて集めた材料を積極的に整理し，今までの学習を生かして要点を資料にまとめたり話し方を工夫したりして，教え合おうとしている。

2　単元の特色

教材の特徴

　本単元では，一年間の国語学習を振り返り，他者に伝える学習活動を行う。
　まず，観点を探す活動では，「学びのカギ」等の教科書掲載の資料が学習に役立つことを再確認できる。次に，自己の興味・関心に即して観点を決めて振り返ることで，生徒は学んだときには気付かなかった意味や価値を主体的に見出すことができる。そして，その意味や価値を他者に伝えるために整理したり再構築したりすることで，学びを一層深くすることができる。さらに，これらの学習活動が，「学習の個性化」に資することになる。
　個別の課題に取り組む中でも，他者の発表を聞き合うことで，一年間の学びの全体を振り返り，2年生の学習への興味・関心や意欲を高める。

身に付けさせたい資質・能力

　本単元では，学習指導要領A(1)ウ「相手の反応を踏まえながら，自分の考えが分かりやすく伝わるように表現を工夫すること」及び，B(1)ア「目的や意図に応じて，日常生活の中から題材を決め，集めた材料を整理し，伝えたいことを明確にすること」に重点を置く。この資質・能力を身に付けさせるために「一年間の学びから国語の"つぼ"を教え合おう」という言語活動を設定する。一年間のノートや教科書の資料等から興味や関心をもったことを「国語の"つぼ"」として価値づける。そして，その価値が明確になるような材料を集めて整理する。教え合うという目的に即したスライドの表現や，相手を意識した話し方を工夫するように指導する。

　また，この活動を行う際は，〔知識及び技能〕(2)イ「比較や分類，関係付けなどの情報の整理の仕方，引用の仕方や出典の示し方について理解を深め，それらを使うこと」と関連付けて，比較，分類や関係付けを意識しながら材料を集めるように指導する。

3　学習指導計画（全4時間）

次	時	○主な学習活動	☆指導上の留意点　◆評価規準
一	1	○本単元の学習課題を知り，教材を通読して学習の見通しをもつ。 ○一年間の学習を思い出し，観点の候補を挙げる。 ○グループで助言をし合って，各自が振り返る観点を決める。	☆グループで教え合うという目的に即して，観点が重ならないように調整したり，観点を決めかねている生徒に助言をさせたりする。 ◆グループ活動を通して，主体的に振り返りの観点を決めようとしている。【主】
	2	○教科書やノート等を読み返し，観点に即して情報を集めて整理する。 ○発表する内容を決め，あらましを隣の席の生徒に説明する。	☆「情報整理のレッスン　比較・分類」を振り返らせて，比較，分類の方法を確認させる。 ◆比較や分類，関係付けなどの情報の整理の仕方について理解を深め，それらを使って発表する内容を決めている。【知・技】
二	3	○話す内容が効果的に伝わるように構成を考える。 ○スライドやフリップに要点をまとめる。	☆「言の葉ポケット」や既習の「情報を整理して説明しよう」を参考に，構成を考えさせる。 ◆目的や意図に応じて集めた材料を整理し，伝えたいことを明確にしている。【思・判・表】 ☆既習の「話の構成を工夫しよう」を参考に，相手の反応を想定した話し方の工夫を考えさせる。 ◆相手の反応を踏まえながら，自分の考えが分かりやすく伝わるように表現を工夫している。【思・判・表】
	4	○グループの中で発表をし（各3分），質疑応答を行う（各2分）。 ○発表の内容や話し方について，振り返る。	◆今までの学習を生かして要点を資料にまとめたり話し方を工夫したりして，教え合おうとしている。【主】

一年間の学びを振り返ろう　要点を資料にまとめ，発表する

指導の重点
・学習課題を理解し，学習の見通しを立てて振り返りの観点を決めさせる。

本時の展開に即した主な評価規準例（Bと認められる生徒の姿の例）
・グループ活動を通して，主体的に振り返りの観点を決めようとしている。【主】

生徒に示す本時の目標
　学習課題を理解し，学習の見通しを立てて振り返りの観点を決めよう

1　本単元の学習課題を把握する
T：今日は一年間の学習を振り返りましょう。教科書の目次を見て思い出しながら，印象に残っていることや，興味を引かれたことをノートに書いてみましょう。
○何人かに発言させる。

> **ポイント**
> 　比喩や情景描写といった学習用語を挙げる生徒もいれば，教材の題名や登場人物を挙げる生徒もいるだろう。題名や人物を挙げた場合には，どうして印象に残ったのか，例えば「描写がうまかったから」などに導いて，学習課題につながるようにして，板書する。

T：印象に残るということは，ここが大事だな，という，自分なりの「国語の"つぼ"」だとも言えるでしょう。
　この単元では，この一年の学びで自分が「国語の"つぼ"」だと思ったことをグループで教え合う活動をしましょう。

2　教科書を読んで学習の流れを知る
○教科書 p.234を読んで学習の流れをつかませる。さらに，p.237を読んで，発表の様子をイメージさせる。

3　本時の目標を確認し，振り返る観点を挙げる
○今日の学習は教科書 p.236の「振り返る観点を決める」であることを示し，「観点を探す」「観点の例」（考え方）を説明する。
T：では，自分が他の人に教えたい振り返りの観点を決めましょう。後で，グループ内で調整をするので，三つ程度の候補をワークシートに書き出してください。　　　　　　　　　⬇ WS
T：先ほど書いた興味を引かれたことをもとにして，「学びのカギ」や「学習のための用語一覧」で当てはまりそうなものを観点にするとよいでしょう。
○観点が決められない生徒に個別の助言をする。

4　グループで話し合い，自分が振り返る観点を決める
○クラスの実態に即した四〜五人程度のグループで，自分が考えた振り返りの観点を発表させる。観点が重なれば調整をさせる。
○観点が見つけられない生徒には，グループ内で

準備物：ワークシート

一年間の学びを振り返ろう　要点を資料にまとめ、発表する

本時の目標
学習課題を理解し、学習の見通しを立てて振り返りの観点を決める

① これまでの国語学習で印象に残っていることや興味を引かれたことを挙げよう。
〈生徒の発言メモ〉
・〜〜〜
・〜〜〜
・〜〜〜

② 振り返る観点を決めよう。
※教科書の「観点の例」を参考にした書き方にすること。

観点を決めるための参考資料
① 自分のノート
② 教科書の目次
③ 学びのカギ
④ 学習のための用語一覧
⑤ 語彙ブック

相互に助言をさせる。

5　振り返りの観点を「国語の"つぼ"」として紹介する計画を立てる

T：最後に、どのような形で自分の「国語の"つぼ"」を紹介するか、考えましょう。
○教科書 p.235の学びのサイクルを見て、振り返りのステップを確認する。
T：自分が身に付けたことは、他の場面でどのように使われているか、使えるのかを考えることが、身に付けたことを「国語の"つぼ"」として価値づけることになります。そこで、教科書全体や日常生活から例を探す計画を立てましょう。

> **ポイント**
> 教科書の「観点の例」の書き方にならって、「○○から△△を抜き出して整理する」などの計画を明確にワークシートに記述させる。

○自分が主としてその「国語の"つぼ"」を学習した教材以外から集めてくる方法や、日常生活の中から簡単な例や場面を探す方法、話すことや書くことなら、表現の例を考えたり調べたりすることなどを示す。

○紹介の計画が立てられない生徒に個別の助言をする。

> **発展**
> グループ内で助言をさせてもよい。

6　次時の見通しをもつ

T：書いたり話したりするときにまず行うのは、題材を決めることですが、今日皆さんはそれができました。次の時間は、今日決めた「国語の"つぼ"」を紹介する計画に基づいて、実際に教科書や日常生活から例を集めて整理をしましょう。

一年間の学びを振り返ろう　要点を資料にまとめ，発表する

指導の重点
・自分が決めた「振り返る観点」を説明するために，情報を集め，集めた材料を比較，分類して整理させる。

本時の展開に即した主な評価規準例（Bと認められる生徒の姿の例）
・比較や分類，関係付けなどの情報の整理の仕方について理解を深め，それらを使って発表する内容を決めている。【知・技】

生徒に示す本時の目標
自分が決めた観点の例に即して情報を集めて整理し，発表する内容を決めよう

1　本時の目標と学習課題を確認する
T：今日は，前の時間に決めた観点を「国語の"つぼ"」にするために必要な情報を集めて整理します。
○教科書 p.236の「情報を集めて整理する」の箇所を読む。
T：教科書にあるような情報カードをタブレットで作成して送ってあります。これを使って情報を集めてカードに書き出していきましょう。
○「カードの例」に注目させる。
○実際に書くカードを提示し，書き方を説明する。

> **ポイント　カードの書き方**
> カードは二種類を用意する（板書を参照）。
> 学習した教科書教材から例を集める場合は，教科書の例示どおりに，上段には「語句や文を書き出す」，「教材名やページを書く」（出典の明示）。下段には「自分なりの説明」を書く。
> 例えば，書くことや話すことでの構成の工夫を「国語の"つぼ"」として説明する場合には，「書き出しの工夫」などの情報を上段に書いて，下段には例を考えて書く。教科書以外から調べて例を挙げたなら，その出典を明記する。
> カードの枚数は，生徒個々の到達度によって差が出る。二枚以上あればよいことにするが，分類したり比較したりするためにはある程度多い方がよいことを説明する。

2　情報を比較・分類したり，順序を決めたりする
T：グループの人に集めた情報を分かりやすく伝えるには，情報を整理することが大事です。
「情報整理のレッスン　比較・分類」で学習したことを思い出して，カードを動かして，いくつかのグループに分類したり，共通点や相違点を見つけたり，順序を考えたりしましょう。
○既習の「情報整理のレッスン　比較・分類」を参照して，カードを並べ替えながら，分類・比較，順序や流れの整理をさせる。

3　どのように分類・整理をしたのかを説明する
T：みなさんは，どのような基準で分類や比較や順序立てをしましたか。それを隣の席の人に簡

準備物：黒板掲示用資料

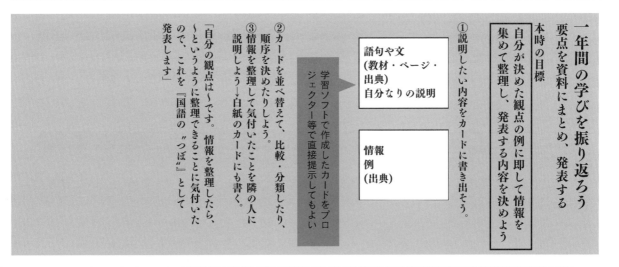

単に説明してみましょう。
○「自分の観点は〜です。情報を整理したら、〜というように整理できることに気付いたので、これを『国語の"つぼ"』として発表します」というように、簡単に説明させる。言い方の基本はあらかじめ板書しておく。
○生徒の状況によっては教師が説明し、気付きが自覚できていない生徒には、教師が示唆を与える。

> **発展**
> 生徒の状況によっては、「あなたが説明したいのは○○という気付きですね」というような感想をお互いに述べさせることで、思考を深めることができる。

4　3で説明したことを踏まえて、発表の内容を決める

T：みなさんが今、隣の人に説明した「気付き」こそが、人に教える価値のある「国語の"つぼ"」と言えます。説明はうまくできましたか。もっとこう言えばよかったという反省点も踏まえて、白紙のカードに気付きを書いておきましょう。

○本時で作成したカードを使えば発表の構成を検討することができる。

5　本時のまとめと次時への見通し

T：今日は、自分の「国語の"つぼ"」を説明するための材料を集めて分類や整理をしました。この学習活動は1年生の前半に行いましたが、そのことの復習もできましたね。
　次の時間は、集めた情報と、自分なりに整理したことや整理して気付いたことを中心にして、発表用のスライドやメモを作りましょう。

一年間の学びを振り返ろう　要点を資料にまとめ，発表する

指導の重点
・自分の「国語の"つぼ"」が明確に伝わるように材料を整理して，スライドを作成させる。
・教え合うという目的に即して，自分の考えが分かりやすく伝わるように，相手の反応を意識した話し方を工夫させる。

本時の展開に即した主な評価規準例（Bと認められる生徒の姿の例）
・目的や意図に応じて集めた材料を整理し，伝えたいことを明確にしている。【思・判・表】
・相手の反応を踏まえながら，自分の考えが分かりやすく伝わるように表現を工夫している。【思・判・表】

生徒に示す本時の目標
　自分の考えが相手に明確に伝わるように，材料を整理してスライドを作ろう
　相手の反応を意識して，分かりやすい話し方を考えよう

1　本時の学習課題を把握する
T：この単元の目標は『国語の"つぼ"』を教え合うということでしたね。分かりやすく教えるためにはどのようなことに注意すればいいでしょうか。
○生徒の発言を整理しながら「最初に興味をわかせるようなことを言う」「途中で聞き手の反応をみる」「あまり盛りだくさんにしない」「少しずつ段階を踏んで説明する」「説明する順番をよく検討する」などを引き出させる。

2　教科書を読んで発表用のスライドの作り方を知る
○教科書 p.236「発表用資料を作る」を読ませる。
○ここでは前時に作ったカードから要点を残すことを基本とする。どうすれば伝わりやすいかを例を示しながら考えさせる。

ポイント
　教師がスライドの悪い例やよい例を作成して見せる。
・長い文をそのまま提示する→伝わりにくい悪い例。
・単語だけ出す→例どうしの関連がよく分からない悪い例。
・分類・比較の基準とともに簡潔に書く→言いたいことが伝わりやすいよい例。

○教科書の例のように図や写真を入れるほうがイメージしやすい場合は加える。

3　スライドを整理して，構成を整える
○教科書 p.237の発表の例を読み，「初め」「中」「終わり」の構成を確認し，それを基にしてスライドの順序と全体の構成を考えさせる。
○初めは「自分の『国語の"つぼ"』の紹介」，中は「集めた情報や例の紹介」，終わりは「振り返りをして気付いたことや，これからに生かすこと」という構成を捉えさせ，基本的にはこれにならうようにさせる。

準備物：1時で使ったワークシート

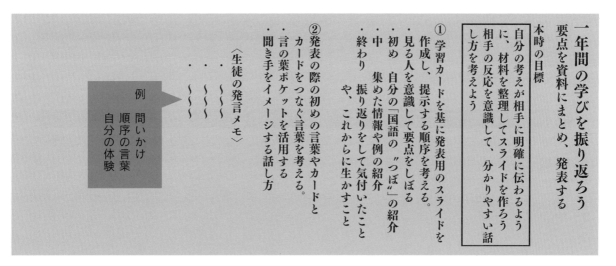

4 自分の考えが相手に伝わりやすくするために話す言葉を考え，発表メモを作る

T：発表するときには，話の初めやスライドとスライドの間に言葉を入れていきます。どのような言葉を入れればよいでしょうか。p.237の発表の例を読んだり，これまでの発表の学習の中で分かっていたりすることはありますか。

○問いかけを入れる，皆が共感する体験を入れる，順序を表す言葉を入れる，等。

T：p.236の言の葉ポケットの言葉を読んでみましょう。このような言葉は，筋道を立てて相手に自分の考えを伝えるのに有効です。

○ワークシートを使って発表メモを作る。

ポイント

導入として話すこと。
スライドとスライドのつなぎに話すこと。
終わりに話すこと。
これらを計画し，メモとしてワークシートに記入させる。

5 教え合うという目標に即した話し方のポイントをワークシートに書き込む

T：教科書 p.237の発表例では，話し方の工夫には，「明るく呼びかける」とか「聞き手に投げかけて相手の反応を見る」といったこともありますね。これも，発表メモに書き込みましょう。教え合うという目標を想像して考えてみましょう。

6 次時の見通しをもつ

T：今日は相手に分かりやすく伝えるための工夫を考えました。次回はグループの中で「国語の"つぼ"」を教え合う時間になります。メモを見ながらの発表ですが，家で少し時間をとって練習をしてきましょう。

一年間の学びを振り返ろう　要点を資料にまとめ，発表する

指導の重点
・今までの学習を生かして要点を資料にまとめたり話し方を工夫したりして，自分の考える「国語の"つぼ"」を教え合わせる。

本時の展開に即した主な評価規準例（Bと認められる生徒の姿の例）
・今までの学習を生かして要点を資料にまとめたり話し方を工夫したりして，教え合おうとしている。【主】

生徒に示す本時の目標
聞き手の反応を意識して，聞き手に分かりやすいように「国語の"つぼ"」を教え合おう

1　本時の学習課題を把握し，流れを知る
T：今日は，いよいよ「国語の"つぼ"」を教え合います。前の時間に，聞き手を意識して，自分が集めた情報や考えたことをできるだけ分かりやすく教えるために工夫したことを実際にやってみます。
○板書を見て，学習の流れを説明する。最初に5分間，各自で練習をする。その後グループになって，声の大きさの確認をする。一人につき5分間，発表と質疑応答の時間をとる。

2　発表メモを見て，各自で発表のリハーサルをする
T：みなさんは家でも発表の練習をしてきたと思いますが，ここで最後の調整となるリハーサルをしましょう。相手の反応を見るポイントや，スライドを見せるタイミング，間をとるところを意識して練習しましょう。
○各自，自席で練習をさせる。

3　グループをつくり，適切な声の大きさを確認する
T：今日はすべてのグループが一度に発表するので，グループ内のみんなに聞こえるちょうどよい声の大きさを確認しておきましょう。隣のグループのじゃまにならないように，大きすぎないことも大事です。
○順番に「初めの一文」だけを言い，声の大きさを調整する。

4　グループ内で，「国語の"つぼ"」を教え合う

ポイント
○発表の前に，板書を示して，質問や感想の例について説明をしておく。
質問の例
・〜とはつまり○○ということですか
・〜についてくわしく教えてください
・〜という説明はなるほどよく分かりました
・〜という例もあると思いますがどうですか

T：それでは，発表を始めます。5分間のうちに，発表と質疑応答をしてください。質問がない場合でも，発表の内容について思ったことを伝えるようにしましょう。よい質問や感想を出せる

準備物：振り返りのアンケート（プリントまたはタブレット等で）

一年間の学びを振り返ろう
要点を資料にまとめ、発表する

本時の目標
聞き手の反応を意識して、聞き手に分かりやすいように「国語の"つぼ"」を教え合おう

① リハーサル5分間
・相手の反応を見るポイント
・スライドを見せるタイミング
・間のとり方

② 適切な声の大きさを確認する

③ グループ内で自分の考える「国語の"つぼ"」を教える（約3分）

④ 発表ごとに質問や感想を言う（約2分）
・～とはつまり○○ということですか
・～についてくわしく教えてください
・～という説明は、なるほどよく分かりました
・～という例もあると思いますがどうですか

⑤ 次につながる振り返りをする

グループは、よい教え合いができているということです。
〇 発表や質疑応答はタブレット等で録画をし、提出させる。
〇 教師が時間を測り、交代の合図をする。
〇 生徒の状況に応じては、質問者をあらかじめ決めて質問を活発にさせる。

5 単元を振り返る

T：この単元では、一年間の学習を振り返って「国語の"つぼ"」として情報を集め、整理して教え合いました。情報の整理の仕方や実際の発表の工夫、話し方の工夫はどうでしたか。来年につながるように記録しておきましょう。

> **ポイント　振り返りのポイント**
> ・どのような方法で集めた情報を整理したか。
> ・伝えたいことを明確にするために、どのような点を工夫したか。
> ・相手の反応を踏まえて話すときに、どのような点に気を付けたか。
> ・一年間の学習を振り返って気付いたことや、他の人の発表を聞いて分かったことで、2年生の学習でも生かしたいことを挙げよう。

6 まとめ

T：この単元では、この一年間の国語学習の中で、興味をもったことや大事だと思ったことを「国語の"つぼ"」という形で教え合いました。整理することで今まで気付いていなかった発見もあったことでしょう。また、お互いの発表を聞くことで、自分では意識していなかった「"つぼ"」も知ることができたと思います。教科書p.235の「学びのサイクル」にあるように、皆さんの行ったことは「振り返って、価値づけて、次につなげる」ことです。これからも折にふれて振り返ることをしてみてください。

8 自分を見つめる

ぼくが ここに （2時間）

1 単元の目標・評価規準

・比喩，反復，倒置，体言止めなどの表現の技法を理解し使うことができる。
〔知識及び技能〕(1)オ
・文章を読んで理解したことに基づいて，自分の考えを確かなものにすることができる。
〔思考力，判断力，表現力等〕C(1)オ
・言葉がもつ価値に気付くとともに，進んで読書をし，我が国の言語文化を大切にして，思いや考えを伝え合おうとする。　　　　「学びに向かう力，人間性等」

知識・技能	比喩，反復，倒置，体言止めなどの表現の技法を理解し使っている。　((1)オ)
思考・判断・表現	「読むこと」において，文章を読んで理解したことに基づいて，自分の考えを確かなものにしている。　(C(1)オ)
主体的に学習に取り組む態度	進んで表現の技法の効果を捉え，これまでの学習を生かして考えたことを伝えようとしている。

2 単元の特色

教材の特徴

　本単元の教材は，第1学年の終盤に位置付けられている詩である。今まで学習してきた表現技法を知識として捉えるだけでなく，表現の工夫によって生まれる作品世界の深みを実感させ，表現技法への理解を深めさせたい。

　この詩は「存在」することの確かさや尊さを題材にしている。この作品の魅力は，詩を読んだあとに自分の存在の確かさをそのために静かに感じることができるところにある。それこそが作者の思いと重なる余韻であり，倒置法や抽象的な語句が効果的に使われている。またその一方で，副助詞が「存在」の確かさを簡潔に際立たせている。

　大きさや小ささではない「存在」そのものの確かさに自ら気付き，抽象的な語句や余韻に重ねて自分の言葉で表現させることで，この作品が心の支えになる存在になることを目指したい。

身に付けさせたい資質・能力

　表現の工夫を捉え，作品の内容や世界観を理解し，自分の考えを確かなものにする。

また，倒置法によって生まれる余韻をあえて言語化することで，自分の考えを確かなものにし，さらに，交流を通して互いの思いを伝え合い，詩の世界を広げ深める。

3　学習指導計画（全2時間）

次	時	○主な学習活動	☆指導上の留意点　◆評価規準
一	1	○詩を音読し，既習事項をおさらいする。 ○各連の内容を確認する。 ・第二連の最後の行「しか　ここに　いることはできない」について，副助詞「しか～ない」の意味を理解する。 ・第三連には倒置法が使われていることに気付き，正規の順序ではどのようになるのか確かめる。 ・第四連の一行目「その『いること』こそが」について，副助詞「こそ」の意味を理解する。また，最後の行が「すばらしいこと　として」で終わっていることに注目する。 ○第四連が第三連からの続きであると気付き，どのような倒置法になっているのか理解する。 ○表現技法を意識して，作品全体を音読する。	☆どのような表現技法を習い，どのような表現技法が使われているか，書き出させる。 ☆副助詞「しか～ない」が限定の意味を端的に表すことを理解させる。 ☆ここでは，倒置法を使わない場合と比較させ，印象が変わることを確認させる。 ☆副助詞「こそ」が強めの意味を表すことを理解させる。 ☆第四連全体が第三連の続きであり，どのような順序による倒置法か理解させる。 ◆表現技法の効果を理解し，作品の理解につなげている。【知・技】
二	2	○前時の振り返りと本時の学習内容の確認を行う。 ○第三連・第四連にまたがる倒置法について，どのような効果があるのか考える。 ・第四連の終わりに注目し，どのような余韻が残るのか考える。 ○第三連の「こんなに　だいじに　まもられているのだ」に注目し，「こんなに」に込められた思いがどのくらいか，具体的に考えて自分の言葉でまとめる。 ・個人で考えてから四人組になって伝え合い，学級で意見交換する。	☆倒置法がもたらす効果について，個人で考えさせてから四人組になって話し合わせる。 ◆表現技法の効果を理解し，作品の理解につなげている。【知・技】 ☆あらゆるものがありのままに存在していることのすばらしさを最大限に賛辞していることに気付かせる。 ◆この詩を読んで考えたことを，自分の言葉でまとめている。【思・判・表】 ◆この詩を読んで考えたことを，自分の言葉で伝えようとしている。【主】

$\frac{1}{2}$時間　ぼくが　ここに

指導の重点
・比喩，反復，倒置，体言止めなどの表現の技法の働きを理解させる。

本時の展開に即した主な評価規準例（Bと認められる生徒の姿の例）
・表現技法の効果を理解し，作品の理解につなげている。【知・技】

生徒に示す本時の目標
語句や表現技法をもとにして，作品を深く理解しよう

1　詩を音読し，気になる表現を見つける
T：「ぼくが　ここに」を音読し，表現技法や気になる言い回しを探しましょう。　⬇ WS1
○詩を各自音読する。
○詩に使われている表現技法や表現として気になる語句に線を引く。
○詩では段落と言わずに連ということや，倒置法が二か所使われていることに自ら気付けるよう，これまでに習った教材をもとにヒントを出す。

2　連ごとに内容を確認する
T：第二連の最後の一行「しか　ここに　いることは　できない」に注目しましょう。「しか」がある場合とない場合ではどのように違うか考えましょう。
○第二連だけを音読する。
○「しか」を外した場合とある場合を何度か繰り返して声に出させ，違いを体感させる。
○「…しか〜ない」で，限定の意味がより明確になることを理解させる。
T：第三連の最後の一行に注目しましょう。「いるときにも」で終わっています。文としては不自然です。では，「どんなものが　どんなところに　いるときにも」がどこに入るか考えましょう。
○第三連の五行を，文として普通の表現に直す。
○普通の一文に収めるよりも，倒置法を用いることで，「どんなものが　どんなところに　いるときにも」が，読者に強く印象に残る効果があることを確認する。
T：第四連の最初の一行「その　『いること』こそが」に注目しましょう。「こそ」がある場合とない場合ではどのように違うか考えましょう。
○第四連だけを音読する。
○「こそ」を外した場合とある場合を何度か繰り返して声に出させ，違いを体感させる。

> **ポイント　副助詞「こそ」の意味**
> 「こそ」があることで，意味が強められる効果があり，「いること」という存在自体の確かさをさりげなく，だが確実に表していることを理解させる。

T：第四連の最後の一文に注目しましょう。「すばらしいこと　として」で終わっています。先ほど，学んで確認した…そう，倒置法ですね。

準備物：ワークシート

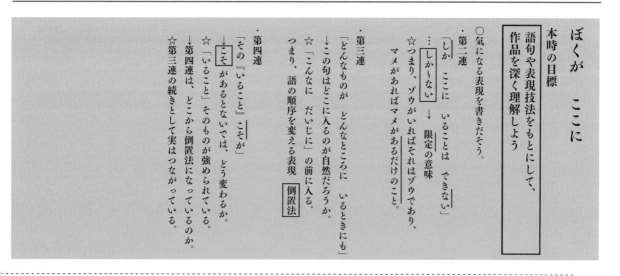

ぼくが　ここに

本時の目標
語句や表現技法をもとにして、作品を深く理解しよう

○気になる表現を書きだそう。

・第二連
「しか　ここに　いることは　できない」
…　しか〜ない　→　限定の意味
☆つまり、ゾウがいればそれはゾウであり、マメがあればマメがあるだけのこと。

・第三連
「どんなものが　どんなところに　いるときにも」
→この句はどこに入るのが自然だろうか。
☆「こんなに　だいじに」の前に入る。
つまり、語の順序を変える表現 　倒置法

・第四連
「その『いること』こそが」
↓
「こそ」があるとないでは、どう変わるか。
☆「いること」そのものが強められている。
→第四連は、どこから倒置法になっているのか。
☆第三連の続きとして実はつながっている。

では、どこに入るか考えましょう。
○「すばらしいこと　として」を含む内容が、どこから始まっているのか、考えさせる。

ポイント　第三連とのつながり
生徒は、第四連の三行の中で順番を正すことから始めるだろうが、すぐに行き詰まる。そのタイミングを授業者は見計らって、実は、第三連からつながっていることを学級全体で確認し、改めて第三連のどこからひっくり返って倒置法になっているのか、考えさせる。効果については次時で取り上げる。

3　詩の内容が、表現の工夫によって、効果的に表現されていることを確認し、音読して終わる

T：今日の授業では、詩の内容が表現の工夫によって、豊かになることを学びました。最後に表現の工夫に着目して、この作品を音読して終わりましょう。
○言葉や語句について、意味を大切にしながら音読できるよう促す。

2/2時間 ②　ぼくが　ここに

指導の重点
・比喩，反復，倒置，体言止めなどの表現技法に着目し作品の理解を深めさせる。

本時の展開に即した主な評価規準例（Bと認められる生徒の姿の例）
・表現技法の効果を理解し，作品の理解につなげている。【知・技】
・この詩を読んで考えたことを，自分の言葉でまとめている。【思・判・表】
・この詩を読んで考えたことを，自分の言葉で伝えようとしている。【主】

生徒に示す本時の目標
　倒置法をふまえて，作品を読んで考えたことを自分の言葉で表そう

1　前時の内容を振り返る
T：この前，学習したことを確認しましょう。
○前時の最後では，第四連の最後に注目し，倒置法であることを確認して授業を終えたことを思い出させる。
○倒置法がどのような表現技法であるか確認する。

2　第三連と第四連にわたる倒置法を読み解く
T：第四連の最後が，「すばらしいこと　として」で，この作品は終わっています。この「として」で終わることから，倒置法が使われていることが分かります。
　　では，どのような印象をもちますか。
○余韻が残るという効果が生じることを共有する。
○倒置法の効果は余韻と強調である。読後に漂う余韻の効果が，どのようなものかを考えるために，倒置法によって印象を強められている語句を見つけさせる。
T：第三連から第四連にかけてつながっている倒置法について理解を深めましょう。 ⬇ WS2
○構造を確認する。

○板書で正しい順序に直した叙述を生徒に見せる。

> **ポイント　「こんなに」を見える化する**
> 　指示語の場合，前にその内容が示されることが多い。この作品で示される「こんなに」がどのような言葉で表現されているのかを，板書に書き起こすことで，生徒の理解を促す。

T：「こんなに」の内容が，倒置法を外したことで分かりやすく見えてきました。では，「こんなに」とは，どのようだと考えますか。作品の言葉をふまえて自分の言葉で具体的に説明してみましょう。

> **ポイント　段階を追って思考を深める**
> 　最初に，「いること」（存在）がどのくらい大事に守られているのかについて，本文の言葉を活用して書くように促す。
> 　次に，前時で既習した副助詞「こそ」の意味をふまえてもう一度見直し，考えを整える。

○各個人で考え，自分の言葉で書かせる。
○存在の確かさについて述べている抽象的な言い回し（表現）を言い換えさせる。
（例）

準備物：ワークシート

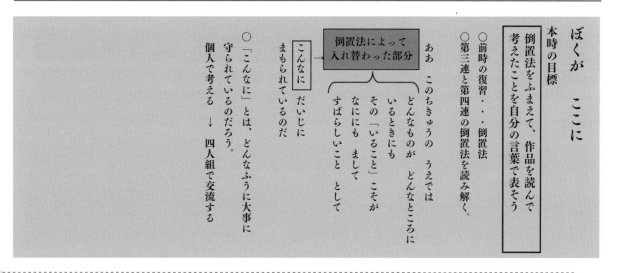

「どんなものが」→あらゆるものが
「どんなところに」→あらゆる場所に
「その『いること』こそが」
　→存在していること，ただそれだけが
「なににも　まして」→他のどんなことよりも

されていることに注目する。どのような効果
があるのか考える。
〈例〉印象がやわらかくなる。
　　「いる」が「居る」だと意味が狭くなり
　　そうな気がする。

3　意見を交流する
○四人組になって，意見を交流する。
○質疑応答もしながら，伝え合うことで解釈を互いに深められるように促す。

4　学習のまとめを行う
T：意見を交流したことで，自分の考えをさらによくするヒントを得たと思います。最後にもう一度見直して，自分の考えをよりよくまとめましょう。
○交流したことで気付いたことを含めながら，自分の考えを深めさせる。

5　学習の振り返り
○本単元を通して身についた力をノートに記入させ，学習を振り返らせる。

発展
　「一つぶの」以外が平仮名と片仮名で表記

8 自分を見つめる

国語の力試し （3時間）

1 単元の目標・評価規準

・比喩，反復，倒置，体言止めなどの表現の技法を理解し使うことができる。
〔知識及び技能〕(1)オ
・音読に必要な文語のきまりや訓読の仕方を知り，古文や漢文を音読し，古典特有のリズムを通して，古典の世界に親しむことができる。 〔知識及び技能〕(3)ア
・話題や展開を捉えながら話し合い，互いの発言を結び付けて考えをまとめることができる。
〔思考力，判断力，表現力等〕A(1)オ
・目的や意図に応じて，日常生活の中から題材を決め，集めた材料を整理し，伝えたいことを明確にすることができる。 〔思考力，判断力，表現力等〕B(1)ア
・読み手の立場に立って，表記や語句の用法，叙述の仕方などを確かめて，文章を整えることができる。 〔思考力，判断力，表現力等〕B(1)エ
・文章の中心的な部分と付加的な部分，事実と意見との関係などについて叙述を基に捉え，要旨を把握することができる。 〔思考力，判断力，表現力等〕C(1)ア
・文章の構成や展開，表現の効果について，根拠を明確にして考えることができる。
〔思考力，判断力，表現力等〕C(1)エ
・言葉がもつ価値に気付くとともに，進んで読書をし，我が国の言語文化を大切にして，思いや考えを伝え合おうとする。 「学びに向かう力，人間性等」

知識・技能	比喩，反復，倒置，体言止めなどの表現の技法を理解し使っている。 ((1)オ) 音読に必要な文語のきまりや訓読の仕方を知り，古文や漢文を音読し，古典特有のリズムを通して，古典の世界に親しんでいる。 ((3)ア)
思考・判断・表現	「話すこと・聞くこと」において，話題や展開を捉えながら話し合い，互いの発言を結び付けて考えをまとめている。 (A(1)オ) 「書くこと」において，目的や意図に応じて，日常生活の中から題材を決め，集めた材料を整理し，伝えたいことを明確にしている。 (B(1)ア) 「書くこと」において，読み手の立場に立って，表記や語句の用法，叙述の仕方などを確かめて，文章を整えている。 (B(1)エ) 「読むこと」において，文章の中心的な部分と付加的な部分，事実と意見との関係などについて叙述を基に捉え，要旨を把握している。 (C(1)ア) 「読むこと」において，文章の構成や展開，表現の効果について，根拠を明確にして考えている。 (C(1)エ)

| 主体的に学習に取り組む態度 | 進んで学習課題に取り組み，今まで学習してきたことをまとめようとしている。 |

2 単元の特色

教材の特徴

　本単元は，一年間の学習の総まとめの単元である。「読む力」「話す力・聞く力」「書く力」「知識・技能」についての学習課題に取り組み，学習内容が定着しているかどうかを振り返らせる。

身に付けさせたい資質・能力

　「読むこと」2項目，「話すこと・聞くこと」2項目，「書くこと」2項目，「知識・技能」3項目の資質・能力について学習課題が設定されている。それぞれの学習課題に取り組ませ，どの単元でその力を身に付けてきたのかを振り返らせ，次年度以降の学習につなげる。

3 学習指導計画（全3時間）

次	時	○主な学習活動	☆指導上の留意点　◆評価規準
一	1	○説明文を読んで，学習課題に取り組む。	◆文章の中心的な部分を捉えている。【思・判・表】 ◆表現の効果について，根拠を明確にして考えている。【思・判・表】
		○学習課題で問われている資質・能力は，これまでどの単元で身に付けたものかを確認する。	◆進んで学習課題に取り組み，今まで学習してきたことをまとめようとしている。【主】
二	2	○話し合いの場面を読んで，学習課題に取り組む。	◆話題や展開を捉えながら話し合い，互いの発言を結び付けて考えをまとめている。【思・判・表】
		○学習課題で問われている資質・能力は，これまでどの単元で身に付けたものかを確認する。	◆進んで学習課題に取り組み，今まで学習してきたことをまとめようとしている。【主】
	3	○案内状を読んで，学習課題に取り組む。	◆読み手にとって分かりやすい書き方に整えている。【思・判・表】 ◆目的に応じて情報を整理し，伝えたいことを明確にしている。【思・判・表】
		○古文を読んで，学習課題に取り組む。	◆音読に必要な文語のきまりを理解している。【知・技】
		○詩を読んで，学習課題に取り組む。	◆表現技法を理解して使っている。【知・技】
		○学習課題で問われている資質・能力は，これまでどの単元で身に付けたものかを確認する。	◆進んで学習課題に取り組み，今まで学習してきたことをまとめようとしている。【主】

1／3時間　国語の力試し

指導の重点
・自分の「読む力」を確かめさせる。

本時の展開に即した主な評価規準例（Bと認められる生徒の姿の例）
・文章の中心的な部分を捉えている。【思・判・表】
・表現の効果について、根拠を明確にして考えている。【思・判・表】
・進んで学習課題に取り組み、今まで学習してきたことをまとめようとしている。【主】

生徒に示す本時の目標
　自分の「読む力」を確かめよう

1　単元の目標及び本時の目標の確認
T：一年間の国語の授業の最後の単元です。この単元は、「国語の力試し」とあるように、この一年間で皆さんが身に付けた国語の力について確認していきます。
T：最初は、国語の力のうち「読む力」について確認します。
○本時の目標「自分の『読む力』を確かめよう」を板書する。

2　学習課題に取り組む
T：教科書p.263の上段の文章を読み、下段の問題に取り組みましょう。自分の力を確かめるので、まず個人で取り組んでください。
○問題に個人で取り組ませる。
　「教科書にそのまま記入する」「ノートに記入する」「タブレット等を用いて、教科書の二次元コードを読み取って、ウェブサイトで問題を解く」など、どの方法でもよい。

ポイント
　机間指導をして、なかなか取り組めない生徒には、p.45「段落の役割に着目する」やp.227「表現の効果を考える」を参照するように支援する。

3　グループワークを行う
T：それでは、各自の解答をグループで共有してみましょう。
○四名程度のグループを作り、課題への個々の解答を確認しあう。特に「擬人法の効果」に関する学習課題は、解答がそれぞれ異なることが予想されるので、よく話し合わせる。

4　解答を共有し、資質・能力を確認する
T：それでは、各グループの解答を共有しましょう。
○「擬人法の効果」に関する学習課題に対する解答を挙手して、答えさせる。あるいは、タブレット等で全員の解答を共有する。
T：皆さん、自分の身に付けた読む力を確かめることができましたか。今回は、読む力のうち、学習課題1で「文章の中心的な部分を捉える力」、学習課題2で「表現の効果について、根拠を明確にして考える力」について確かめました。

準備物：ワークシート，これまで学習に使ってきたすべてのノート及びワークシート

国語の力試し

本時の目標

自分の「読む力」を確かめよう

学習課題1
微生物が物質を分解し、他の物質に変えて放出する現象

・〜〜〜
・〜〜〜
・〜〜〜

学習課題2

生徒の発言を板書する。あるいは、タブレット等を使って、投影する。

文章の中心的な部分を捉える力
ダイコンは大きな根？
ちょっと立ち止まって
比喩で広がる言葉の世界

表現の効果について、根拠を明確にして考える力
空の詩 三編
少年の日の思い出
二十歳になった日

○二つの資質・能力を板書する。
「文章の中心的な部分を捉える力」
「表現の効果について，根拠を明確にして考える力」

5 資質・能力をどの単元で身に付けたかを確認する

T：皆さんは，一年間の国語の学習をとおして，この二つの「読む力」を身に付けました。では，どの単元で，どのような学習をして身に付けたのかを振り返りましょう。教科書，ノート，ワークシートのファイル等を見返して，この二つの「読む力」を学んだ単元を探して，ワークシートにまとめてみましょう。 ⬇ **WS1**

○教科書，一年間で使用したノートやワークシートのファイルを見て，どの単元かを探させる。
○個人→四名グループ→全体の順に共有する。

ポイント
一年間の学習内容によって異なるが，教科書会社の指導事項配列表では，次の単元で取り扱うこととなっている。
「文章の中心的な部分を捉える力」
ダイコンは大きな根？
ちょっと立ち止まって

比喩で広がる言葉の世界
「表現の効果について，根拠を明確にして考える力」
空の詩 三編
少年の日の思い出
二十歳になった日

6 本時のまとめ

T：本時は，皆さんが一年間で身に付けた国語の力のうち「読む力」について確かめました。
「読む力」は今日確かめた二つだけではありませんが，しっかり確かめることができました。
次回は，「話す力・聞く力」について確かめましょう。

発展
タブレット等を用いて，教科書の二次元コードを読み取って，ウェブサイトの発展問題を解く。

2/3時間 国語の力試し

指導の重点
・自分の「話す力・聞く力」を確かめさせる。

本時の展開に即した主な評価規準例（Bと認められる生徒の姿の例）
・話題や展開を捉えながら話し合い，互いの発言を結び付けて考えをまとめている。【思・判・表】
・進んで学習課題に取り組み，今まで学習してきたことをまとめようとしている。【主】

生徒に示す本時の目標
自分の「話す力・聞く力」を確かめよう

1　単元の目標及び本時の目標の確認
T：今回は，国語の力のうち「話す力・聞く力」について確認します。
〇本時の目標「自分の『話す力・聞く力』を確かめよう」を板書する。

2　学習課題に取り組む
T：教科書p.264の上段の話し合いの場面を読み，下段の問題に取り組みましょう。自分の力を確かめるので，まず個人で取り組んでください。
〇問題に個人で取り組ませる。
「教科書にそのまま記入する」「ノートに記入する」「タブレット等を用いて，教科書の二次元コードを読み取って，ウェブサイトで問題を解く」など，どの方法でもよい。
〇机間指導をして，なかなか取り組めない生徒には，p.189「［話し合い（進行）］進め方について考えよう」やp.193「話題や展開を捉えて話し合う」を参照するように支援する。

3　グループワークを行う
T：それでは，各自の解答をグループで共有してみましょう。
〇四名程度のグループを作り，課題への個々の解答を確認しあう。特に学習課題2「話し合いで決まったことを書こう」は，解答がそれぞれ異なることが予想されるので，よく話し合わせる。

4　解答を共有し，資質・能力を確認する
T：それでは，各グループの解答を共有しましょう。
〇学習課題2「話し合いで決まったことを書こう」に対する解答は，挙手によって，数名に答えさせ，解答を板書する。あるいは，タブレット等で全員の解答を投影する。
T：皆さん，自分の身に付けた「話す力・聞く力」を確かめることができましたか。今回は，「話す力・聞く力」のうち，学習課題1で「話題や展開を捉えながら話し合う力」，学習課題2で「互いの発言を結び付けて考えをまとめる力」について確かめました。
〇二つの資質・能力を板書する。
「話題や展開を捉えながら話し合う力」
「互いの発言を結び付けて考えをまとめる力」

ポイント
二つの資質能力は，学習指導要領では，

準備物：前時のワークシート，これまで学習に使ってきたすべてのノート及びワークシート

国語の力試し

本時の目標
自分の「話す力・聞く力」を確かめよう

学習課題1
ルートの選択肢を、他の人に示せるよう、目的に合ったルートとなるよう、確認している。

学習課題2
・〜〜〜
・〜〜〜
・〜〜〜

＞生徒の発言を板書する。あるいは、タブレット等を使って、投影する。

話題や展開を捉えながら話し合う力
互いの発言を結び付けて考えをまとめる力
［話し合い（進行）］進め方について考えよう
話題や展開を捉えて話し合おう

「話題や展開を捉えながら話し合い，互いの発言を結び付けて考えをまとめること」と一つの指導事項として記載されているが，ここでは，教科書に沿って，二つの力として板書する。

5　資質・能力を身に付けた単元を確認する

T：皆さんは，一年間の国語の学習をとおして，この二つの「話す力・聞く力」を身に付けました。では，どの単元で，どのような学習をして身に付けたのかを振り返りましょう。教科書，ノート，ワークシートのファイル等を見返して，この二つの「話す力・聞く力」を学んだ単元を探して，ワークシートにまとめてみましょう。

〇教科書，一年間で使用したノートやワークシートのファイルを見返して，単元を探させる。
〇個人→四名グループ→全体の順に共有する。

ポイント
一年間の学習内容によって異なるが，教科書会社の指導事項配列表では，次の単元で取り扱うこととなっている。
「話題や展開を捉えながら話し合う力」
「互いの発言を結び付けて考えをまとめる力」
［話し合い（進行）］進め方について考えよう
話題や展開を捉えて話し合おう

6　本時のまとめ

T：本時は，皆さんが一年間で身に付けた国語の力のうち「話す力・聞く力」について確かめました。
「話す力・聞く力」は今日確かめた二つだけではありませんが，しっかり確かめることができました。
次回は，「書く力」「知識・技能」について確かめましょう。

発展
タブレット等を用いて，教科書の二次元コードを読み取って，ウェブサイトの発展問題を解く。

3 国語の力試し
（3時間）

指導の重点
・自分の「書く力」と「知識・技能」を確かめさせる。

本時の展開に即した主な評価規準例（Bと認められる生徒の姿の例）
・読み手にとって分かりやすい書き方に整えている。【思・判・表】
・目的に応じて情報を整理し，伝えたいことを明確にしている。【思・判・表】
・音読に必要な文語のきまりを理解している。【知・技】
・表現技法を理解して使っている。【知・技】
・進んで学習課題に取り組み，今まで学習してきたことをまとめようとしている。【主】

生徒に示す本時の目標
自分の「書く力」と「知識・技能」を確かめよう

1 単元の目標及び本時の目標の確認
T：今回は，国語の力のうち「書く力」「知識・技能」について確認します。
○本時の目標「自分の『書く力』と『知識・技能』を確かめよう」を板書する。

2 学習課題に取り組む
T：教科書p.265の上段の案内状を読み，下段の問題に取り組みましょう。
○問題に個人で取り組ませる。
「教科書にそのまま記入する」「ノートに記入する」「タブレット等を用いて，問題を解く」等，どの方法でもよい。
○p.118「[推敲]読み手の立場に立つ」やp.116「必要な情報を明確に伝える」を適宜参照させる。

3 グループワークを行う
T：それでは，各自の解答をグループで共有してみましょう。
○四名程度のグループを作り，課題への個々の解答を確認しあう。

4 解答を共有し，資質・能力を確認する
T：それでは，各グループの解答を共有しましょう。
○解答を板書，またはタブレット等で投影する。
T：今回は，「書く力」のうち，学習課題1で「読み手にとってわかりやすい書き方に整える力」，学習課題2で「目的に応じて情報を整理し，伝えたいことを明確にする力」について確かめました。
○二つの資質・能力を板書する。
「読み手にとってわかりやすい書き方に整える力」
「目的に応じて情報を整理し，伝えたいことを明確にする力」

5 資質・能力をどの単元で身に付けたかを確認する
T：この二つの「書く力」を身に付けました。では，どの単元で，どのような学習をして身に付けたのかを振り返りましょう。
○教科書，一年間で使用したノートやワークシートのファイルを見返して，どの単元かを探させ，ワークシートにまとめさせる。 WS2

準備物：ワークシート，これまで学習に使ってきたすべてのノート及びワークシート

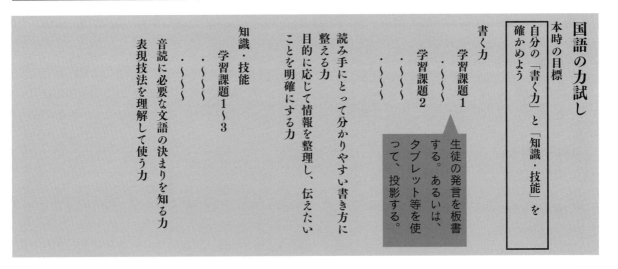

国語の力試し

本時の目標
自分の「書く力」と「知識・技能」を確かめよう

書く力
　学習課題1
　・〜〜〜
　学習課題2
　・〜〜〜
　・〜〜〜
　読み手にとって分かりやすい書き方に整える力
　目的に応じて情報を整理し，伝えたいことを明確にする力

知識・技能
　学習課題1〜3
　・〜〜〜
　・〜〜〜
　・〜〜〜
　音読に必要な文語の決まりを知る力
　表現技法を理解して使う力

※生徒の発言を板書する。あるいは，タブレット等を使って，投影する。

○個人→四名グループ→全体の順に共有する。

ポイント
　取り扱うこととなっている単元
　「読み手にとってわかりやすい書き方に整える力」
　・［推敲］読み手の立場に立つ
　「目的に応じて情報を整理し，伝えたいことを明確にする力」
　・書き留める　・情報を整理して説明しよう　・情報収集の達人になろう　・項目を立てて書こう　・一年間の学びを振り返ろう

6　学習課題に取り組む
T：同じようにp.266の問題に取り組みましょう。
○問題に個人で取り組ませる。
○p.169「古典の言葉」やp.68「さまざまな表現技法」を適宜参照させる。
○解答を共有し，資質・能力を確認する。
○二つの資質・能力を板書する。
　「文語のきまりを知り，音読できる力」
　「表現技法を理解して使う力」

7　資質・能力をどの単元で身に付けたかを確認する。
T：教科書，ノート，ワークシートのファイル等を見返して，この二つの力を学んだ単元を探して，ワークシートにまとめてみましょう。

ポイント
　「音読に必要な文語の決まりを知る力」
　・音読を楽しむ　・蓬莱の玉の枝
　・今に生きる言葉
　「表現技法を理解して使う力」
　・空の詩　三編　・言葉3　さまざまな表現技法　・比喩で広がる言葉の世界
　・ぼくが　ここに

8　単元のまとめ
T：この単元では，皆さんが一年間で身に付けた「国語の力」を確かめました。次年度も，「国語の力」を付け，さらに高めていきましょう。

発展
　タブレット等を用いて，教科書の二次元コードを読み取って，ウェブサイトの発展問題を解く。

執筆者・執筆箇所一覧 (所属は執筆時)

【編著者】

田中　洋一
東京女子体育大学名誉教授／令和7年度版光村図書出版中学校国語教科書編集委員

【編集協力者】

小幡　政明
渋谷区教育センター

鈴木　裕子
立教大学

【執筆者】（執筆順）

田中　洋一（前掲）
第1章　これからの国語科の授業が目指すもの

酒井　由恵（福井県池田町立池田中学校）
朝のリレー｜声を届ける　野原はうたう｜書き留める／言葉を調べる／続けてみよう

山本　美智代（青梅市立泉中学校）
季節のしおり　春｜季節のしおり　夏｜季節のしおり　秋｜季節のしおり　冬

鈴木　裕子（前掲）
［聞く］情報を聞き取り，要点を伝える｜話の構成を工夫しよう　一枚の写真をもとにスピーチをする｜言葉4　方言と共通語｜漢字に親しもう5

安藤　紗智（西東京市立ひばりが丘中学校）
言葉1　音声の仕組みや働き｜言葉2　指示する語句と接続する語句｜語彙を豊かに　心情を表す言葉

遠藤　千香（昭島市立昭和中学校）
漢字1　漢字の組み立てと部首／漢字に親しもう1｜漢字2　漢字の音訓／漢字に親しもう2｜漢字に親しもう3｜漢字に親しもう4｜漢字3　漢字の成り立ち

賀嶋　盛政（杉並区立富士見丘中学校）
ダイコンは大きな根？｜項目を立てて書こう　案内文を書く｜［推敲］読み手の立場に立つ

岩田　美紀（世田谷区立砧南中学校）
ちょっと立ち止まって｜文法への扉1　言葉のまとまりを考えよう｜文法への扉2　言葉の関係を考えよう｜文法への扉3　単語の性質を見つけよう

栃木　昌晃（世田谷区立三宿中学校）
情報整理のレッスン　比較・分類｜情報を整理して説明しよう　発見したことをわかりやすく書く｜聴きひたる　大阿蘇

池田　知子（新潟県見附市立見附中学校）
空の詩　三編／詩の創作教室／言葉3　さまざまな表現技法｜比喩で広がる言葉の世界

荒井　友香（武蔵野市教育委員会）
　　情報収集の達人になろう／コラム　著作権について知ろう

倉林　くるみ（調布市立第五中学校）
　　読書を楽しむ｜本の中の中学生　あと少し，もう少し／西の魔女が死んだ／読書案内　本の世界を広げよう／コラム　本との出会い｜研究の現場にようこそ　四百年のスローライフ／はやぶさ2　最強ミッションの真実／読書案内　本の世界を広げよう

原田　涼子（世田谷区立太子堂中学校）
　　はじまりの風｜大人になれなかった弟たちに……｜星の花が降るころに｜「不便」の価値を見つめ直す｜思考のレッスン2　原因と結果

吉田　夏未（千代田区立麹町中学校）
　　聞き上手になろう　質問で話を引き出す｜古典の世界／音読を楽しむ　いろは歌｜蓬莱の玉の枝―「竹取物語」から／古典の言葉

木村　朱美（杉並区立和泉中学校）
　　「言葉」をもつ鳥，シジュウカラ｜一年間の学びを振り返ろう　要点を資料にまとめ，発表する

緒方　初（中央区立日本橋中学校）
　　思考のレッスン1　意見と根拠｜根拠を明確にして書こう　資料を引用して報告する

秦　佐和子（練馬区立大泉北中学校）
　　今に生きる言葉／漢文を読む｜ぼくが　ここに

小林　真弓（あきる野市立御堂中学校）
　　［話し合い（進行）］進め方について考えよう｜話題や展開を捉えて話し合おう　グループで語り合い，ものの見方を広げる

渋谷　頼子（府中市立府中第一中学校）
　　少年の日の思い出

森田　直実（板橋区立中台中学校）
　　二十歳になった日｜構成や描写を工夫して書こう　体験を基に随筆を書く

小幡　政明（前掲）
　　国語の力試し

［板書作成協力者］

　青野　祥人（大田区立大森第四中学校）

　原田　涼子（世田谷区立太子堂中学校）

　安藤　紗智（西東京市立ひばりが丘中学校）

　佐々木　繁雄（福生市立福生第二中学校）

　安江　亮佑（町田市立金井中学校）

　神田　郁佳（東村山市立東村山第二中学校）

　鷲山　亮太郎（青梅市立霞台中学校）

　岩田　優希（三鷹市立第三中学校）

【編著者紹介】
田中　洋一（たなか　よういち）
東京女子体育大学名誉教授。横浜国立大学大学院修了，専門は国語教育。東京都内公立中学校教諭を経た後，教育委員会で指導主事・指導室長を務め，平成16年より東京女子体育大学に勤務，令和5年度より現職。この間，中央教育審議会国語専門委員，全国教育課程実施状況調査結果分析委員会副主査，評価規準・評価方法の改善に関する調査研究協力者会議主査などを歴任する。平成20年告示学習指導要領中学校国語作成協力者，光村図書小・中学校教科書編集委員，21世紀国語教育研究会会長。著書・編著書多数。

改訂　板書＆展開例でよくわかる
指導と評価が見える365日の全授業
中学校国語　1年

2025年3月初版第1刷刊　Ⓒ編著者　田　中　洋　一
　　　　　　　　　　　　発行者　藤　原　光　政
　　　　　　　　　　　　発行所　明治図書出版株式会社
　　　　　　　　　　　　　　　　http://www.meijitosho.co.jp
　　　　　　　　　　　　（企画）林　知里　（校正）関沼幸枝
　　　　　　　　　　　　〒114-0023　東京都北区滝野川7-46-1
　　　　　　　　　　　　振替00160-5-151318　電話03(5907)6703
　　　　　　　　　　　　ご注文窓口　電話03(5907)6668
＊検印省略　　　　　　　組版所　長野印刷商工株式会社

本書の無断コピーは，著作権・出版権にふれます。ご注意ください。
教材部分は，学校の授業過程での使用に限り，複製することができます。

Printed in Japan　　　　　　　　　ISBN978-4-18-491129-1
もれなくクーポンがもらえる！読者アンケートはこちらから
→

5分の準備で、最高の50分を、365日。

改訂

令和7年度版の新教材に対応！
ダウンロードして使える改変可能なワークシート付！

田中洋一 編著

各B5判・定価3,740円（10%税込）
［1年］376頁 ［2年］368頁 ［3年］296頁
図書番号 4911-4913

明治図書　　予約・注文はこちらから！明治図書ONLINE→

あとがき

本書をお読みいただきありがとうございます。本書のサイトで本書の補足や最新情報、「SEO対策をはじめよう「キーワード」編」などの情報発信をおこなっていきます。

● 書籍情報発信

【サイト】 http://www.suzukimasashi.com/

■著者紹介

鈴木 將司
すずき まさし

一般社団法人 全日本SEO協会 代表理事。東京生まれ。アメリカ・カリフォルニア州立大学サクラメント校経営学部卒業後、オーストラリア、アメリカにて販売業の勤務、ホームページ制作会社を1996年に設立。日本に帰国後、パソコンソフトをネットマーケティングで販売するビジネスを国内で確立。毎月20名を超える実践セミナーのコーチと一般指導を務める。セミナー一般講演を含めて10000名、2008年からSEOの研究と普及のためコンサルタントの養成塾を設立。会員数は600社を超え、187名超を養成。著書に「御社のホームページはアクセス・グーグル・i・で上位表示させる技術」（東洋経済新報社刊）などが9冊を執筆。

●一般社団法人 全日本SEO協会
http://www.web-planners.net/

■装幀コーディネート　有限会社インフレーツ 小山 勝章

編集担当：吉位明伸 / カバーデザイン：秋田勘助（オフィス・エドモント）
写真：©siro46 - stock.foto

目にやさしい大活字
「YouTube動画SEO」で客を呼び込む

2015年1月9日　初版発行

著者　鈴木將司
発行者　池田武人
発行所　株式会社シーアンドアール研究所
　　　　新潟県新潟市北区西名目所4083-6（〒950-3122）
　　　　電話 025-259-4293　FAX 025-258-2801

ISBN978-4-86354-764-3 C3055

©Suzuki Masashi, 2015　Printed in Japan

本書の一部または全部を著作権法で定める範囲を越えて、株式会社シーアンドアール研究所に無断で複製、転載、転載、データ化、テープ化することを禁じます。